先生，高二适

曹洋 著

南京艺术基金资助项目

封面题字：吴为山

江苏凤凰美术出版社

目录

序一

吴为山

先生，在高二适先生的老家是对文化人最高的称呼。自清乾嘉以来高氏家族先生代有数出，高二适先生是其中杰出的代表。

高先生一生优游于传统文化。他以书当舟，书舟载他从泰州到南京，载他从南京到重庆，载他卧听钟山、泼墨度世。先生于诗学、书学、文史哲“出入数百年，纵横数十家”，上始《易》《诗》《离骚》《史记》、诸子百家，下至唐代杜甫、刘柳、韩孟，宋朝江西诗派黄庭坚、陈师道，昼夜研读，一生耕耘。先生掐擢肝肾，一心泽古，勤校细勘，精批慎疏，每有心解，或放言或著文，纵横捭阖，通会文史哲艺，均能“取长补短，自得其环，而又超乎象外”，故常有石破天惊之论，为当世学人敬仰。

为使书法不致成绝学，“他日书家之应运而生”，年逾半百的高先生在困顿中研究章草，著就《新定急就章及考证》，使章草“焕若神明”“顿还旧观”。先生书法由章草上溯篆隶，下追“二王”、隋唐经典，再至杨凝式、宋克诸家，终成当代草书大家。先生强调不动笔墨不读书，由是他将书法回归到书斋，回归到文化的日常生活。先生书法生活化的意义在于显现了艺术生活、文化生活的本质力量——文化艺术赋予精神的自足性健全了一个完整的独立的人。

历史之所以如此丰富多彩，就因为它从来不会遗忘为它涂色的人。设若1965年的“兰亭论辩”没有高二适先生的出场，该是多么无趣，郭沫若先生该是多么孤寂，这段文化史又该是多么黯淡。毛泽东主席的“笔墨官司，有比无好”批示，是“百花齐放，百家争鸣”最好的注解，也是这场论辩的点睛之笔，让先生如深藏于宇宙深处的陨石横空出世，让“兰亭论辩”成为大合唱，而不是独角戏。人们惊诧于这颗陨石竟有如此多的文化能量，竟有如此傲视群雄的气概。先生“素不乐随人俯仰计”的人格操守，严谨独立的学术精神，既是魏晋风骨的唤醒，也是当代学人的风标。《兰亭序》隐藏于幽深的历史，“兰亭论辩”与历史共签协议：兰亭学登台，高二适先生始终在场。

先生恩师章士钊一生结交政要、学界名宿、艺术巨匠，却独举高先生一人，盛赞其学问“寝馈功深”，诗胜孟浩然，书法更“独绝”，誉其为“天下一高”。

先生早年与韩国钧、章士钊诸先生，晚年与后辈们的交往中，念兹在兹的就是为学切不可“贻误后学”，希望文化薪火相传。今之文化盛世，书法繁荣，诚如先生所冀。令人欣慰的是：先生同村后学曹洋先生近20年研究高先生渐有所成，所撰论文分别发表于《读书》《中国书法》《书法》等杂志，2016年出版高先生评传《天下一高》。曹洋书法研究与创作近30次参加中国书协举办的各类展事并多次获奖。理论与实践互为表里，有助于曹洋精准解读高先生。

此著不是高先生资料简单的编排，而是从书法学延伸至历史学、社会学、文化学、艺术学，解析高先生作为个体在家族史、社会变迁史、文学史、艺术史中的自然归属，揭示高先生成长、发展的必然性。此著具有全面性、系统性、独创性，在诸多方面填补了研究高二适先生的空白。同时也由此个案研究，窥视到20世纪一代学人的风骨和学术精神，进而明白千百年来中华文脉接续不断的缘由所在。

在方法论上曹洋注重对高先生各个领域进行体系性的构建，强调各个系统内的自身逻辑性及诸系统彼此之间的融通性、互证性。从学理上梳理出高先生于诗词、书法等国学领域的史学贡献。

曹洋不满足固有的成见旧说，他依史立论，据实讲话，往往有新颖的表达与发现。在一般人眼里，高二适先生介入“兰亭论辩”事出偶然，然而在曹洋看来却是必然，因为这符合高先生自我的内在逻辑。诚如高先生从象数易入手，厘清了柳宗元与刘禹锡论辩的脉络，并就此与其师章士钊先生展开了一场辩论，此可视为高先生的另一场笔墨官司。

每每阅读高先生，都会激发我的艺术灵感，点燃我的创作激情。此次阅读曹洋专著我又一次接受了灵魂的洗礼，这不仅是因我与高先生亲缘关系形成的与生俱来的密码传递，更是由于高先生固有的气质、学者的情怀、艺术的梦想所编织起来的强大气场，令人不由自主地砥砺前行。

高先生的言行始终与国家、民族、文化同呼吸共成长，他昭示我们，在当下共建文化强国的时代召唤中，作为文艺工作者，理应像高先生那样与古为徒、慎独行远、不忘初心，做文化的守护者、筑梦者。

（吴为山，全国政协副秘书长、民盟中央副主席、中国美术馆馆长）

序二

萧平

约在八九年前，友人带曹洋来我工作室，那是他第一次与我见面，说要收集先生高二适的资料准备撰写高先生的评传。他略显木讷，但谈起高先生来，却甚兴奋，言之不尽，看出他的自信。约一年后的2016年，他的第一本高先生评传《天下一高》，终于出版，约15万字，基本展现了高先生的书法人生，因编辑文字的限制，高先生的诗学、国学未能展开。曹洋不满足，他不是浅尝辄止的人，在其后的时间里，他完全沉静下来，对高先生展开了系统的深度研究。2020年疫情发生期间，他用大半年的工夫完成了近40万字的《高二适研究》书稿，这是我目前见到的研究高先生最为全面、系统，颇具学术价值的专著。

20多年来曹洋为何执著于专研高二适先生，他说有两个原因：一是他与高先生同住一村，同饮一条河，小学、初中、高中对他影响最大的老师大多是高家人，可以说高氏诗教家风一直伴随着曹洋的成长。因仰慕高先生的人品、学品和艺品，让曹洋沉浸其中，欲罢不能；二是在20年前书坛某先生著文凭空给高先生扣上“圆滑”“文德”有问题的帽子，曹洋如鲠在喉，暗下决心，澄清事实，验证高先生究竟是怎样的人。为此，曹洋走访了许多高先生的后人、学生及相关的人，通过各种渠道尽可能多地收集资料。他想用事实说话，而不是用亲疏关系，为塑造形象来虚构神话。

我自年轻时起就追随高先生学习，受益良多。师辈中，高先生最为特殊，他为人高洁、性格倔强、学问深邃，他的傲骨与天真并存，毫无虚伪，何存圆滑！高先生的诗歌用典多，诸多学人对此望而却步，更不用说他的国学。曹洋却知难而进，为破解高先生诗学密码，他数遍通读高先生五六百首诗歌，并兼及章士钊、苏渊雷、王用宾、林庚白等高先生诗友的唱和之作，把《高二适诗存》所有的诗歌重新打印出来，以时间为经线，人物、事件为纬线，重构高先生的诗歌世界，然后梳理出高先生的诗学体系。这是最笨却也是最可靠的治学方法，用同样的方法，曹洋勾勒出高先生的人生原则、国学体系、书学体系，由此他提出的许多观点，既新颖又令人信服。例如，书中提出高先生的人生处世“一心二途三道”原则、“以礼治国”的文化理想，确是高先生家国情怀的真实写照，这也回答了高先生在“兰亭论辩”中，他之所以“冒天下之大不韪”直言为文的内在原因。同样，曹洋提出的“高氏校勘学”，以翔实的资料告诉我们高先生是如何做学问的，为什么能做出如此深的学问，为什么说他是北宋以来，校勘《柳宗元文集》第一人。这也从一个侧面为我们提供了治学途径。

曹洋是中文出身，这为他研究具有深厚国学背景的高先生提供了便利条件；同时他又涉猎文化学等其他学科的知识，因此曹洋对高先生的研究视野阔、角度新、言语充满张力；同时他又善于思考，不喜拾人牙慧，总给人获得新知的满足感和新的想象空间。我们在探讨"兰亭论辩"这一文化事件时，往往只聚焦在高先生一人身上，而忽略其他人。曹洋却不是，他并不因为研究的主体对象是高先生，即把焦点全部集中在高先生一方。他从文化学的角度，把参与论辩的人分成四种类型的知识分子来考察对比分析，这就屏蔽了简单的是非划分，还原了事件的历史真实。这样的研究提升了"兰亭论辩"的史学、文化学的高度，也对当下学术批评有着鲜明的借鉴意义。

2023 年 7 月，曹洋邀请我参加他在南京十竹斋画院举办的书法个展，我在品读他的作品后，明白了为什么他对高先生书法研究得比较通透。曹洋不是仅仅专研于书法理论，还在书法实践上下硬功夫。曹洋调南京书画院比较晚，在这之前他已近 20 次参加中国书协举办的各类展览，其中获过行草书最高奖——兰亭奖，并于 2021 年在中国美术馆成功举办了个人书法作品展。他坦言这些创作经验许多来自对高老书学的研究。可以看出曹洋 30 多年来的书学实践，有利于他深刻理解高先生的笔法体系、有利于他洞悉高先生书法背后的文化信息，因此他提炼的高先生的书学价值，既是对高先生的书学价值精准的总结，也可说是曹洋自我书学实践的体验报告。

曹洋说，研究高先生是一个非常艰难的过程，越向前一步越感学力不足，但抱着学习的态度，边学边研，边研边学，在积累自己的同时，高先生的世界也渐次打开。我们知道高先生精通《易经》，但具体如何却不甚清楚。曹洋从零开始，按图索骥，初步展示了高先生《易》学成果，并由此牵引出高先生的另一场“笔墨官司”——与章士钊先生之间的“刘柳优胜辩”。这场笔墨官司的学术含量远超过“兰亭论辩”，像曹洋这样深度探索有助于我们更深更全面地认识高先生。曹洋低姿态的治学态度是可贵的，这也是他不断提高的重要原因。

此著可圈可点的地方还有很多，许多人通过它提出不少新观念。诸如，我们要重新定义高二适先生，高先生是“江西诗派”的现代传人，高先生是20世纪最具风骨的学者等。我觉得是靠得住的，因为我每次重读高先生，回望那段历史，每每都有新的认识、新的启迪。曹洋说，他把高先生按照几个模块重组，但最终拼图交给读者，让读者自我绘就心目中的高先生。我想曹洋的自信，一方面来自高二适先生自身固有的风骨和自信，对“刘柳优胜辩”高先生曾写下“善《易》者之善自体会焉耳”，这份自信在其他领域高先生莫不如此；另一方面来自曹洋笔下不带偏见的陈述和有温度的文字表述。

曹洋20多年做一件事而且做成一件事，摒弃浮躁，摒弃名利，不容易，不简单，希望这又是他新的开始，一路前行，继续有为于书法，有为于文化。

甲辰春于金陵爱莲居

（萧平，高二适弟子、江苏省文史研究馆馆员、文史馆书画院院长、著名书画鉴定家、书画家）

第一章

家族文化生态

一、家族生态：诗书传家

小甸址，苏中平原上一个平常而又特别的村庄，民国时期为江苏省东台县第七区，中华人民共和国成立后划归泰县，现归属泰州市姜堰区。村庄周围河网密布，碧水环绕着大大小小的垛田。水中鱼虾蚌蟹、菱角莲藕成为餐桌上的美味佳肴，田地里翻滚的麦浪、飘香的稻谷演绎着四季牧歌，村民们怡然地享受着大自然的恩赐。这里鸡犬相闻，深巷檐雨，老屋里不时传来朗朗的读书声，人们消遣着和平而散漫的时光。当年徐世昌大总统题写汉白玉牌坊（图 1–1）只留存下来的半截[1]，应和着券门内小砖小瓦的宅院依稀叙述着昔日的光辉岁月。

孩童们常常问，我们是从哪里来的？老人们总是说，我们从苏州阊门来。是的，那是明朝初年发生的事，遥远得缥缈，人们已经忘了若干细节。这块美丽富庶的地方，也常有闹心的事。若是雨水多了，必定发生水灾。但总是有办法应对的，就地取土，垒土筑台，掘土成塘。如此，庄台高起可防水，依水建房可防火。村东偌大的水塘因种藕得名“荷花塘”。庄北有一大河，庄中夹河，自西向东流，穿庄而过，而庄南的河漕如弯月一样，又如一个漂亮的小腰带，兜住庄台。

庄上人口最多的两个姓氏是高氏和花氏，其次是乔氏、全氏、

[1] 村里老人回忆共有三座牌坊，此牌坊为 2023 年清理夹河发现的。同时，还有一小牌坊“旌表故业儒高元炑之妻孙氏坊”。

图 1-1：徐世昌题写的牌坊

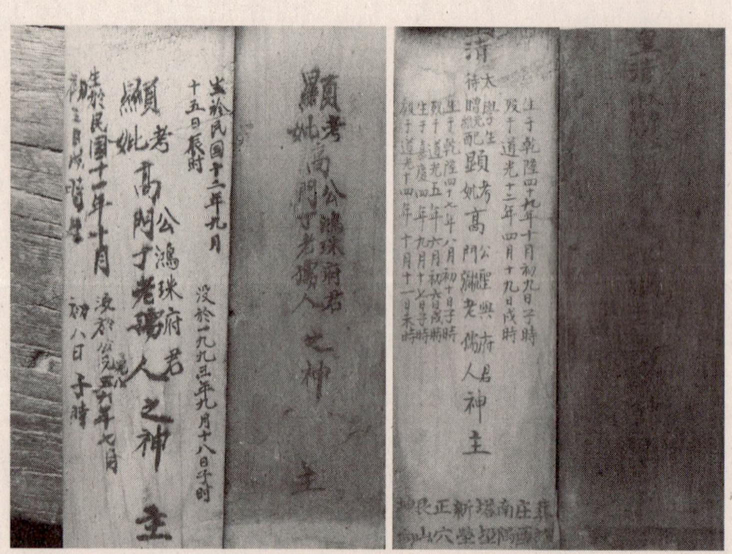

图 1-2：高氏家族神牌

曹氏、杭氏、张氏、徐氏等。高氏是大户人家，家族人取名按木、火、土、金、水五行相生依次排辈。高氏家族是明洪武年间(1368—1398)从苏州阊门务本堂迁徙过来的，第一代是高明楼，第四代为高熊飞、高熊照。高氏祖坟葬在村东南角，高氏子孙世代凭吊。经过十代人的努力，高氏家族成为本村第一大姓。到晚清时高氏家族达到了鼎盛，人丁兴旺，形成五大房头，称老五房。高家秉承姑苏诗礼遗风，十分注重诗化教育，到清初奋发读书已成高氏家风。遗憾的是：高氏家谱没能逃过20世纪六七十年代的“文革”，尽被焚烧。但老三房几座被供奉的神牌，被高氏家族的后人机巧地藏匿起来，其上用如漆的浓墨写着：“皇清太学生显考高公圣与府君神主，生于乾隆四十九年（1784）十月初九日子时，殁于道光十二年（1832）四月十九日戌时”“皇清待赠显考高公光德府君之神主生于嘉庆十七年（1812）十一月初一日戌时，殁于道光十二年（1832）九月十三日辰时”（图1-2），字迹依然清晰。至于几位高公生前有何荣耀，何种事迹，已无处查考，但至此爱读书和耿介的性格（当地方言说成“古气”或“骨气”）成为高氏家族的“胎记”。

高氏老二房从第四世祖高熊飞算起向下有10个国学生，其中高优梫工书画，又儒生、附贡生、邑增生、邑庠生、业儒计10人。高二适从叔祖父高勋，字愸斋，为同治元年（1862）壬戌科恩贡。高二适从堂伯高仕坊，字味言，号筱岩，光绪三年（1877）参加丁丑科殿试，登进士二甲第113名。同年五月分科学习，授工部主事，据说主管故宫修缮。至今村里仍流传“小甸址出了个高仕坊，四围荒了三十六方”，意思是村里出了大人，天垂其象。高仕坊嫡堂弟高仕圻善篆刻，喜戏曲，颇有陶渊明笔下的五柳先生的志趣。他在其印谱《各有所好》中写下：“求己，得失寸心知。率真、清白。子孙保之，即孝也。”此可谓高氏孝道观。

高二适一支是老四房。东台文人周应昌作词《如梦令》：

> 高二适携其曾祖桂轩先生所绘菊花一帧乞题，云此件已赠伊表叔朱某，朱即先生之外孙也。
>
> 染就霜痕深浅，描出秋容高淡，几笔寿千秋，何啻外孙黄绢。黄绢，黄绢，恰付外孙珍玩。

由周应昌序言中得知，高二适的曾祖高桂轩亦是读书人，且擅长绘事。周应昌，清末民初时学者、诗人、书画家。光绪二十四年（1898）进士，授任河南开封府洧川县知县。能得他赞许，说明高桂轩的绘画水平不低。

高二适父亲高仕坡，1878年生，晚清贡生，通中医。因名中有坡，且他仰慕苏东坡的才华，所以他取号“也东”行世。清末两江总督张之洞创办两江师范学堂，高也东曾进入该校学习，接受具有现代大学教育的课程学习。他回乡后先开私塾，再办国民立达小学，娶本县时堰镇木工之女吴氏。高仕坡正厅中堂不挂寿星，不挂观音，挂的是世代相传的书法，上书“天地国亲师”，两侧对联为："金鼎呈祥龙香结彩，银台报喜凤烛生花。"楷体，乌黑浓墨，神采焕发。高仕圾十分注重家风、诗教，其三儿媳的姐姐久未生养，三儿媳的长子一出生就过继给了姐姐吴家。吴家经商，家业厚实。小孩长到 7 岁时，高仕圾对三子锡瑜说：

> 老三啦！你要把庚哥带回来，让他读书。我们家是书香门第，不能让孩子荒废学业。从商开店，我是不会同意的。[2]

得此消息，吴家夫妇立刻雇船到高家，承诺让孩子读书求学，并给孩子更名为吴继高。吴继高成人后为铭记高家风仪，又更名为吴耀先，后考取师范学校，成为一名教师。吴耀先同样将高家的诗教家风传递给子女，其中吴为山尤得家学。对于长子高锡璋的儿子高承泽，高仕圾亲自执教，后高承泽考取黄埔军校。高承泽秉承高氏骨鲠气节，自甘清贫，屡遭打击，但依旧耿介晏如。

高仕圾一边教书，一边吟诗交友，过着悠游的文人生活。辛亥革命元老王用宾 1942 年在重庆作诗《次即事韵奉也东老人》一首，赞高也东父子诗文不凡：

> 苏家阿迈亦能文，联句律成细可扪。
> 饶有闲情看山水，未妨白首卧松云。
> 陶舒纸笔生无匹，杜武才名向不闻。
> 公足自豪诗世胄，至今湖海播吟魂。

[2] 高普泽：《我的五味人生》，自费出版。高普泽，高仕圾嫡孙。

图 1-3：高二适塑像

（立于姜堰高二适纪念馆，高二适侄孙吴为山作）

在此诗中王用宾先生以苏轼苏迈父子比拟高氏父子，高度赞扬高家“诗世胄”。南社“诗怪”林庚白也以诗句“苦吟诗世家”[3]赞许高二适（图 1–3）。

从仅存的资料看，以诗教为核心的家风是高氏家族文化生态的典型特征。诗教文化一方面将中国的传统文化深耕于社会最底层，另一方面又通过科举制度打通上下层的通道，使得平民阶层有自我安顿自我发展的空间。尽管高氏家族身处偏僻的水乡（离县城东台 40 多公里，去泰州 50 公里，到扬州府 100 多公里），但因为诗教文化生态里的耕云种月，使得他们与时代发展保持同步。高仕圻的印风、高仕坡的办学思想、高二适的早期诗书生活都证明了这一点。在诗书画印中医诸传统文化领域中长辈们的直接熏陶和指引，对高二适先生的文化骨骼形成起到强基作用，为日后高先生走出水乡，走进 20 世纪文化中心，成为百年文化巨匠，提供了应有的文化基因和文人风骨。

[3] 林庚白著，周永珍编：《丽白楼遗集》，中国人民大学出版社，1996 年 7 月第 1 版，第 454 页。

二、先生的背后：莱妻朱凤子

高二适于1903年2月18日出生，家中排行老二，取名锡璜。兄弟共五人，五兄弟的名字分别是锡璋、锡璜、锡瑜、锡斌、锡珩。由于高也东整日埋头读书写字，不谙农事，且社会处于变革之中，家境日渐困顿，其家住在庄台东南。高二适成家后不久住到庄台西南，出门便是弯弯的南漕。这样的居住地虽然离庄中心稍远，但倒是很幽静，作为文化人，高二适定然喜欢这边独好的风景。早晨，太阳和着雾气从河面上冉冉升起。傍晚，夕阳的余光散落到河面，将周围的一切镀上软软的金色。春沐河风，秋观芦花，这般美景为日后成长为诗人、学者、书法家的高锡璜提供了诗意的栖息地。

小锡璜的童年是快乐的，父亲闲暇时便给他讲太祖爷们读书的那些事儿，并时常带他看爷爷们诗文里所写的“八景”。

书巷南东——爷爷们就是在那里读书并走向社会、走向京城的。

隔溪闻梵——在书巷里侧耳倾听，夹河南岸的净业寺梵音悠扬，优雅的旋律隐隐地随河风飘来，让整个世界都寂静下来。

农场落叶——看秋风渐起，生命轮回；察农事艰辛，望秋收载喜。

虹桥双挂——夹河上西桥单立，东桥肩挑鼓楼。绿水映桥，似双虹倒挂。

夹岸丛林——乘舟而行，如履太空。朝霞出林，暮鸟归巢。

落港池云——春日白云游水，夏日碧叶扶花。水天一体，如梦如幻。

止水回舟——落霞时分，农人们撑着小船，映着夕阳，三三两两地停靠码头，一边打着招呼，一边收拾农具回家。炊烟生起，万家温暖。

石梁横渡——一块大青石板横在南漕西北出水口。夏雨暴涨，河水飞溅而下，游鱼溯水而上。孩子们忍不住跃入河中嬉水而乐。

锡璜的人生就是从欣赏这些美景开始的。白天游玩回来，锡璜安静地在一旁看父亲看书写字，还不时地玩玩书案上的笔墨纸砚，学着父亲的样子翻书写字。父亲看在眼里，乐在心里。一日，父亲带着一方紫色砚台、一支新开紫毫笔，牵着小锡璜的手来到净业寺南墙外一方池塘边。方塘东西长 50 米，南北宽 30 米，形似一方砚台，塘水清澈，塘泥乌黑。父亲高也东拿出砚台毛笔，一边在塘里洗砚，一边把毛笔泡在水中，随后灌起一壶清水。他对小锡璜说：我家太祖太爷们，都是用这方塘的水磨墨、洗笔的。从今后，这砚台和毛笔就是你的了。小锡璜随父亲一同走进私塾，正式随父亲读书。那年小锡璜 5 岁，也从这一刻起他开始了一生的书斋生活。1973 年，高二适颇为自豪地挥毫自作诗《漫成》

赠篆刻家王一羽：

残膏剩馥几余芬，黄你依然不济身。
六十年来迷眼处，归来仍是诵书人。

之后兴致未消，在诗后又题跋：

余自五龄入学攻书，三十岁旅食于外，凡住江南卅余年，今七十又一龄矣。平居未尝一日离墨本也。[4]

小锡璜在父亲的指点下认真识字读书，除了读《千字文》《百家姓》《千家诗》《三字经》《童蒙须知》等传统的读物，还兼学英语和算术两门功课。父亲还手把手地教他描红欧阳询的《九成宫》帖。小锡璜日临数纸，雷打不动。不到一个月，小锡璜就能把《千字文》《百家姓》等一字不落地吟唱出来，同时字也写得像模像样。不久他便把父亲书匣中虞世南、褚遂良等名家的字帖拿出来揣摩临习。他对隋朝的《龙藏寺碑》尤其钟情，此帖对他日后书风的形成起到重要作用。在五个儿子中，高也东看出老二锡璜和老五锡珩是读书的料，但锡璜更安静，更专注。

高也东毕竟受过现代教育，他觉得应该让锡璜到县城接受更好的教育。1915 年他把锡璜送到县城东台县立第一高等小学，经过考核锡璜插班到二年级学习。锡璜特勤奋，所作诗文常被老

[4] 高二适著，李静凤编校：《高二适诗存》，合肥，黄山书社，2011 年 7 月第 1 版，第 82 页。

师当作范文来讲解。

当时东台是苏中的文化重镇。中国报学史研究奠基人戈公振，1912年任《东台时报》图画编辑，1913年离开东台，1914年进入上海《时报》工作直至总编。清末民初著名学者吉城晚年居东台著书立传。清末画家周丕然之子周应昌、周应芹兄弟，善书善画。这些文化名流在东台都很活跃，对锡璜有着潜移默化的影响，有些后来成为锡璜的诗友。

1917年，高锡璜以全县第一名的成绩高小毕业。这年他通读清朝沈德潜选编的《古诗源》。大约这一时期他将名字锡璜改为二适。为何改成此名，章士钊曾说，因高二适仰慕唐朝大诗人高适，并直追其诗境，故作高适第二。章士钊在《答二适》一诗中说“达夫五十始言诗，而子英年已妙辞”。达夫是高适的字，章士钊此处显然是将两高相比，以此来赞高二适写诗水平高。郑逸梅在《艺林散叶》中说：“高二适以诗自负，所谓二适者，高适第二也。”[5]1973年3月，高二适作《答湖州友人费君》，其一：

经时不道舞婆娑，老去逢春百未过。
常侍诗篇穷上驷，右军书帖误群鹅。
金陵津渡思君久，霅水归帆得梦多。
莫怪遗篇委荆棘，古来荆棘半铜驼。

在诗后有附诗释义：

[5] 郑逸梅：《艺林散叶》，中华书局，1982年12月第1版，第70页。

图 1-4：高二适常用印章

> 右军换鹅事，我不谓然，故用“误”字；常侍为吾祖高适（达夫），有《常侍集》，史称公五十为诗即工，老白老杜至友。[6]

可见高二适自我更名最初的心迹是要做一名诗人，而且以“吾祖高适”为标杆。不做第一是他自谦，更是对高祖不能僭越的文化心理，但必须是第二，其极高心志一目了然。

20世纪30年代后期，他取号瘖盦，1949年之前10多年间，他多使用印有“瘖盦诗笺”“瘖盦笺”“瘖盦用笺”等斋号的信笺。后又号舒凫、高亭主人、麻铁道人等，再有号证草圣斋、草圣平生（图1–4），表明自己专攻章草的志趣。晚年他女儿高可可问他为何取名二适，他说：“二适者，适吾所适也；舒凫者，舒展自如也。”[7]他曾作《承徐天敏惠墨短歌奉酬》诗，以述取名号心曲：

> 王家墨池笔冢留，未见记录隃麋侯。
> 人言磨墨墨磨人，磨穿铁砚始堪珍。
> 谁令麝煤落吾手，我笔纵横心语口。
> 九州人物书画同，黄尘埋没马蹄中。

大凡有成就的书法家，不管是王羲之还是怀素，哪一个不是墨池尽黑，退笔如冢。人们都说是书法家磨墨作字，哪里知道是

[6] 纪如彬，吕华江：《高二适先生年谱》，江苏凤凰美术出版社，2018年5月第1版，第380页。
[7] 尹树人：《高二适研究》，载《东南文化》1997年增刊，第94页。

墨砚磨人，没有一位书法家不是经过磨穿铁砚，才能写出令人称奇道胜的书法。晚年的高二适愈觉得书法不容易，但其意志坚如磐石。他取号麻铁道人；其中的“麻”即“磨”，意味磨穿铁砚问道之人，同时“麻”字，在高二适家乡方言中含有“狂傲不羁、特立独行”的意味。以此自号，既有思想性格上的自我写照，也是对书法“纵横心语口”的绝对自信。

1918 年，高二适以优秀的成绩考取时在扬州的江苏省立第五师范学校（简称省立五师）。省立五师于 1913 年由两淮师范学校改组而成，校长为任诚。任诚早年留学日本，后又赴欧美考察教育，对中西教育利弊作深入思考。

任诚思想开明，上任校长后，广吸英才，大胆推行教育改革，成效显著。教师中有被誉为民国第一大小说家、鸳鸯蝴蝶派小说代表人物之一、维扬小说泰斗的李涵秋，另有著名画家吕凤子。幸运的是高二适成为李涵秋的学生，李涵秋担任高二适的国文老师兼班主任。李涵秋是性情中人，常将自己的小说作教材，让学生阅读学习。李涵秋以小说《广陵潮》一举成名，最忙的时候同时为五六家报刊写稿，他忙不过来时常将文稿交给学生誊写。高二适自幼习字，书法不错，和同学们一起为老师誊稿，是高二适最快乐的事。李涵秋因小说名声太大而淹没他的诗、书、画、印之名，这样全才的老师对高二适影响很大，使他终身难忘。烟花三月的瘦西湖，二十四桥下的明月夜，才华横溢的老师，加之学习费用全免，高二适在扬州度过了 3 年愉快的学习生活。

然而，遗憾的是这时高家经济陷入困境，几乎入不敷出，全家七口人的生活仅靠父亲的国民立达小学的微薄收入来支撑，实在难以维持。1920年高二适辍学回家，帮助父亲料理学校，做教员。

1921年，高二适任国民立达小学校长。这期间，高二适一边教学，一边开始研读《杜诗镜铨》，他读书刻苦，常至深夜。夏日夜晚酷暑难耐，蚊虫猖獗，无奈之下，高二适取来水桶，将双腿浸泡水中。这种方法虽然解决了学习上的困扰，但长时间将双脚浸泡在水中对健康不利，加上营养不良，造成了高二适体弱多病的遗恨。高二适花了两年的时间将《杜诗镜铨》通读一遍，此后终身研读不倦。他曾在此书上批注说："50余年岂止百遍读此。"杜诗对高二适的诗歌创作及书法审美产生了重大的影响。不久父亲高也东经上海的同学介绍到上海文明书局任编辑。高也东思考再三，认为还是要让高二适完成学业，最终将学校转给溱潼的高石安。这样高二适就跟随父亲转学到上海的江苏省立第二师范学校（简称省立二师）。省立二师由清同治四年（1865）创设的龙门书院发展而来，校长贾丰臻为学者、教育家，著有《中国理学史》《易之哲学》《师范学校论》等。姚明炜任高二适的国文老师。

1923年，高二适从省立二师毕业，原本打算留在上海找工作，这时，他的一位族人高銮在家乡南十华里的溱潼办了一所私立初等小学。高銮一连写了几封信让他回乡协助自己办学。高二适不喜欢运动，好幽居读书，过不惯上海的城市生活，加之身体不佳，

图 1-5：1936 年高二适朱凤子夫妇合影

经常闹病，这年冬天高二适回家到溱潼做了教员。说到底他还是喜欢水乡的宁静生活。

21 岁的高二适在乡下已属大龄青年了，像他这样“两耳不闻窗外事，一心只读圣贤书”，且不懂农事的人，一般人家不会找他做女婿的。有诗书背景的高家，自然也看不上没有文化背景的普通姑娘，所以说亲的人不少，可成事的却没有。高也东夫妇也很着急。高升甫是高仕坊的儿子，在溱潼开了一个不小的六陈行粮店“高升记”。一次，高升甫恰巧回老家办事，跟高也东夫妇说溱潼乾泰昌杂货店的姑娘倒不错，个子高又俏巧。重要的是朱氏为溱潼第一大家族，也是诗书之家。高家和朱家本来就有姻亲关系，高二适的姑奶奶即是朱家媳妇。乾泰昌杂货店老板朱竹成，不是一个单纯的商人，他的店铺请一个姓丁的伙计打点，自己办私塾，过着文化人的生活。高升甫回到溱潼跟朱先生谈起这门亲事，尽管高二适经济条件很一般，但高二适的诗文才华在周边地区已经很有名气，尤其是词和赋的创作，让许多老先生大为赞赏。文化相亲，朱先生当即爽口答应把女儿朱凤子嫁给这位“书呆子”（图 1–5）。

朱凤子并非朱竹成亲女，实为侄女，但朱氏夫妇将其视同己出。高朱新婚，朱凤子陪嫁甚丰，金银铜木家具及各类首饰一应俱全，与家道中落的高家形成鲜明的对比。尽管朱氏夫妇俩对朱凤子胜如亲生，但俗话说，离娘的孩子乖。朱凤子自小在陌生的环境中健康成长，同时朱竹成的南北货商店练就了朱凤子经营生活的本领，甚至在艰难情况下她都能让一家人过上体面的生活，这尤其适合高二适这种只管读书做学问而不谙世事的人。他们的组合可能是上天最善意、最圆满的安排。可以说，高二适的成功离不开他背后具有强大生活能力的妻子的支撑。难能可贵的是：由于岳父朱竹成喜欢舞文弄墨，也曾办过私塾，对传统文化极为痴迷，他的文化情怀感染了一家人，甚至还传递给他店铺里打工的丁伙计。高二适每有好诗不仅写给岳父，还常常另录一份给这个丁伙计。到 2020 年，溱潼镇老词人王慕农先生仍能流畅诵出当年高二适抄给丁伙计的一首自作诗：

欧公宿地《鸣蝉赋》，此忆今生到后山。
楼上似连鸠唤户，世间何物足损烦。

基于这种家庭氛围，朱凤子比较欣赏高二适的文化背景，并且笃实地支持高二适做一个真正的读书人。否则，一位普通的家庭妇女无法容忍一个毫无生活能力的书痴且又容易犯常识性错误的丈夫。而作为敏感的诗人，高二适并没有因沉浸于书海而忽略身边这位本真的女人。我们似乎没有听过高朱两人海誓山盟的言词，也没有见过举案齐眉的场景，但他们彼此的情感是忠贞而恒久的。她活在现实生活中，而他把她投影在诗里，因为他是诗人，他用他擅长的方式，以诗意的形象叙写他们的生活与情感。这种情形很类似杜甫和他的老妻，一句“却看妻子愁何在，漫卷诗书喜欲狂”，就把杜甫两口子相濡以沫、相亲相敬的日常生活展露出来了。在只身一人随国民政府迁往重庆期间，高二适并没有像当时许多政府人员一样搞“战争妻”，而是独善其身，坚守贞操。他一面把省吃俭用积攒下来的钱夹在家信中寄回家，一面把对亲人的思念记录在诗里。1940年清明时节，高二适深夜未眠，惊闻子规声悲，故园情起，遂作《夜闻子规起而作诗》[8]：

> 我昔秣陵听杜宇，时值清明恶风雨。
> 客里思家不可过，晚闭幽房对妻语。
> ……
> 忆昨小年离母怀，桃李轻盈随父祖。
> 二十出门使欲归，深闺早结鸾凤侣。
> 长来世事□逼仄，渡淮泛江悬几许。
> 南来困厄同党灾，西上更遭□担侮。
> 忽忽三秋不得归，每念骨肉生毒蛊。
> ……

三年离别，思家难耐。好一个“晚闭幽房对妻语”，完全消泯了“我住长江头，君住长江尾”1500千米的距离。诗是灵魂的乍现，若高朱之间没有心灵共同栖息地，怎么能让千里的时空充满温情的气息。1942年，高二适老屋厅堂中梁被日寇炮弹炸断，高二适接到凤子家书，即刻“魂飘过万山”，知道家人无妨，开

[8] 载1940年《国际与中国》第四卷第七期《文艺》栏目。

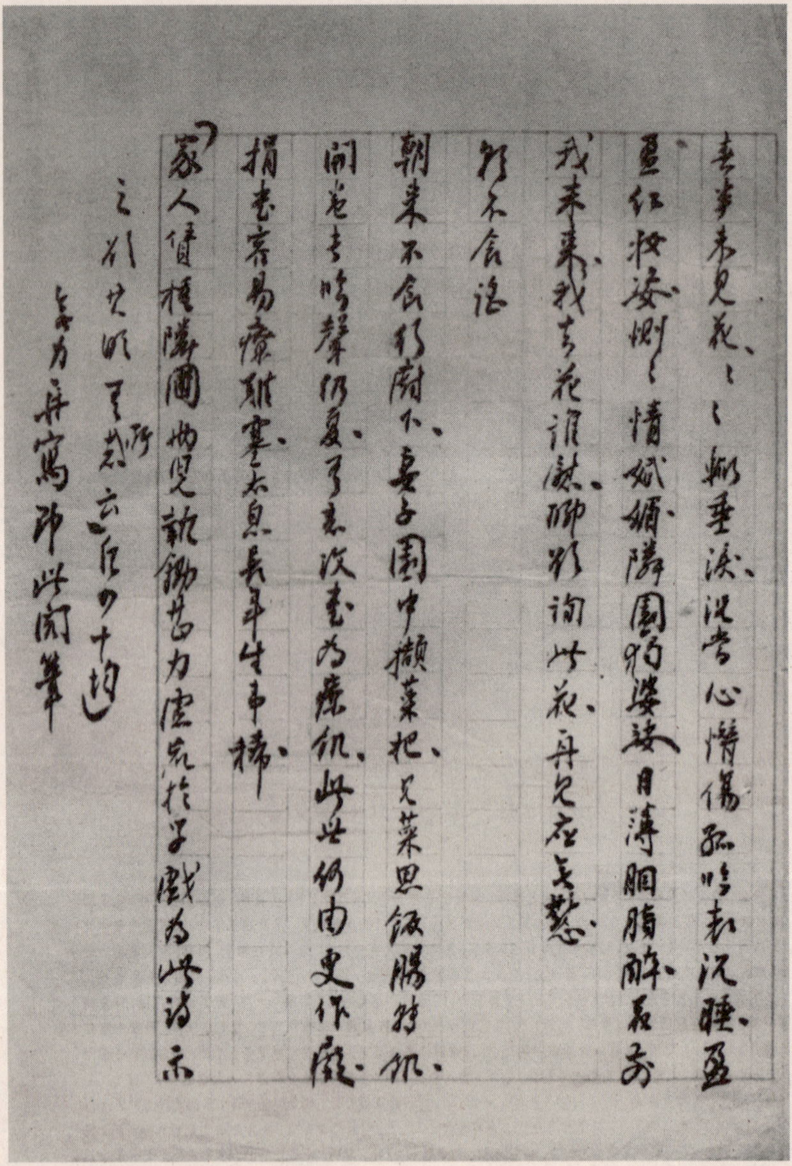

图 1–6：1950 年 4 月致苏渊雷诗札

怀不已："剩有夸张儿女处，九千里外暂开颜。"（《梦到家作示内》）。1943年，春节万家灯火团圆日，高二适却不能与妻儿团聚。正月二十一日作《寄凤子》：

> 不道经年别，犹然万里身。时艰吾自健，岁始汝何亲。
> 两地怜儿女，他时共隐沦。近传蟢子梦，遥慰故乡春。

身在万里之外，只能随蟢梦归。"吾自健""汝何亲"这雅辞告语，既是对妻子的宽慰，又是最深爱的表达。"怜儿女""共隐沦"是共享天伦的世外桃源生活，是凤子懂他诗意的畅想。

1944年，离家7年之久的高二适更是把对妻儿的思念刻印在诗里。《怀秋二十一首》第16首诗句"峭寒唤添衣，败絮无人缉。妻子隔绝久，思君常啜泣。吾年愈老大，家难殊艰急"，第17首诗句"妻孥食不饱，多病今仅存"，可见家中妻儿的寒暖无时无刻不牵动着高二适的心。

而在敌占区的朱凤子带着几个孩子更不容易，但她聪明能干，不仅可以处好婆媳关系，而且与众妯娌、姑叔也相处得融洽。她变卖嫁妆，拼凑高二适寄回来的钱，买了一座四合院式大瓦房，大大改善了生活条件，她又出租一间厢房，以贴补家用。

1948年夏，高二适全家迁居至南京三条巷齐园。1949年，长女高若男随夫沈天吉携子女逃避战乱住到齐园高家。高二适却失业在家，一家十余口人要吃饭，怎么办？朱凤子不简单，竟租邻近的园子种地。要知道，朱凤子虽不是大家闺秀，但她一生没有下过地种过田。1950 年，高二适作诗《朝不食谣》两首，记录了饥不能举笔的艰难场景（图 1–6）：

朝来不食行厨下，妻子园中撷菜把。
见菜思饭肠转饥，开卷苦吟声仍夏。
吾意攻书为疗饥，此世何由更作痴。
捐书容易疗难塞，亦息长年生事稀。

诗后自注云：

家人赁种邻园，两儿执锄甚力，虑荒于学，戏为此诗示之，欲其明吾所志云，凡四十均，无力再写即此阁［搁］[9]笔。

如果没有朱凤子，可能高二适的境遇会像他所崇拜的陈师道一样惨淡。攻书疗饥，固然意志可嘉，但现实的饱暖是维持生存的保证。让高二适天马行空、恣肆狂狷的风筝线始终被妻子朱凤子系得结实。高二适也真切感觉到这根无形的线，不仅仅是诗意存在，还有表达的快慰，因为他是诗人，诗人自有诗人表达的方式。1962 年 10 月 19 日（农历九月廿一）夫人朱凤子 57 虚岁生日，高二适赋诗《凤子生日，余为薄治面肴，并作诗命小女可可讽诵之》（图 1–7）：

[9] 高二适先生原文为“阁”字，根据文意，作者认为此处应为“搁”字，故用“［ ］”进行括注。本书后文均以此方法括注。

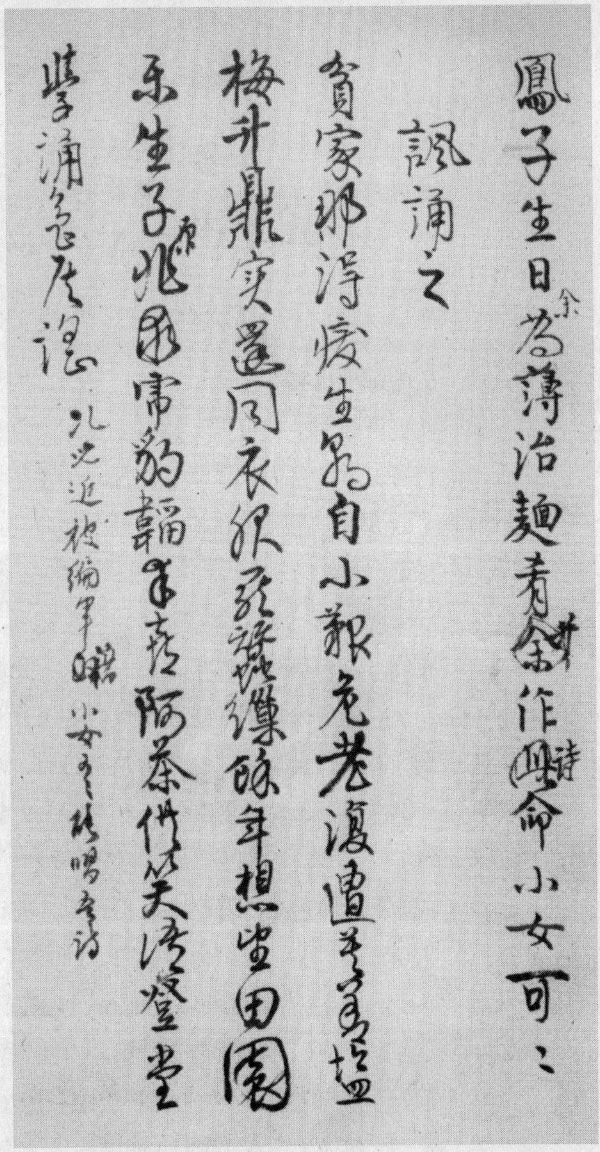

图 1–7：高二适《凤子生日，余为薄治面肴，并作诗命小女可可讽诵之》诗稿墨迹

贫家那得废生朝，自小艰危老复遭。
莫善盐梅升鼎实，还同衣服罢蚕缫。
余年想望田园乐，生子原非虎豹韬。
幸喜阿茶供笑语，登堂学诵鲁侯谣。

高二适的诗难得有“笑语”，这个笑语，因为朱凤子生日，因为能吟诵鲁侯谣的小女可可，让这个贫寒之家充满无限生机。最难得的是高二适亲自为朱凤子下面祝寿，手艺肯定不太行，但这份情意十分珍贵。高可可在《一个爱书如命的人——回忆我的父亲》中写道：

有时，我和妈妈不在家，没人烧饭，他就只会烧稀饭和下面条，可是稀饭又常常烧成干饭。一次我们从外面回来，父亲盛好面条让我们吃，吃到嘴里是甜的，原来他错把糖精当味精撒在面条里，他自己吃了大半碗还没有吃出来哩！[10]

给朱凤子下的面条是否好吃，已不重要，但让“四体不勤，五谷不分”的高二适下厨，那是何等魅力，这面条不仅做出了诗意，还做出了浓浓的情意。晋陶渊明临终前在《与子俨等疏》里说：“但恨邻靡二仲，室无莱妇，抱兹苦心，良独内愧。”陶渊明虽能承受“室无莱妇”，却也是诗性生活的遗憾。1976 年，离大去只剩一年，高二适 74 岁（虚岁）生日，回顾一生，感慨万千，作《丙

[10] 高可可：《高二适研究》，载《东南文化》1997 年增刊，第 134 页。

辰七十四龄生日赋》（图 1-8）：

今朝七十四龄过，室有莱妻被草莎。
病退一廛元未死，胸余百虑那能歌。
客来差具齑盐味，乱定仍愁风雨俄。
一事扬云终自合，雕虫微技尽销磨。

诗人眼里的莱妻不仅仅是贤妇的代称，还有对其甘愿随自己过清苦寂寞独行生活的感慨。诗中一“乱”一“愁”概括了高二适一生的内外状态，外在处境可以说是大半个世纪的战火与纷乱，内在则是他无时无刻不心怀国士忧。然令他欣慰的是“室有莱妻”与之同行。“莱妻被草莎”这个比兴手法用得实在妙。莎草是极普通平常之物，但其根是药材、香料，古之美名曰“香附子”“雀头香”。莎草也是诗人们常使用的物象，“踏莎行”词牌名即是由此演绎而来。高二适在此既凸显莎草寻常的外表，又赋予其内美气质。莱妻、莎草的比拟，是垂暮的高二适对朱凤子的终极评价，不知高二适如何向朱凤子解释此诗句，虽然他没有写出“十年生死两茫茫”这种感天动地的词句，但此赞誉定当让隐藏在高二适身后自甘付出的朱凤子倍感慰藉（图 1-9）。

幸运的高二适外有侠士章士钊，内有莱妻朱凤子，这让他能够过上“适吾所适”的生活，让他能够笔耕于书斋，长啸于士林，安然追寻他人生的梦想。

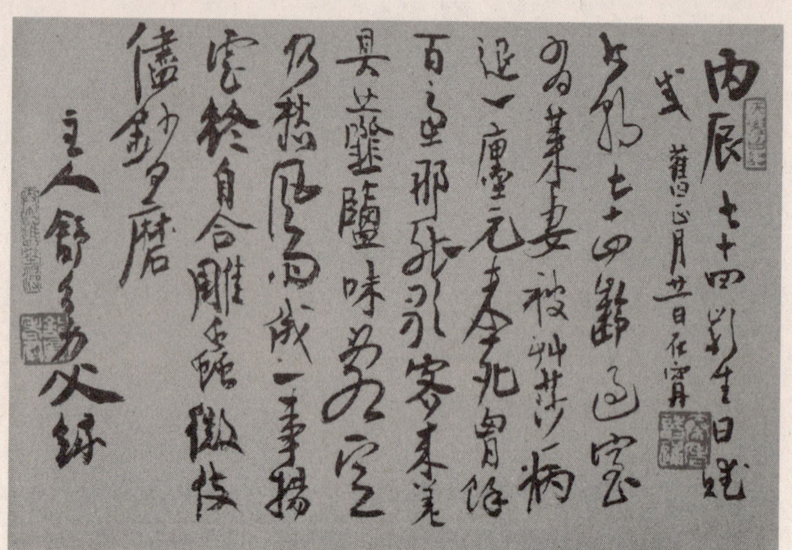

图 1-8：高二适《丙辰七十四龄生日赋》诗稿墨迹

图 1-9：1974 年高二适朱凤子夫妇合影

三、人生誓言：一心二途三道

新婚后高二适与朱凤子在溱潼住了一段时间，就回到了小甸址。高二适一边继续担任国民立达小学校长，一边日夜读书吟诗。这时候高二适已不满足于在东台地方报刊上发表诗词，1926年，他开始向章士钊创办的《甲寅》周刊等报刊投稿。高二适从岳父家拿回蒋春霖词集《水云楼词》，认真勘读。蒋春霖，字鹿潭，清代词坛巨擘，一生落拓不得志，咸丰末年，流寓东台、泰州一带，住溱潼寿圣寺内“水云楼”，专事填词。高二适昼夜攻读《水云楼词》，既感叹蒋春霖的不幸身世，又仰慕其婉约虚浑的一流填词功夫。研读之后，高二适迎来了填词的高峰期。现已难寻高二适当时的词作，只能从时人给他的和词中体味高二适的情韵心志了。东台周应昌刊刻的《霞栖诗三钞》中录有几首与高二适和词之作：

金缕曲

高二适以述怀二阕所和次原韵

余子何堪数，笑诸公，棋争一局，不遑宁处。磊落奇才偏抑塞，历尽空山寒暑。畴解得，弓旌招取。豪比元龙湖海气，正英年，郁郁居乡土。搔首问，对天诉。

何闻何见空来去，好男儿，冲天有志，顺风遇难。珠泊银屏看昼闭，三日门前辛苦。剩一缕，华山吟绪。裘敝何如苏季子，舌难存，不屑如簧鼓。歌慷慨，引商羽。

百感休萦绕，蔡中郎，千秋绝迹，屣将谁倒。揽辔澄清虽有志，且伴风清月皎。养尔气，名山歌啸。知己终须逢伯乐，看他时，驰骋骅骝道。迂阔见，勿吾笑。

老夫愧说归来早，廿余年，蓬门养拙，寄情花鸟。正直怀人风雨夕，可喜鳞鸿非杳。奈中有，泪痕多少。自古文字憎命达，难忘忧，移我窗前草。高尚志，料君晓。

再有：

金明池

二适赋此见赠次韵答之

乱世生涯，斜阳暮景，牧唱樵歌心思。漫道是，文人慧业，聊领取。枯禅滋味，笑柴门，虽设常关，问谁向泉石，膏肓通意，金缕忽传笺，浣薇三复，顿觉春生幽砌。

觅得源头清似水，愧顾误周郎，而今衰矣。喜听到，阳春白雪，都洗尽，浮花浪蕊。羡君才，调本无伦，怎流水高山，逸兹奇士。梁父寄吟情，交风友月，算是逢场游戏。

另还收一首周老先生的应答诗，很有生活气息：

高二适乞画美人图戏赋此即出来答之

怪哉高达夫，索画美人图。君意本游戏，我心翻踌躇。
古美庄而丽，那足合时趋。今美跳且舞，摩登焉可摹。
我无摄影镜，眼花尤模糊。白首对红颜，无乃羞彼姝。
况复时隆冬，冻笔呵难濡。何以塞此责，一笑作狂书。

从这一系列的韵和之作中，可以看到当时高二适歌啸乡里的文化生活。一是高二适很有志向，但没有施展的机会，可谓“豪比元龙湖海气，正英年，郁郁居乡土”，让人叹息有冲天志向的好男儿，虽是“磊落奇才”，却“顺风遇难”。二是作为学人前辈周应昌很赏识高二适的才学，直言“羡君才，调本无伦，怎流水高山，逸兹奇士”。对有志有才的晚辈周先生劝言“养尔气，名山歌啸”，相信他将来一定会遇到伯乐，大展才华。——“知己终须逢伯乐，看他时，驰骋骅骝道”。这还真让周老先生说中，后来高二适即被民国大画家陈树人看中，开始了他诗性人生的骅骝道。三是高二适在诗余常涉猎文人雅玩。周应昌为晚清进士，与其兄周应芹皆精诗画。高二适向其求画美人图，这让周老先生有些为难，古美人不合时趣，今美女又不入眼。美人图未得却得到回诗一首，想必这也令高二适很满足。

让高二适意想不到的是：当他向报刊投稿时，两个人彻底改变了他的命运。一是陈树人，二是《甲寅》周报的创办人章士钊。两位文化巨匠对这位幽居乡间的年轻人刮目相看。尤其是章士钊，他从20世纪20年代起，与高二适文化交往长逾半个世纪，他们的忘年交成为20世纪文化界的美谈。

1926年，对于23岁的高二适来说是比较特别的一年，这一年可作为他人生独立的标志年。一是这年6月长女高若男出生，初为人父，升格为家长，必须有家长的责任感。二是因为母亲重男轻女，婆媳关系不和，高二适夫妇带着年幼的孩子在庄台南西南角南漕内侧，租下三间草房，开始了属于自己的生活。三是初次登上学术舞台，以传统的文人方式介人政治，这是秉承先贤“经世济用”思想的尝试，也是贯穿他一生的“用世观”的一种基本方式——以文人世。同年元月30日，《甲寅》杂志（图1–10）第1卷第29号封二刊登《本社第二次特别征文揭晓》的启事，高二适以本名锡璜名列第63位，奖金5元。此次征文题目为《圣贤与英雄异同论》，政论性很强，为段祺瑞执政府所命题。20世纪早期的中国处于动荡状态，年轻的高二适有志于文，意在有用于社会，他尝试着以不同的方式实现人生价值，但其核心仍然是儒家的入世观，也可说成是有政治倾向的文化行动。这次其政论在全国获奖，不仅给他的自信平添了一份厚度，而且开启了他的一扇人生之门，他晚年能够成为“兰亭论辩”中心人物，让人毫不意外。然令人钦佩的是从1926年到1965年，这40年间高二适经历了无数的起伏跌宕，依然不改文人初心，底色犹存，当

图 1-10：《甲寅》杂志封面

年傲骨走天涯，白首归来笑春风。由此，1926 年是高二适的人生元年，他的文化响箭开始逆风而行。

1927 年初，北伐军二师政治部主任方其道主持国民党东台县党部筹备会，同年 6 月，国民党江苏省党部派马国桢为特派员来东台，并且成立东台县党部特别委员会，委员 7 人。高二适本村有一位本家高兰谷在南京第四师范附小做教员，经他的老师推荐，高兰谷到东台县党部担任党部特别指导委员。高二适适逢暑假，高兰谷便让高二适随他到东台帮忙。高兰谷负责秘书处，他让高二适在该处做誊录文件、登记表册等事务。国民党东台县党部成立不久，几位委员参与控告本县栟茶镇土豪缪希陶，结果对方打通军方，几位委员被捕，党部工作停顿。

不久军阀孙传芳由徐州、连云港方向反攻北伐军，兵逼东台。孙传芳要东台商会设兵站招待返境的部队。商会拿着孙传芳的密令到国民党东台县党部，党部工作人员却随即逃散一空。高二适逃回家中，正遇上祖母病故，可谓心惊胆碎。

国民党东台县党部特别委员会维持了三个月，高二适在其工作不到两个月。因为不是国民党党员，所以他没有参加过一次党部活动。

从东台党部逃散回来，暑假还未结束，高二适沿江而上，壮游四川名胜古迹。他在《山谷诗集》题跋说："丁卯七夕，酷暑未减退。时由北碚赴渝，借住汪文檠大楼，日午展诵，自觉清凉也。"其间，高二适读到四川大诗人赵熙的诗作。赵熙，号香宋，被推为“四川古代最后一名大诗人”。同时高二适看到赵香宋的书法，对其大为赞赏，心生敬慕之情。让高二适想不到的是10年后他以逃亡者的身份来到四川，结识了赵熙，且在北碚一住就是8年。

这年秋，孙传芳被北伐军队打败，从东台退走。国民党江苏省党部设有临时执监委员会，东台党务由省执监委员会接收，开展工作。高二适在1956年的一份审查材料中说明了自己与此相关的问题（图1–11）：

（国民党东台县党部）在城庙张贴布告，说明其任务，（甲）征收登记党员，即在县特别委员会的工作人员，如工作期满三个月即可登记为正式党员。（乙）征收预备党员以充实党部。（丙）成立区党部及区分部，我在乡收到通知到城登记，被支配在一个城上的区分部（乡区无党员，我参加区分部成立选举，即回家了，当时选出三个执行委）。此是我第一次登记党员的事。

江苏省鬼党部（国民党党部）临时执监委会因闹党争撤销，而代以正式省执监委会，该会对东台党部处分。（甲）东台特委会工作不到三个月，其工作人员不得进行登记为正式党员。（乙）东台党员人数过少，将党部组织撤销改为江苏省直属区党部，后以东台党部与省党部互□，结果，东台县直属区党部，停止活动，实行登记甄别党员，此起彼伏，纠纷达到极点。我在乡校有时得到通知，瞻前顾后，乘去舟

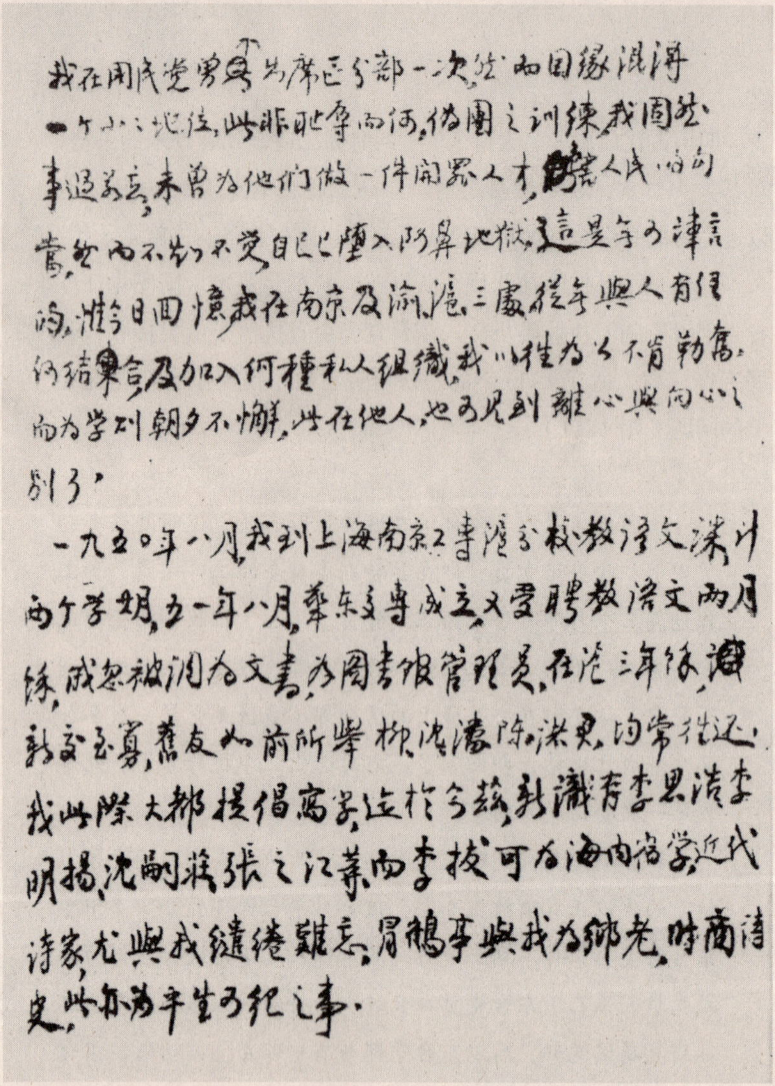

我在国民党男中出席区分部一次，然而因缘混得一个小小地位，此非耻辱而何。伪团之训练我固然事过即忘，未曾为他们做一件开罪人事，陷害人民的勾当，然而不知不觉自己已堕入阿鼻地狱，这是真的谏言的。惟今日回忆我在南京及浙沪三处从未与人有任何结果，更不加入何种私人组织，我以性为不肖勤奋，而为学则朝夕不懈，此在他人也可见到离心与向心之别了。

一九五〇年八月我到上海南京二专沪分校教语文课计两个学期，五一年八月华东文专成立，又受聘教语文两月余，我忽被调为文书为图书馆管理员，在沪三年余，认识交友不多，旧友如前所举柳、沈、濤、陈、洪均常往还，我此际大都提倡写字，迄於今兹，新识有李思清、李明扬、沈剑萍、张之江等，而李拔可为海内诗学近代诗家，尤与我缱绻难忘，冒鹤亭与我为乡老，时商诗史，此亦为平生可纪之事。

图 1-11：1956 年高二适审查交代材料

> 车食宿之花费均时蒙无端的损失，时间荒废，更属无名。今日重加回忆，痛恨之深，真可谓无复之加了。（引文中着重号为高二适本人所加）

高二适在东台党部工作不到三个月，只能登记为国民党临时党员。

1928年夏，高二适再次参加考试，考入上海私立正风文学院，专攻中国文学。上海私立正风文学院，于1926年由江苏省省长韩国钧、民政厅厅长胡朴安、《新闻报》秘书王蕴章等在上海成立。王蕴章，字莼农，号西神，通诗词，工书法，与高二适在扬州的老师李涵秋一样是鸳鸯蝴蝶派代表作家之一。王蕴章任学院院长，注重国学教育，这可能是高二适选择该校的原因之一。同时，高二适还看中学院创办者为乡贤韩国钧。韩国钧，字紫石，晚号止叟，江苏海安人。海安与东台紧连，同属扬州。韩国钧为人正派，为官清正爱民，热爱文化，诗、词、文、书法均有成就。从后来高二适与韩国钧的交往看，高二适看中的并不是韩国钧的省长职位，而是他的为人、为学的品格。

1928年，正风文学院由原来上海黄浦区南京老西门大吉路，迁到上海西极司菲尔路，地处偏僻位置，用高二适的话说“那一带满园荒凉”[11]。高二适虽然来校之后办理好了临时党员转移的手续，但学校并没有省党部，且离市区较远，他在上海人生地不熟。高二适后来回忆说：“久而久之，遂搁置不提此事，随后临时党

[11] 1956年高二适审查交代材料手稿。

证及转移公事，便丢失了。”[12]至此，这个短暂的“政治生涯”结束了，它使高二适比较近距离地观察到国民党的腐败与黑暗，这与他理想中的“清明政治”大相径庭，也使他认识到进入官场来济世几乎是不可能的，况且高氏家族耿介晏如的性格也与官场格格不入。

短暂的政治生活，对高二适以后的人生产生了深远的影响。青年时期的高二适面对内忧外患的局面，很想干一番事业的。虽然他没有马革裹尸投笔从戎的热血行动，但作为读书人，依照儒家的“王道”，他希望仁政、强国、富民。他的精神世界里更多的是屈原、贾谊、司马迁、杜甫这样的文人情结。他在国民党党部工作，目睹了官场的黑暗，目睹了众多官员损公肥私、拉帮结派、尔虞我诈，全然不是他心中理想的政治图景，这使他坚决转志于学问和诗文。尽管他后来到国民政府立法院工作，身边有不少“贵人”，但他也无意于政治，更无意于加入国民党。范仲淹的“犹乐观”是高二适“出”“人”的永恒的基调。

到正风文学院学习，是高二适学业发展的重要阶段，他在这主要结识了三位文化前辈。一是正风文学院创始人之一韩国钧，1932年，高二适以学生身份拜见这位老校长，从此二人之间开始了一段诗书往来的佳话。二是戈公振，他是对高二适诗学的路径起到引领作用之人。三是宋澄之，宋先生的赏识，使高二适得以到北平国学研究院继续深造学习。

到上海不久，高二适携自己的诗作前往《申报》，拜识乡贤

[12] 1956年高二适审查交代材料手稿。

戈公振。戈公振时任《申报》总管理处设计部副主任。年长高二适14岁的戈公振阅读这位小老乡的诗作，十分欣喜。褒奖之后，他便将自己珍藏的吴嘉纪《陋轩诗集》赠给高二适。吴嘉纪，东台人，清盐民诗人。他的悲天悯人的情怀与高二适一拍即合，其诗学孟郊、贾岛，对高二适的诗学之路产生不小影响。1933年，戈公振随中国驻苏大使颜惠庆访问苏联。1935年，戈公振访问捷克，他写诗给高二适，高二适和诗奉酬：

当年沪壖记兴居，忽报天涯使者书。
同为生民憎泄泄，岂知河决漫徐徐。
思归三载宁云晚，问志中年总不如。
寄语故人憔悴甚，白门秋雨正萧疏。

和诗中既有对生民多艰的忧虑，又有“问志中年”的迷惘。1929年7月，高二适在正风文学院学习，两年后毕业。他的国文老师宋澄之先生是国内有名的国学大师，原名宋文蔚，晚清举人，与章太炎、吴昌硕同拜于俞樾门下，和王国维同为上海仓圣明智大学教授，马叙伦是其得意学生之一。高二适的勤学及才情为宋澄之所赏识。这年宋先生被聘为北平研究院导师。宋澄之邀请高二适到北平继续学习，并鞭策他说：“汝再加三五年研究功夫，学问便可成家数。”[13]高二适满心欢喜，回家作短暂的休整，于同年秋季考入北平研究院国学研究门做研究生。

[13] 纪如彬，吕华江：《高二适先生年谱》，江苏凤凰美术出版社，2018年，第34页。

北平两年，良师益友，京都风物，书生意气，这是高二适青年时期最为惬意的时光。他在回忆这段生活时说："观摩回顾，搜讨文衡，平生志气发皇无过此日。"[14]遗憾的是，不久宋澄之在北京逝世，加之吃惯大米的高二适对北方的面食很难适应，本已瘦弱的身体，疾病时来缠身。1931年夏，研究生学期未结束，高二适便请了长假回家，做通讯研究生。此时父亲高也东年迈体弱，将立达小学的事务全交给高二适。高二适一边教学一边研究学问，攻读诗文，其勤奋的程度用他自己的话说是"足不出户"[15]。

尽管高二适在乡下废寝忘食地学习，但他与外界并没有隔绝。一方面通过订阅报刊关注诗坛，激励自己的创作，并大量投稿；另一方面结识诗友，相互酬唱应和。高二适近30年的且歌且行的乡村生活，作为人生的序曲似乎长了些，但作为中国传统最基本的阵地家族文化生态中的高仕坡、高仕坊、高仕圻等长辈们的舞文弄墨固化了高二适应有的元气、骨气、文气。这使他以后不管走到哪里，也不管在什么时候，都会以独立苍穹的姿态屹立在世人面前。

高二适深耕于传统文化，但又不缺独立的人格，对自己的人生有独特的思考与规划，此可概括为一心二途三道。

一心，即诗心。1939年9月17日高二适在《黄山谷集》第一册题跋：

己卯秋，旅渝一月，苦热畏雨。既于中秋前十日归独石

[14] 1956年高二适审查交代材料手稿。
[15] 1956年高二适审查交代材料手稿。

桥矣。续读此集，感叹无既，只恐平生空有济世志，而流落蛮荒，枉付诗心耳。一笑记之。二适记。

此跋写于抗战期间，国民政府流寓至重庆。高二适言明自己平生怀有济世之志，此志源于“诗心”。他慨叹“枉付诗心”，表面说是“流落蛮荒”，实际是感叹才不见用，辜负韶华。虽然诗心托空，但高二适本人不负诗心。在高二适灵魂深处，此诗心并非仅仅是文学上的，而是涵盖文化的、艺术的以及政治的理想和信念。他的诗心既有诗性本体的意境，也有诗化的想象力，它纯洁、简单、高挑、孤傲，大多时候不合适宜，这使他的家国情怀、文化担当相当有质感。诗心是高二适的本，是他人生的原点，是他一切的起点。通观高二适一生的言行可以看出：

他以诗心观世，故而耿介狂狷；

以诗心入世，故而有情怀有担当；

以诗心交友，故而情深意切；

以诗心作诗，故而惊天泣地；

以诗心治学，故而有温度有独创；

以诗心为艺，故而卓尔不群，风标自立。

引为诗友的国学大师柳诒徵在《上巳雨夕高二适招饮酒肆》一诗中盛赞高二适的这一“诗心”：“越世诗心傲一尊。”以“诗心”傲世非同行者不能以法眼雄词状之。

二途，即政治与学术。1942 年，高二适在《文史杂志》第

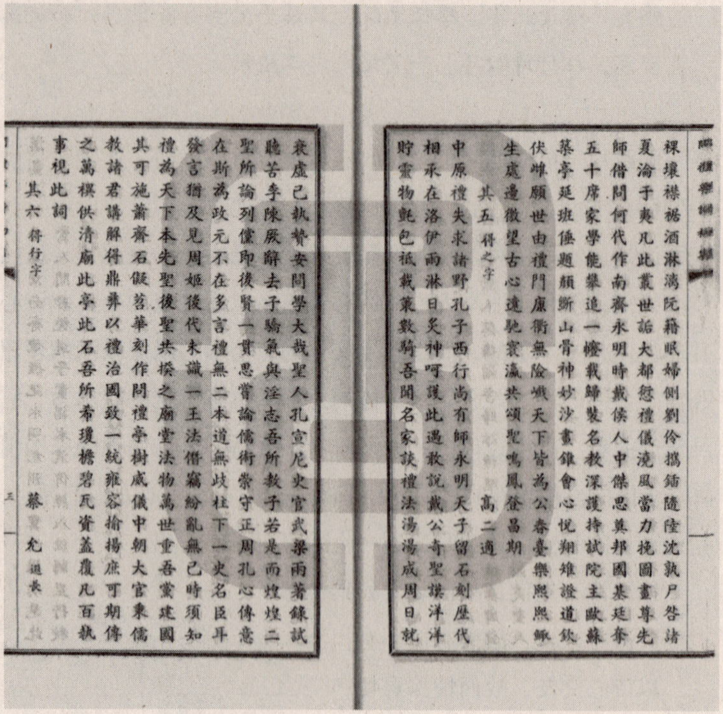

裸壤褋褫酒淋漓阮籍眠婦側劉伶攜鍤隨陸沈孰尸咎諸
夏淪于夷凡此叢世詬大都慤禮儀澆風當力挽圖畫尊先
師借問何代作南齋永明時戴侯人中傑思異邦國基延奔
五十庠家學能攀追一檐載歸裝名教深護持試院主歐蘇
慕亭延班倕題額蜥山骨神妙沙畫錐會心悅翔雉證道欽
伏犧顧世由禮門康衢無險巇天下皆為公春臺樂熙熙郵
生處邊徼望古心遠馳寰瀛共頌聖鳴鳳登昌期

其五 得之字　高二適

中原禮失求諸野孔子西行尚有師永明天子留石刻歷代
相承在洛伊雨淋日炙神呵護此遇敦說戴公奇聖謨洋洋
貯靈物匏包祗載策數騎吾聞名家談禮法湯湯成周日就
袞虛己執贄安問學大哉聖人孔宣尼史官武梁兩著錄試
聽苦李陳厥辭去子驕氣與淫志吾所教子若是而煌煌二
聖所論列儼印後賢一貫思嘗論儒術崇守正周孔心傳意
在斯為政元不在多言禮無二本道無歧柱下一史名臣耳
發言猶及見周姬後代未識一王法僭竊紛亂無已時須知
禮為天下本先聖後聖共揆之廟堂法物萬世重吾黨建國
其可施蕭齋石礎茗華刻作問禮亭樹威儀中朝大官秉儒
教諸君講解得鼎彝以禮治國致一統雍容揄揚庶可期傳
之萬禩供清廟此亭此石吾所希瓊樓碧瓦資蓋覆凡百執
事視此詞

其六 得行字　蔡[illegible]允

三

图 1-12：戴传贤：《问礼亭诗初集·其五（高二适）》，民国二十五年（1936）铅印本

二卷第九、十期合刊发表总题为《近诗疗疾》的30余首诗作，其序中言明：

> 然吾忧则全本于政治学术之两途，世倘使吾忘此，吾即可无作，吾倘未甘弃世，此类事亦安可已耶！[16]

在此高二适念兹在兹的就是政治与学术为其生命，除此别无他途，只要他“未甘弃世”，他只会以此安身立命。但是在诗人高二适语境里的政治并不是我们平常所说的政治，这里既没有形而上的政治学，也没有现实存在的官场。自1948年至中华人民共和国成立初期，高二适先后在多所学校任教，他自言：“我的教学均勤勤恳恳，不问政治。”[17]

高二适两处政治并不矛盾，此处的政治即是世俗的政治，而不是诗人自我的政治。诗人高二适的政治是屈原的“哀民多艰”的忧愁，是杜甫式的家国天下情怀以及传统士人骨子里的文化守护精神，是根植于儒家的积极的用世观。具体表现形式就是用世观指引下的书斋里的文字表达，包括诗歌创作、学术研究及书法创研。高二适曾在1936年明确提出“以礼治国”的政治主张（图1–12），但其本质仍是文化治国。“以礼治国”是高二适前半生的基本政治理想，到1949年中华人民共和国成立以后基本上就很少提及了。需要指出的是：高二适拒绝世俗的政治不是无奈的退场，也不是无能的溃败，更不是处在“人中难得九方皋”的境遇，相反他比其他人的机

[16] 顾颉刚：《文史杂志》第二卷第九、十期合刊，1942年。
[17] 1956年高二适审查交代材料手稿。

会要多得多。比如当时的风云人物之一，在国民党高层颇有话语权的章士钊，自与高二适相识起就自始至终赏识他、提携他。章士钊在各种场合，采用各种方式举荐高二适，但是高二适从未有一点“政治觉悟”。1937 年，高二适被举荐到立法院任孙科的秘书，后来孙科还将自己的私人图书馆交由高二适管理。不要说章士钊，就单单孙科一句话，高二适完全可以得到至少是政治上的一些符号，但是他没有，而且他在进立法院之际就与执事者商定“三不”盟约：“不入党，不参与政治活动，不受训。”[18]

“三不”盟约是高二适自我政治的自觉，也彻底封死了自己的政治仕途，干脆，决断，不留一点余地。注意 1937 年这个时间节点，这是他从一个乡下教师一步走进国民政府权力部门的关键点，也是他蛰居乡下，慨叹“好风难遇”，恰可一展抱负的大好机会，他却戛然而止。这不是意气用事，应该是他深思熟虑后的人生选择。这中间发生了什么，不得而知，但从他那一段时间与韩国钧大量的通信中感知，这样的选择是自然的，是出于本心的，也是他诗心选择的必然结果，所谓本真即是内外的一致。再从高二适日后一系列的言行看，他对此选择从来没有丝毫悔恨，相反，对自己的政治观与学术观矢志不渝且颇引以为傲。至于学术，高二适早在乡下就已经开始做了。1933 年夏，他从北平回来，一面接管立达小学，一面从事学术研究。其自述：

此时父亲亦已年迈，他的门徒十余人，即全归其教读，

[18] 李廷华：《天地谁为写狂狷——〈兰亭论辩〉中的高二适与章士钊》，载《东南文化》，1997 年增刊，第 52 页。

从此一面研求学术，一面课读，当时游从极盛，足不出户，计两年余。[19]

政治与学术，维其性命。高二适 1942 年高调公开宣扬自己的使命，是方向，是自励，也是自信，这既是对过往的总结，也是对未来的规划。政治与学术两途是高二适一生的方向。

三道，即高二适的人生行动准则。还是 1937 年，高二适在《国学论》第九期《文苑》发表了《道原字说》。全文不长，但掷地有声，与他的“三不”盟约互为表里：

道常道也，吾所谓道，谓世之常道也。夫宇宙间万事万物，大至人间，小及微眇，靡不各有其道焉。盖尝闻之，天地之道，阴阳五行日月星辰；人之道三纲五常，彝伦人纪此皆恒常之道也。二适平居志业废弛，时就委顿，不自知其病之所由起，亦不知其所由去。私欲交战于中，营营谋谋，盖匪一朝夕之故矣。心窃忧之，退而量度，志益不宁。久之，忽若恍然曰：吾其背于天地之道耶？吾其背于人生之道耶？夫天地之性，人为贵。人之性，道为贵。吾今之背道而驰，日与道远也，岂适乎吾之性哉？昔孟子论道，欲“取之左右逢其原”，韩子则曰：“由是而之焉之谓道。”是故道之本原。出于天，极于万物，体备于人生，而不可须臾离。所谓放之则弥六合，卷之则退藏于密者。吾其将止于是乎？报自返曰：吾今日之

[19] 1956 年高二适审查交代材料手稿。

言行，合于道否耶？又自返曰：吾之理智近于道否耶？甚至饮食卧坐，群居独处，公私义谊，其皆符于道之所当然否耶？撢其原，穷其本，其所不得于吾之心者，必以道指归，收蓄之。不侈于吉，不悖于行，循求至乎道，究于道之原而止。由是而退省，其私，身心交泰，虽不敢望诸圣贤乎！庶几亦或以寡吾之过矣。作道原字说。

此文精致，酣畅淋漓，明为探究“道之本原”，落脚点却是自我的处世哲学。高二适心里的“天地之道”“人生之道”即是儒家之道，他不能“背道而驰”，凡事“必以道指归”。具体归纳为三点：日常言行合于道，理智近于道，公私义谊符于道。此三道为高二适人生宣言，为人处世的原则，也是其独立人格、独标风骨的文化内核。进入立法院可以说是高二适入仕的标志，然而他却逆向行之，以绝然的姿态宣誓出仕。这既是对过去人生的一次检测，也是他日后言行的纲领，是自发的自我反省，也是自我的升华。如果说 1926 年是高二适人生元年，那么 1937 年则是他人生思想成熟的关键点。

高二适的一心二途三道很好地回答了他立身的基点是什么、何以立身、如何立身三大命题，所以高二适不管在什么时候，不管在什么地方，也不管在什么处境，他都能自适自如地生活，都能把自我的政治和学术做下去，而且乐此不疲。他日后的言行完全可以用他的自我陈词“不侈于吉，不悖于行，循求至乎道”

来验证，同时他也以此“一二三”来观人阅世，所以他忧愤深广，交友不需多；所以他的诗里带泪，辞里藏忧，不为别的，只因这个多难而灿烂的民族，只因这个连绵不可断的文化。

因此，在国民政府里高二适自愿成为沉默的少数派，他给自己取号瘖盦以明心迹，并以此与其他诗人交往。如 1939 年秋，好友陈中凡先生的弟子，时为中山大学教授的詹安泰与高先生有不少唱和诗作，均以瘖盦来称呼他：《高瘖盦叠惠佳章报以长句》《秋兴四首和高瘖盦》《次韵高瘖盦见寄》《杂感寄高瘖盦三首》《久不得瘖盦书赋此却寄》[20]。

但这并不是说高二适不讲话，或是他构建起了自我保护的消极防火墙，他不讲则罢，一讲往往惊世骇俗。他哀叹国民党立法院：

反动官员泄泄沓沓，坐支公帑，亦可慨已。[21]

在“兰亭论辩”中，他痛斥某些“不逞之徒”（图 1–13）借否定《兰亭序》来阉割中国文脉。1937 年前的高二适是彷徨的独行者，1937 年后的高二适却是执着的探索者、逆行者，而且一直走到他生命的尽头，无怨无悔。1939 年，立法院秘书长梁寒操发表于《逸经》第二十四期的诗作《奉和二适》，生动地刻画了高二适的形象：

尘海逢君亦一奇，少无所嗜独专诗。

[20] 纪如彬，吕华江：《高二适先生年谱》，江苏凤凰美术出版社，2018 年，第 98 页。
[21] 1956 年高二适审查交代材料手稿。

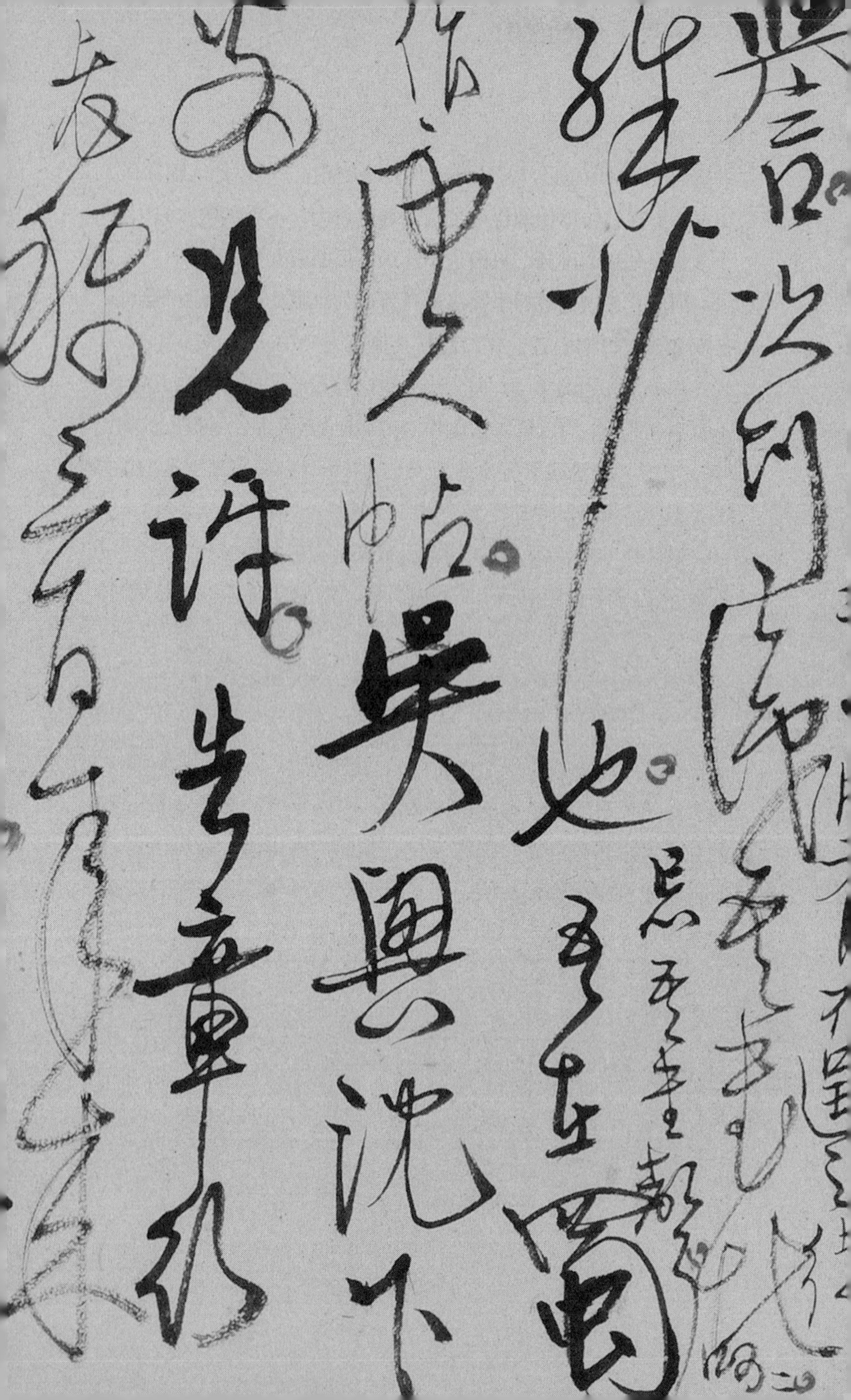

胸中和已破千卷，眼底何曾宗一师？
要以浅文写深意，更从旧国树新旗。
狂言久蕴无人会，持与商量或不痴。

这一奇二新三狂便是高二适鲜明的特征：奇于“独专诗”且眼底无人，新于浅文深写却不拾人牙慧，狂于放言却也无须别人心会。这就是高二适，带着一身的高洁、孤傲、狂狷走入历史，走入文化的绿野仙踪。1954年前后，年过半百的高二适毅然决定，专心致力于盘踞在心中10多年的章草研究，经过10年艰辛劳苦，数次易稿，于1964年完成《新定急就章及考证》专著，同年，用功20年的学术著作《刘梦得集校录》完稿。

1965—1972年，在特定的历史环境下，“兰亭论辩”爆发，为守护文脉，高二适以性命相搏，率先公开与郭沫若辩驳。

据此，高二适人生大致可分为如下几个阶段：

1926—1936年蛰伏期：蛰居乡下，外出求学，诗文创作，投稿，人生的方向不明朗。

1936—1954年耕耘期：贵人相助，拒绝从政，目标明确，志在诗歌学术。

1954—1972年爆发期：收获学术，潜心书法，不期而然登上历史的舞台。

1972—1977年收获期：深耕书法，文化担当，惠泽后学，画上最美的人生句号。

< 图1-13：1974年致费在山信札

第二章

诗性生活速写

一、诗性生活：诗坛大合唱

雅集、斗茶、和诗是中国传统文人的重要生活方式，晋之兰亭雅集、宋之西园雅集均是人们津津乐道的文化盛事，小说《红楼梦》也多有雅集的场景描写。高二适和他的诗友们这样的雅集自然不会缺失。

1939年春，原北洋政府司法总长、抗战爆发后任国民参政会参政员的江庸（字翊云）游历成都。四川“五老七贤”之一林思进（字山腴）在其书斋“霜柑阁”组织诗人雅集，招饮江庸等。席间四川诗坛名士胡铁华以“茶”韵赋诗，江庸作《和铁华〈霜柑阁雅集〉原韵并简山腴主人》。江庸将此诗分呈给成都、重庆的赵熙（号香宋）、曹经沅（字纕蘅）、马一浮、章士钊等名流。然后唱和诸诗友再扩散，一唱一和，一和再酬，竟引发民国时期特有的诗歌唱和大盛会。赵熙作《翊云总长寄新诗九叠花茶韵，愈出愈多，心如合子真觇天巧，率赋四篇，益增来章之美耳》，再作《示翊云》。章士钊作《和翊云花韵五首》《奉答香宋翁二首》《还和仲恂》《和翊云病答山腴》等几十首。高二适也参加了这次诗坛大合唱。他与章士钊、赵熙、曹经沅、林庚白之间的唱和如下：

章士钊有《翊云诗来述嘉州近趣衡、二适同观诗以答之》：

先生，高二适

有客经过笑语哗，山栀香送殢入花。
骤寒不用蒲葵扇，病渴俯添普洱茶。
访别远怀江令宅，往诗先送杜陵家（指尧老）。
嘉州野趣真堪羡，茅屋秧田浸月华。

高二适和诗《次章公茶字韵兼寄翊云、纕蘅二先生》：

宿雨初晴百鸟哗，泪痕都溅感时花。
穷途阮籍难忘酒，消渴梁园且戒茶。
何幸清风瞻哲匠，偶拈篇什各名家。
萧然梅子黄时雨，所愧长歌比薛华。

世称“晚清第一词人”的赵熙和高二适诗两首：

答二适

夜深寒雨寇凫哗（俗云九头鸟昨夜飞度），
冉冉莺啼过落花。
各地分秧愁上节，小饼没叶强供茶。
诗来病况长欹枕，乱后乡心倍忆家。
所幸买书为盛事，昔年骑马梦东华。

二适书来聊寄

仙梵为庐绝世哗，几年忠爱托江花。
乡心望见东洵月，宦味清于北碚茶。
五亩忽添春水社，一堂新避水为家。
孺人稚子如亲见，醉里长歌劝薛华。

民国大才子林庚白见高二适、赵熙的诗，特作《见赵熙和二适诗戏作》：

明灭灯光室自哗，电丝袅袅作灯花。
客来示我诗如豆，渴甚怜渠溺当茶。
病况只应关此叟，乡心至竟落谁家。
买书骑马何人事，老眼翁真鞠有华！

章士钊也作一首寄赵熙《调二适抄诗代寄香宋翁，呈翁一笑》（图 2-1）：

自赏风流有客哗，俨如击鼓代催花。
吟情犹自留鬓额，诗味还期别荈茶。
谁使陈遵传恶札，未知枚叔可名家。
浮沉大抵皆芜草，万古江河洗物华。

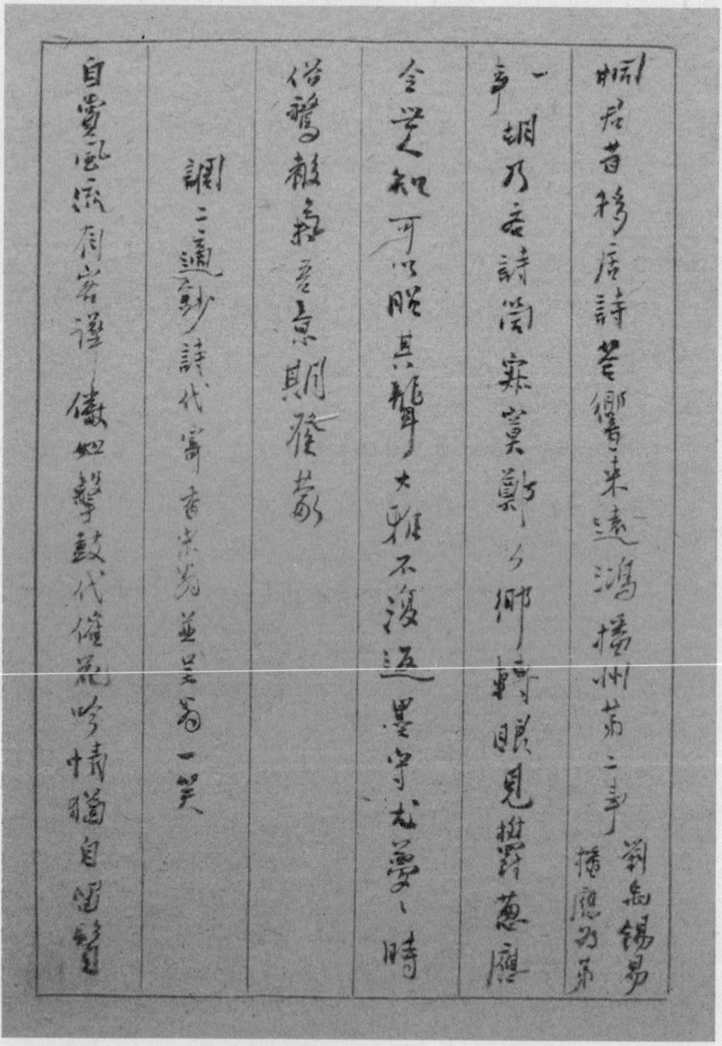

图 2-1：章士钊《调二适抄诗代寄香宋翁，呈翁一笑》诗稿墨迹

江庸觉得乱世中难得有如此诗坛盛事，便收录40余首花茶叠韵诗作，刊印《斗茶集》一册。从赵熙的和诗可看出，他对高二适诗境感同身受。高二适末句“所愧长歌比薛华”，取王勃《别薛华》诗意，来说自己遭遇的流离之苦和思家之苦，而赵熙和之“醉里长歌劝薛华”，以此来劝慰高二适。赵熙对高二适两次来诗，都给予好评，并回书云：

两奉良书，虚怀清韵，当于昔贤求之，末世无此馨逸也。大诗醇白，又复用心求工，正不佞所敬畏者。[1]

作为长者、诗界前辈，赵熙表现出相当的风范，赞誉高二适书法“虚怀清韵”“无此馨逸”，诗作“醇白”“用心求工”。赵熙对两首和诗也比较满意，并发表于同年《制言》第五十七期。

然而在这诗意盎然的气氛中，高二适与赵熙之间出现了不和谐的音调，两人竟然绝交。原因是：就在这个春天，赵熙收到高二适寄来的吴嘉纪的诗集，兴奋不已，欣然在《陋轩诗集》题记：

己卯三月，东台二适寄赠，香宋记，时年七十三。

可是，高二适却说是借给赵熙的。1942年11月，在章士钊、曹经沅的劝和下，赵熙送回《陋轩集》。高二适在复得的《陋轩诗集》上题跋清楚地记录他与赵熙绝交的原因，即“鄙其贪顽”：

[1] 纪如彬，吕华江：《高二适先生年谱》，江苏凤凰美术出版社，2018年，第99页。

香宋借我此集，竟自题字据为己有，辛巳三日由曹纕蘅处送回，鄙其贪顽，遂与交绝，此惟章公知之。二适附记，时壬午十月独石桥。

此事在当时的重庆诗坛引起了不少波澜。高二适也不隐瞒对赵熙的态度，他在致柳诒徵的诗札《劬堂见示梅雪诗奉和一首》后写上“香宋诗格人格均卑，容另告”。可见高二适对赵熙因鄙其人而卑其诗。但按照赵熙的身份和声望，不会把“借”理解成“赠”而把诗集占为己有，以致落得个坏名声。按照高二适性格也不会把“赠”反悔成“借”，以致与赵熙这个诗坛泰斗式的大人物绝交，如此不是自毁前途？这两人之间发生了什么，我们没有确凿资料可查。推其原因，大概是在某次大家相聚时，谈到吴嘉纪的诗集，一个说想看，一个说我有。麻烦的是高二适的具有唐韵的方言，一般人是不易听懂的。据说当年他到学校授课，学生听课是比较费力的。赵熙误认为高二适把诗集赠送给自己是可能的。误会消除后，两人也冰释前嫌。但这场误会可能影响了赵熙对高二适诗歌的评价，赵熙由原来的褒奖变成了公开批评。这是客观的批评还是情感因素所致，只有当事人自知。对此章士钊也公开为高二适辩护，指出高二适诗歌一定会留史的，这又是一段诗坛小小的公案。中华人民共和国成立后相当一段时间，高二适将赵熙的书法作品悬挂在家中。可见，高二适爱憎分明，全然一派士人风骨，有点任性，但不失洒脱。高二适不仅以《道原字说》中所说的“三道”观作为处世的原则，还以此原则要求其他人，这可能是章士钊喜欢他的重要原因之一。

二、文人风骨：不死适老子

耿介执拗是高氏家族的文化胎记，这在高二适日常生活中随时都有吹皱一池春水的佳话。

1964 年 11 月，湖南省博物馆拟在 1965 年举办“毛主席诗词”全国书法展，向江苏省委统战部征集作品。11 月 27 日，江苏省文史馆初拟一份名单报省统战部，1965 年 1 月 3 日最终确定钱崇威、高二适、萧娴等 19 人书法作品送展。湖南省博物馆于 1965 年 1 月 29 日正式发函中共江苏省委统战部要求对参展人员进行政审，公函如下：

关于应征书法作者政治问题

（65）办字第 01 号

中共江苏省委统战部：

我馆拟举办的“毛主席诗词”书法展览，已征集到你省（市）文史馆馆长或馆员等作品，现经湖南省委宣传部及湖南省文化局党组初步审查，责成我馆向你部了解这些人政治上有无问题，其书法是否可以展出？事关政治影响，特请你部迅速函知，以便我们安排，名单附后。

如另有政治上无问题，本人又能书画者，亦望能推荐。

湖南省博物馆（公章）

1965年1月29日

抄送：省委宣传部、省文化局党组

附名单：钱崇威（馆长）、谈月色、高二适、萧娴、高一涵、谢居三、林子硕、冯若飞、张寿谷、李汝炯、邹镗、李颐康、朱墉、石道伊、贺自毅、蔡观明、朱伯房、马凌甫、傅选青（摘帽子“右派”）、毛伯屏[2]

所附名单20人中，增加了时任江苏省政协副主席的高一涵先生。1972年中日邦交正常化前，中国与日本的外交比较沉寂，但在20世纪五六十年代中日书法交流展却较为热烈。1957—1966年，中日书法交流展先后举办8次，中方一般由北京的中国书法研究协会与中国人民对外文化交流协会组织稿件，筹办展览。中方参展大多会集了当时书法界的名流大腕，诸如沈尹默、齐白石、张伯驹、郭沫若、马一浮、沙孟海、启功、赵朴初等。1965年秋，中方拟于1966年在日本东京、大阪、北九州举办中国现代书法展览，向全国征集稿件，江苏省文化局嘱高二适书写四件作品，高二适欣然应允，“其中作一行卷，长达二三丈，全书适《急就序言》”[3]。《急就序言》是指高二适所著《新定急

[2] 曹洋：《天下一高》，江苏凤凰出版社，2016年，第161页。
[3] 1965年8月20日高二适致章士钊信札。

就章及考证》的自序，长近3000字。用自己的笔写自己的文章是高二适最幸福快意的事。但是高二适并没有因为这种“优待”而放弃自我的原则，也就在1965年这一年，“兰亭论辩”爆发之初，高二适丝毫没有顾虑“个人的前途”，坚持已见，率先发起论辩。

1986年，苏渊雷先生在《团结报》2月1日发表《高二适与〈兰亭〉公案》一文中说：

> 二适为学，深造自得，充实而不可已。于同辈为诤友，于后学为严师，磊落刚直，文如其人。“文革”初期，彼于史学会上发言，颇多不合时宜处，余见报即驰书婉劝；然其侃侃抗论，独持异议犹昔，则诚举世所罕者矣。

苏渊雷此段所说事件，即是1966年2—3月间，江苏省史学会组织了三次关于史可法问题的讨论会，高二适以省文史馆馆员的身份参加。讨论会上多数人认为史可法镇压农民起义应该批判。而高二适不认同此说，他站起来，侃侃而谈，论述史可法为抗清民族英雄，对他不是要批判而应该赞扬。柳诒徵的女儿柳定生坐在高二适后面，心生恐惧，几次暗扯高二适衣襟，示意他不能再说。但高二适还是一吐为快。讨论会的发言摘要刊登于4月21日《文汇报》第四版“学术动态”栏目，题目是《南京学术界举行关于史可法问题讨论会》，其中大段刊载高二适的发言：

我是扬州人，对史可法还是熟悉的。评价史可法不能用阶级观点。阶级、阶级矛盾、民族矛盾是现代才有的，史可法时代没有，用今天的阶级和阶级观点去评价明朝的一个官吏是不适当的，说不通的。史可法联清进攻农民军不是史可法的罪恶。史可法不懂什么阶级，什么矛盾，只知忠孝节义，当然不可能与农民军联合起来。用今天的眼光来看史可法是不容许的。在战略上，和与战都是可以的，讲和不是坏事。和不成就战，战不利就和，史可法与清军讲和没有什么过错。史可法“杀身成仁”，说是民族英雄当之无愧。

高二适的发言在会场上引起很大的争论。章诚忘（江苏教育学院副教授）发言不同意高二适的意见。他说，阶级学说是马克思创立的，但阶级是早就存在的。说阶级现代才有是胡说八道。高二适听完章诚忘的发言，立即起来反驳。他认为史可法既已抗清，就是民族英雄。他说，评价史可法要考虑到当时当地人的心理。他反问章诚忘：“章先生，你说南明时就有阶级存在，出自当时哪一本书？”

这就是特立独行的高二适，头可断，但道义必须坚守。尽管这是“文革”爆发的前夜，尽管章诚忘是高二适挚友柳诒徵的女婿。高二适在外工作的子女读报后，为父亲捏了一把汗，赶快写信劝他不能再这样讲话。远在哈尔滨的好友苏渊雷看到报纸，同样忧心忡忡，致信高二适慎言慎行。高二适回信苏渊雷说：“吾辈枉读图书三十车，尚欲昂首向人耶？”（图 2–2）其精神风骨不同凡俗。其信云：

渊雷尊兄讲席：

春末奉到诗札，迟久欲作答辞，抽毫辄止，愧对贤者矣。十二日又颁八日大函，戒及弟在苏史会（江苏史学会）一段妄论。弟惭恨新知极薄，又兼肯发泄胸中之见，故劳塞上贻书。前事吾原议绝非报端简略，即弟尚有大宗抗外之言。惟既发表，使之天下人识与不识，皆能怜海隅蠢才而吾自求改焉，是岂非一得乎耶？目下苏文馆（即江苏省文史馆）正在学习“文革”，吾今后已能攻伐前失，所喜同仁尚未予诛也，乞公放心！

……经此一风浪，弟乃不图苍头之计，而吾兄来言处境亦艰云云，个中甘苦可以呼唤而出。吾辈枉读图书三十车，尚欲昂首向人耶？勉之，勉之！一弟日翘企国家治平，实冀与公共葆岁寒，勿为当世矢的，被人唾骂，足矣。

高二适在信中虽说“惭恨新知极薄”，但他还是因为不能把他的“大宗抗外之言”全部发表，“使之天下人识与不识”而感到遗憾。作为一介文人，“文革”初起，他则“翘企国家治平”。

高二适读书“三十车”就是不为做文化的“乏走狗”。他在仕途上从没有什么抱负，也“不图苍头之计”，而在学术上则要

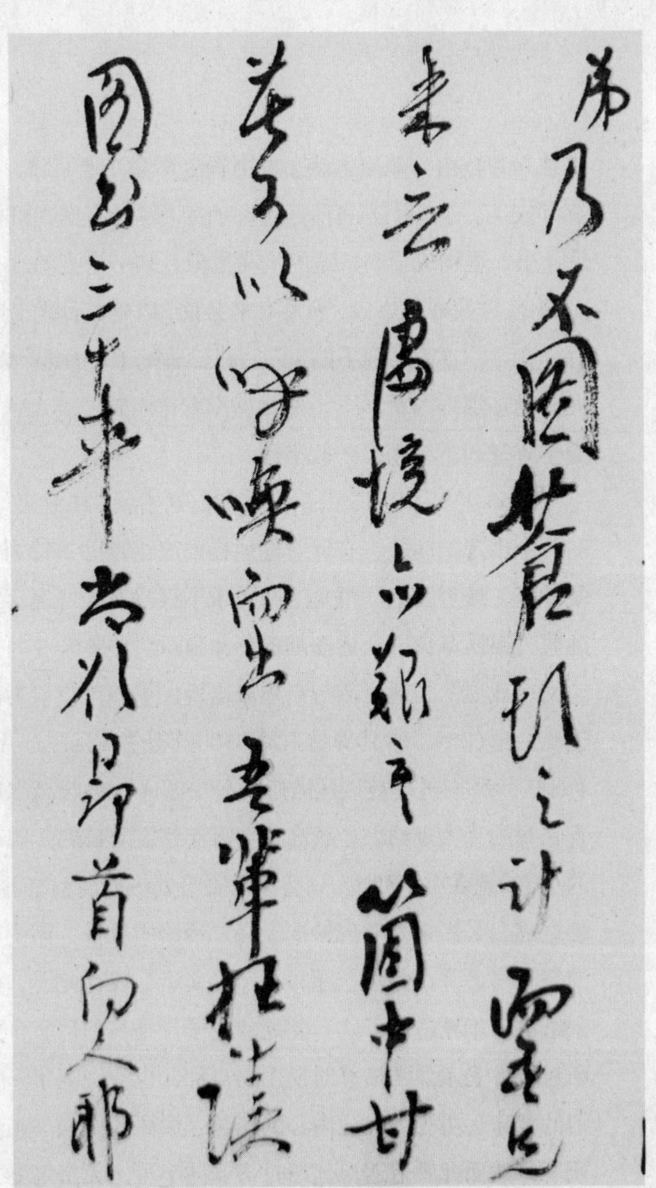

图 2-2：1966 年 6 月 16 日高二适致苏渊雷信札墨迹（局部）

求独立和自由，即便生活上的困顿也不会让他屈膝，颇像晏如的五柳先生。有书可读，有诗可吟，有字可写，有学术可探讨，足矣。诗、书、墨构成了高二适的生命意象。1965年他在《高常侍集》上题道：“我非藏书家，而系有书必读，以是一日无书则不能生。”好一个“一日无书则不能生”，高二适赋予“书生”以新型内涵，尤其是在那样的情形下，他不仅没有在当时“被人唾骂”，而且为学界竖起了一座恒久的丰碑。

1966年8月8日，南京市委书记刘中就“红卫兵”在横扫“四旧”中出现的问题，有针对性地提出改进意见，特别强调不要随便抄家，搜查民宅。可是这些要求不仅没有很好地落实，反而被诬蔑为镇压革命群众运动的反革命言行。1969年9月11日午夜，“文攻武卫”的造反派与当地派出所民警以查户口为名，突然冲进高二适住宅，将其碑帖书籍3500多册抄载而去。1971年4月4日夜，高家再次被该区欧姓的公安闯入，没收高二适几十年一直临写的《大观帖》、唐高宗《万年宫》等碑帖。曾经满屋书籍的小宅，现在空空如也，只有墙角阴暗处一册《淳化阁帖·卷七·王羲之书二》尚未被发现抄走。高二适愤懑难排，彻夜难眠，展纸铺毫狂写，并在此帖上题写：“‘文运’仅存此册，夜深便狂书十纸也。不死适老子。”此处“老子”是高二适家乡方言，只在面对对方表示非常愤怒时使用的自称，也有“老子”天下谁都不怕的意味。可见高二适内心的痛苦、愤慨与倔强。虽然他称“不死”，然而此番遭遇对他的打击非同小可。无奈之下，他只好求助于恩师章士钊先生。1972 年 7 月，高二适给章士钊发了一封长信，满纸盈泪，令人长嘘不已（图 2–3）。

孤桐吾师座前：

去月八日，获诵益知秘书兄柬函，欣悉都下有倡议，为公影印诗笺墨迹，以溉后学，而垂久远，斯诚不朽之盛业也，仰羡仰羡。适处弃吾师历年来见贻诗帖廑四五十余件，内有“甲寅”用笺及“指要”印入长函五件，约可百余纸。

往日友人中睹公墨迹，无不仰赞老人笔势洞达，实祖王氏变法而不为此，可谓“示我百篇文，诗家一标准”。又“挥翰银钩连”者，殆不出乎杜陵之所称颂尔矣。

信札开始，高二适陈述 40 年来收藏章士钊的四五十件墨迹，并以杜诗赞美其书法“笔势洞达”，变法脱胎于“二王”书风。而这些墨宝正准备用作章士钊诗笺影印出版，以泽被后学。然而此等美事，只是为自己的不幸遭遇作铺垫。

惟惜天下事竟有大谬不然者，适荟蕞吾师此项墨宝，暨适卌年来所恒习诵临模［摹］之文史碑帖都三千五百余册，于一九六九年九月十一日午夜，突被地方文攻武卫，率同段公安派出所员警，假查户口之名，连宵搜索强载以去。又继于一九七一年四月四日夜中，复遭区公安欧姓人入室，收去

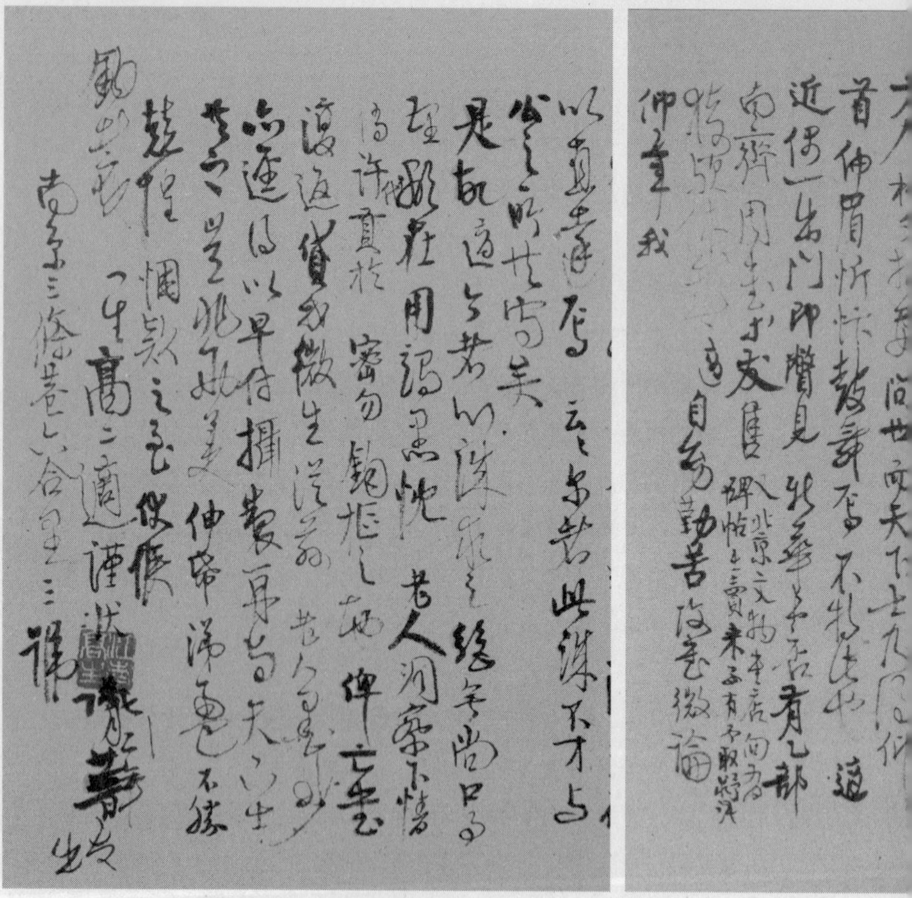

图 2-3：1972 年 7 月高二适致章士钊信札墨迹（局部）

[illegible]桐吾師座下：去月八日接誦，益知秘書
兄來滬，欣悉[illegible][illegible][illegible][illegible][illegible]公[illegible]
印詩箋墨迹，以溉後學，而垂久遠，斯
誠不朽之盛業也。仰羨仰羨。適家藏吾
師歷年來見贻詩帖，僅四十餘幀，內
[illegible]請日友人中觀，以墨迹
莫不仰贊。老人筆勢沉雄，實祖王氏
之法，而[illegible][illegible]此可謂承家，日[illegible]文[illegible][illegible]
一標準，又揮[illegible][illegible]銀鉤遒勁，殆不出乎
杜陵之所稱[illegible][illegible]
惟[illegible]天[illegible][illegible]竟有[illegible]課，不然者[illegible][illegible]
吾[illegible]此[illegible][illegible][illegible][illegible]

北[illegible][illegible][illegible]三[illegible]礦[illegible][illegible][illegible]當被[illegible][illegible]道
[illegible][illegible][illegible]憂勤之意於上年土月四日[illegible]
西陳[illegible][illegible][illegible]然[illegible]視家藏[illegible][illegible]帖，及平生
師友投贈文字，始終[illegible]於群人，[illegible][illegible][illegible]
[illegible][illegible][illegible]受用散[illegible]，不必[illegible][illegible]用力，熟自我

大观帖、唐高宗万年宫等碑帖附记。适痛遭不测，嗣此一病弥年，从未敢兴哀于无用之地。前岁小儿泽迥由沈过京，候谒台阶，曾代适面陈梗概，时益知在公侧备闻此事。适默识“文革”以还。几属旧籍被收之家，就南北两京而言，确已有人蒙被发还，适虽抑塞忧勤，亦曾于上年十一月四日专函陈露前状，然自视家藏书帖，及平生师友投赠文字，始终懔于解人柳河东公之身受目睹，不必攘臂用力，矜自我出。及果矜非道之训，以为戒守。逮老人《柳文指要》问世，而天下士乃得仰首伸眉，忻忭鼓舞焉。不特此也，适近偶一出门，即瞥见新华书店有乙部南齐周书等发售，又北京文物书店向有碑帖出卖，来函有予取予求语。猗欤休哉。

此处痛陈恩师章士钊的墨宝与自己日夜诵读临习四十载的文史书籍及碑帖3500多册惨遭抄没，身心备受打击，以致一病数年。自这些书籍被抄走后，高二适就像丢失自己的孩子一样，饭不能吃，夜不能眠。高二适一直打听书册下落。幸好有发还所抄书籍的迹象，他企盼自己的书籍能被返还。

适自幼勤苦攻书，微论仰承我伟大领袖推陈出新，或循古为今用之旨，身本冀益于世用。试例举之：在适被收之《昭明文选》《乐府诗集》《汉魏六朝百三名家集》《全唐诗》《宋诗钞》各书底里，适均以解放来所得于人民政权之濡染涵泳，辄加以个人心力抄选目录，冀辑为当代人民诗与文读本，以导扬洪庥。正拟写付上闻，忽遭非望，遂默尔无能为役矣。兹值国运中兴，耳与心叶，遐迩传递吉语。聿闻，此倘合符于主席之所昭示，摆事实、讲道理之时［实］际乎。盖为上者动于中必形诸外，斯在下者抵厥命乃敷其情，夫命之几微不可显知。然而，能知其人求索于外者曰情与性，小人于读书作文命也，亦即情与性也。纠逖之举，岂得云无。惟念与老人积有卌年之师生情谊，此类为当代士流所共晓。公在政、吾在野，斯仍不得不守柳州之戒，岂非深契予命与性情之适耶。适顷者朝夕循诵公之谠言曰：吾乃为明顺逆之分，通辞貌之障，径情以直达焉，云云尔者，此诚不才与公之所共守矣。是故，适今者心诚求之绝无尚口事理，显在用竭愚忱。老人洞察下情，倘许代贡于密勿钧枢之地，俾亡书复返，贷我微生，从兹老人墨妙亦径得以早付摄制，再与天下士共［赏］之。岂非两美。伸纸涕盈，不胜兢惶悃款之至。

此段陈述自己原本期望以文“益于世用”，准备从《昭明文选》《乐府诗集》《汉魏六朝百三名家集》《全唐诗》《宋诗抄》等历代诗文典籍中选辑读本，便于大众阅读学习，可惜书籍被抄，此愿未能实现。最后反复陈情，并以与“公之所共守”“谠言”，恳请章士钊通过高层，催促抄没之书返还。“亡书复返，贷我微生”，可谓“一日无书则不能生”的真情流露。在章士钊的努力下，1973 年 2 月 23 日，高二适被查抄的书籍发还，可惜收藏的数千册图书返还的也不过十之三四，大多数日夕翻阅批注的书籍已不复再见。幸运的是他的诗文、文稿基本归还，这已是不幸中的万幸了。

还书之日是农历正月廿一日，而这一天正好是高二适 71 岁的生日，这是不是一个很好的隐喻呢？父母给了高二适身躯，而书籍则给了他灵魂。在外流浪多年的魂魄终于在这个特殊的日子归来，生命重新复苏。经过三年半失而复得的图书，仿佛让高二适回到青春岁月，多年的郁闷之情一扫而空。他一本一本地清点着，一边翻阅，一边抚摸着，如同数年不见的老朋友再次相聚。他双手揉了揉发酸的腰，然后抽出唐拓王羲之《十七帖》，滴水研墨，展纸铺毫。外面的世界一片寂静，而内心的情绪却欢快起来，一纸二纸又三纸。此帖从 1954 年清明节成为箧中至宝，20 年来不知写过多少遍，每字、每个点画、每个韵味都是那样亲切。即使在与它分离的时间里，长夜孤灯，寂寞伤神的恍惚中，那种“不思量自难忘”的滋味一刻也没有丢失。此刻，20 年的岁月慢慢融化开来，所有的美好回忆都复活起来，如潮的欢愉淹没了刚刚经历过的绞痛，将书斋生活荡涤得锃亮而鲜活。他情不自禁地用已磨去锋颖的狼毫在《十七帖》的空白处记下：“己酉、癸丑之交，此帖没而复返，如故人久别重逢。夜观，老眼光明，心畅神怡之至。是岁正月廿一日为余七十一生辰也。”“心畅神怡”前三字恰好写到行末，以草书一笔而成，如感情的大闸洞开，一泄千里，既有老杜的“即从巴峡穿巫峡，便下襄阳到洛阳”顺流急驶、一气贯注的气势，也有孟郊的“春风得意马蹄疾，一日看尽长安花”的快意心情。

高二适就是这样的性情中人。1976年，日中友协、全日本书道联盟和每日新闻社拟在日本东京等地举办《现代中国书道展》，由文化部面向全国征集80位书法名家的作品。江苏省革命委员会对外文化交流协会派人来请高二适写字送展。来人说：

请高老多写几幅以便挑选，林老已写好了8幅。

高二适一听很不高兴地说：

> 林老在国画院工作，写字作画是他的本职工作，写得再多也是应该的。我在文史馆，写字画画并不是我的工作。

夫人朱凤子一看气氛不对，赶紧相劝。高二适勉强提笔写了一幅毛泽东词《浪淘沙·北戴河》，写完掷笔说道，就这一幅，不写了。

赴日之前，此展在北京举行预展。期间高二适正在南京鼓楼医院住院，画家范曾从北京来函云：“此次展览全国收到800余幅作品，仅精选80幅赴日参展。我和陈大远同志都认为，先生大作实为全场80幅作品之冠。”先生淡淡一句：“当然如此。”接着又补道：“何劳他人夸奖。”[4]

[4] 纪如彬，吕华江：《高二适先生年谱》，江苏凤凰美术出版社，2018年，第510页。

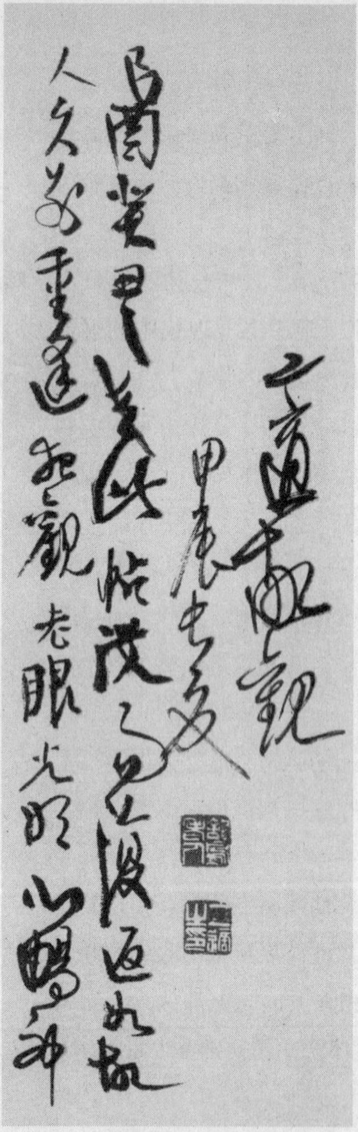

图 2-4：高二适《十七帖》题跋墨迹

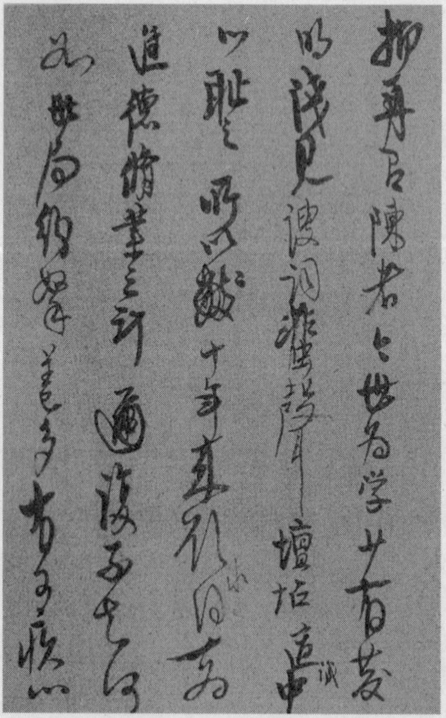

图 2-5：1965 年 9 月 4 日高二适致章士钊信札

三、文化救护：书不可废

中国5000年文明不断，重要的原因之一是得益于强大的文化体系。老庄的道家学说和孔孟的儒家学说，为中国人出世养德和入世救国提供了精神支撑，也为统治者制定治国安民的国策提供了理论依据，同时又消弭了外来文化的冲击，并将之本土化，比如佛教的汉化。在中国文化体系中，墨家的侠骨精神一直没有缺席，每个中国人骨子里都有游侠的情怀。魏晋张华诗赞“太子还入荆，美哉游侠士”，李白更是以“纵死侠骨香，不惭世上英”的豪情来张扬侠客精神，而诸葛亮、王阳明等文人直接领兵上战场，救国救难。在中国文化构建中，文人起到了关键作用，他们成为传承守护文化的核心力量。高二适特别推崇屈原、贾谊、扬雄、陶渊明、杜甫、陈师道等文化名士，他们身上所背负的家国情怀、文化情怀深深扎根于高二适内心。20世纪上半叶，许多仁人志士提出众多救国道路，诸如实业救国、教育救国、文学救国。蜗居在书斋的高二适提出“以礼治国”的主张，其本质还是“文化救国”理念的延伸。在他看来，文化的命脉不能断，不管在国难时期还是在和平年代，文化的作用不可缺少。1965年9月4日，高二适在致信章士钊时说得分明（图2–5）：

……

抑再有陈者，今世为学，少有发明；浅见谀词，蜚声坛坫，适诚中心耻之，所以二十年来欲求得一为进德修业之计。迩复不知何如。世局纷拏，盖多有可疚心者。

高二适自步入诗坛，即慨叹世不悦学，以学人不能遵守为学之道为耻。几十年来他一直寻求“进德修业”良策，虽然他没有说明是否寻得这个良策，但他始终坚守文化阵地，守护文化不受侵害。他看似平静里的“冲动”以及所表现出的侠客精神，基本上根植于文化的守护力量。

作为旧式文人，或者说被传统彻底征服的高二适，其“进德修业”的理念不会超出传统文化范畴。通过梳理可看出，“礼教”应当是高二适坚守文化的核心思想，其主要表述集中体现在《问礼亭》诗里。

1928年，戴季陶任考试院院长。1932年，他在河南洛阳购得南朝永明二年（484）石刻《孔子问礼图》，并于次年运回南京置于考试院内。戴季陶命人凿石碑镶嵌《孔子问礼图》石刻，且建“问礼亭”一座。碑额“孔子问礼图”由民国四大书法家之一吴稚晖书写，碑文为时任国民政府主席林森所撰《得图记》。1936年初，戴季陶以《礼记》中《大同》一节为韵，以“问礼”为主题征集诗歌。当时高二适初到南京，他的诗歌创作很快得到诗坛认可，高二适分得“之”字。3月，由戴季陶作序，汇诗成册，

《问礼亭诗初集》问世。高二适的七言长诗如下：

中原礼失求诸野，孔子西行尚有师。
永明天子留石刻，历代相承在洛伊。
雨淋日炙神呵护，此遇敢说戴公奇。
圣谟洋洋贮灵物，毡包只载策数骑。
吾闻名家读礼法，汤汤成周日就衰。
虚已执贽安问学，大哉圣人孔宣尼。
史官武梁两著录，试听苦李陈厥辞。
去子骄气与淫志，吾所教子若是而。
煌煌二圣所论列，偿即后贤一贯思。
尝论儒术崇守正，周礼心传意在斯。
为政元不在多言，礼无二本道无歧。
柱下一史名臣耳，发言犹及见周姬。
后代未识一王法，僭窃纷乱无已时。
须知礼为天下本，先圣后圣共揆之。
庙堂法物万世重，吾党建国其可施。
萧齐石拟茗华刻，作问礼亭树威仪。
中朝大官秉儒教，诸君讲解得鼎彝。
以礼治国致一统，雍容揄扬庶可期。
传之万祀供清庙，此亭此石吾所希。
琼檐碧瓦资盖覆，凡百执事视此词。

在此诗中，高二适一方面礼赞“礼教”，另一方面提出“礼为天下本”的学术主张，由此提出“吾党建国其可施”“以礼治国致一统”的治世理念。高二适在1939年《黄山谷集》题跋中说“平生空有济世志”，1942年又提出维政治与学术是命（此政治非寻常的政治，在第一节中已阐述）。目前没有直接的材料证明高二适此处的“济世志”和“政治”就是“以礼治国”。但高二适在诗中提出“以礼治国”的济世主张，不是出于写诗的灵感，而是从文化的本体出发，经过深思熟虑得出的。也是在1936年，高二适在寄韩国钧信附后录《感愤诗四首》第四首：

我闻在成周，大哉孔子号。诗书六艺文，聊以敦厚报。
中夏故文明，礼乐崇追导。概今世日非，丧乱剧群盗。

在此诗中，他同样强调“礼乐”“诗书六艺文”对于中华文明的意义与作用。“以礼治国”的主张在当时纷乱的国难时期显然不切实际，但在文化层面，还是有积极的意义的。守住文化，就能守住我们的民族精神，民族精神不死，中华民族复兴一定会实现。在高二适的语境里，“以礼治国”本质就是文化治国。虽然具体实践“以礼治国”比较困难，但以礼教救护文明的思想一刻没有远离高二适。例如1940年，他在《国际与中国》第四卷第七期发表的《夜闻子规起而作诗》，其中两句借子规言赞礼教：“古称尔乃望帝魂，蜀人敬礼能识序。”

1947 年重阳节，高二适应于右任、张溥泉、贾煜如三人邀，赴紫金山天文台登高。高先生用陶诗“尘爵耻虚罍，寒华徒自荣”之句 10 字为韵作诗 10 首，其中引用《道德经》抨击统治者弃周礼而施暴：

从古邦之兴，应怀大宽廓。老言政察察，其民缺缺若。此土本崇礼，刑德涂刀镬。今来率背圣，末流工夺掠。

1975 年秋，高二适离大去之日不远，他以章草自守、以诗礼自誉结为楹联，对自我人生作总结：

而此草章为世守，
岂有诗礼终平庸。

随着 1949 年中华人民共和国成立，高二适越发关注文化建设，由礼教扩展至整个大文化，既有对形而上的文化坚守，也有对形而下的文化关注。这包括如下三个理念：

第一，救护文化就是救护历史。

1968 年 12 月 15 日，高二适致信同为江苏省文史馆馆员的谢居三不改文化初心（图 2–6）。

卧斋先生，前承见临，并携来馆费，属以弟出门未克晤

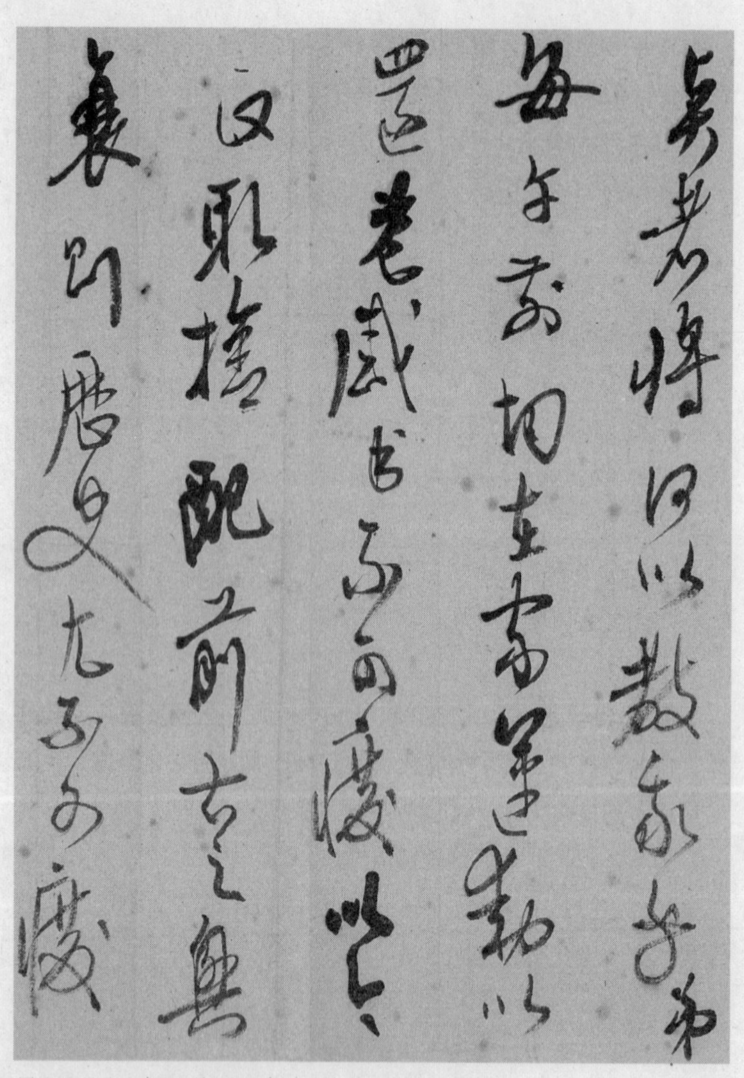

图 2-6：1968 年 12 月 15 日高二适致谢居三信札（局部）

谈，至歉，至歉。吾侪均傍秦淮一水，迩岁以还，盖无不感朋友之道雕疏者。弟跌足一年，素居尤苦，此义亦从不为人道，何也？以情隔势非已知之，亦恐不为人所喜耳。

尊留鄙处字课，信手扬成，便称佳致。寻字划诚所谓“一代不数人，百年能几见”者。弟顷作草，欲以章隶入之今草。每伸纸，解衣盘礴，似叹臻此境，贤者将何以教我乎？弟每午前均在家，运动以还，益感书不可废。以今政取舍，配前古之兴衰，则历史尤不可废，此聊与兄一言之。不中处，幸勿流于口也。

在“文革”如火如荼的特殊时期，高二适却在此引用陈师道的诗句大谈自己的书法，并把它上升到政治和历史的高度——“书不可废”“历史尤不可废”。这种言论，不仅仅是对文化的挚爱，更是传统文人风骨在他身上不可遏止的爆发。

他致信费在山对当时的社会状况表示了深深的忧虑：

荣宝斋米君对鄙书似有嗜痂之癖，当可徇君之请。鄙书早岁有鸡林之誉，近常慨中夏将或得绝弦之忧。

1973 年 3 月初，他再致费在山书信说（图 2–7）：

吾今将创狂草新体，以供当世之求，刻下南北均一片黄

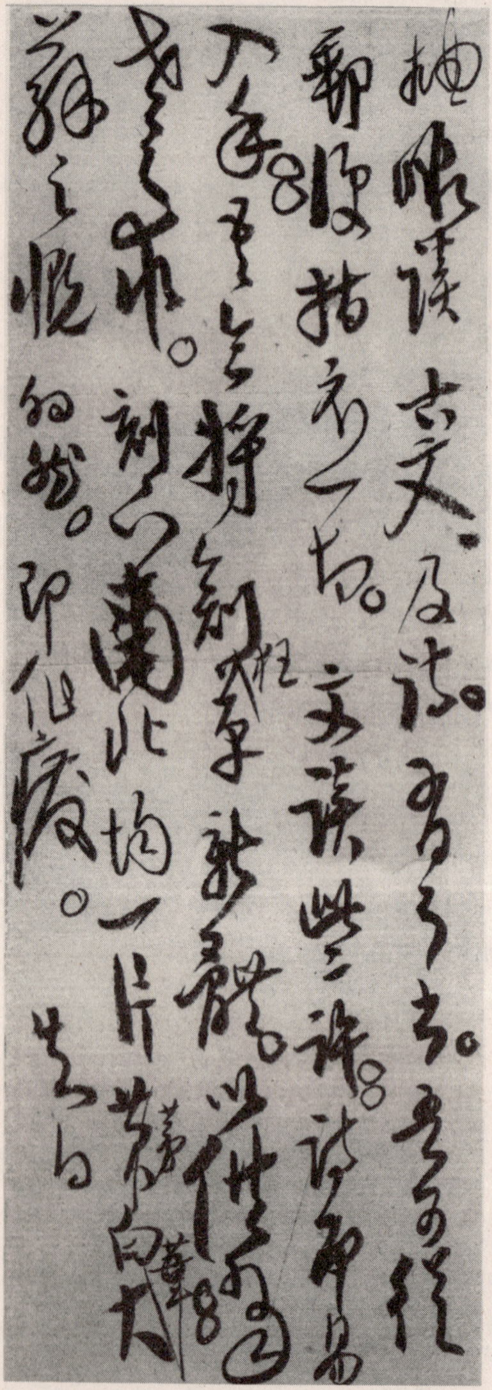

图 2-7：1973 年 3 月高二适致费在山信札（局部）

茅白苇，大苏之慨的然。即作废。

1975年8月20日，高二适给费在山的短笺中感叹文坛荒芜：

近海内文坛亢［荒］落，吾近阅审某种稿件，直是黄茅白苇。何物吴某谓吾驳议拾清人牙慧？此人尤不识书艺，斥之不胜斥，姑置之。

1976年1月28日，高二适致函戴彬：

彬兄贤契，手翰能运文墨，阅毕至为仰赞。方兹高士畏葸，畏惧，害怕。学问，黄茅白苇，满纸图［涂］鸦，令人生厌，则与足下远矣。

三信均以“黄茅白苇”慨叹当时的文化状况。“黄茅白苇”语出苏东坡《答张文潜书》一文：“文字之衰，未有如今日者也。其源实出于王氏……惟荒瘠斥卤之地，弥望皆黄茅白苇，此则王氏之同也。”王氏，就是王安石。高二适特别赞同苏东坡的喟叹，但可贵的是他不是仅做消极的旁观者，他以他的方式尽力挽救这个局面。他创作狂草新体——“以供当世之求”，以解“中夏之忧”。在他眼里，书法不仅仅是艺术，还是学术，是文化，是历史。以书救文，或许就是高二适在这个特定时期的“政治”。他总能以诗心发现机会，展开自己的文化行动。1973 年 4 月，高二适为江苏省革命文艺学校（即南京艺术学院）主任杨明书《李白古风五十九之十八》。在书后跋语中，希望杨明以高瞻远瞩的胸襟，为文艺后学树立标杆：

……

南京书印展览，杨君兄昵语吾书筋骨毕露，且欲得余手帖，余诺之而未竟为报。秦剑鸣又衔君命来，君岂是鄙书耶，抑别有硕见以箴吾乎？今晨凉气生被，忽获新笺，试为书此，窃缅愧老辈凋零，好事同攻。

杨君主艺院，闻多名师友，愿以政府提倡与诸君子高瞻远瞩，庶为来学之准绳乎哉！前帖既竟，余纸为题跋如上，杨君其许吾未？呵呵！[5]

1975 年 11 月 25 日，高二适与学生谭家明、徐学渊一同观游南京栖霞寺，发现栖霞寺碑藏等文物遭受不同程度损坏。他回来即刻在 27 日，致信管理寺庙的南京炼油厂革命委员会主任戴彬及党委书记王平，请他们妥善保管文物。致戴彬信笺如下：

戴主任，前日匆匆离山，不克再谈，至歉。今写诗来乞教，另纸则赠王平同志存览。栖霞寺碑为江南名迹，乞公示意社中善为护持保存，以彰古物，而更进提倡书道也。

[5] 纪如彬，吕华江：《高二适先生年谱》，江苏凤凰美术出版社，2018 年，第 385 页。

要知道，在当时的历史条件下，要求保护文物，还有弘扬书道是需要极大的勇气的。中国文化为什么数千年不断，就是有一代又一代知识分子的担当和精神。这是高二适一生中第四次谏言上书，也是最后一次。1976 年唐山地震，医院鼓励病患腾出床位，高二适心脏病未愈却出院。他在郊区避震时致信云南张诚，一方面关心灾民生活，另一方面祈祷文化免遭损失。他说："惟愿地动能息，不伤文物及什文之具，则尤衰残之所祷颂矣。"[6] 在致费在山信札中，他同样表达了这种忧心："此次遭灾，毁伤文物及等身之具，其惨尤不必言。"[7] 高二适就是这样，无论到什么时候心中装的都是天下，有时虽然细小得微不足道，但撑起的却是知识分子的脊梁——他可以泰然地为自己的人生画上最美的句号，然后走进历史。

第二，救护文化就是救护未来。

面对文化被摧残，尤其是青年人远离文化，高二适忧虑重重。他不仅痛心于当下，更担心未来。1976 年 1 月 15 日，他在致学生信中说：

> 来函未询吾诗之内容，却自诩为某种高尚（定有许多字不识。其作者苦心告诫，更非所望矣）。此类青年胸无一句昔人之训诫，而妄自期许，不足多也。弟与人交处，均喜引之入道，最希冀其人能理解书理，而无如辄相左。吾土再卅年将人与禽兽几希矣。[8]

[6] 1976 年 9 月 6 日致张诚信札。
[7] 吴为山：《高二适墨迹》，江苏凤凰美术出版社，2016 年，第 226 页。
[8] 纪如彬，吕华江：《高二适先生年谱》，江苏凤凰美术出版社，2018 年，第 498 页。

在此，高二适引用孟子的话，如果我们的“青年胸无一句昔人之训诫，而妄自期许”，那么未来三十年“人与禽兽几希矣”，则国无希望。如此骇人醒世之言，不是心怀千年忧的高二适是说不出的。但中国知识分子的可贵之处，就是在最困难的境遇下，总以女娲补天的气概和精卫填海的精神，明知艰难，却文心浩荡，依然前行。

晚年的高二适，为守护文化、守护未来，一方面致力于引领后学复兴文艺，另一方面以学术为公器，勿使之延误后学。诚如此信中所言，高二适与人交往，尤其是年轻人“均喜引之入道”，此道不仅仅是他40年前的人生“三道”，还有求学之道，求艺之道。他认真细致，不求回报，一生视书如命。每次藏书散失，高二适都要大病一场，但只要是面对好学青年，他就会毫不迟疑地赠送图书。湖州费在山求学心切，古籍、字帖难得，高二适回答：

> 鄙他日定奉赠足下所能读之古籍，学问系天下大事，不必少数人之珍秘耳。[9]

在高二适看来，“学问系天下大事”，是公器，不应藏私，书籍当为共享。这是何等胸襟，这与他当年因借书与赵熙绝交形成鲜明的对照。他寄希望于后学，总是勉励他们奋发学习。他托一解放军朋友携《淳化阁帖》及《刘禹锡集》共14册，至湖州

[9] 1973年3月17日致费在山信札。

赠予费在山。（图 2-8）。

1973 年 8 月 2 日，他致信费在山（着重号为笔者所加，下同）：

南北各省，吾友朋均文墨中人，廿年来凋零殆尽。今日而言书艺，不得不寄望于君等矣。以君八行言，尚能入眼。即遣词时有不顺处，此须多读点有用之书。[10]

1973 年 8 月 2 日午后，致信在云南省工交展览馆工作的张诚（图 2-9）：

凡属青年一代，均有责任兴复文艺也。[11]

1974 年 10 月 11 日，致函张尔宾：

尔宾契友，来函很爱看，一片热忱，时在余心目中。我常悯来者之失学，有时亦徇人之请，致使朋辈间持论不能相同。昔贤有挽狂澜障百川之事，我今谁可为者？[12]

1974 年 11 月 2 日，为费在山讲《永州崔中丞万石亭记》，是为讲疏第七。随信云：

[10] 纪如彬，吕华江：《高二适先生年谱》，江苏凤凰美术出版社，2018 年，第 392-393 页。
[11] 张诚：《高二适墨迹》，云南美术出版社，1996 年，第 53 页。
[12] 吴为山：《高二适墨迹》，江苏凤凰美术出版社，2016 年，第 216 页。

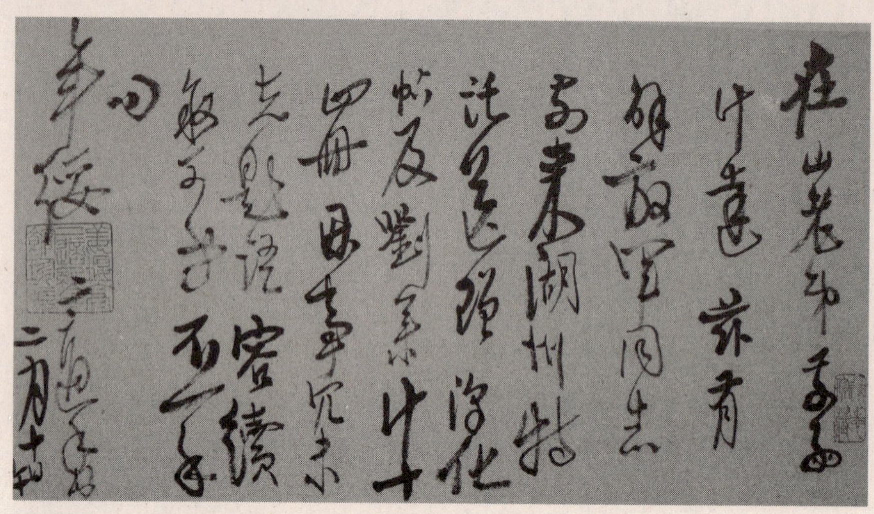

图 2-8：高二适致费在山信札

图 2-9：高二适致张诚信札墨迹

> 兹讲《万石亭记》一文，旨在供君朗朗能诵。柳文不关至要处，则不及。鄙精力虽渐衰，然不肯牵强谬解昔贤文字也。柳封建论，世人多不明处，余亦懒为不知者道。惟今天下无读书种子，则一可嗟事也。[13]

1975年秋末，徐纯原索先生书杨凝式《步虚词第一章至第七章》，跋曰：

> 此纸将尽。吾方欲举人，纯原见而爱之。吾在宁以书艺昌，原辄就问难，此可嘉也，遂用题字为赠。[14]

高二适以天降大任于身的责任感，“挽狂澜障百川之事，我今谁可为者”？以舍我其谁的精神，倾力引导青年肩负“兴复文艺”的重任。尽管高二适身体境况日下，但后学只要来问学，他必认真答之。湖州费在山路途遥远，不能当面求学，高二适就用书信的方式，详细讲解柳宗元散文10多篇。

学术是文化的重要组成部分，而且涉及思想哲学的核心。高二适研究它，并以此为大业，除了自身的笃嗜，更有认识上的高度。他认为学术是公器，关乎后学，关乎文化传承，关乎国家民族的未来，由是必须严谨，必须审慎。因此有人站出来否定《兰亭序》，他从文化从学术角度反驳之，以正视听。当他的恩师也是贵人的章士钊研究柳宗元出现了一些错误时，他同样站出来纠正。

[13] 纪如彬，吕华江：《高二适先生年谱》，江苏凤凰美术出版社，2018年，第433页。

[14] 吴为山：《高二适墨迹》，江苏凤凰美术出版社，2016年，第206页。

1974年9月26日夜，他致信费在山：

《柳集》中华印本之误，吾今抄出数则（尚有最重要修正，恕不能一一指出）。章老《指要》舛误，尤不胜屈指。如中华或京沪出版经纪人有意，不妨由老弟转抄示之，此天下之公也。

仲温草圣，惟写急就，其误与赵孟俯［頫］、邓文原同。且即唐颜师古、宋王应麟，亦均不识章书。近代王国维，抑更自郐无讥。三十年来，只马一浮（有长函答我）、章行严知吾著述之苦心耳。老成雕［凋］谢，今为君言之，不觉自失矣。附纸三件，可详察之。

一、可告中华局：《柳河东集》廖注及句绝，我有斠校一书，可补正廖莹中之不是处。

二、《柳文指要》，我亦有百十余条。可改正《指要》之疏陋。如在今之出版界言之，均属出版之当视为急务者也。[15]

早在1973年2月25日，先生即致信费在山：

陆平原帖为宣和内府旧藏（古人书迹不当论伪不伪，此等亦无烦考证，今之托名考古，均非有实学者，徒为误天下苍生耳），与曹子建《鹞雀赋》似是后贤摹勒，书法在真赏，

[15] 纪如彬，吕华江：《高二适先生年谱》，江苏凤凰美术出版社，2018年，第438页。

何言代表之作与否耶？[16]

高二适为什么一而再、再而三要纠正章士钊的错误并公布于世，其“苦心”是，我们所做的学术均是“天下之公”，必须做实做透，必须严谨治学，必须遵循学术、艺术的自身规律，否则会“误天下苍生”，误国误民。

1974年8月6日夜，他致信费在山：

> 河东文最能启发思路，此正贯门客廖莹中刻本，惟原书校勘既疏，而注释多误，殊误后人……此全集吾用力垂卅年，其裒集昔人之非。[17]

1974年11月2日，为费在山讲《永州崔中丞万石亭记》，是为讲疏第七，随信云：

> 在山足下，适承友人之招留滞崇川（编者注：即南通）。昨归阅手简，悉深夜读书，为之佩慰。《指要》有大迂谬处。吾昔恒言：吾之补正出，始为有益后学也。所询均具别笺，台从可辨别是非。

1974年9月17日，先生致信费在山：

[16] 纪如彬，吕华江：《高二适先生年谱》，江苏凤凰美术出版社，2018年，第379页。

[17] 纪如彬，吕华江：《高二适先生年谱》，江苏凤凰美术出版社，2018年，第433页。

一九六〇年四月，《文物》印行之宋仲温《急就说明》，为张君珩署名，我早见过，其释文真所谓以讹传讹，此一识字（章草）功夫本不易，如果再印，就再误人误世矣。我作《急就考证》，惜未能在海外出版……

至《河东集》“中华”新印本系世彩堂本，句断多误不必言，而廖莹中注之舛谬处尤令我难解也……附件三纸均表明刻本及注者之误，可转给出版界中人（切实谨慎为要，要能负责之人）一阅，将如何弥其缺失耶。[18]

高二适就是这样以文化人的使命感和责任感对待学术的，他细致到最基本的句读的推敲。如他在给费在山讲柳宗元的《桂州裴中丞作訾家洲亭记》一文时，强调“断句尤为要”。结合例句，指出：“原断句殊舛，此等柳集随处可见，误后学不浅。”不误后学，成为高二适学术研究的又一宗旨。高二适将章士钊的巨著《柳文指要》的缺漏及错误，汇成小册子《纠章二百则》。对此举动，他的小女儿高可可不解地说，章老是你的老师，这样做总是不妥吧。而高二适则引用西哲亚里士多德名言“吾爱吾师，吾尤爱真理”来回答。高二适坚持真理的背后是坚守文化的道义。作为高氏家风的诗教可算得上是家族之私，但高二适力图将此家风扩大为社会之风尚。至此，高二适从家风的传承到社会公学的传播，其身份已发生转变，他的“学术公器观”已经完成了社会文化学上的意义。

[18] 纪如彬，吕华江：《高二适先生年谱》，江苏凤凰美术出版社，2018年，第438页。

第三，文心雕龙诗意在。

浓厚的文化情怀，让高二适总能在平常稀松的生活中发现诗意的栖息。诗人艾青说：“为什么我的眼里常含泪水？因为我对这土地爱得深沉。”高二适正是这样用诗心阅世，用文心雕龙的人，他的悲喜无时无刻不嵌在文化这面大墙上，而且毫无掩饰。1973年9月，高二适手书《楚辞·离骚》片段：“余既滋兰之九畹兮，又树蕙之百亩……愿依彭咸之遗则。”

书后题跋曰：

> 右录《楚辞·离骚》文一节。去年九月，吾东邻日本首相田中访华，恢复邦交，实为中日友好之开端。毛主席亲赠日相影宋本《楚辞》。顷悉日相新增序言，重印此书，为中日两国千百年交好永存纪念。某以中日同文，而吾华诸论文家均以上薄风骚，为中国文学之第一步功夫，以此反映中日文化交流。故旧有唱和相向、闻风而起者，斯诚奕祀之盛举也。今年九月为庆祝两国复交一年，某以骚经两美必合及内美众芳之辞，推阐游扬，故乐为书之。[19]

1972年，日本首相田中角荣访华，毛泽东主席以《离骚》宋影印本相赠。此举高二适不仅仅看出它的政治意义，而且更看出其文化复兴的价值。文坛“闻风而起”，相互唱和，高二适由衷赞叹此是世代“盛举”，喜悦之情溢于言表，并书以《离骚》

[19] 纪如彬，吕华江：《高二适先生年谱》，江苏凤凰美术出版社，2018年，第497页。

片段贺之、颂之、扬之。1974 年 2 月 8 日，高二适函致费在山特告喜，因为通过温州高天受知道还有人写古诗词，还沉迷于传统文化：

再温州近获三数老辈与吾通书和章，江南学问界已无人，不图浙境尚有邃于古学者，此一喜也。[20]

此喜悦之情溢于言表，高二适觉得在这个忽视传统文化的时代，竟然还有人如此坚守文化，这让他看到未来，看到希望，以致几乎让他奔走相告。

费在山是湖州笔庄的负责人，每有好笔总寄高二适试用。但在高二适看来，毛笔不仅仅是书写之器物，而且是中国书艺的一部分，蕴涵着传统文化的诸多信息。1973 年 2 月，闻费在山要以鹿毫制笔，高二适兴奋不已，立刻致信费在山：

鹿毫吾拟作长歌（为责庄张目，俾中外知吾华书艺之一斑也）。如作章，仍宜狼制之管。然用笔则大氐［抵］以墨法为难，足下以为何如？[21]

以鹿毫笔为媒介，要让中外感知“吾华书艺之一斑”，高二适上升了毛笔的文化高度。随即，费在山收到高二适以此为题材所作的诗《湖州鹿毛笔歌赠费在山》（图 2-10）：

[20] 纪如彬，吕华江：《高二适先生年谱》，江苏凤凰美术出版社，2018 年，第 421 页。

[21] 纪如彬，吕华江：《高二适先生年谱》，江苏凤凰美术出版社，2018 年，第 377 页。

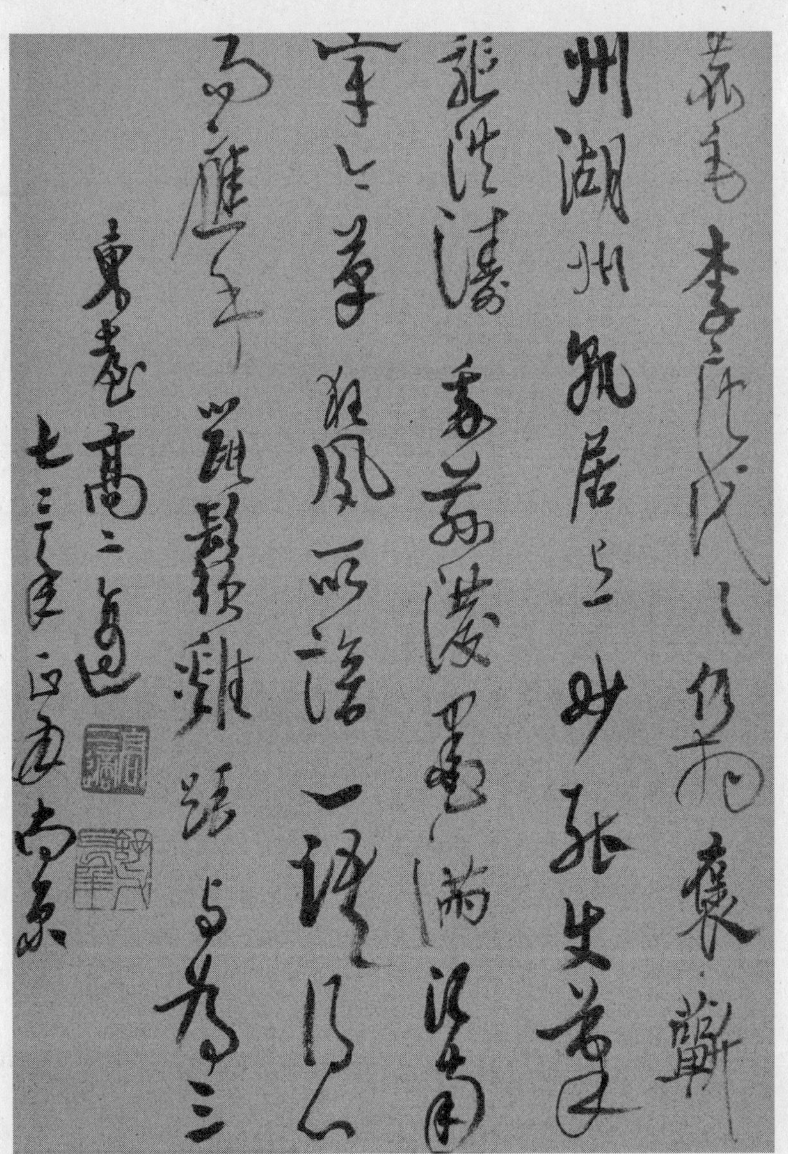

图 2-10：《湖州鹿毛笔歌赠费在山》手稿墨迹（局部）

湖州新制鹿毛笔，我始得于费君所。
羊毫为披鹿作芯，此制逾今亦超古。
吾闻蕲笔贡鹿毛，李唐代代仍相褒。
蕲州湖州孰居上，妙能使笔驱洪涛。
我兹泼墨满江南，章今草狂夙所谙。
一语得心而应手，鼠须鸡距与为三。

此诗高度赞誉费氏鹿笔：逾今超古，使用得心应手，与名笔鼠须鸡距并驾齐驱。几天后，即2月19日，费在山又收到高二适关于鹿毫笔的一纸书信：

在山足下：鄙前有地方人士邀游玄武湖，留两日夜，归途喜读来示，悉贤能明吾意。吾入湖携繇鹿以视［示］同游，然能读吾诗者，真未有其人也。询“得心应手”为习用庄周书之语。庄本作“不疾不徐，得之于手，应之于心，心手互用，两无妨也”。吾华成语，无须牵合于维心物之一藩。

至鼠须茧纸，昔人未加批注。谓鼠为鼬，前人亦有此说，信之可，不信亦可。兔毛为不聿，本昌黎《毛颖传》，此均不烦考证，何如？

……

吾前在湖即席作长屏两事，大狼毫，宁城未见。鹿笔却不中书（鄙意要加狼毫为辅），以韩方明所谓笔软故。鄙往函均随手沕成，未加润色，不必存。[22]

“吾华成语，无须牵合于维心物之一藩”，在当时特别强调唯心唯物对立观的环境下，高二适站在文化本体，指出传承中国传统文化不必拘泥于唯心唯物，对青年学习无疑是正确的引导。后来又补充：

昨读《古今注》，牛亨问鹿毛笔有“鹿毛为柱，羊毛为被（想即披字）”语。而今制法不如此否？又来函称白毫，系属何物，望告。君求书意趣多，吾则在求中书耳，一笑。[23]

这里高二适由鹿毛笔说起，既有庄子的《天道》，又有韩愈的《毛颖传》，还有晋代崔豹的《古今注》，可谓给费在山上了一堂毛笔大文化课。

这期间四川友人寄名为“龙泉剑”的毛笔给高二适，并要高二适题诗。3 月 4 日夜，高二适欣然作古风一首，同时也将此诗录给费在山：

在山足下，前审去未获报，念之念之。《龙泉剑》诗今夜成，句句不离笔，亦句句不离剑也。诚恐草迹有不爽明处，用再写一遍，此诗此字，此世恐不得见矣。嘱书急就章法仍当续为之。手问文祺！适顿首 3 月 4 日南京。

[22] 纪如彬，吕华江：《高二适先生年谱》，江苏凤凰美术出版社，2018 年，第 378 页。
[23] 纪如彬，吕华江：《高二适先生年谱》，江苏凤凰美术出版社，2018 年，第 381 页。

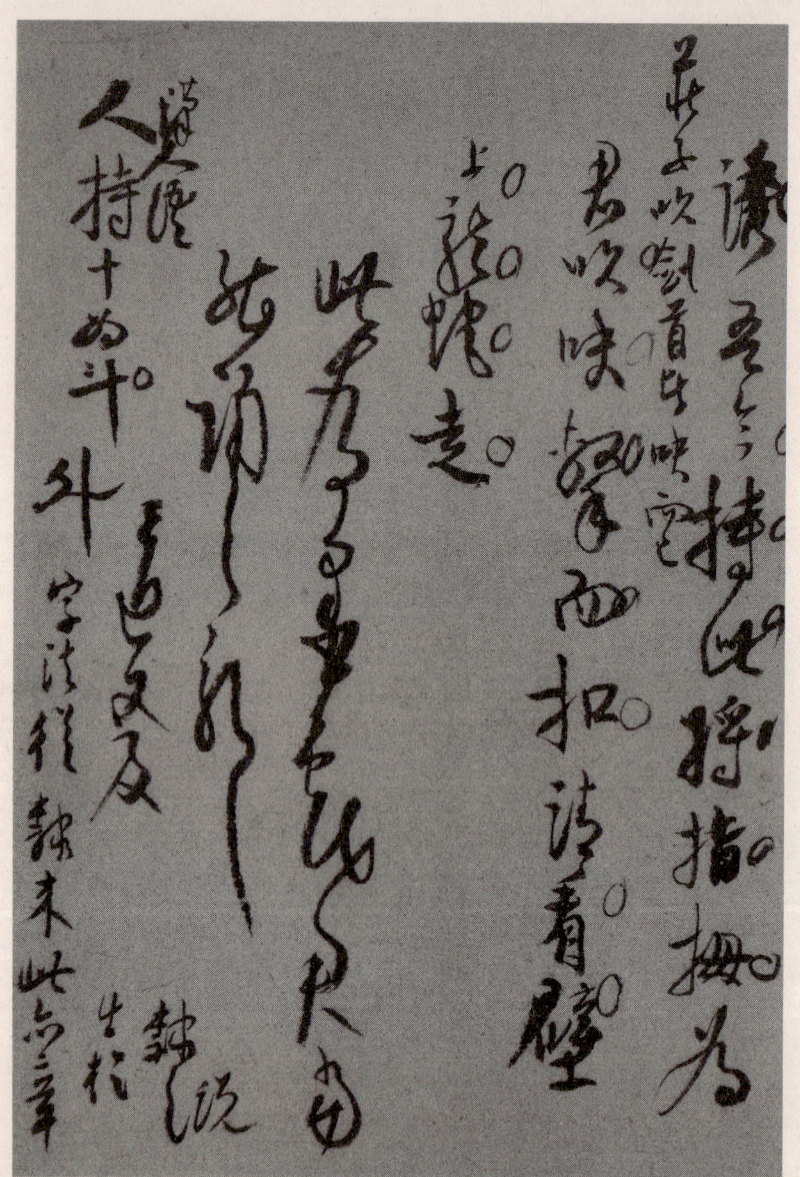

图 2-11：高二适《龙泉剑》手稿（局部）

附诗（图 2–11）：

宝剑腾拏忽在手，不语能为狮子吼。

斯须脱腕（作字）更运肘，豫章丰城谁攻守（张华掘剑事）？

我欲操之挟（拟改为犯，挟字也可）牛斗，张芝索靖皆吾友。

漆盘书被成老朽，董父豢龙（剑龙二而一者也）诚善诱。

吾今执此将指拇，为君吹吷（庄子吹剑首者吷而已）击而扣。请看壁上龙蛇走。

此为墨戏，君当能诵之耶？二适又及。（汉人语）人持十为“斗”。“斗”字法从隶来，此亦章出于隶。

说笔，论剑，讲书法。好诗好字，满纸烟云，尽是文心飘荡。在接下来的时间里，毛笔文化成为高二适对费在山所讲的一个重要话题。5月，高二适询问费在山楂笔应如何改制，去信比较详细：

① 楂笔猪羊毛合制。未用过，像戴月轩出品，圆管定是漆黏上，如何取下？

② 猪鬃羊毫改制小对笔可否？

③ 改制工料资当照付。尊处鹿毫似仍可再制（须改进）。前承寄惠小笔菊颖至耐用，如有成品，希再给我两管。再友

人有楂笔一管，系羊披猪鬃制成，管上戴月轩有刻字，甚精细，笔未用过（卅年前物）。可重制否？重制较大楷，如大兰竹。笔毫如何取下？是否可割下把齐不乱？寄出特先征询。尊见如何？

7月9日，高二适致信费在山从文字学以章草的角度谈“揸”字：

《黄庭》（草作“庭”念）各本均如此作，“庭”系隶体。“揸”字有撮意，“揸”笔之字似宜书作“楂”，如南唐主之撮襟然，此不必物物深文大义也。

7月15日，高二适致信费在山讲硬毫笔典故文化：

远志贤契，连得两书暨紫毫一管，今特试用，尚有刚劲之气。钞来白傅乐府及韩诗，两公均为兔毫张目。吾暇中寻诵前两诗全文，昌黎诗无深意，香山则借题为讽谕朝士之失职者耳。执事服事湖州笔庄，吾于紫狼毫事尚有疑义，即笔毫狼兔均紫色，（紫色你人工染成否？）毫硬亦略同，［市面所售紫狼之名，究兔毫耶，抑狼毫也？（但从未标兔毫之名，似乎狼兔不分）再所谓紫毫是否单单用兔毛制成，狼毫又如何制法？］（括号内语请答我，可询笔工同志详询之。）

> 韩昌黎有《毛颖传》一文，是专为毛锥子而作（专为兔毫笔言，无甚可取）。至于狼毫为笔，吾曾见《宣和画谱》，有胡瓌者，善画橐驼及马等。胡以狼毫制笔疏染，取其生意，及体物云云。是则兔毫在前，而狼毫为后出矣。清人均称赵子昂、董其昌均用羊毫，故害成弱势。今之世稀有能使硬管者，此书法之所以日退也。（图 2-12）[24]

高二适这是从书写工具角度言明书法“日退”的原因，一方面表明他无时无刻不在关注书法的命运，另一方面也点明他一直使用硬毫的原因，即凭一己之力力挽书法之颓势。9 月 27 日，夫子讲湖州毛笔典故：

> 远志贤契，前代政各诗，都已发出，计可收到。属为择引首章字，昨夜忆唐（或宋）人吴兴诗中句，始得曰：“溪光健笔。”（湖州府东有溪光亭，有诗曰：“溪光自昔无人画”，此极言溪光之美，画也画不出也。）今吾之意，即溪光须得健笔，始能媲美前人。谓为湖州之笔可，谓为远志之书，亦无不可。此引言含意深矣。傥［倘］贵店以佳管求我作扁［匾］额，吾亦可书此四字颂之。然此健笔云云，更可为湖笔之市招矣。我非爱君则想不及此，君非师我亦不得超此境界也，一笑存之。[25]

[24] 吴为山：《高二适墨迹》，江苏凤凰美术出版社，2016 年，第 391 页。

[25] 纪如彬，吕华江：《高二适先生年谱》，江苏凤凰美术出版社，2018 年，第 478 页。

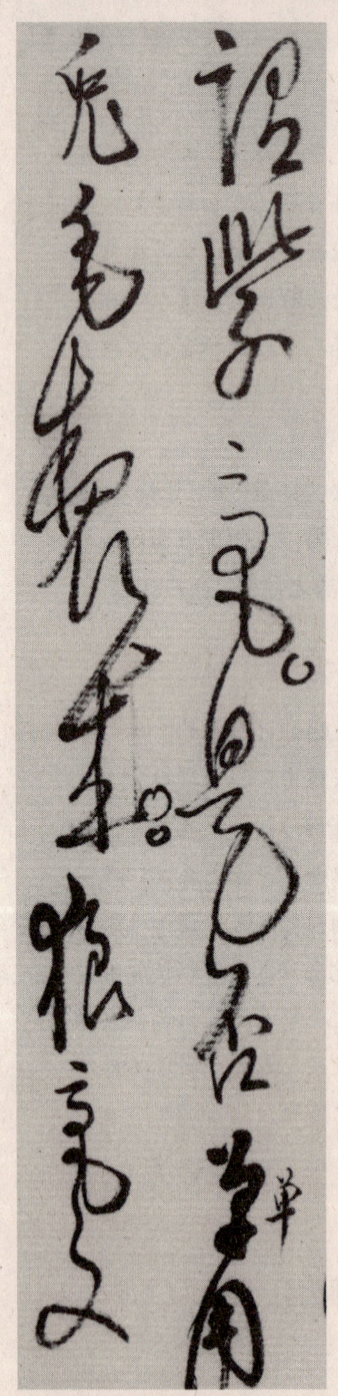

图 2-12：1973 年致费在山信札（局部）

此处高二适受苏轼的诗句启发，要为湖笔题写“溪光健笔”，既是赞赏湖笔，更是希望它能发扬光大，因为毛笔是表现中国文化的特殊工具。“非爱君”则不及此，是爱后学，爱毛笔，更是爱文化的未来。高二适既对小小的毛笔赞誉，又讲史、考据、赋诗，文人的一派行头全用上了。这不是高二适炫耀自己有货，而是他对文化爱得太深沉。他把生活艺术化了、诗意化了，也把艺术、诗意生活化了，他活在诗意里，活在文化中，哪怕生活里的琐屑都会使他诗心荡漾，引发他长歌。又如安徽安庆胡寄樵携旧徽墨，他自然赋诗咏之：

安庆胡寄樵携陈墨过江见访，辄赋此兼柬赖少其书家

安庆墨工胡来访，时值宵寒灯未上（宁正停电）。
吾庐黯黯欲休宾，一室待除榻横陈。
君语三代攻墨者，为媵隃麋而来也。
金陵独结少微星，绝圣弃智主管城。
君语赖君乃右我，十驾功成脱缰锁。
吁嗟乎，草圣炎汉始张芝，过江十纸恍遇之。
闲耶素耶终钝蹇，自郐只余諫书讥。
搔首窃闻赖夫子，嗜酸啖炭（见《柳柳州集》）畴能与？
斯人岂见康里子（巎子山），千年南宫（宋仲温）呼不起。
君不见两江南北孕笔精，赖子自富驰骤情。
我怀喜对郭忠厚（墨史郭忠厚以墨名，字忠厚，子玘，玘子喜，如寄樵，自云三代墨匠之比），更欲姜夔作帖平（谓姜白石。白石有《绛帖平》立论精当具只眼矣，此似属赖君）。

右诗在南京作，寒病未已，终不欲弃也。高二适具草时甲寅冬末

诗里说墨、论书、道情义，不仅温暖了高二适、胡寄樵、赖少其的寒冬，而且温暖了文化的一角。1977 年 1 月，高二适在家养病，刘墨郇载古井酒来访。高二适美而赋歌《墨郇由皖载亳酒来，饮之而美，作诗奉闻》：

酒名古井亳县产，墨郇持来饮数盏。
竟岁迢迢那便图，鸱夷留我复借酤。
君今存句到篱门，金陵酒气殊氛氲。
我欠留君酌一樽，不然欲我曲糵军。
酒非好友不易得，得者非酒非素识。
墨郇何时却重临，我有无锡二泉满可斟。
与君痛饮且长吟，辞曰：
君休忘我嗜亳郡，居井之眉戒满缾。
醇醪入口复优游，子犹瓶矣我更求。
醉倒花下我当留，明日一躯驾飞舟。
墨郇由皖载亳酒来，饮之而美，作诗奉闻。
高二适具草丙辰冬

古井美酒，与君痛饮；长歌吟啸，醉倒花下，身驾轻舟——酒美、字美、诗美、人更美，一切弥散在书香墨海中。文化似乎是缥缈的，但它绝不是虚空的，它只有安顿在现实的人生中，才有生存的空间，才有抚慰人生的价值。考察高二适先生的日常生活、平凡人生的细节，我们顿时看到了诗意的诞生、文心的荡漾、风骨的构成，也由此确认，我们的文化就在这里，不在别处。

第三章

泪垂家国情怀

一、介入生活的方式：进谏直言

高二适虽然一生满足于“适吾所适”的书斋生活，但他的思想没有禁锢在故纸堆里，他的经世致用思想从青少年时期就开始产生了。

1920 年 4 月，张謇为筹建糖厂，赴东台考察，东台县召集党政名流欢迎。此时高二适在县里已有诗名，他携诗拜见张謇，并直陈关于建糖厂的意见，颇为张謇欣赏。关于此次会见，晚年高二适对南京炼油厂谭家明回忆说（图 3–1）：

> 张氏戏谓余：“汝东台斥卤之地，民多嗜盐，抑知民生尚有必须者乎？”无何而南通糖厂立矣。今吾老病衰颓，因君之嘉贶，辄忆往事，故于诗中道之：老来饥渴宁由己，不索槟榔爱晚眠。痴绝阿茶呼可可，多君解道乘韦先。南通张氏从吾说，东海边民故嗜盐。熹事啬翁饴厂立，至今民食尚无甜。

一个月后，高先生再次提及此事（图 3–2）：

> 啬翁即南通张状头。适十六岁时与此老值偶一接席，其

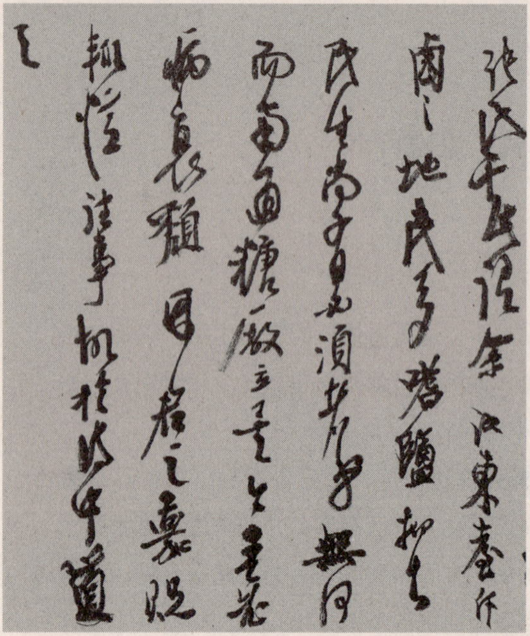

图 3-1：1975 年高二适致谭家明信札（局部）

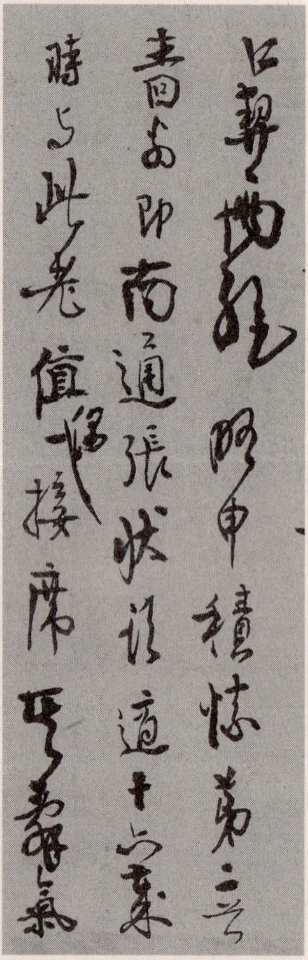

图 3-2：1975 年 8 月高二适致谭家明信札（局部）

辞气似仍在眼中。名贤之可钦如此，岂今人之所能自存哉！

这是高二适第一次进谏。按照高二适本人回忆，他16岁（当地习俗此应为虚岁，实际是15周岁）与张謇相见，是在1918年。然2014年5月1日南通文博苑文史专家赵鹏先生发文表示，根据张謇当年的活动行踪判断，此次会面当在1920年，并认为高二适诗中所言“南通张氏从吾说”“那可能就有点夸大事实”（见2014年5月1日《文汇报》）。10多岁的年轻学生建言对声名显赫的张謇创办糖厂究竟有多大的推动作用，不得而知，但高二适也无须在晚辈面前“夸大事实”。晚年的高二适每忆及此事便觉得“其辞气似仍在眼中”并倾情赋诗一首，至少说明他认为自己做了一件很有价值的事。由此可以看出，高二适自少年起就在心里埋下了关注民生疾苦的根。此时提及此事并非为炫耀，他身患心脏病住鼓楼医院治疗刚出院，但发生在1976年7月28日的唐山大地震牵动着他的心，随即他语调一转发出喟叹并借《道德经》典故“万物为刍狗”来诘问：“吾民多难，刍狗之谓何因？”这次进谏张謇不管其效果如何，但对高二适人生观的形成象征意义可能更大。这是他实践儒家用世观的首次尝试，且有良好的成效。进谏上书几乎成为高二适介入政治的方式，也是唯一的方式。

高二适的家乡小甸址，在溱潼古镇向北4公里，里下河，地势低洼，北通淮河，南接长江，时常发大水，闹水灾，当地流传

“十年九涝”的说法。国民政府水灾救委会于1932年春指示东台县重修相关河堤，形式是地方出劳工，水灾救委会调拨美麦，以麦贷赈。然在实施的过程中，由乡镇长代职的段长竟将大部分美麦偷运贩卖，中饱私囊。事发后，群情激愤，本在学校做校长的高二适毅然“为民请命”，上书国民政府水灾救委会最高层，要求彻查此事。1932年，《振［赈］务月刊》第三卷第9/10期详细刊载了此事及相关主管部门的答复：

《函救济水灾委员会为据高二适呈请解释各节函请查核径复文》(二十一年十月十九日)

敬启者案，据江苏东台县小甸址初小校长高二适呈，称呈为呈恳解释，仰祈钧鉴，明白批答，俾求正当之解决。事窃美麦贷赈，系由国民政府前水灾救委会办理，救济灾黎何等重要。乃今春东台县县府重修蚌蜒河堤，亦以数百吨之美麦支配，用于该堤以工代赈，法非不美。查该堤由县区各乡分段添筑，段有段长(大都乡镇长充任)，分赈美麦以每丈一斗支配。敝小甸址应修一百五十九丈之堤岸，即实领得十五石九斗之麦。该段长(即乡长)乡副等计由本乡雇去穷黎四十三人，当时工价纯由地方富产者出资供给，迨该贫民得有工价之外，计每人由段长等分配一斗三升之美麦，其余所有率由段长乡副私运自［至］东台本城出售，此实际经过之情形也。事经数月，迭据乡民查询不得，一当二适忝为党员又兼乡校校长,以是同乡中之智识分子。议论纷纭,莫衷一是,率不以二适为不肖,而来学校考询者,日必数十起。却之则非,公与事发言,则尤恐盈庭,二适为审慎起见,思不获已,特备文呈恳钧会解释,关于赈麦分配各省县政府时,乡镇长是否有随时可以处置变卖之权,抑饱入私囊,朋分赈款,是不啻夺灾黎之粮,趋之死地。在公务人员为知法犯法,应得何罪?钧会为党国办理赈务之最高机关,对于经手办赈之人,观此报告应作何感想?又立法有惩治办赈人员之专条颁行否并施行之法则如何?且段长乡副等之偷分赈麦,有分赈款者之私函发觉,尤其有穷黎一致之呼吁,能否提出于监察院,凡所开陈?二适忝为国民之一,民权所赋予原不敢隔岸观火,盖颇欲为民请命以求正当之解决。用敢上呈,伏祈钧会俯赐解答,以资遵循赈务幸甚!地方幸甚!等情到会,除函复外,相应函请查核径复为荷。

此致　救济水灾委员会　许世英

函复高二适先生为来牍所询各节事属法律范围,且系救灾会主办复请查照文(二十一年十月十九日)

径复者接准

来牍以段长镇长等朋分赈麦应得何罪,请予解答,等由到会查。办赈人员舞弊事属法律范围,应径向法庭起诉,且工赈美麦系由国府救济水灾委员会主办。除函请核办外,相应函复。

即希查照

此致　高梵庐先生

高二适在上书信函中言明“民权所赋予原不敢隔岸观火，盖颇欲为民请命以求正当之解决”，一身正气，全然没有懦弱文人的样子。此为高二适第二次进谏上书，这里既有家族“古气”秉性使然，更有后天吟诵诗书所滋养出的家国情怀的担当。

每每高二适都能透过现象看清问题本质。在“文革”时期，高二适特别强调“人和”这一因素。他表示不患天而忧人，因为天为自然之力，人不可逆转。但人却能改变社会，减轻自然灾害对人的伤害。1975年长江下游发生洪灾，淫雨肆虐大江南北，“下放”到扬州的陶白，虽然身处逆境，但仍心系国运，写诗致高二适，其诗大有“歌出易水寒，琴下雍门泪”之慨。中国知识分子可敬之处，就是往往身陷逆境，忧虑的不是自身而是国家，这构成了中国“士”的精神。高二适秉承这一传统，且不做寻常思虑。他回复陶白，大异其趣，提出不忧天而忧人的观点，痛陈时弊：“余不忧天而独怀友，此与陶公异趣。盖天本无为，而人为之，准况今天下事，有无不可忧，亦有无足可忧之处，人而无状，肯尽天之谴耶！所谓一斥不及，群飞刺天，其此之谓也。”此为草稿，在给陶白的定稿中后半部分则改为：“盖天乃无为，而人有准，故时之济否？斯在乎人为云尔。矧今天下事，无复可忧，也无复不可忧，岂久雨之故耶？”（图3–3）诗云：“忧国本无策，

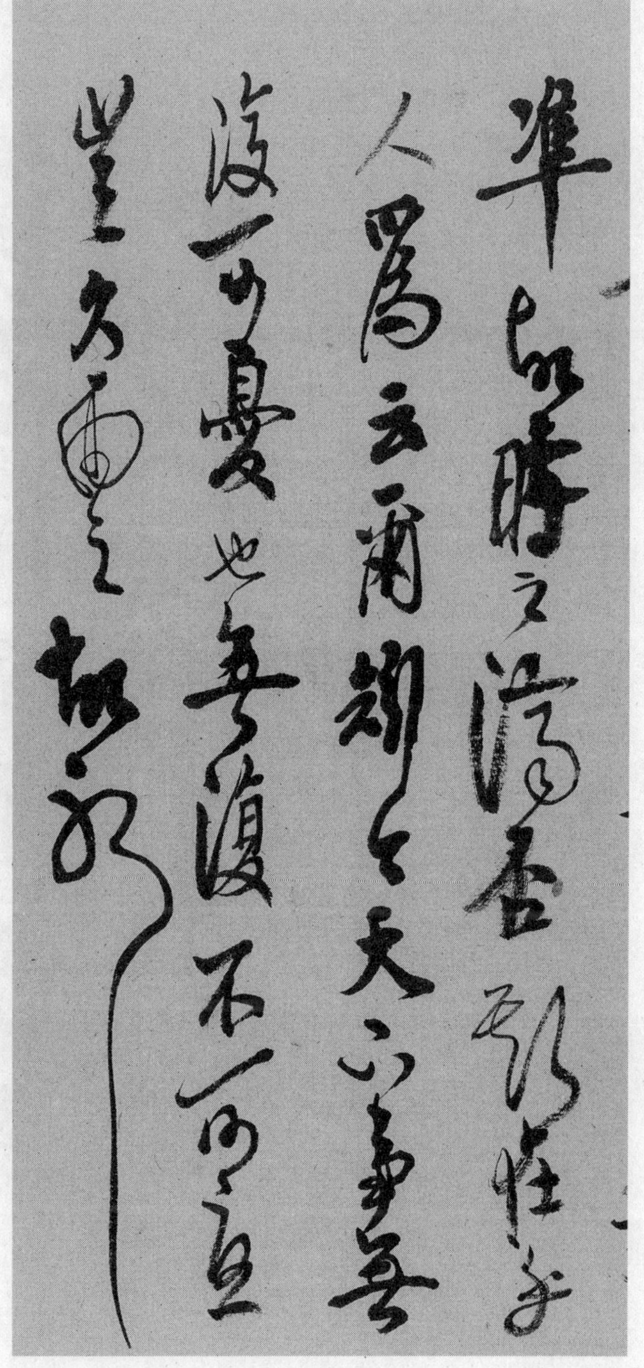

图 3-3：高二适致陶白手札［局部（一）］

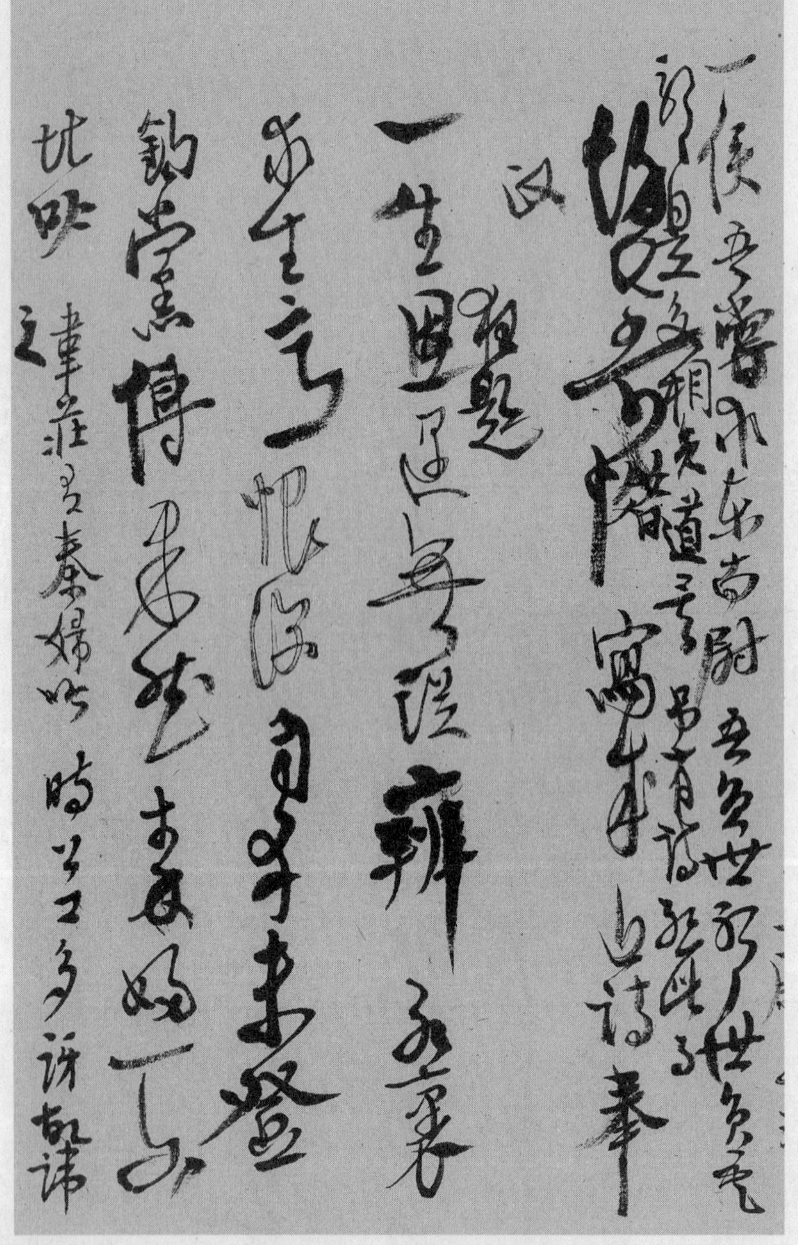

图 3-4：高二适致陶白手札［局部（二）］

陆沉岂天意。寄语丈夫特，东南留一尉。”

其后有小注：“扬雄文‘东南一尉，西北一侯’，吾尝求东南尉，吾负世邪？世负吾邪？是交相负道矣。另有诗纪此事。”（图 3-4）天无为，人有准。高二适敢说真话，在当时的南京已是有名的。高二适的“忧国本无策，陆沉岂天意”，可谓自信，可谓大胆。其文风骨之健，其胆识之壮，着实令人肃然起敬。

二、以笔代刀：褒贬名妓

抗战是整个中华民族力量的总动员，真正的中国人不会置之度外。作为文人的高二适以一种特有的方式介入其中。

1936年，日本侵占华北后加快吞并中国的步伐，中共及时向蒋介石发出“停战议和，一致抗日”的呼吁。同年12月，张学良、杨虎城两位将军发动震惊中外的“西安事变”，促成国共第二次合作，抗日民族战争出现重大转折，国内抗日舆论掀起新高潮，但这时也出现一些不和谐的妥协投降的谬论。也就在此月的4日发生了一件颇受人们关注的社会事件，极具传奇色彩的名妓赛金花落下了人生的帷幕。

赛金花曲折离奇的人生经历，成为人们茶余饭后的谈资，上至王公贵族，下到平头百姓，从街头摊贩到文人雅士，都能从她的故事中找到兴奋点。赛金花初名为傅钰莲，又名彩云，江苏盐城人（一说为安徽人），约生于1872年。幼年被卖到苏州为妓。光绪十三年（1887），同治七年（1868）的戊辰科状元时年48岁的洪钧回乡守孝，对15岁的彩云一见倾心，遂纳之为妾。不久，洪钧任欧洲四国公使，傅彩云随洪钧出洋。1890年洪钧归国，3年后病死，傅彩云遂潜逃至上海再为妓，后至天津，改名赛金花。1900年，八国联军攻陷北京时，赛金花居北京石头胡同为妓。

晚年生活穷困潦倒，1936 年病死于北京。赛金花成为晚清四大谴责小说《孽海花》主人公的原型。赛金花的行径本没什么可说，坊间流传八国联军侵华时，她曾向其情夫八国联军总司令瓦德西求情少杀点中国人。此逸闻被好事者、存私者大放异彩，并演绎成“卖身不卖国”的侠女壮举。其实这只是某些人的拼接，八国联军攻陷北京的时间是 1900 年 8 月 16 日，而瓦德西于 1910 年才率 900 名德国士兵到中国。所谓八国联军攻北京、赛金花救北京的“义举”，只不过是赛金花自我包装的伎俩。她死后，民俗学者张次溪倡议，由他本人出资为赛金花立碑，并约请金天翮撰写碑文。

请金天翮写碑文有多个原因，一是小说《孽海花》原作者本是金天翮。金天翮，原名懋基，字松岑，号壮游，又名金一，后名天翮、天羽，笔名麒麟、爱自由者、天放楼主人等，江苏吴江人，为清末民初国学大师。金天翮原计划以赛金花为原型写一部“政治小说”，并介绍说：“此书述赛金花一生历史，而内容包含中俄交涉、帕米尔界约事件、俄国虚无党事件、东三省事件、最近上海革命事件、东京义勇队事件、广西事件、日俄交涉事件，以至今俄国复据东三省止，又含无数掌故、学理、轶事、遗闻。精彩焕发，趣味浓深。现已付印，即日出书。”[1] 可惜他写了前六回后，就此搁笔，由其好友曾朴续写，成书并出版发行，成为晚清著名谴责小说之一。由于写作的需要，金天翮对赛金花的生平做过比较详尽的调查研究，让他来写赛金花碑文，其内容可信

[1] 江苏省社会科学院明清小说研究中心文学研究所:《中国通俗小说总目提要》，中国文联出版公司，1990 年，第 888 页。

度高。二是金天翮出身富家，光绪二十四年（1898）荐试经济特科，后来成为著名教育家、文学家、爱国人士，具有较大的社会声誉，让他写碑文，分量重，具有盖棺定论的效果。此消息一出，立即引起轩然大波。大多数人认为不值得为赛金花树碑立传，而支持此事者尤其是汉奸特别卖力，他们想以赛金花所谓的卖身不卖国来比拟自己，言外之意是他们在为日寇做事，却心在党国，实际上也在为党国做不少好事，即所谓的“曲线救国”。其实质是汉奸们为自己的卖国行径做辩护，他们不仅不以卖国为耻，反而有邀功请赏之意。显然此时为赛金花的树碑立传已不是单纯的个体事件，而是具有很强政治色彩的社会事件。高二适闻讯此事，即刻站出来写信给金天翮，决然反对为赛金花树碑立传。金天翮非等闲之辈，正直孤傲，思想激进开放，他旋即在 1937 年 1 月出版的《卫星》月刊上刊登《为赛金花墓碣事答高二适书》公开信。此公开信既是对高二适来信的回复，也是在表明自己的态度，以此回应社会对该事件的质疑与谴责。信书如下：

损书拜悉。为赛金花撰墓碣，远近以此相讯者不少。此事由北京张先生次溪倡首，次溪书来，弟复之曰：作墓碣可也，第我有我之身份，不能为老妓谀墓。且言赛之身世，晚年所自述者，亦不足信。如云曾孟朴欲昵之，渠不可，乃于《孽海花》虚构事实是也。

赛之父为顾家桥挑水夫，曰阿松，前传其父为大郎桥巷轿夫，亦误也。赛之前生为烟台名妓，洪文卿游幕烟台，眷之。洪欲入都试春官而无资，妓助之五百金。既贵而弃之，妓缢。阅十七年而洪为星使，是时为星使者，其夫人以出国将与洋人握手并席饮，多不往。而纳妾摄夫人职，洪纳一小家碧玉于苏，入门则貌固俨然一烟台之妓也。弟于《孽海花》开宗，即隐射此事。弟之创为孽海也，非为赛也。作此书之岁，帝俄适以暴力压中国，留日学生及国内志士，多组对俄同志会，而洪氏前使俄，以重金购俄人所制中俄交界图。误将帕米尔之一部分界线划入俄国，俄人遂据之，为言官所劾。赛金花于是岁方虐雏妓致死系狱。同时系狱者，有名将苏元春，名士沈荩（章士钊评述其人“才大而疏，性直而急，口辩而刻”），得名妓而三。赛于八国联军入京时，因与瓦德西昵，赖一言而保全地方不少。故以赛为骨，而作五十年来之政治小说，弟究非小说家，作六回而辍笔。孟朴得弟之同意而续之。赛之淫荡，余不屑污笔墨。

光福有顾衡如为京官，最为赛欢。一日饮沧浪亭美专，言之使人倾听。名画家吴子深连饮数觥，忽发病仆地，座客惊散，衡如不尽其辞。今秋饮海上酒楼，客琐琐谈赛金花，弟厌之曰：“一老媪耳，何足供谈助！”一客才言曰：“子非老翁耶？”弟曰：“不然，名士以老为贵，妓以色悦人者也，青裙白发，安足供描写耶？”然赛金花在驻俄公使馆，晨披绯色白狐斗篷，与洪氏并俯楼窗而语，容光秀发，一随员方入馆，伫立仰视片刻。明日，公使下手谕，某人著给资开缺回国。刘桢平视，一朝得罪。初入平康，倾倒裙屐，其人格不如秦淮八艳，亦女中之怪杰也。弟函中又告以如齐白石翁命作生传，或生圹志，皆所乐为。次溪书来言，知弟之不愿为赛金花谀墓，而乐为翁作文，感而出涕。然则赛之必恨我九泉也决矣。以阁下相讯，不觉书之过长，亦欲并以此言答他人也。唯照不备。

天翮顿首，一月七日

金天翮在信中声明“第我有我之身份，不能为老妓谀墓”，却乐为齐白石翁“作文”（1933年齐白石通过张次溪让金天翮为其作传记，金天翮欣然应允），以表明自己的立场和价值取向，并澄清自己写《孽海花》的宗旨为“孽海也，非为赛”。同时以肯定的语气指出“赛之身世，晚年所自述，亦不足信”，“其人格不如秦淮八艳”。1935年高二适从乡下到南京不久，仅为国民政府侨务委员会科员，与金天翮的年龄、资历、声誉相比，还是有较大差距，但从金天翮的来信首句“损书拜悉”来看，足见高二适的反对态度，言辞激烈，惜其信札不复得见。金天翮公开不为赛金花立传，但汉奸惦记着这件事呢。1937年七七事变，因为汉奸潘毓桂出卖军事情报致使北平很快失陷，佟麟阁、赵登禹两位将军壮烈牺牲，数千将士及1000多名学生惨死于日寇刺刀之下。潘毓桂因助日攻陷北平“有功”，出任日伪北平公安局局长。他得意地跑到陶然亭以赛金花自喻，为赛立碑撰志，说她“媲美于汉之昭妃和戎”，这成了汉奸的“曲线救国”最好宣传材料。至抗战胜利后，审判潘毓桂时他还振振有词：出卖二十九军叛国投敌，是为以免“战事蔓延、祸及生民”。看来他是从赛金花那里找到了自我辩白的灵感，这真是“高尚是高尚者的墓志铭，卑鄙是卑鄙者的通行证”。此是高二适人生中第三次谏言关注时事，也是他用世观的具体表现。反对为赛金花树碑立传，可见高二适看到了纷纷攘攘背后的本质及其危害。潘毓桂卑劣的表演，足以验证高二适的政治眼光和价值判断。金天翮终因高二适的反对没有给赛金花立传而在历史舞台上得以全身而退，当然按照金天翮的性格人品也不会这样做。抗战期间，金天翮旧友任援道任伪江苏省省长，请金出任伪国立社教学院院长，遭到金天翮严词拒绝。1945 年金天翮贫病而逝。

也因此事，金天翮和高二适成为诗友。是年春，金天翮邀请高二适到老家苏州盛泽看茶花。高二适赋诗一首《松岑先生招赴盛泽看山茶不果》，并发表于《卫星》第一卷第三号。高二适在致信韩国钧信函中盛赞金天翮诗作：

> 访梅一律曾遍征和，所得盈箧，但称意者少，今之世倘真风雅道尽丧耶？柳翼谋、金松岑（即金天翮）较佳耳！

历史总是惊人的相似，但它又不动声色地考验每个人的操守。

伪善经不起昼夜更迭的些微之力吹拂，诚挚、正直却在时间的烈焰中展现其光辉。1940 年，高二适竟对另一名妓女大加赞赏。

1940 年金秋，高二适致信林庚白，说为成都“名妓华老四极倾倒”，并赋诗大加颂扬。一名落入青楼的女子，为何被高标自洁的高二适大加赞誉？查“名妓华老四”资料，并没有得到丝毫信息，倒是得到“花老四”的相关信息，其行迹与林庚白和诗中对华老四的描述一致。上古用“华”代“花”，《诗经·周南·桃夭》：“桃之夭夭，灼灼其华。”范晔《后汉书·崔骃传》：“彼采其华，我收其实。”这里的“华”皆是“花”的意思。“花”字出现较晚，东汉《说文》不收。唐代“花”“华”两字并用。如白居易的《荔枝图序》：“华如橘，春荣。”李贺的《将进酒》：“况是青春日将暮，桃花乱落如红雨。”一般认为“花”姓出自华氏，亦由音变而成。据《百家姓》注：花姓“系出华氏，古无花字，通作华。后专用花为花草之花，故华姓亦有改为花姓者”。清段玉裁《说文解字注·华注》：花字“起于北朝前此书中花字，出于后人所改”。“华”在甲骨文中就读“huā”，本是象形文字，像花朵之形，后加草头，成为会意字，又有开花的意思。依据高二适、林庚白的学识，应知晓这些。是有意将“花”写成“华”，还是因为“花”四川方言尾音上扬，听起来与“华”的读音几乎一致，是一个误传呢？从成都口传到重庆，高二适与林庚白误当作“华老四”也是可能的，况高二适整日埋头读书写诗，不会津津乐道于坊间青楼之风流韵事，只取其人的主要事迹有感而发。

1937年抗战全面爆发后，国民政府迁都重庆，四川成为大后方。重庆、成都是各方政治势力逐鹿的中心，各种角色、各色人等竞相登台。在成都云集三教九流，妓女行业很是繁盛，来自沦陷区的女子和本土的妓女构成了一个特殊的街头景观。花老四，便是其中一位。这位风尘女子，本是武汉话剧演员，若不是战乱，她或许就是一位普通的艺人，或许也能成为一个舞台名角儿，但战争改变她的人生轨迹。她先逃亡到重庆，沦落为青楼女子，后来到成都，亲自操办“花公馆”。“花公馆”表面是休闲的场所，但实际上做皮肉买卖。虽然花老四相貌并非上等，但毕竟是演员出身，善于交际，善于观言察色，善于经营，很快“花公馆”就成了成都一等妓院。由于做得比较隐蔽，党、政、军、匪等各路头面人物均到此娱乐，“花公馆”自然也就成了各方力量攫取情报的重要地点。所述这些当然不是高二适的关注点，国难当头，日机几乎天天临空轰炸，他时刻思虑的是“吾方止饮创金痕，胸中何计擒国贼”[2]。花老四置身浊泥之地，但仍心怀家仇国恨，知晓民族大义，不忘国耻，捐献大量钱物支持抗日。后来国民党军统看中了“花公馆”的价值，蒋介石直接派姓陈的特务混进“花公馆”收集情报，花老四因之介入其中。蒋介石控制西康后，西康军阀把怨恨归结于花老四身上，派人在光天化日之下向花老四连戳四刀，花老四惨死于“花公馆”。花老四作为间谍虽是为国民党效力，但从当时统一四川军政力量，形成抗日合力看，还是有其积极的一面的。另一方面，她一掷豪金声援抗日，与当时大

[2] 高二适：《是夕无月，次壬午韵奉呈长沙公兼示渊雷》，见《高二适诗存》，黄山书社，2011年，第21页。

发国难财的腐败官僚、伪善绅士形成了鲜明的对比。高二适拟韩愈《怀秋诗十一首》作《怀秋二十一首》抒写他期望为国出力却壮志难酬的抱负。其最后一首诗：

昨日郁旧愁，今朝酿新恨。愁恨一时俱，羁旅殊困顿。
能文何足喜，沉忧未能饭。国步愈险巇，大官竟麟楦。
寒蛟如司詈，亦是吾儒愿。休问力有无，此□□语乱。

此诗直写他胸中旧愁新恨。“险巇”意思是“险阻崎岖，形容山路危险”，语出《楚辞·九辩》：“何险巇之嫉妒兮，被以不慈之伪名？”“麟楦”比喻虚有其表没有真才的人物。唐张鷟《朝野佥载》：“唐杨炯每唤朝士为麒麟楦。或问之，曰：‘今假弄麒麟者，以修饰其形，覆之驴上，宛然异物。及去其皮，还是驴耳。’无德而朱紫，何以异是。”高二适在此用典意在痛斥国家在遭受外敌强侵之际，大官僚们虽声声喊救国救民，实是胸无大志，装腔作势，只顾享受奢华生活的无耻行径。高二适的好友林庚白在《〈吞日集〉自序》中直指此乱象：

“穷江淮黄河万千方里，敌兵焚掠之惨，将士转战之勇，人民流离之苦，与夫豪暴强之酣嬉，官邪之泄背，党论之纷纭，世变之激荡，其惊心动魄，往代所未曾有。”[3]花老四这个风尘女子与此类“官邪”之徒相比，着实让高二适为之拍案称绝。以诗张扬花老四是诗人快哉之事，可惜此诗今已不能见到。高二适对

[3] 林庚白著，周永珍编：《丽白楼遗集》，中国人民大学出版社，1996 年，第 383 页。

花老四的肯定评价，与为抗日呼号的林庚白可谓惺惺相惜。见到高二适的诗，林庚白为之拍案叫绝，欣然作诗一首以呼应：

华老四行为高二适作

客来能说成都事，颠倒西川华老四。
钟情秘监系封疆，破涕将军疑给赐。
华娘挥手轻千金，难凭冷暖窥用心。
人间变幻未可测，我闻摊书惟沉吟。
民穷古有女闾设，至今夷夏无差别。
弱者鬻身谁使之，世儿诟谇极饶舌。
欲将红玉拟华娘，几见兜鍪皆蕲王。
受人哀怜非壮士，温柔莫问今何乡。
忆从国破迁巴蜀，道左流亡日相逐。
垄断居奇众苦饥，避兵尚有颜如玉。
胡尘不管锦江春，饮博鲜卑语绝伦。
交子千官争贱值，幸卿万贯赚微颦。
谈言传述私有忧，间谍方虞大九州。
红粉凝妆能制敌，朱门买醉不知仇。
人民犹是山川隘，锦江直作黄河界。
华四娘家为君歌，一角巢痕入惊喟！

林庚白在诗小序中特指明：“余意此等诗，易落古人窠臼，矧今昔异情，必欲有作，宜求实际，无取铺排，爰赋此篇。”说明所作内容完全来自事实，并非诗人妄想之言。诗中陈述花老四挥手捐千金以资抗日的义举，赞赏她“间谍方虞大九州”的才智，将花老四比拟为梁红玉，并与当时权贵做比照：“垄断居奇众苦饥，避兵尚有颜如玉”，“红粉凝妆能制敌，朱门买醉不知仇”。国难之时，当权者枉顾家仇国恨，枉顾百姓忍受饥寒交迫之苦，仍大肆屯聚大米、棉布等生活紧缺物资，以大发国难财。他们整天过着纸醉金迷的生活，而抵御外敌的重任却落到“红粉佳人”身上，虽是赞美花老四，却也是对时局最大的讽刺与鞭笞。在此两大狂狷诗人以诗为抗日记事。“六经倦旅谁独豪，腰悬宝剑笔如刀”[4]。高二适以笔代刀直抒胸臆，自言“我诗不入时人眼”[5]，是他特立独行的风骨写照。

同为娼妇，贬赛金花，扬华老四，可见高二适的立足点是基于国家民族的立场。他性格耿直，特立独行，不为时流所左右。他看人对事从大处着眼，小处分析，往往有惊人言语。赛金花与花老四初入青楼卖身那是生活所迫，情有可原，不足为忿。但赛金花其后多次主动为娼，则见其淫；她随夫到欧洲混迹于洋人声色犬马之中，足见其荡；她身为老鸨虐死雏妓足见其毒；一驻俄公馆随员，因仰视其貌，即被责罚遣送回国，金天翮特用刘桢平视甄后而获罪典故，批其狠；她为侵略者八国联军筹措军粮，足见其为虎作伥，其卖国行为昭然若揭；而晚年又不断宣扬其所谓“床上救国”，足见其龌龊。如此赛金花有何人格国格值得宣扬？

[4] 高二适：《京师遇邓佛兰律师》，见《高二适诗存》，黄山书社，2011 年，第 26 页。

[5] 高二适：《曾履川辑印其先十一首诗集征题》，见《高二适诗存》，黄山书社，2011 年，第 26 页。

尤其是中华民族处于危急存亡时刻，更没有丝毫可宣扬的价值。市侩与汉奸自然看重的是其“曲线救国”的注解。鲁迅在《这也是生活》中一针见血地指出：“连义和拳时代，和德国统帅瓦德西睡了一些时候的赛金花，也早已封为九天护国的娘娘了。”

对比之下，花老四并没有与侵略者媾和，没有谋害他人。虽然她也干了不少黑社会勾当，但当国难来临之际，她能捐钱抗日，为中华民族抗日效力，以致命丧黄泉，其义举值得颂扬、褒奖。这一贬一褒，可以看出高二适并不是读死书的呆子，他虽不能提刀走向硝烟的战场，但他以笔代刀，以历史的镜子观照现实，以赤子之心直面时事，抨击污垢，呼唤有识之士，营造真正的抗日文化环境。高二适虽坐拥书城，却心怀天下，或许这又是章士钊器重高二适的原因之一。

三、苍生都和我有关：三哭

男儿有泪不轻弹，洒泪只因家国事。这是高二适家国情怀的真实写照。

1941 年，抗日战争进入最艰难的时期，然而祸不单行，中原发生了持续三年的大旱灾，仅河南省饿死、病死的就达 300 万人。高二适老家小甸址，1939 年也发生了旱灾，后来靠补种的荞麦救活了数千人。长江下游虽然没有像河南省发生特大灾害，但也发生了旱情。1942 年，面对外有侵略、内有天灾的社会局面，国民政府却不闻不问，还继续强征田赋，放任豪强、军阀乘机放高利贷，强占农民的土地。“人祸”有甚于“天灾”。国民党的所作所为造成的人间惨剧有甚于晚清，这是中国历史上最黑暗的一页。但凡有良知的人无不为此痛恨，高二适以“诗圣”的笔法记录了这样的现状：

见获稻者有感

看人获稻蓦然喜，今我无田耻非耻。
江东年荒归不得，聊叹此途谷贵矣。
读书不能致太平，况今四海兵尘生。
世人倒本齐其末，文字村荒媵我耕。

禾莠骄骄农意足，小人只解果其腹。
岂知仓囷空虚多，万钱斗米无可告。
我来亭午风正凉，瘵饥一试稿草香。
痛哭不为士难饱，深仇还在国无良。

诗的情感一波三折，先是“喜”，继而转“叹”，最后是“痛哭”。“喜”是因为看到农人收获的稻谷，知道他们生活有了保障。两耳不闻窗外事，一心只读圣贤书，或许只是他的一面。其实高二适书里书外从来就没有隔断，他在书里寻求的不是风花雪月，而是炼就观世之慧眼，开济业之药方。眼前的喜悦，并没有带来持久的快乐，因为他的心由此及彼想到正处于年荒的江东。虽然他可以像梁实秋那样完全沉浸在自己所经营“雅舍”的情趣中，也可以沉醉在如那些官僚享受大后方醉生梦死的生活里。显然他面对苦难没有转过头去，他痛叹灾区的稻谷贵了，担忧万钱斗米，百姓何以聊生。他叹惜读书再多也难以平治天下，而握有权柄的人，在四海兵起的国难之时却只做表面文章，没有认真地去解决实质问题，甚至还放任不法分子囤积奇货，盘剥百姓。“倒本齐其末”，语出《孟子·告子下》：“不揣其本而齐其末，方寸之木可使高于岑楼。”其讽喻不言自明。高二适痛哭的不仅是国贫难以填饱仕的肚皮，更在于国家没有提出良策的贤才俊杰。这是对云集所谓党国精英却腐败无能的国民政府的痛击与批评。其境界不逊于杜甫“大庇天下寒士”的诗心。此为高二适一哭也。

1943年，高二适自南京与家人离别到重庆已有6个年头。中秋将至，明月挂枝。日寇的轰炸暂时远去，他的思绪回到家乡。那是美丽的记忆，意气风发的青春岁月已留在昨夜的诗稿中。此刻身在荒凉的北碚，作诗《病起》："六年不归良有道，四海茫茫多兵尘。我与歧途成一往，当秋惟挹气萧爽。"儿女情长固然可慰藉孤寂的生活、寄托羁旅的情思，但没有国哪有家，高二适心中有小家，但更有国这个大家。深夜对明月，友情、师生情、亲情齐聚心头，但所有这些都难以抵消他的忧国情。日寇气焰嚣张，政府腐败无能，百姓困苦。悲境拱心，泪如泉涌，濡墨写歌：

寄问樵　中秋前一日

展禊忽中秋，时序太迫促。与公虽晚见，文字情尚笃。
鳏鱼目久枯，衰病仍频触。亦欲驰书简，捉管嗟无力。
湖湘诗客多，章公吾轨躅。石船抱疾归，日夜为卜祝。
离阔且如何，坐此如狴狱。今秋消息好，盟人竟蹴蹋。
兵衰期忽胜，官邪终丧国。缘何兴勃然，不与吾谋适。
吾孤如孀女，六年卧村屋。愿辞丧乱身，何处能安息。
时事倘可怀，剜疮莫补肉。公知贾谊忧，吾故唐衢哭。
宵深对月明，耿耿谁察识。

自从屈原一句"长太息以掩涕兮，哀民生之多艰"脱口吟诵出来，中国的文人便多了一份忧郁的色调，这种色调便是家国情怀。是进亦忧，退亦忧；盛世亦忧，乱世亦忧；居庙堂亦忧，被放逐亦忧。一个“忧”字嵌进了中国知识分子的精神世界。虽然屈原之后并没有太多的文士蹈水自沉，但他们以另一种方式——“痛哭”，表现同样的家国情结。阮籍的“穷途之哭”，贾谊的“可为痛哭者之一，可为流涕者二，可为长太息者六”以致“哭泣”而亡，唐衢的善哭，又为知识分子们勾勒出一道慷慨悲凉的独特背影，这种背影成为中华民族每每陷入社会危机时坚硬的脊梁。

1943 年 9 月 8 日，即农历八月初九日，欧洲战场传来捷报，法西斯轴心国之一意大利宣布无条件投降，故高二适诗中记有“今秋消息好，盟人竟蹴踢”。然而面对国内的战争，高二适却又高兴不起来，他毫不留情地指出，战争的成败，国家的盛衰不在于士兵而在于官。“兵哀”或可战胜敌人，但“官邪”却要丧国。

高二适这样说是有所指的。远的不说，汪精卫投降日寇，沦为日寇侵华的工具。就是在 1943 年 5 月 14 日，国民党中央监察委员、河北省主席、冀察战区副司令兼第二十四集团军总司令庞炳勋，与新编第五军军长孙殿英联名通电公开宣布叛国降日。而此时的蒋介石却把主要精力放在“闪击”延安，掀起第三次反共高潮上，完全置民族大义于不顾。高二适与诗友钱问樵看在眼里，急在心里。作为一介文人，又有什么办法？唯有一颗忧国忧民的赤诚之心和满腔的热血了。高、钱两人相见虽晚，却以诗陈情，情深意笃。秋风扫山，忧病侵身，提笔述情，慨叹无力；不为乡情，只为国殇，日夜祈祷，徒增茫然。何以解忧，微禄不能，醉酒欺人；周遭昏昏，我心沉沉。君知贾谊忧，我当唐衢哭。千古几人识，任泪流千行——此高二适二哭也。

曹经沅曾在1941年赋诗给高二适，以清吴嘉纪比拟高二适，写他外冷内热的诗心：“谁谓陋轩似冰冷，穷年内热为苍生。”高二适以贾谊、唐衢自喻，除上述与贾、唐一样为国分忧外，还有另一层含义。贾谊从小刻苦学习，博览诸学百家，学成治国之策，惜遭权臣挤压，被贬到长沙，但他时刻关心国事，不断向文帝提出治国良策，此所谓“位卑未敢忘忧国”。他提出的《治安策》为后来的西汉强盛做出了不可磨灭的贡献。而他本人则从《治安策》一开篇就痛哭，一直哭到他为国而死。他是继屈原之后又一个以泪浇心的知识分子典型。千年之后，忧郁的唐衢又把整个大唐哭得颤巍巍的。白居易说唐衢的哭不是为“口无食”，也不是为“身无衣”，而是为“忠与义”。不是因为唐衢“善哭”，而是他不得不哭。他为忠义双全惨死于乱军的段秀实、颜真卿哭，为正直的阳城被贬哭，为天下的百姓哭，而且不哭则已，一哭则整个大唐都听到了。白居易从他的哭声中听到了自己的内心哭声：“不能发声哭，转作《乐府诗》。”真是知音啊，他在《与元九书》中说：“其不我非者，举世不过三两人。”唐衢是其中的一个。唐衢死后，白居易终于哭出声来：“何当向坟前，还君一掬泪。”老白一哭，贾岛来到唐衢墓前也忍不住大哭：“从来有恨君多哭，今日何人更哭君。”紧接着崔涂又是“嫦娥绝唱唐衢哭，尽是人间第一声”。到了宋朝，历史的情形有几分相似，郁郁不得志的陆游、陈与义相继吟出“唐衢惟痛哭，庄舄正悲吟”，“欲为唐衢哭，声出且复吞”。屈原的“掩涕”在其后的历史长河中得到回应。可是高二适的“苍生泪”又有几个能听到呢？他从北碚来到重庆城里，这不像是亡国之都，处处歌舞升平，权贵们不是想着如何抗日御辱，而是争相卖官买官，居奇敛财。轰动一时的“林世良一案”，便是病入膏肓的社会的写照。孔家二小姐孔令俊利用其家庭背景，将本用于盟国运输抗日急需物资的滇缅公路，用来走私日用品、奢侈品，大发横财。高二适自重庆回来写诗直指腐败：

旅渝一夜匆匆去

憔悴巴城满故知，如何一雨迸成泥。

扰人车马宵犹热，使鬼金钱值日卑。

堆眼官资争货赂，极天笳吹警边唾。

吾生不乐胡来此，一宿匆匆更语谁。

结语“更语谁”，还不要紧，更多的时候是被埋怨、忌恨，你高二适不跟着他们“隔江犹唱后庭花”，而说是满眼“官赂”，太不合节拍了。高二适从他们的白眼中知道自己“终然成怨蛊，好语遭忌訾”，但高二适就是高二适——“吾亦睚眦徒，迟早期必报”。针锋相对，怒眼冷视，依旧特立独行，因为他“吾不畏年侵，只怀国未报”[6]。但这样的政治生态已经没有希望了：“只恨沮洳场，终误侯生钓。”[7] 好语为国昌，只恨知音稀，所以能

[6] 高二适：《秋怀二十一首》，见《高二适诗存》，黄山书社，2011 年，第 18 页。
[7] 高二适：《秋怀二十一首》，见《高二适诗存》，黄山书社，2011 年，第 18 页。

得章士钊、钱问樵、林庚白、王用宾二三知己则已足以矣。虽苦犹乐，当泪洒泉台，如唐衢痛哭："孤吟吾更苦，泻泪彻泉台。精神无间隔，子其知我哉。"[8]高二适的痛哭又多了第二层含义——知己泪。困顿之中，他并不是一个人在战斗，犹如白居易之于痛哭唐衢。

宋代诗人陈师道虽出身于仕宦家庭，但他与当权者不合作的态度决定了他决意不参加科考。他仕途异常坎坷，以致家徒四壁，他在《与鲁直书》中说："若不饿死、寒死，亦当疾死。"其情当哭。虽处困境，他却推辞太学博士正录举荐的学录，其骨当哭。老来病疾，患病死无钱葬身，但仍要行万里路，作千年调，这是苦行僧式的匹夫之责、文化担当。陈师道的诗在高二适的心灵上激起千层浪，如临水照影，发声痛哭，为陈师道，也为自己，为自己与陈师道相似的境遇、相同的文化担当。1967年1月的南京比往年都显得冷，漫天飞舞的雪花没有凝固南京人的革命豪情。高二适也将遭遇人生最寒冷的冬天。1月15日，他出门看大字报不慎摔倒，折脚骨于雪中，苦不堪言。他在2月8日，农历新年除夕夜致章士钊的信中详尽记叙了当时情景。

孤桐老师台：

岁时音敬疏阔，仰冀严威，只益怀想。适于上月十五日著东郭于雪中，罹乐正子春折足之痛。时则家人正噢咻无计，而小儿泽迥忽自辽沈归装，甫入门即闻适呻吟之声。此子孔

[8] 高二适：《秋怀二十一首》，见《高二适诗存》，黄山书社，2011年，第18页。

武有力，遂立负医所求治。初则手术稍疏，越十五日始获重行裹创伤处。适卧病院即达廿余日，于本月四日晨返家，现惟仰屋欹眠，闻之数月方可学步，此骨科医者之教也。适惟平日烦忧劳瘁，今秋盖猝猝无须臾之可安者亘五六月。苟生终得天谴，静以思之，岂不内疚神明也耶！今小儿迥觐毕假归，特备红茶二事微物，专诚属儿代候老人兴居。倘蒙赐见，交感无既。又迥悯其父之衰残，屡在适前称：此番运动收功，拟请南调，以尽子职。似此事尚未有可言也。顾适者此次遭厄，则尤著平生感恩述德之思，冀得与公同游述作，葆此岁寒，以挂名世网耳。嗟嗟，人情伤老，余懽长存。诵杜陵“隐几忘言终不近，白头青简两相催”，聊复明之，不一。敬问

春釐

门生适上。二月八日除夕

足折之痛尚能言语，然心里有话却不能明说，是何等苦闷。4 月 15 日，高二适读陈后山诗《卧疾》：“老里何堪病再来，愁边不复酒相开。一生也作千年调，两脚犹须万里回。”联想到自己的境遇“不觉大恸”，批曰：“言身未死还要多作行路人，恨词。”再批：“[19]67 年 4 月，吾是疾久未愈，一日读此，忽大哭，此治吾足病耳。”此三哭也，遂作《读后山卧疾绝句》：“双脚折一尚能行，有酒不饮空愁生。诗翁未作玉楼记，老子岂傍石头城。”（图 3-5）

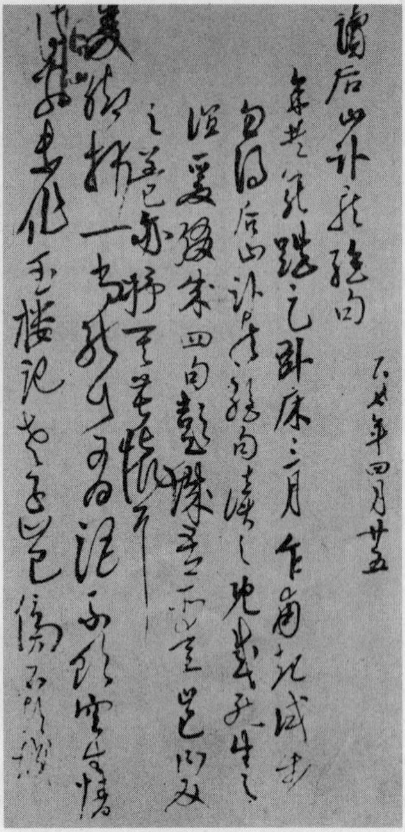

图 3-5：高二适《读后山卧疾绝句》诗稿

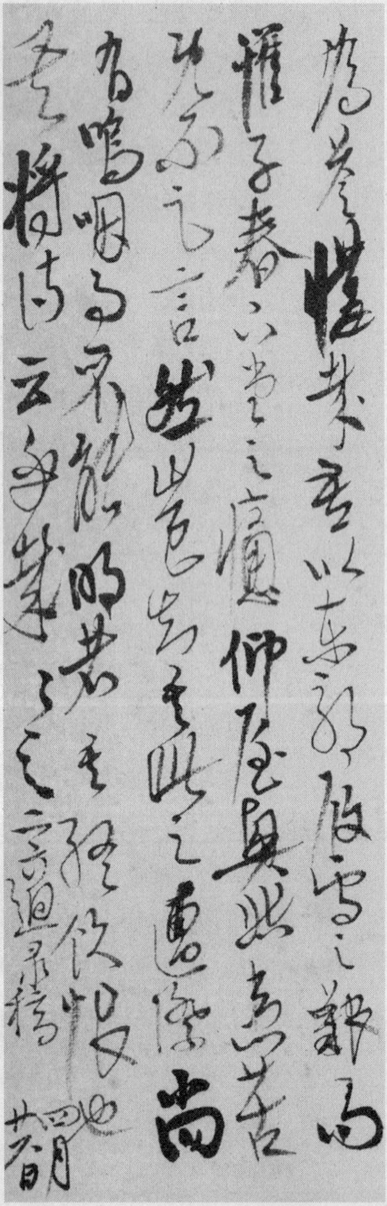

图 3-6：高二适《呻吟声》诗稿（局部）

4 月 26 日，高二适记录了内心的苦痛：

呻吟声共鼓声填(鼓楼日夜有鼓角声),倚枕人方百尺眠。一蹶讵知神所劳，短生空见瓦能全。

看云故可娱高鸟，植柏何由废石田（本韩昌黎招扬之罘诗意）。

莫动王孙归思了,春风萋草易成烟(余病中时有归乡意)。

诗后跋语说（图 3–6）：

岁丙午腊之五日，余出门跌足折断右肋骨二枝，旋舆入医院阅廿一日。又从病院归养，治创伤。承同好先后踵至临视，座中有询余诗纪者，遂书此为答。惜哉！吾以东郭履雪之艰而罹子春下堂之痛，仰屋兴悲，患苦既不足言，然岂知吾此之遭际，尚有呜咽而不能明者，吾终饮恨也矣！将诗云乎哉，将诗云乎哉！

二适录稿。四月廿六日

高二适反复提到东郭履雪之艰、子春下堂之痛两个典故，既是说有折足之不幸，也有隐痛之寓意。西汉东郭侍诏贫困潦倒，穿上没有底的鞋子在雪地上走，遭到世人的耻笑，但他仍以自嘲坦然待之。后来他凭真才实学被汉武帝任命为年俸 2000 石的郡都尉，同僚急相谄媚讨好。司马迁在给东郭作传时引用谚语“相马失之瘦，相士失之贫”，是有深层含义的。治国用人如果不从道德、才能出发，则会误国殃民。1965 年 7 月，高二适与郭沫若就《兰亭序》的真伪相抗辩，反对郭沫若论点的只有他和商承祚、严北溟等几篇文章得以发表，而支持郭沫若的文章一篇接着一篇发出来。在这期间，高二适根据不同人的观点也写了几篇文章来有针对地反驳，却均未能发表，这使高二适十分愤慨，而此时南京传出对高二适的讥笑之言。1967 年 1 月，南京各路“造反派”粉墨登场，武斗频发，文化扫地。作为有文化担当的知识分子，这不仅是个人的遭遇，而是关乎整个文化命运的问题。高二适用东郭履雪来比自己雪地折足，其境遇、其心境，可谓恰如其分。

春秋乐正子春下堂时不慎折足，脚好了几个月，都不出门，仍面呈忧色。众弟子颇感奇怪，子春说：“汝等只知我之足伤已愈，不知我之心伤未愈也。”乐正子春心伤是什么呢？原来他所忧的是未能圆满尽孝。高二适的“子春下堂之痛”既有因自己的骨鲠恐连累恩师章士钊先生之忧，又有不同于乐正子春之忧。高二适更忧心的是国家前途命运。虽说是跌足一年，然在 5 月间已治愈，但他在给谢居三的信里提到“书不可废”“史尤不可废”，因为这关系到文化的命脉，国家的兴衰。那么谁来担当此重任？知识分子当责无旁贷。高二适自己当然算一个，在当时“扫除四旧”的政治背景下，高二适不是不想“为人道”，也不全是怕“不为人所喜”，而是能有几个人愿意听，愿意去做。在此信他再次引用陈后山诗句“一代不数人，百年能几见”，不仅是赞谢居三的字，更是与同是守护文化的知己互勉互励。无论是为陈后山的“千年调”大哭，还是为东郭履雪之艰、子春下堂之痛而呜咽，都是高二适内心深处的家国情怀与文化守护精神的申诉。

1976年唐山大地震，其惨烈震惊中外。此为天灾，然高二适联想到的不仅于此，发出这样的诘问：“北国灾状，有不忍闻见处，吾民多难，刍狗之谓何因？”[9] 9月，他到南京东郊陆如山家避震，在致云南学生张诚信里，不无忧虑，却不是为自己的虚弱的身躯：

> 乃突以唐山地震，病床立须腾让。回家小住，又报南京有地动之讯，市民均不许住在室内，于是遍处盖搭临时草棚。万家憔悴，人情张惶，无可言喻。愚乃转栖钟山龙尾峰友人家中，屈指已二十余日矣。震耗既未解除，前途浩劫实难揣测。

虽然高二适在南京避震，但他心中装下的却是“万家憔悴”，国家的前途命运。高二适不是鲁迅，但同样有一颗忧郁深广的心——“无穷的远方，无数的人们，都和我有关”（出自鲁迅的《且介亭杂文附集·这也是生活》）。高二适的泪为苍生、为国运、为文化而流。他远去的背影，孤独的泪流不会随着时间的消逝而风干，相反在日后的岁月里越发清晰而激荡人心。

[9] 1976年8月5日高二适致谭家明信札。

第四章

任侠文字风谊

一、人生初度：与韩国钧的文字之交

高二适一生恪守的立身处世的原则，即1937年发表的《道原字说》一文中所提出的三道，其交游的基本方式即是“以文字交”，他在致长辈如韩国钧、章士钊或是晚辈学生的信以及在几次审查材料中多次强调这点。如1956年2月至3月间，因“肃反”运动，他被停职审查，所写交待材料说得很清楚：

> 我在四川及南京交往人物，如章士钊、柳翼谋、沈尹默、汪东、汪辟疆聚散一时，均可谓文字交深，十年来其死生离别，尤为不可指数。一言以蔽之，我非文字不与人交，人亦无从交我。即如近三数年，在沪如潘伯鹰、陈子展、徐蜕之，均为当今著书之士，陶镕文化，我均心向往之（近见他们均有新著出版），所以我的交往朋从，大抵不出文艺的范围。[1]

“我非文字不与人交，人亦无从交我”，是对“文字之交”的阐述，虽是审查材料，潜在着诸多风险，但他对文字之友没有丝毫损伤，反而大加赞誉他们“均为当今著书之士，陶镕文化”的史学价值，并亮出自己的态度“均心向往之”，与他们均是生死之交。在当时特殊的环境下，高二适鲜明的价值取向，不仅是对师友的信赖，也

[1] 1956年高二适审查交代材料手稿。

图 4-1：韩国钧像

是自己交友方式的坦荡。从文字之交到生死情缘，这中间有一个基础，即必须坚守士人之道——为人正直无私，具有家国情怀，敢于文化担当，以此为底色与之交游则能长久。高二适与诗坛名宿赵熙绝交，与郭沫若辩论，与章士钊、苏渊雷的旷世奇缘都说明了这点。

乡贤韩国钧是高二适交游的一个最重要的名流。韩国钧是原国民政府江苏省省长（图 4–1），也是高二适母校上海正风文学院三大创始人之一（高二适为首届学生）。1925 年，韩国钧先生辞去省长等一切职务回归故里。但韩国钧并没有从此颐养天年，他热心支持地方民生事务，资助创办泰县端本学校，编订地方文献皇皇巨著《海陵丛刻》。韩国钧一生勤政廉洁，颇具声望，他正直，具有爱国精神，且热心文化事业。1932 年，高二适前往海安拜识韩国钧。韩国钧非常喜欢这位年轻人，勉励他发奋攻读，学有所成。与韩国钧的交往方式多为书信往来，1936 年至 1937 年不到 2 年的时间里，高二适致信韩国钧近 20 件。这种密切的文字之交，促成了高二适人生重要转折。一方面，高二适从乡下直接进驻首都南京，由乡村小小教员一下子变成国民政府高层机关人员，同时兼任国民党大员陈树人、孙科的私人秘书。应该说此时高二适的仕途前景一片光明，这也是高二适实现“济世之志”的绝好机遇。但是高二适却选择了一条截然相反的人生的路——弃政从文，以纯粹的文人方式实现自己的“政治”和学术理想。在国民党权力纷争的中心，高二适却能独善其身，且全身而退，何以能实现？我们可从与韩国钧 20 件书信中窥视出端倪。梳理这些信札，大致可分为如下几类内容。

（一）心怀国忧，感时伤逝

1936年2月，高二适初到南京侨务委员会，韩国钧即来信询问侨务情况，5月2日高二适回函：

> 晚向服务乡校，承树人先生引为文字之交，今春二月招来京门，因被留以执事。始于侨情，甚少研究。如公退处山林，关心侨胞，读来谕似颇之忧天下之志者，知所虑深远矣。承询各节，谨当别纸贡陈，请赐垂督，侨会组织及月报等亦各捡奉一二册，望乞哂存，挽近政事亦大略尽是矣。②

高二适此函中一呈述“文字之交”，二践行韩国钧教谕“忧天下之志”。但由于国民党腐败失策，致使内忧外患，6月26日，在致韩信后附十三首诗，其中两首满腔热血，却又无可奈何：

6月8日，灯下阅报

拼残独伴孤檠生，短发行吟夜色遥。
天上搀枪何日落，人间狐兔几时消。
来年去岁都堪惜，酒绿灯行不自聊。
惟有杜陵忧社稷，空将热泪洒中宵。

偶成二首

碌碌穷愁气未平，中原又见动刀兵。

② 1936年5月2日高二适致韩国钧信札。

讨胡将士思王猛，喻蜀文章要马卿。
出处于时宁忼直，及身如我定清明。
狂流执为书生计，等是无家问死生。

高二适在此提出“定清明”的“书生计”是：武用王猛一样的将领扫平倭寇，王猛被称作“功盖诸葛第一人”，辅佐苻坚统一北方；文能重用司马相如安抚内乱。这是对老蒋“攘外必先安内”——消极抗日全面剿共政策的否定，当然，高二适的“济世”之策在老蒋们看来是文人的幼稚。当高二适看到报纸上坏消息时，只能空叹，只能以“忧社稷”的杜甫自喻，将一行热泪洒向茫茫的夜空。“惟有杜陵”一语隐含着对自己周遭国民党高层的失望。因此他在《读史杂感》一诗的序言中表达了为国忧的孤独：

此夜已长短檠，独坐偶然检史册，泛览古今，哀昔人之未遇肆，余心之不乐始，张衡四愁有怀玉案，梁鸿五噫实感帝京，行已多愁，寄言于雅，知我者，谓我心忧可也。

第四首诗云：

历观前史迹犹斑，到底书生出处难。
贾谊登朝灌夫惧，文侯受谤乐羊宽。
谁施霖雨安天下，只见浮云蔽日端。

我倘天关狞虎豹，十年长铗不须弹。

他读报思王猛、司马相如，读史感张衡、梁鸿，感叹书生济世之难，其难就在诽谤、陷害贾谊、乐羊的灌夫之流手握大权，却不思如何“施霖雨安天下”。高二适自信自己有如镇守天关虎豹的才能，可保天下太平，但也只落得一身无奈的愁绪。知音难觅，但在高二适眼里，同样具有家国情怀的长辈韩国钧定然是“知我者”，定然知道“我心忧”之所在。第二天，他再致函韩国钧：

本年十一月政府将颁行宪法，或将实行归政于民，即公对此有何感慨？[3]

这里所说的宪法即《五五宪草》，表面上说是“还政于民”，但本质上依然是维护蒋介石的独裁统治。高二适真心希望落实“还政于民”，但过去在乡下的所见所闻及目睹现在政府高层的状态，他不得不怀疑此宪法。他借问政界老辈韩国钧，希望能得到一个肯定的说法，然现实是可悲的，也是令他失望的：

示谕各节实不敢当，适近以时局日艰，归期略展至十日后，昨得《蒹葭楼诗》，用先奉贻。乞赐台謦。该集作者力学后山，为晚近不可多得之物。如赐览观，抑亦可觇时政之得失矣。强邻逼处，国步日艰，河清难俟，殷忧曷极。[4]

[3] 1936 年 5 月 3 日高二适致韩国钧信札。
[4] 1936 年 5 月 3 日高二适致韩国钧信札。

近来国论庞杂，思想分歧，河清叹俟，殷忧曷极。[5]

日寇逼近，时局日艰，蒋氏独裁，国府失策。作为一介文人，纵有千般定国计，高二适除了“殷忧曷极”，聊以赋诗，还能做什么呢？诗成，寄给“知我者”韩国钧：

感愤诗四首

中年不自得，起视夜何其。茫茫六合内，将身一胡为。

时事逼如此，纷耘损芳菲。芳菲今歇矣，吾道欲安归。

又

忆昔始出门，父老甚称敬。抠衣往就君，会须飞腾迸。

岁月亦已淹，途穷心恻病。呵壁问诸天，天亦难应命。

在高二适看来，“时事逼如此”，国将不国，有志之士也无奈“将身一胡为”，只落得“途穷心恻病”，纵得天佑，也是“天亦难应命”。这是高二适心怀国忧式的自我感叹，却也是当时有识之士的普遍共识。7月31日的信札后附依原韵和“岭东三杰”之一的刘仲英叠韵10首诗，再次吟诵他的“途穷心恻病”感叹。部分诗句如下：

次刘仲英韵

难成招隐将安用，独抱孤怀太惜而。

[5] 1936年12月23日高二适致韩国钧信札。

叠前韵再答仲英

弥天功业寻当见，斫地呼号兴不衰。
我辈自肩天下事，拂尘安用问元规。

三叠

代有文章关气运，国无忧患那兴衰。
吾生倘快当前意，定化干戈树准规。

四叠

忧生岂有常如我，觅句何堪再比而。

十叠

簿书最苦常相扰，言行尤乖可去而。
北冥于时看汝长，南风不竞迫吾衰。

虽则高二适呼号“我辈自肩天下事”，然“南风不竞”，现实哪能容他耿介狂狷言行，“独抱孤怀”成了他唯一的存在方式。

（二）志于文化，功在学术

高二适时时警戒自己“我辈自肩天下事”，但他又自绝于仕途，剩下的便是学术、文化同样可大有作为的这等“天下事”，当然这也是他自始至终的人生选择。高二适本质上还是效法屈原和贾谊这样的文人,可叹的是屈原和贾谊几乎都是一个人在独行,吟出一个又一个时代的悲歌。而高二适幸运的是遇到韩国钧、章士钊这样亦官亦文且又有正义感、责任感、道义感的长辈,总是在不断地引导他、提携他、警戒他,使他不致被黑暗湮没,也不会被狂狷耽误耕耘“天下事”。1975年春,高二适在为陶白书自作诗时,回忆最初与韩国钧交往的经历,很有意思:

李进见过语吾,陶白由扬来宁,欲访余不得,因进此解。余卅年来以诗鸣一世,如陶君者,况有先施之谊耶?

荆文食观半山园,来客参差不到门。

白下长干何所见,南溟愁失北溟鲲。其一(王荆公罢相,食观半山寺,观禄云者,似犹今之文史馆也。)

李进频过岂作痴,只为求我墨成池。

张吴本纪非张楚,何处如今更有诗。其二

诗后跋语(图4–2):

四十年前,海陵韩紫石以张吴王本纪一书见赠,要吾为张士诚天佑朝勒成一代史实。余挟书求食四方,无暇为此,而原书在宁寓为人夺去,顷以此意括为五七言。李进为泰人,顾不之识也。

题《七姬志》为李进作,君与余皆扬之泰人。此际人好

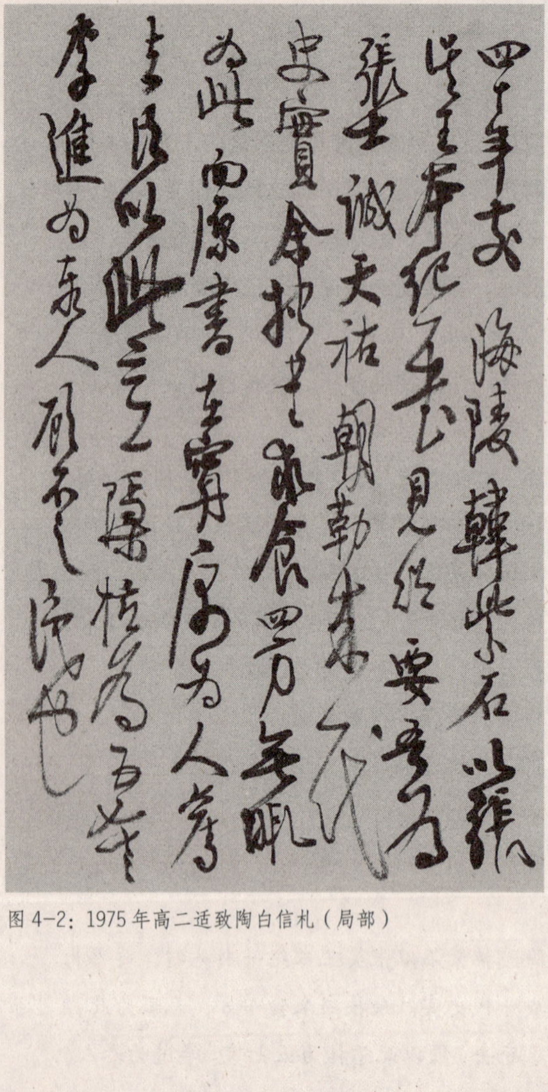

图 4-2：1975 年高二适致陶白信札（局部）

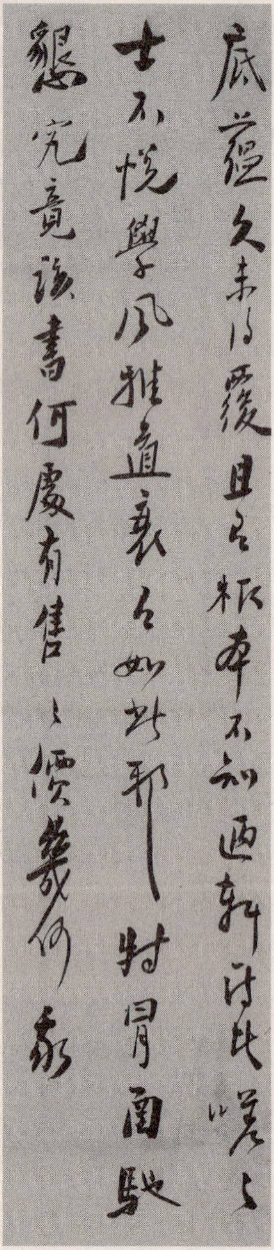

图 4-3：1936 年 4 月 11 日高二适致韩国钧信札

谈鼎革，而离史迹，余故为进言之。

泰州旧有永宁宫，杨溥（此五代事）诗篇满眼中。

事阅千年如现在，江山人物未全改。

州人尤爱张吴王，失国黎侯文有昌。

天佑终存七姬志，鼎沉汉祚社难亡。

此诗后有跋：“此美张吴之古文也。呵呵。君负鼎革之才，定拍浮吾诗耶？”李进，作家，江苏文化领导，与高二适同是泰州人。张士诚，泰州盐民，元末率民起义，重视文化教育，泰州多处建有张王庙。宋克为张士诚之婿，潘元绍作著名的小楷《七姬权厝志》，晚年的高二适最嗜宋克书法，故作诗借张士诚谈“鼎革”。在其小跋中提及30多年前韩国钧有意要高二适做张士诚史料研究，并希望高二适能写成专著，韩国钧看好这位小老乡是做学问的料。在高二适抄给韩国钧《读史杂感》一诗中有：“谁是而今原伯鲁，学荒怕负鲁平公。”运用原伯鲁的典故，表明一生勤学苦读的态度。

但高二适感兴趣的不是史，而是诗。智者韩国钧尊重晚辈选择，并不是越俎代庖为高二适选路，于是他们就从当年戈公振赠送的吴嘉纪《陋轩诗集》谈起。1936年4月11日，高二适致函韩国钧请求帮忙（图4–3）：

紫老乡丈大人勋席，夙钦道范，未由瞻荆。曩年在乡，颇闻公为乡贤丛集著述泐为专书，甚盛甚盛。兹吴陋轩先生者，为吾邑分县后惟一诗家，其《陋轩》一集，江南流传甚少，寒家旧有藏弆，入京来为某公索去。明珠失逝，时用怅触……

特冒函驰恳，究竟该书何处有售？售价几何？我公能否代致一集（代价当照奉），以志因缘，俾得以朝夕讽诵。硕望如公当不以为烦琐乎。临纸苍［仓］惶，不任叩头之至。

原来“明珠”《陋轩诗集》被人索去未归，高二适遗恨不已，无奈请韩国钧代购一套。在此信札中，他慨叹“士不悦学，风雅道衰”：

微闻该诗泰城有新印本。并闻为左右所提倡，不审确否。曾致函二三友人探刺底蕴，久未得覆。且有根本不知《陋轩》一诗者。嗟嗟，士不悦学，风雅道衰，有如此耶？

6 月 26 日，高二适再次感叹学风日下：

袁君为儿时同学，相见甚惬。重荷尊命，当代为游扬，惟近时事日艰，风雅道丧，而真能怜才接上者甚鲜。袁君娴此绝技，深恐不为时流重视耳。[6]

高二适令人钦佩的是：他不是停留在对“风雅道丧”的埋怨，

[6] 1936 年 6 月 24 日高二适致韩国钧信札。

而是自觉肩负重振风雅的使命，且倾其一生心血。当然韩国钧对具有铁肩担道义的后学，尽力助其成功，很快就帮高二适买到吴嘉纪的诗集。5月2日，高二适抑制不住喜悦之情致函韩国钧：

止叟乡丈勋鉴，接奉手谕并承赐《陋轩诗》六册，敬领之余，无任感切。捧牍叩头，喜不寐矣。

……

晚窭人子之读书之愿，而力不能胜，徒嗟叹耳。如丛刻能赐惠全部，尤非所敢望。[7]

高二适与韩国钧无论是年龄、身份，还是学识地位，两人都有很大距离，但文化可以穿透一切世俗的障碍。高二适藏书不是装门面，除了吟读就是研究。5月2日，高二适喜不成寐，一并向韩前辈汇报研究《陋轩诗集》的心得：

又《陋轩诗》，盋山书馆有乾隆时刊本（泰州陈璨重刊本）径已借校，缺者补之。据询柳先生（翼谋馆长），扬刻京口书坊无出售者，恐仍在邗城也。陋轩尚有文传世否（据吴序称有诗歌、古文辞凡若干卷）？

《陋轩诗》清代有数种刻本，今有杨积庆以道光年间泰州夏氏刻本《陋轩诗》（图4-4）为底本，并取其他刻本校理异文、辑录遗篇，加以整理，标点笺注而成。全书将《陋

[7] 1936年5月2日高二适致韩国钧信札。

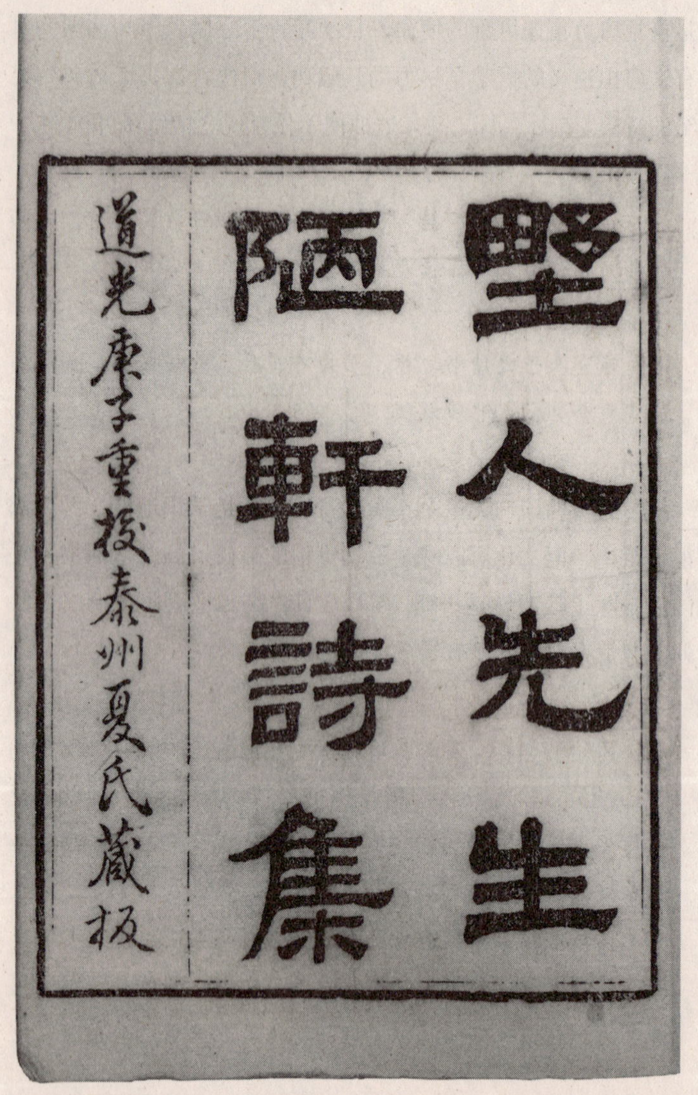

墅人先生

陋軒詩集

道光庚子重校泰州夏氏藏板

图 4-4：泰州夏氏刻本《陋轩诗集》，泰州图书馆藏。

轩诗》分为十五卷，卷一至卷十二系将夏氏刻《陋轩诗续》上下卷改编而成；卷十五是原周亮工刻赖古堂本《陋轩诗》中不见于其他刻本的九十首诗，及笺注者所辑其他佚诗汇编而成。各卷诗兼有古今体，不依年代先后为序。[8]

高二适特别注重版本的研究与勘误，在他看来版本的不同直接影响对原作的理解。7 月 31 日，他向韩老通报：

又，镇江吴氏重刻《陋轩诗集》，不审于旧本有何异同？如有陋轩未刻残诗，实为贵重。此书拟恳惠给借钞，以资校勘。

适昨在钵山书馆另获《国初十家诗》，其《陋轩集》内有郑方坤小传。又，泰州陈璨重刻本有重订后序，皆为通行本所无。适拟将来如于吴氏刻本校出异同，或增多篇目，定为诠次，附诸影印。默念吾乡文艺荒落，鲁殿灵光，惟尊一人有此风义。此愿如就，又必求左右为一叙言，以志当日白门客邸之所讨论，惟不知愚陋可力强否？此又一义也。[9]

在高二适眼里，先贤吴嘉纪是“惟尊一人有此风义”，故他对校勘吴嘉纪诗集精细入微。韩国钧对此十分欣赏，并推荐另一乡贤范伯子，将两人诗集一并寄给高二适。8 月 13 日，高二适再向韩国钧报告读诗体会、版本研究心得：

[8] 1936 年 5 月 2 日高二适致韩国钧信札。
[9] 1936 年 7 月 31 日高二适致韩国钧信札。

止叟老人钧席，两奉手谕并“野人集”“范集”均已收到，敬谢敬谢。猥蒙青睐，屡赐藏书。适何修得此，只益增愧。《范伯子集》，曩曾闻之丹徒陈先生星南，但未睹全刻，倾一披览，惜其才气纵横，赍志以殁。大抵此公得力于《离骚》者多，□□称其以文为诗，信然，信然。

杨刻“吴集”，纸墨精好，暇当逐首校勘。惟略观集内“诗遗”，系卷一之错简。据杨绳武跋，依“信芳阁”版式重梓。查考王氏惜庵识语，亦称全稿不遗一章。且王“信芳阁”本亦已将前诗即“诗遗”《罗母》诗暨《挽鲍念斋》诗九首，今通行本同收入，不采杨氏何以误会至此，岂为锓工手民之误耶？不可知矣。[10]

其实有此文艺风义的，还有这位与东台毗邻海安县的韩国钧先生。文艺风义是高二适交友的准则，也是他对韩紫老认可、敬仰的根本缘由，因为此时韩老正在编纂皇皇巨著《海陵丛刊》。5月6日，高二适赋诗颂之：

止老尊丈道席，连上两笺计承謦及，兹再奉录拙诗一首，略具报谢之意……止叟尊古集丛编刻海陵闻有廿三种，尚未告厥成。

陋轩昔有诗，流传夙负名。余亦爱之笃，踯躅苦难寻。谢公赐旧刻，铅椠久弥新。闭门三日夜，把玩不胜情。讳者

[10] 1936年8月13日高二适致韩国钧信札。

吾能补（如先朝胡笳万历等字辄假陈氏重刻本补之），盋山校独精。□刻久丛残，敢未见其真。吾乡数诗祖，东淘一野人。版归欣有主，辞妙绝无伦。风檐再展读，气势尤纵横。

同时，他把自己对《海陵丛刻》的研究心得随即呈报给韩国钧，以助韩老。5月2日，他致函韩国钧信函：

示及丛刻搜集至二十三种之多，尤征保存乡邦文献至意。我公苦心孤诣，求之吾州固无之，即求之，近代亦罕见与能比也。

惟夏氏《海陵诗征》（文征不知有存稿否），公仅获得五册，其他竟荡为灰烬，以从车之热习掌故，留心搜辑，又皆不惜资斧而所得止。此赐书所谓古人著述传此与否，俱在不可知之，数者言之，真可慨耳。[11]

不仅于此，高二适还从韩老之举为“千秋大业”“以惠后学”高度，给予精神支撑，并设法为丛刊出版筹措资金。7月31日，信札云：

尊著《海陵丛刻》现付印者究有若干家，将来尚拟征求否？有无遗佚待辑？适亟欲一读全书，并欲闻尊全刻语录。溽暑有暇，尚乞详以见教，以惠后学。[12]

[11] 1936年5月2日高二适致韩国钧信札。
[12] 1936年7月31日高二适致韩国钧信札。

8月13日，信札再说丛刊的意义和价值：

尊示“丛刻”其第三十回种，尚未付梓。此书匪异人任，况有子建,后世谁相知订吾文之说？万恩老人勿以款绌中辍，盖著述为千秋大业，其得失固不在此也。[13]

韩国钧除致力于文化事业，还积极兴办教育，自任泰州时敏中学董事长。10月3日，高二适致函韩国钧表示为学校捐款，尽一份责任：

家乡教育事业，吾人本有一分责任，时敏捐事，乐于从旁赞助，亦即尽一分责任之心耳。[14]

1936年下半年，时局更加动荡不安，但高二适对捐款一事积极奔波，设法为学校做点实事。11月20日和12月23日，分别致函韩老：

时敏捐事，近商承周先生以私人名义去函，闻说以适思之，或不致于徒掷虚牡耳。[15]

时敏校史，寄来当另托人关说（拟转请立法院梁寒操以与适有交谊也）。以冀有补，尊以为如何？[16]

[13] 1936年8月13日高二适致韩国钧信札。
[14] 1936年10月3日高二适致韩国钧信札。
[15] 1936年11月20日高二适致韩国钧信札。
[16] 1936年12月23日高二适致韩国钧信札。

高二适与韩国钧在学术和文化建设上可谓惺惺相惜，虽然各自的方向不一致，但其文化大义相同。这种学术风义，成为日后高二适与章士钊学术共建的先导模式。

（三）文人风谊，诗书往来

1937 年春，高二适在致韩老信札后附诗《孝陵探梅》：

> 策蹇曾为访野梅，野梅香里任徘徊。
> 但教冷艳春光足，耐得孤寒雪后开。
> 高士不堪撄世网，美人终合住瑶台。
> 孙陵分半江南土，庾岭风光此地来。

诗后跋云：“访梅一律曾遍征和，所得盈箧，但称意者少，今之世倘真风雅道尽丧耶？……第七八句略有地主之感，不足为外人道也。”高二适的文字之交不是风花雪月的闲情，也不是独钓寒江的遁世，时代不能让他躲进自娱闲适的文字小屋。在“风雅道尽丧”的时风下，他试图身体力行恢复文士古风。在与韩国钧交游过程中，他们鲜有世俗的交结，所言所行往往是文人慧业，即先贤所说的风义。除了大量的诗书往来，高二适读书的心得报告也颇为有趣。1936 年 8 月 27 日，高二适信函：

> 止叟老人尊右，昨奉拙诗计承台詧，近来苦雨阨坐，日

理闲书，“丛刻”袁淡生诗凄恻刻苦，宜其不禄，至于门庭衰落，文人慧业，而所获于天者，往往如此，抑又得说哉？

兴化李审言闻为公契友，李公著作囊在东亭志局，某君案期一见之，今观景宁诗益知李先生之笃于友，于兹可见其文章之众谊矣，该集如可觅得，拟恳恩公代为设法，如有售处，乞迳［径］见示，俾自行购致之，切嘱也。[17]

此函，既有高二适读书时的场景，更有他入书出书的独特体验。这种心灵的游弋，想必韩老定也有“夫子言之，于我心有戚戚焉”。

濡墨挥毫是文人生活不可缺失的。高二适当然不会放过这么好的学习机会，他一而再、再而三恭求韩老墨宝：

附告另寄上素笺两纸，乞祈楹帖——恳即以此贱名赐呼之也。有劳尊神，容当伸谢！[18]

止老长者尊前，二日笺承及邮卷等计登，公□未蒙，训诲弥切，行然，乞书楹帖，惟不知近曾命管未。拙诗卑卑，尤不足道，幸祈有以教之。[19]

止老尊鉴：顷奉墨宝，如获琬琰，反复拜观，狂喜无既。犯署命笔，虽见老人之雅兴，而受之者弥觉颜汗已。尊征诗启未见惠来，颇深殷望。[20]

不仅如此，高二适还帮同僚诗友陈伯稼、梁寒操求字：

[17] 1936 年 8 月 27 日高二适致韩国钧信札。
[18] 1936 年 5 月 2 日高二适致韩国钧信札。
[19] 1936 年 5 月 14 日高二适致韩国钧信札。
[20] 1936 年 7 月 31 日高二适致韩国钧信札。

止叟老人侍史，四日有书上达，旋奉墨宝，欣喜无量，拟制磁盘为寿，谅承俯允亟盼。尊照俾觅画工从事也。代敝友陈伯稼乞书如荷［何］？就望即赐。[21]

止叟老人尊丈，倾在盋山书馆嘱奉秋江遗诗，想承寄发。午间晤寒操先生告以往年（胡涤转求）曾得左右联帖，视同珪璧，惜以寓屋居低窄，不便张挂，殷殷托再恳乞短屏，至特奉素笺两纸，至祈赐书，娄［屡］次渎烦，颇为不安。倘不以市道而见辠欤临颖，毋任主臣……寒操别字均默，两屏（梁宅间数甚多，时分室陈列也）请各别照上款赐题无不可也。[22]

1937年6月9日，高二适再为南社成员善书善诗的陈柱尊向韩老求墨宝：

止老先生尊鉴，奉赐书敬案，尊体已康复，毋任欣尉［慰］，如有不良，宜常散步，血脉舒，斯可捷足矣，贱患喉疾，亦蚤告痊，承询并加慰藉，情尤可感。柱尊先生旅吾苏有年（唐蔚老弟子），久慕公书，故言之如此，然其近著四十年文学略谈（有书一门），弥见拘墟，亦所见之不广耳。

谕示六尺联纸，适即附寄，高年大字恐久立费气力，此须徇人之求，私心甚以为不敬耳。柱尊不日有伊所著书乞正，岂古人先施之道耶？[23]

[21] 1936年9月11日高二适致韩国钧信札。
[22] 1937年春高二适致韩国钧信札。
[23] 1937年6月9日高二适致韩国钧信札。

高二适受惠于家族诗礼之风，尤其父亲高也东对其影响巨大，1937 年高也东 60 岁寿辰，作为传统文人高也东很讲究风雅之道，希望能有一匾额悬挂于中堂之上，以示庆贺，且作为诗书传家的训谕。高也东认为此匾额非常人所能题写。知父莫如子，于是 3 月 24 日，高二适恭请韩老赐墨：

> 止叟尊丈侍史，前书谅邀尊鉴，顷有家甫自乡来示，殷殷告（不肖）以其前岁六十初度时，虽曾在家称觞，然悔思得一匾额，以为百年纪念。适意此事非同邀誉，求之当代名公颇有借光之耻，曷求之乡里长老，盖德邵年高者一为益可传耳。夙荷长者垂爱兼以羊杜风流，韦平经术，相门余庆，崧寿长年，不求于公，其将谁求耶？
>
> 爰坿黄笺二事，伏恳鸿便赐题并乞饬迳［径］寄秦［溱］潼小句子（敝宅），感且不朽，渎烦罪罪，专叩万福不庄。[24]

同年，也是韩国钧八十华诞。紫石老自作诗首开是为诗引，诗友们的和诗便纷至而来，作为晚辈的高二适却有些滞后了。高二适在《漫兴次和林散之》一首中说："脱手千篇也不难。"此言不虚，在 1942 年一年的时间内，他作诗三四千首。但面对至亲至敬的人，高二适却迟迟不能动笔，这或许是溺情太甚而无从下笔，或许是力求完美而过于审慎，或许两者兼而有之。总之，没有及时奉上紫石老的贺寿诗不是个例，后来面对章士钊逝世也

[24] 1937 年 3 月 24 日高二适致韩国钧信札。

出现了这样的情形。6月26日，高二适向紫石老致歉，容后再补诗：

尊八十高年，道德功业，海内宗仰，适夙承推爱，坐令荒废未能晋一言为寿，罪甚罪甚。稍暇，拟为补志寿言，以申庆祝，何如？[25]

8月6日，再致函紫石老：

止叟老人尊鉴，两函计承达鉴，尊八十自寿诗拟代为在《中央日报》发表，公评之未？征请（拟另为一文发表也）启乞望订寄一册，便为嘉耳。[26]

直到8月13日，高二适的和诗才完成：

公生平述作，鄙意亦宜稍加理董。如有执役，适尤欣然肯承校订。冀附不朽，未知尊见以为如何？《不匮诗》遵示停发，如有续集出版，当再奉台览。尊《八十感怀》诗，慨乎其言，不啻自传，其《吴越》一律，蔼然仁者之词，岂寻常操觚家所能道其一二也。适暇当赓诗为公寿，先此附陈。[27]

从1936年9月11日起，高二适多次在信札中表示准备回老家省亲，并拜望紫石老：

[25] 1937年6月26日高二适致韩国钧信札。
[26] 1937年8月6日高二适致韩国钧信札。
[27] 1937年8月13日高二适致韩国钧信札。

适近成秋颇有归意，定当抠衣趋教。比来起居佳鬯［畅］为慰，不一一。

然而，随着国内形势的恶化，抗战全面爆发，所有的计划不得不中断，包括高二适想为紫石老出版他的《年谱》：

公自定订年谱迄何时止？此书拟恳由□代为印行，一切费用亦全归适负责，盖凡人生之所可宝贵者无几，又时间稍纵即逝，适之为此，亦聊示敬长者之意，未审公宠以为何如也？[28]

1937年11月，高二适也随国民政府西迁重庆。战争纷乱，他们之间的文人风雅也暂告一段落。1942年，爱国老人韩国钧溘然长逝，高二适惊闻噩耗，长痛不止，赋七律《哭韩止老》：

东南人望张（啬庵）与韩，公更遗爱满乡关。八十交我意恳恳，论兵遗札空泛澜。自经乱作书常断，垂老丧明（公两公子均先后早逝）泪如霰。我今吞声谁与谋，回首天涯怀更倦。

高二适在诗中回顾紫石老对自己的谆谆教导，表达了痛失韩紫老后“谁与谋”的孤寂与遗恨。与韩国钧两年的密集

[28] 1937年6月9日致韩国钧信札。

文字之交，基本上奠定了高二适的人生走向，特别是通过文字之交的形式，提升自己的学问，辅佐自己完成学术使命。高二适是幸运的，前有韩国钧相携，后有章士钊相佑。嗣后，他与章士钊就是以这样的形式，相约“并肩厕入中唐大师讲坛”。章士钊专攻柳宗元，高二适专攻刘禹锡，并都取得惊人实绩。受惠于此，晚年的高二适也以同样的文字之交，惠泽于后学。从文化学的意义看，此“文字之交”完整地阐释了中国传统文化的存在和传承的一种特殊方式。因为文化，因为风雅，它穿透了等级、权威以及年龄、地域一系列厚墙，长者宽宥，循循善诱，后学恭敬，兢兢业业，就这样一茬一茬地将文化薪火传递下去。尤其是在20世纪，传统文化式微、西方文化涌进且社会动荡的语境下，高二适的“文字之交”显得尤为可贵，同时又辅以中国特有的书法为载体，更加突显出其文化学意义、艺术学价值。

二、诗书风谊：与诗友们的交游

因为研究诗学，高二适经常到江南图书馆借书、查阅资料。在此，高二适结识了又一位国学大师——时任南京图书馆馆长的柳诒徵。

可惜这样的诗性生活并没有持续太久。1937年爆发七七事变，日本发动全面侵华战争，国民政府开始精简机关人员。为了不把高二适“精简”回家，陈树人把他介绍到立法院工作。高二适有些犹豫。侨委会的工作并不是很多，他有更多的时间读书吟诗做学问，而立法院就不同了，他担心立法院容不得他这个闲人，况且立法院政治性较强，派别复杂，高二适看不惯也不太适应那样的环境。他倒希望做章士钊、陈树人这样“处优”的闲人。他婉转地向陈树人表达了自己的看法。其实陈树人欣赏高二适的也是这点。他找到立法院院长孙科，推荐高二适，孙科也甚喜欢读书，况且有陈树人这位辛亥元老、当年父亲的得力助手举荐，他答应高二适到立法院仍然做与侨委会相同的工作，并且应允他不入党、不参加政治学习，也不受训，即高二适的“三不盟约”。实际上高二适成了无党无派的边缘人，他自愿放逐于主流政治之外。高二适以独立的姿态以诗性的生活滋养自我，同时在治学道路上越走越远，终而收获属于自己的灿烂的秋园。更令高二适想不到的另一收获，即中华人民共和国成立后在“肃反”“文革”的多次审查中，高二适不卑不亢地陈述这段历史，使他得以免受冲击与迫害。

1937 年 8 月 13 日，日寇进攻上海，上海军民英勇迎战。不久上海沦陷。11 月，高二适接到通知随立法院西迁重庆。上面要求凡西迁工作人员不能携家属同行。高二适按照要求先将妻子朱凤子及三个子女送回老家，留下大女儿高若兰，整理书籍，打点家务，然后再送高若兰到在燕子矶教书的五弟处托他带女儿回乡。17 日，高二适回家封严 4000 册书籍，随后，他只带一只公文包登上西行的“江华轮”。江岸码头喧嚣混乱，官、兵、民夹杂在一起，争相登船。恐惧、哀伤、无助充斥着每个人的心，枪炮声、警报声、汽笛声、哀嚎声，如同世界末日来临，家仇国恨的情绪如混浊的江水连绵不断。高二适到船上一看，满脸愕然。拥挤的轮船上，许多官员不仅带着家眷，而且大箱小箱一大堆，甚至连马桶都带上。对此情景，高二适长长一声叹惜。

11 月 20 日，国民党政府通告中外，即日迁都重庆。

12 月，日寇攻陷南京，进行灭绝人性的“南京大屠杀”，屠戮超过 30 万人，举世震惊。陈树人以诗记录这惨绝人寰的罪行：

> 残肢断脰积山丘，焦土何曾寸草留。
> 黄裔岂应忘片刻，此为万世不消仇。[29]

[29] 陈真魂：《陈树人先生年谱》，岭南美术出版社，1993 年，第 60 页。

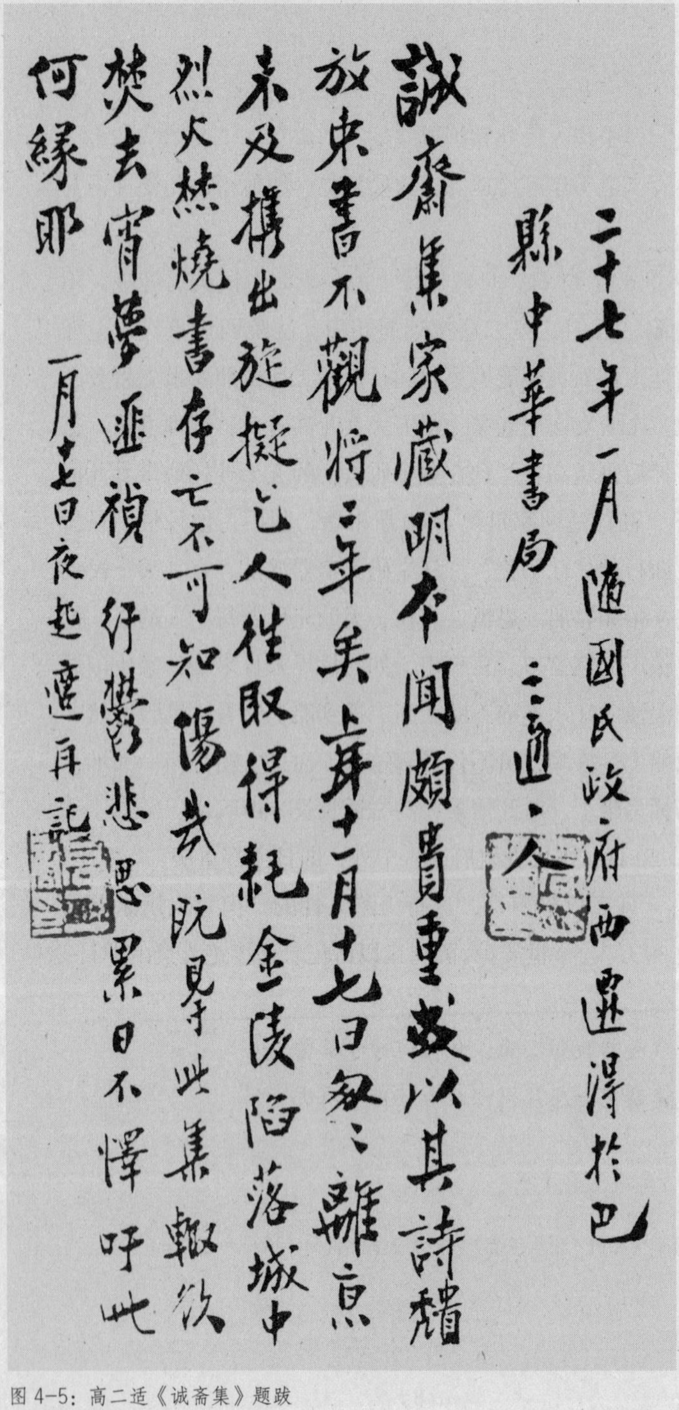

二十七年一月隨國民政府西遷得於巴縣中華書局 二適。

誠齋集家藏明本聞頗貴重，以其詩稽放東書不觀將三年矣。去年十一月十七日匆匆離京，未及攜出，旋擬乞人往取，得耗金陵陷落，城中烈火焚燒，書存亡不可知，傷哉。既得此集，輒欲焚去，宵夢邐禎，紆鬱悲思，累日不懌。吁，此何緣耶。

一月十七日夜起 適再記

图 4-5：高二适《诚斋集》题跋

日寇的暴行，金陵的烈火常出现在高二适的噩梦中。他在南京罗廊巷租住寓所藏4000册书籍丧失殆尽。1938年1月，高二适随国民政府到达四川巴县，他到中华书局购得杨万里《诚斋集》一本，抚书伤情，悲愤交加，几欲将书烧去。17日，惊梦而醒，起来披衣书跋《诚斋集》（图4–5）：

二十七年一月，随国民政府西迁，得于巴县中华书局。二适主人。

《诚斋集》家藏明本，闻颇贵重，或以其诗颓放，束书不观将二年矣。上年十一月十七日，匆匆离京，未及携出，旋拟乞人往取。得耗，金陵陷落，城中烈火焚烧，书存亡不可知，伤哉！既得此集，辄欲焚去。宵梦匪祯，纡郁悲思，累日不怿。吁此何缘耶？

一月十七日夜起适再记

与10年前壮游四川不一样，这次西迁，实际上是一次大逃亡，是中华民族生死大考验，大劫难，大抉择。个人裹挟其中，虽然不能左右主流方向，但个人的言行，在这历史洪流中，太容易显露出他的道德操守。面对逃亡路中的饥饿、疾病、困惑，面对日寇枪炮的追击、飞机的轰炸，高二适没有退缩，以文人固有的道义依旧前行。他的文友卢前以一家人的西逃遭遇，记录了这个民族遭受的惨痛经历。柳诒徵为保护古籍，并没有立即随国民政府西迁，他先是将馆藏书籍装箱藏于朝天宫地库，然后数年间携部分藏书辗转苏北兴化等地。

柳诒徵以三问“果由何道”[30]而撰70多万言巨著《中国文化史》，中央研究院院士。1956年高二适赋诗《追怀翼谋先生》给柳诒徵的女儿柳定生，其序云：“吾始廿余与尊翁论文，今方悟当时有惊天地动鬼神处。”可见柳高因诗相识相知想念，原诗自注：“文章为涕泪之余，古人亦少能当此，劬老足够用。”高二适以诗人之心赞誉柳老的诗歌文章，同样柳诒徵也对高二适激赏，视为文化同道人。就在他们相识不久，即1936年柳诒徵作诗《和高二适》，其中有句云：“望古每惭千载业，多君频赏一房山。静怜蜃市纷蛟鳄，谁继麟书起马班。”除诗歌外柳高两人又在各自的史学、书学累起厚重的麟书。

大后方陪都重庆暂时的宁静，给文人提供了难得的雅集机会。一次北碚名士雅集，高二适一踏进门，柳诒徵便大呼“肯堂来了”。范肯堂为晚清文学家、同光体诗人，做李鸿章的幕僚。当时高二适为孙科专办应酬文字兼管理孙科私人图书馆，与范肯堂诗才和工作相似，故以范肯堂称呼高二适。柳诒徵长高二适23岁，以柳的身份和学术地位在众文人雅士面前大呼高为“肯堂”，着实是对高的极高评价，也是柳诒徵借此机会向世人推介高二适。

高二适对柳诒徵十分景仰，他虽流寓在重庆，但无时无刻不在牵挂着师长柳诒徵先生。1941年3月，柳诒徵逃难至江西上饶，书函致高二适。高二适随即赋诗《得柳翼翁上饶书奉答一首》表

[30] 陈真魂：《陈树人先生年谱》，岭南美术出版社，1993年，第60页。

达对文化前辈的担忧：

偷生三载我犹如，一事何尝得暂纾。
莫向故乡判生死，只愁老辈太雕疏。
嶔历劫人将去慷，概论刻文世欲无。
闻道昭阳曾脱命，满腔忧愤拼来书。

1942 年，高二适更是以 800 多字的《五年不得见，一首寄柳翼翁》长诗记述他与柳诒徵的文字风义。他把对柳翁的深情厚谊熔铸在国殇里，在西迁大逃亡的大背景下，一面是家仇国恨，一面是寄柳贤的眷眷之情。其结语耿耿意悠长：

胡为不自振，五载守孤孀。寄诗托勤恳，耿耿意难忘。

诗歌成为柳高两人记录时代和彼此温暖的载体。柳诒徵直抒家国情怀：“未灭匈奴莫念家。”（《答高二适》）高二适回应云：“明朝倘为鸡声起，肯说床头起舞难？”（《致柳翁手札·夜坐》）。

高二适诗云：“交公十载春生座，阅世千忧笔退尖。”（《呈柳髯翁》）柳诒徵赞誉后生高二适说：“能持可怪非常义，自写嵚崎磊落风。”（《答二适》）

柳诒徵述说两人深厚情义：“野人偶遇王贻上，伯子惟亲吴汝纶。”（《酬二适》）高二适则有：“莫论龙蟠吟啸地，只凭离乱一沾巾。”（《北京晤翼谋乱后不见六年矣，含泪为纪此诗》）表达深深的牵挂，而“能成寒屋诗千首，便约山翁酒百围”（《劬老见示梅雪诗奉和一首》），“纵眼每凭诗兴好，看花亦解客愁新”（《温塘观梅却忆劬堂老贱呈》）则又是雪梅引起彼此诗心共震的意象。

1937年12月下旬，西迁政府在宜昌作短暂停留，高二适陪陈中凡先生登夷陵东山，陈中凡即将随金陵女子文理学院西迁成都，两人就此作别。面对大好河山被蹂躏，饮茶无味，同好分离，相言恨敌。若不是战乱，登高怀远，把酒赋诗，该是平生惬意事。然而这只能是昔日的梦想而已。这天夜里高二适彻夜难眠，诗意盎然，提笔赋诗以寄陈中凡（图4–6图）：

天底群峰逼眼攒，行行偶负晚晴移(世兄憬提挈与偕)。看横剑戟吟长句(丈一路诵示近诗甚惬意)，坐挹江湖系远思。蹑屐青冥接鹰隼，踞天黄落痛妖夷。何当把袂又言别，余烬他乡不忍窥。

陈中凡亦以诗和之《宜昌东山公园和高二适》：

郭北荒园乱石攒，高江急峡系安危。
西瞻蜀道嗟来日，东望吴门恨客思。
振刷山川先楚塞，吐吞湖海略禺夷。

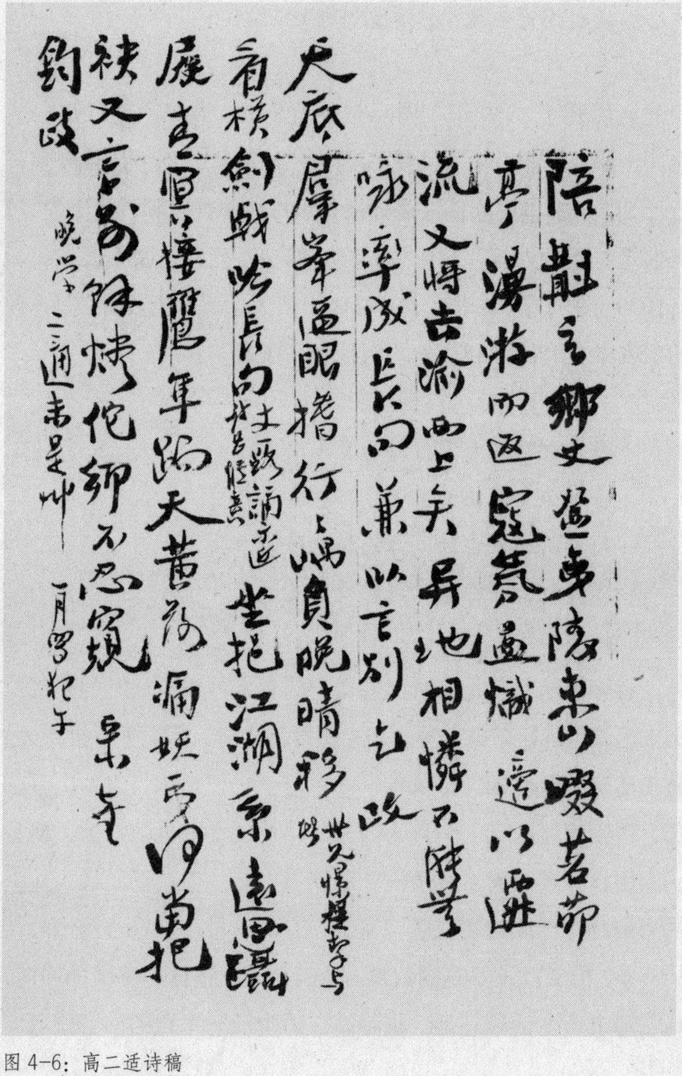

图 4-6：高二适诗稿

漫将谢傅临风忆，算到苻坚近死期。

此诗后刊于1939年《国际与中国》第三卷第六期。高二适但愿国士蹑屣千里，手提青冥剑痛击“妖夷”，陈中凡“算到苻坚近死期”。中华民族伟大之处就是，每每国难之际，武士提刀，文人握笔，不分人等，拧成一股绳，精神不死，文明不灭。

1939年秋，陈中凡弟子、时任中山大学（西迁云南澂江）教授的詹安泰也有诗唱和《秋兴四首和高瘖盦》：

海水群群刺天飞，海西有客泪沾衣。
将身出卖不论价，十分蹉跌未能非。
天自阴阴月自蚀，穷荒栖遁强食力。
万籁寂时一呼啸，极目秋空无过翼。

“有客泪沾衣”是当时西逃文士的真实写照。战时的陪都重庆文人汇聚，诗坛名家云集。高二适以诗交游，结识了一批诗人，但高二适交游有原则，重风雅，守古道，必须是诗与人的完整的结合，否则绝然断交。一旦为高二适认可便是一生的情谊，柳诒徵、王用宾、曹纕蘅、林庚白、苏渊雷、马一浮、汤鹤逸、沈尹默、潘伯鹰等已成为高二适诗文中特有的符号，这符号蕴涵着诗意、风雅、情义以及岁月的留痕。他们是高二适诗心荡漾的回波，是高二适书斋生活的外延，也是高二适生活艺术化的回音壁。

1938年4月16日，高二适的同事林庚白携妻子林北丽，自武汉乘“民元轮”号轮船赴重庆，经赵丹夫妇介绍，迁居到八仙桥附近的青年会宿舍。高二适拿着新作给林庚白点评。这两个狂人的相聚是很有意义的。高二适对自己的学问和诗才是很自负的，只不过他不会说得太直露，而林庚白则内外均狂放不止。他在诗集《吞日集》自序中说：“综此数者，益知余诗非帷远胜郑孝胥，直与杜甫争席可也。”[31]后来闭门读书6年，他说：“十年前郑孝胥诗今人第一，余居第二，若近数年，则尚论古今之诗，当推余第一，杜甫第二，孝胥不足道矣。”[32]林庚白如此狂妄，来自他自身的底气。他6岁被誉为“神童”，14岁加入同盟会，16岁加入南社，任中华民国临时政府内务部参事，17岁被推为众议院议员兼宪法起草委员会秘书长，同时任中国大学和俄文专修馆法学教授。21岁追随孙中山被任命为广州大元帅府秘书（图4–7）。林庚白长高二适7岁，以诗学前辈自居，侃侃而谈，指点古今，并无顾忌，真是性情中人。事后写成长诗记此相遇：

二适携近诗见过因成长句兼似辟疆、冀野

高适乃有二，后山恐无地。苦吟诗世家，身手见恣肆。
君诗追前人，千篇多古意。傺底不自局，时复奋文字。
挟诗昨过我，乞与抉疵累。白日胡欲死，媚灯语可味。
（君诗有“半向之间欲寻死，白日堂堂过此情”及“自媚灯痕勤坐久，谁怜墙角饱昏余”之句）

[31] 林庚白著，周永珍编：《丽白楼遗集》，中国人民大学出版社，1996年，第248页。

[32] 林庚白著，周永珍编：《丽白楼遗集》，中国人民大学出版社，1996年，第983页。

图 4-7：林庚白像

赵熙曹纕蘅，诗境非一致。而君皆友之，勤欲求气类。
放翁杨诚斋，南渡两诗帅。而君皆轻之，持论得毋异？
赵熙号学唐，实仅诚斋企。其诗辞胜意，抑又诚斋次。
意在诗之先，今人殊愦愦。貌取古人辞，欲摩唐宋背。
骨少肉苦多，意失情俱晦。结束清代诗，伯严石遗辈。
就中郑孝胥，才力差称最。若以言近代，世换渠不会。
其人皆孑遗，其语杂老悖。世儿纷师承，标榜百瑕秽。
诗亡滋可惧，不知是何代？当仁吾不让，所耻竟余事。
为语二三子，莫更张故帜！

狂人林庚白快人快语，评古论今。首句以唐诗人高适来释名“高二适”，也隐含对高二适诗承唐诗的肯定。因高二适主学陈师道（号后山居士，“江西诗派”三宗之一），故说“后山恐无地”。说高二适是“苦吟”，确实点出他写诗的特点。高二适步尘陈后山、王令，研读韩愈、孟郊。孟郊与王令皆“苦吟”诗人。

林庚白赞誉高二适诗“身手见恣肆”，力追前人，“千篇有古意”，可见评价之高。但他不欣赏高二适诗风受赵熙与曹纕蘅的影响。赵、曹皆是四川诗坛一等高手，尤其是赵熙被推为“晚清第一词人”。高二适到重庆后拜识两位，林庚白说高二适“勤欲求气类”。高二适和林庚白均认为陆游、杨万里诗并不高。在林庚白眼里赵熙号称学唐，但其水平连杨万里都不如。林庚白批评时人诗作：貌取古人，骨少肉多，意失情晦，并全面否定时称第一诗人的汉奸郑孝胥是“才力差称最”。最后劝高二适不要轻易更张过去诗学道路。

高二适与林庚白可谓相见恨晚，虽然两人的性情不完全一样，一个张扬、一个内敛，一个浪漫，一个沉郁，但两人都忧国忧民，研究诗学，特立独行。高二适寄诗林庚白，林庚白必回赠：

次韵答二适见赠

尽驱朽骨岂能军？诗亦如人要不群。
诗境常新非一暨，古人自好逐斜曛。
殷忧莫使惊亡国，高咏徐当起拨云。
戡乱昌诗来日事，百端欲沸却逢君。

次韵答二适

非无勖济挽艰虞，道与魔高貌自癯。
秋厉凄笳惊去燕，感深短驭困飞凫。
杯盘尽为苓通设，才智只随寇盗趋。
未死书生休浪掷，古来志行见歧途！

林庚白应和高二适的两首诗表明，两个狂狷之士竟互为欣赏，并有如下共识：强调作诗如做人，要卓尔不群，诗境要常新；情系国难，智为挽艰；不负光阴，以文勖济。高、林两人因诗结缘，以国运兴盛为指向的诗学精神，让他们相见恨晚。

林庚白才华横溢，对高二适有诸多影响。他精研命理，1924年出版《人鉴·命理存验》一书。这本书自出版后一直作为命理研习者的经典范本。高二适很早就研习《周易》，有林庚白这个高手在身边，更加如鱼得水。不久他便掌握《周易·系辞法》中的“揲筮法”。20年后，章士钊撰写《柳文指要》无法写此相关内容，只好请高二适演示此法，并由高二适代写两篇文章收到该书中。

林庚白的政治认识对高二适也产生深刻影响。早年林庚白对共产党有偏见，但经过闭门读书，研究唯物论和马克思主义，遂认可马克思主义。抗战爆发，身为国民党党员的他冒蒋介石之大不韪，断言抗日救国的希望在中国共产党。早在1933年9月至11月撰写《中国革命史略初稿》中声称：“顺着次序，现在应该来分析共产党了。这是很困难的一件事，因为共产党对于中国革命的影响之重大，无论是好是坏，如站在革命的立场，绝不能否认的。”[33]1938年他写诗《寄延安毛泽东先生》，称：“湖南人物能开国，况出山川百战余。”1939年在《春夜怀人诗》中又说：“便思更揽咸秦胜，夹道红旗照路隈。”他认定毛泽东领导的中国革命必将成功。应该说，高二适从林庚白诗作及言谈中深切认知毛泽东，并对毛泽东形成深刻的印象。所以在1965年“兰亭论辩”开始时，高二适的文章被压住不予发表，他想到请毛主席来定夺，并非心血来潮，而是认定毛泽东的胸怀与对文化的见识，是蒋介石所不能比的。

1939 年，高二适随立法院进驻重庆。日寇企图打击中国政府抗战的意志，自 1939 年起对重庆进行长达 5 年的大轰炸，制造了无数人间惨剧。1939 年 5 月 3 日、4 日，日寇轰炸机连续袭击重庆，狂轰滥炸，重庆伤亡近万人。已远离政治的辛亥老人陈树人愤然写诗记下这家仇国恨：

千肢万体尽烦冤，惭愧微躯得苟存。
此景铭心兼刻骨，毋忘代代告儿孙。[34]

诗人林庚白几乎每天都以诗记录日寇空袭的情景，其《述空袭》一诗描述了遭轰炸的惨象：

述空袭

飞空倭来袭江浒，我有高射炮如虎。
轰炸机与驱逐机，两军天际盘旋舞。
上天下地动千百，武汉南京众所睹。
大声震撼弹丸坠，闻者惊悸死者苦。
行人全无炊烟绝，但见角落出偶语。
东墙俄顷成劫灰，血肉西邻不知数。
白日野哭争觅尸，或呼儿女或父母。
古来未觏此奇变，我今为诗陋杜甫。
客从大溪沟畔至，云已倾家不得住。

[33] 林庚白:《丽白楼遗集》,周永珍编,中国人民大学出版社,1996年,第844页。
[34] 陈真魂：《陈树人先生年谱》，岭南美术出版社，1993 年，第 64 页。

死生一发笑啼难，昨日之日犹欢聚。
疏散迁移又尘上，苟免尔曹气已沮。
人物到眼足亡国，赖兹时世非往古。
我敝悬知倭亦僵，五指技穷窜鼯鼠。
智囊落寞何所用，但竭俸钱供行旅。
小官皇皇不如我，大官朝暮有喜怒。
吁嗟据乱起东方，苍头谁更扬我武?

此诗与高二适的《五年不得见，一首寄柳翼翁》一样记录着中华民族的灾难，时刻警示国人勿忘国耻，砥砺奋起。这就是中国文人的道义和使命。日寇的轰炸使得重庆的国民政府难以正常运行,国民政府决定在重庆留各机关的办事处,其余均转移到郊区。高二适随立法院搬到北碚，住到独石桥的回龙桥宿舍。高二适此时的心情并不愉快,既为乱世,也为自己空有济世之志而难以致用。

但令人欣慰的是高二适与国民党元老、诗人王用宾相遇了。王用宾住在独石桥东北不远处的状元碑高台邱。王用宾，字利臣，号太蕤、鹤村，山西人，1934 年 12 月任司法行政部部长。抗战爆发后，蒋介石让他任中央公务员惩戒委员会委员长闲职。王用宾看透了蒋介石政府的腐败与独裁，感叹报国无门只得赋诗学陆放翁：“惨淡河山百战中，披荆斩棘愧无功。时艰未许投闲散，空对烟萝忆放翁。”（《朱侠卿写山水见赠》）不久林庚白也迁居到独石桥立法院宿舍。高、林、王三个才不见用的诗人，几乎是闲居无公干，读书、写诗、游走林泉成为风雅生活的主要内容。1939年农历九月九日重阳节，高二适赋诗分寄王用宾与林庚白诸友，王、林两人依原韵应和：

依韵和高二适先生九月九日之作 王用宾

菊痴翻爱晚开花，秀色长留隐士家。
黄叶碧山宜载酒，丹枫绀宇忆栖霞。
遭时丧乱犹能赋，故事风流未忍夸。
千古伤秋秋自在，诗人应不再吁嗟。

次韵答二适九日之作 林庚白

场圃桑麻欠菊花，嫛余田舍属官家。
霸才怀抱羸诗草，少女心情隐脸霞。
阅世元知千念幻，用夷漫以一麾夸。
亦逢九日空萧瑟，国有难言百可嗟！

丧乱之际，纵菊黄枫丹，满眼秀色，也掩饰不住国难悲歌。王用宾所住高台邱景色优美，他作诗《高台邱八咏》计有八景：小竹溪、双虹桥、状元碑、青枫堡、蛮子洞、沙帽石、白龙庵、八角池。于是他在小竹溪旁建“绿芳阁”，阁前建一“剪云亭”，并赋诗说：“逸客有时三五到，绿芳阁上便留题。”“绿芳阁”成了高二适常去的好地方。章士钊和高二适多次为王用宾题赠“绿芳阁”，王用宾以两诗回赠：

次答高二适题绿芳阁

缙云山气郁霏微，瓦屋三楹竹四围。
敢以下床延客卧，不曾东阁畏人讥。
敞扉坐揽江天色，运甓闲争分寸晖。
报道并门松菊在，此间百好未如归。

次答高二适再题绿芳阁

缙岭何郁茀，朝来多爽气。道穷有未达，避地还求志。
丹溪缚青壁，心与境俱泰。邱壑荡胸襟，烟霞随旷阙。
松竹尚余町，手自分白薤。闲居屏簿书，徒步失从骑。
聊用蔽风日，编茅漫涂塈。四时蔚新芳，常绿交古桧。
空谷少蛩音，幽人偶一至。市远兼味难，苦笋配饼饵。
相契在林峦，膏腴非所嗜。罪宁及我辈，天下胡愦愦。
审乐乃知政，伤哉久自郐。君欲起沉衰，追古力不愒。
韩孟苟同席，音节谅无颣。高论砻尘俗，披诚泯芥蒂。
野服寡拘束，谁复嘲褦襶。

高、王两大“闲人”在绿芳阁吟诗论道议国事，有时高二适在“绿芳阁”邀请诗友并主持雅集。后来回忆这段时光，高二适总是心旌摇荡，颇为自在。他说：“当时我主绿芳阁，君在法曹掌记室”（《京师遇邓佛兰律师》），俨然以“绿芳阁”的主人自居。1947 年 10 月 22 日重阳节，于右任、张溥泉、贾煜如三先生邀高二适赴紫金山天文台登高。是日不分韵，高先生用陶诗“尘爵耻虚罍，寒花徒自荣”之句为韵并作诗 10 首。其中第 10 首前半部分如下：

曩吾迁西蜀，结友气纵横。九日乐北泉，高吟俯一泓。
惟时郇阳玉，与语最关情。酒半各称诗，要吾总文衡。
彼时绿芳阁，谈笑动危城。无何诗战罢，逝景高台倾。

此诗中高二适记述了当年在绿芳阁与众诗友纵情诗酒的情形。“结友气纵横”“与语最关情”“谈笑动危城”在多难之际，也唯有诗友让高二适能意气风发，在谈诗论道中直抒胸臆。

重庆虽然作为国民政府的陪都，但社会治安并不理想，偷盗事件时时发生。1940 年某夜，独石桥宿舍区被盗劫一空。然而让人吃惊的是：唯独高二适没有被盗，一时传为奇迹。高二适以诗记述此事，随即王用宾和诗一首，运用典故分析其原因说，因为高二适诗名太大，盗贼慕其名而不盗也。

临门豪客手齐垂，博士诗名定久窥。
若思尚能投剑器（用陆机赴洛船中与戴若思定交事），公仪谁慨拔圃葵。

萑苻不靖将焉避，可否略分似有知（盗跖曰：知可否智也）。
当日太丘梁上者，亦曾感悔诫诸儿。

首句王用宾自注：“李涉过九江遇盗，从者曰：李博士也。其豪首曰：若是李涉博士，不用剽夺，久闻诗名，愿题一篇足矣。涉赠一绝曰：风雨萧萧江上村，绿林豪客夜知闻。他时不用多回避，世上于今半是君。”而住在鹤山坪的陈独秀就没有这么幸运，本已贫疾交加，再被盗贼打劫，更糟的是正在写的手稿被掠去，从此了无踪迹。章士钊闻讯立刻赋诗给陈独秀来宽慰他。

同年10月重阳节，西南大磨滩风景奇绝，菊花盛开，奇丽无比。高二适与林庚白、王用宾同游大磨滩赏菊。大磨滩，群山连绵，瀑布如雪；金风吹谷，菊开累玉。面对如画一般的美景，三人徜徉于此，倾樽相饮，却难解心中苦寂。王用宾步林庚白诗云：“菊同国事共斐回。”虽然暂听不到日寇空袭的轰炸声，但心中无时无刻不期盼中华民族奋起驱逐日寇，还天下太平。三人回来后，相约写诗唱和。王用宾赋诗《酬二适大磨滩游归赠句》：

客路纡如寸寸滩，得闲晴日共偷闲。
廓张思境勤登眺，领会秋容稍展颜。
节令入冬花便了，狂流奔海水宁还。
壑邱数点江家坝，剩有豪情上下攀。

1941年某星期日，听说林庚白要离开重庆到香港，王用宾在“绿芳阁”招饮高二适、曹纕蘅、彭临九、林庚白。五人相聚，纵论古今，放言无忌。林庚白说，孔子不能尊为圣人。此语一出令四人惊疑不已。林庚白解释说，孔子虽是思想家、哲学家，但实际上也是官僚。若非奇异之才，绝不会说出此论。众人又问他为何去香港，他说，闲着无事，经人介绍陈嘉庚出资，他准备到香港办报宣传抗日，并团结香港进步文人，筹组中国诗人协会，同时撰写“民国史”。当然他还说癸年是他的大凶年，要到南方避兵灾。不过高二适则认为按《易经》宗旨，宜静不宜动，或到东方避灾为宜。但林庚白说香港方面已联系好，不便更改。林庚白于12月1日赴港，临行前，高二适前去送行，林庚白从皮箱中取出珍藏已久的《陈后山集》《唐人万首绝句选》等赠给高二适。不料此别竟成诀别，12月8日疯狂的日寇发动太平洋战争，随即攻陷香港。林庚白避之九龙，被间谍告密。日寇误以国民党中央委员身份搜捕林庚白，将林庚白枪杀。听到噩耗，高二适手抚《陈后山集》《唐人万首绝句选》泪流成行，痛恨不已。

1951年秋，高二适取出《唐人万首绝句选》准备重读，不禁悲从中来，难以研读，遂写下：“民国三十三年春，庚白去九龙，临岐以箧中书贻予。旋闻在海外殉难，渝州同社，吾尤伤之。兹重展是帙，尤不胜人亡琴在之感云。”（图4–8）这里民国三十三年应为民国三十年，此为高二适笔误。人亡琴在，是何等伤感。尽管高、林在重庆交游不足4年，但两个狂徒经常在一

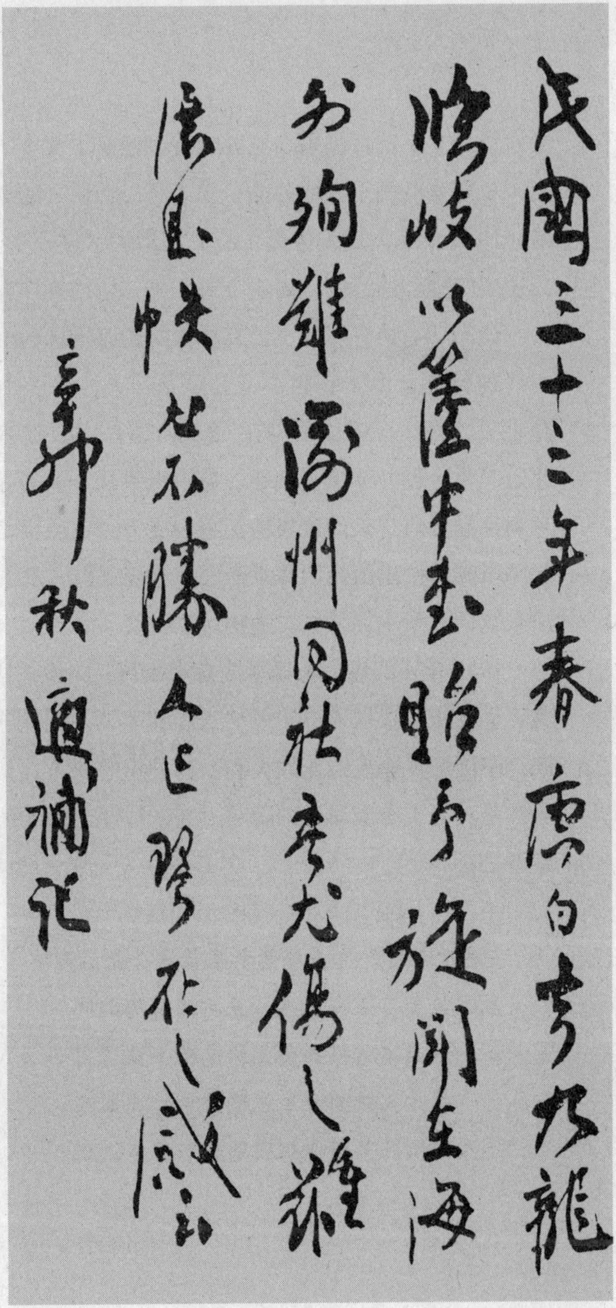

图 4-8：高二适《唐人万首绝句选》题跋。（此跋《高二适书法选集》第 90 页注为《陈后山》题跋，有误）

起谈诗论史，忧怀国事，览胜吟诗，赚尽了文章风义。还有辛亥老人王用宾的高阳台绿芳阁，成为高二适诗心的栖息地。可惜的是：1944 年王用宾先生突发心脏病离世，他留下了 30 多首与高二适之间唱和的诗作，而这个时期高二适的诗作大多散失了。

让高二适情有所托、诗有所依的还有重庆的上清寺。

1939 年，章士钊由香港转至重庆并入住上清寺 5 号。1943 年 11 月 5 日，苏渊雷辞去在重庆南温泉中央政治学校教职，在北碚文化区创办钵水斋书肆、黄中出版社。上清寺、钵水斋和绿芳阁都是当时文人的聚集地，它们成为高二适温馨的人生驿站。苏渊雷的黄中出版社、钵水斋书肆开张之际，马一浮、沈尹默、汪东题词，章士钊、高二适赠诗以祝贺。

1942 年，阎锡山与日军搞投降谈判，同年 5 月日寇全面“扫荡”华北抗日根据地，实行“三光政策”，抗日进入最艰难的时期，中国远征军入缅作战失利。这一年中秋无月，被浓云遮蔽，仿佛是对当下中国命运的隐喻。高二适怀想章士钊和苏渊雷，作诗寄之：

是夕无月，次壬午韵奉呈长沙公兼示渊雷

月子不来窗影黑，五年离梦仍翻侧。
短檠墙角张更愁，泬寥秋士病皆哭。
吾方止饮创金痕，胸中何计擒国贼。
同时苏子溺亦饥，贤识怨公终语默。

蓦然斫地动斯文，磨厉居然祖文德（忽得奉诵新布论文）。
木生于世牺尊断，牝牡骊黄将辨色。
圣狂不作古所哀，迹息王家丰镐宅。
今宵无月亦中秋，天不惜时人自惜。

在漆黑无光的深夜，诗人翻侧不眠，低短的油灯映照着墙角昏暗的光影，把本已忧愁满腹的诗人引向更痛处。长歌当哭，满心创伤，不为别的，只因胸中一直思考有什么方法“擒国贼”。不是高二适不能吟风弄月，也不是没有儿女情长，而是国无宁日何有家安。

抗战时期的重庆，文人汇聚，文艺活动频繁，活动大抵以抗日为主题。各种诗社不断涌现，其中1940年成立的“饮河诗社”影响特别大，诗社以章士钊、江庸为社长，沈尹默、乔大壮、潘伯鹰等为骨干，社员发展到百余人，规模之大，几乎囊括了当时重庆的旧体诗高手，大批爱国文化人聚集于此。潘伯鹰为章士钊的干儿子，兼秘书，主编《饮河集》，刊发诗作。高二适每有佳作，往往发刊于《饮河集》。上清寺5号成为章士钊、高二适、潘伯鹰、汪东、于右任等人的谈天说地、评古论今、吟诗写字场所。于右任一生精研碑学，后致力于标准草书的研创，而潘伯鹰与沈尹默则倾心于“二王”帖学。很有意思的是中国书法南帖北碑两大流派的主将在此撞击，这对高二适的书法发展产生了根本性的影响，自此高二适系统地研习“二王”帖学。沈尹默曾对章士钊说，二适笔法精妙，直逼“二王”遗韵，超越明清，可谓300年来无此笔法。在上清寺，高二适与于右任、潘伯鹰结下不解之缘。1950年，高二适到上海做教员，与沈、潘等诸旧友再聚首，每每谈起重庆上清寺，必说此乐事。潘伯鹰作《奉赠高二适》诗，其中有句：“高侯苦吟难尽识，移山共笑愚公力。取讥一世恢有余，万仞俯凌身壁立。”高二适苦吟的形象在当时诗界是有名的，也常遭到一些自负的“大才”私底下讥笑，不过高二适仍然我行我素。在独石桥宿舍，常常同事们一觉醒来看到高二适室内依旧灯光漾漾，吟哦声声不休。大家就调侃说，二和尚又在念经了。在这大动荡时期，重庆机关许多人为忘掉痛苦，排遣寂寞，醉酒玩乐，找“抗战妻”打发时光。高二适却一心读书，研习诗文、书法，以文人特有的方式为国分忧。

林庚白狂，潘伯鹰亦狂，他曾在“隋经堂”书字一幅：“不读五千卷书者，不得入此室。”高二适之狂更多的是在精神上，是诗心的特立独行。他在致潘伯鹰的信札中毫不避讳地说自己“向好立异”，批评“近人多颓放之音，一时殊少高复意致”。信后附放言诗四首：

伯鹰以《饮河集》写本见惠，敬酬此作

失喜平生诗酒俦，相逢何许海天游。
得时且欲穷文字，接席终疑绝辈流。
镌墨光华开稔熟，抽毫拂拭见离忧。

闻君万本抄书愿，傥使君平验客舟。

春晚呈长沙公

杖策孤怀狎野沤，风沙冥漠与沉浮。
烟花尽烬谁能住，海水群飞自可收。
退笔如山余拂拭，图王终霸只离忧。
狂歌一放真吾愿，试约先生圹埌游。

席上赠徐澄宇

史才私录两疑无，大笔淋漓得意书。
四海沉沦今见子，十年歌哭孰失余。
鳣堂讲肄心犹壮，棂具摩挲气血舒。
江汉风流元未减，不妨天地老籧篨。

三奇锡游未归作此讯之

荆吴东望重思量，山水方滋道已丧。
地入梁溪宜赁庑，人归震泽孰同艎。
羸骖力竭身先困，厮养功多士总妨。
却要与君共谈麈，罔斯骚雅莫相忘。

四诗中旁若无人、抽毫拂拭、淋漓挥写心中块垒的自我形象跃然纸上：他狂歌一放，与同道把酒纵读尘世，宁作一介“老籧篨”，也不甘媚俗，扭曲自己。

当时重庆诗坛经常举办雅集活动。但高二适是看人的，道不同不相为谋，不管召集人官多大、名声多响，或者参加的人头衔多大，他皆从活动本身、诗歌本身出发，有自己的独立判断和思考，他所要的是真正的风雅。1943年3月3日，南社成员、辛亥元老、少将参谋李况松等人在七星岗主持召集展禊。禊集从《兰亭序》排出42字为韵作诗，潘伯鹰分得“出”字，高二适未参加，潘伯鹰为他拈得“此”字。数月后诗人钱问樵专门写信向高二适索诗，此信写得情真意切，高二适盛情难却，但不作虚伪之辞：

……

忆昔北泉游，赵曹相集止。交会贻谤讪，官大斯为美。
重听一老翁，自夸涉足踦。章公诮淫猴，石船嗤瞎子。
呜呼雅道衰，能文曷足喜。惟有湘楚才，分途振音征。
赵翁跄踉归，李易定不尔。此是禊话诊，敢容张而弛。
念失寻榜筵，吾诗不激诡。重是问樵翁，削简为赋此。

此诗直陈当时雅集之假，官大为美，何有创作自由，本是以文会友盛事，却成自夸自擂谤讪他人的场所。这样的丧失风谊有辱斯文的雅集，参加有何意义？

但是与真正的同好，三五知己的聚会，高二适则会意气风发，诗性盎然。“忆昔北泉游”是指1941年3月3日章士钊、赵熙、曹纕蘅、高二适在北碚温泉寺雅集修禊，程潜“往赴至则会散，怅然而返”。

乱世之中，苏渊雷的书肆开得艰难，但作为1926年加入共产党的老党员，他广结朋友，尤其是正直的进步文化人士。当时重庆特别是住在北碚的文化名流常聚集在钵水斋。早年在南京，高二适便与苏渊雷一见倾心，从此两人结下一生的情谊。闲暇时光里，高二适到钵水斋看书，参加雅集，与众多诗友如张宗祥、朱大可、汤鹤逸等结下深厚情谊。尤其是与汤鹤逸，20多年诗歌往来未曾断绝。这段情谊，高二适有诗云：“间中有酒约同斟，忙里看花首自簪”（《置酒待鹤逸不至》），“巴渝执手倍情亲，无那南都遣送迎”（《都门遇汤鹤逸有赠》）。1947年，云南大学聘汤鹤逸为教授兼文学系系主任，临行前高二适邀汤鹤逸至家中，笑谈往昔，纵论诗歌。次日，高二适写诗记录此夜情形：

鹤逸寒夜过谈，学广陵体（是日君借《广陵集》）

夜寒缩手暖余煨，忽报佳士从隙来。
君如吾居如野幕，入户堂堂户拢开。
无垣可隔墉可穿，一夕绕床能几回。
惜哉问世乃得此，犹疑殿阶郁崔嵬。
吾置其间聊自乐，外户不闭居无财。
从皆伟节有王令，竭来穷屋只放怀。

吾今何能屈致此，乃知此所堪徘徊。
忆在重庆怨荒徼，曾有长句鏖陪台。
与君风沙约北首，兴歌共起何难哉。
今来果然得天幸，日读君诗意恢恢。
南都城府恣楼观，怪吾坦率无益培。
纵有老阴垄危栋，能使鸱夷瓶可摧。
侯府冰凌风雪满，东家屋脊当山台。
吾今乐此君莫诮，大胜战鬼弃草莱。
其今细故谁芥蒂，国无锁钥官何阶。
逢原倘起应有讶，肯讶人灾或地灾。
榾柮衰颓君已去，丑颏搦管拨墨矣。
忽欣大月出檐户，赑屃疑作诗人才。

风雪飘舞的寒冷之夜，汤鹤逸来到高家。可是高二适穷得不需关门，就连一贫如洗的王逢原见此情形也会感到惊讶。但主人高二适却能自得其乐，因为能与汤君忆起重庆，曾经长句鏖战，长歌共起，今夜再读好友新作，心暖情欣。1964 年冬，高二适忽然接到来自昆明的汤鹤逸的信与诗，伤情不已，泪流不止，3 天后作四首七律：

兵间汤鹤逸与吾相失，亘廿载矣。甲辰岁寒，君忽自昆明抵予书，并录寄怀一律，折简螽然，岂胜惆怅。逾三数日始为此答，盖亦情所不能已者耶？

衡阳愁断羽，洱海忽翚飞。地隔千山迥，人伤绝徼边。
将诗寻积涕，伸纸憺忘归。恨煞河东柳，鄷城客底扉。

其一

人生畸得丧，程路局艰难。文作蟠胸垒，交须纳手寒。
马牛供圣迹，邪许列仙坛。奕世功名际，将谁与汝宽。

其二

诸友寻沦失，其情那可论。吾哀终泛泛，世议总魂魂。
墙壁诗堪守，天涯道尚存。北辕愁蹶足，十驾望南奔。

其三

闻到红茶法，滇云夙占先。岂尝思释渴，欲煮久无泉。
微子多情者，何人得馈焉。吾诗久不阙，独愧此赓缘。

其四

高二适以诗赞誉汤鹤逸诗守墙壁，道存天涯。文心相交，志守时艰。能得此多情才子，这是上天给予高二适的馈赠。

1947 年，苏渊雷编撰《钵水文约》。高二适题诗一首：

题《钵水文约》

不世之英君一得，九州文笔傲前贤。
我缘无力忧时世，双眼空看镜里天。

并另写一首回忆重庆钵水斋：

赠渊雷

故人昔住温塘日，酒罢高歌泪数行。
自倚卖书为事业，谁知经世有文章。
贫余妻子能行乐，倦里关河供发狂。
似我萧疏亦何计，江湖安得便相忘。

无力忧时，倦里发狂，经世文章，酒罢高歌，友情相倾，为高二适这个时期的主要诗性生活。苏渊雷题诗酬高二适：

元唱

高手吟边缩未便，偶参句法到诗禅。
坳舟自致风波势，丈室宁容结习牵。
作意吾能窥圣远，放怀谁与共澄鲜。
江山得助终关学，不待登楼始见贤。

高二适以原韵酬和苏渊雷：

次韵渊雷题瘖盦之什

牢落何方得静便，恍疑身世证初禅。
古人欲以泥相庇，他日须容发一牵。

江海难忘槎汉志，肺肠已惯食鲑鲜。

屋山试瞰天无际，风雨能来最子贤。

苏子问“谁与共澄鲜”，高二适答“已惯食鲑鲜”。苏子赞叹说“不待登楼始见贤”，高二适则回应说“风雨能来最子贤”，可见这对朋友相知相惜（图 4–9）。

这年高二适与苏渊雷夏游玄武湖，秋登栖霞山，临流听远，灯火有情，栖霞秋碎，千岩窥影，登高逸兴，诗意壮飞。十年归故城，一心盼国宁。两位老友相约共饮于秦淮河畔大集成酒楼，华灯初上，十年尘梦，山河未整，战垒犹酣，世事茫茫。

苏渊雷说，红裙能饮。

高二适说，红裙乱诗心。

苏渊雷说，与子痛饮待何时。

高二适说，中秋至我寒舍。

苏渊雷说，必醉中秋。

中秋中午苏渊雷如期赴约。妻子凤子备菜，佳节朋至，欣喜满怀，无关名利，但得知己一语知。

高说，金桂摇窗，当饮一杯。

苏说，山河仍碎，该祭一杯。

高说，十年情深，共醉一杯。

苏说，高兄诗书俱佳，祝贺一杯。

高说，苏弟知我，痛饮一杯。

图 4-9：苏渊雷像

一杯又一杯，人生得意须尽欢。夜深同看月，知音遥相忆。第二天，高二适中秋诗成，苏渊雷欣喜吟诵，和诗回酬。

高二适不谙政治，以文心用世，苏渊雷则以诗文与高二适相交。尽管苏渊雷比高二适年龄小，但他给予高二适乱世中最温暖的人文关怀。高二适后来没有随国民政府到台湾，也与苏渊雷这群诗友不无关系。

南京解放后，百废俱兴。1949 年重阳节，苏渊雷在其书斋招饮雅集，高二适与柳诒徵、徐森玉、张宗祥（字冷僧）、许石桐、丁邃卿、朱大可参加。众人均赋诗唱和，高二适作《次和渊雷九日招客用张冷僧韵》一首：

飙馆联吟算子豪，重阳招客句弥高。
渊明篱畔惟思菊，宾客诗中未置糕。
曾是有情僧可学，已知积毁骨能销。
齐人稽首缘何事？冷暖还须问鲁皋。

与诸师友聚首在南京自然是十分高兴的事，但高二适失业在家，生计问题急需解决。这年秋，苏渊雷为其找工作未果。高二适托请上海潘伯鹰、柳诒徵帮忙找工作。1950 年 8 月，高二适到上海任南京工专上海分校语文教员，后调任华东交通专科学校。在上海 3 年，高二适工作之余一是购书买帖临字读书，二是常与沈尹默、潘伯鹰、江庸等旧师友叙旧谈文说艺。在与沈、潘两位帖学大家的交流过程中，高二适全面梳理自己的书法。他并不满足于自己取得的进步，尽管沈、潘两公对他的书法多加肯定。1950年初，沈尹默、江庸等文化老人在上海成立“乐天诗社”。一次大家聊到书法，江庸谈起20世纪30年代《章草草诀歌》公案，公案主角卓君庸和王世镗都是民国时章草最重要的作者。江庸的一席话，在高二适脑中盘旋。一个理念在他心中逐渐形成，这也是他后来书法人生的新的起点，那就是专攻章草。

1952年12月21日，一向被高二适尊为师长的李拔可因心脏病逝世。消息传来，高二适悲痛难忍，作《挽李拔可》一首：

忆余驰骋渝州郭，投柬论诗更几人。
忽尔东归频见与，又嗟江左说谁亲。
怆怀况废登临赏，落木先愁萧爽晨。
从此一衰频出涕，岂惟旧雨独伤神。

1958年，高二适的好友苏渊雷被错划成“右派”，从上海调赴北疆哈尔滨。1962年，在周总理的关怀下，苏渊雷虽摘掉“右派”帽子，但仍居哈城，不能回上海。1963年秋，高二适多方打听到苏渊雷的消息。中秋之夜，此时的南方是皎月悬空、秋风怡人。而高二适无心赏景，却思接千里之外白雪漫飞的哈尔滨，情系苏渊雷，赋诗一首以慰其心：

中秋寄渊雷

几年披拂断知闻，今及中秋影尚分。
天上阙圆圆转阙，人间群独独思群。
明时翻作投荒者，妙手虚传寿世文。
谁信钟山肠胃绕，频添愁思倍为君。

诗后小注：“君能三诵吾诗，便可释怀。”好自负好多情的高二适！有心之人、有情之人怎会不读三遍释怀？在那样被压抑、被误解，不能展示才华的年代，高二适相信他的老友定然会体察诗中的慰藉，这种心灵的抚慰不仅使其释怀，还可疗愈他受伤的心灵。苏渊雷手持高二适的诗作，看着窗外飞舞的雪花，如同瘿木的生活忽然清亮了许多。他展纸铺笔，和诗如次：

次和二适中秋见怀

断雁哀猿不可闻，诗来那只惜襟分。
高情越世真无忝，明月窥人怅失群。
久拟祥金辞沃冶，竟同瘿木病多文。
只今万里羁危日，飞雪龙荒独忆君。

九月九日重阳节，是诗人们每年相聚登高赋诗的节日，可是当年的诗友们现在都已天各一方。与高二适一样，重情重义的章士钊，也没有忘却苏渊雷，虽然不能一同登高畅饮，但不能不吟诗。章士钊写二首《梁父吟》寄与苏渊雷。高二适也赋诗一首分寄章士钊与苏渊雷，诉说离情之苦：

未觉登临节限过，纵能对饮亦无何。
西风肯怨黄花瘦，乌帽休辞白发皤。
役岁久耽诗思苦，抽毫难状别情多。
孟诸不作渔樵侣，一样从公发浩歌。

（“我本渔樵孟诸野”，为吾祖常侍公句，末联我欲章老之诵而得也。）

接到章、高师生两人的信札，苏渊雷被北方白雪覆盖的秋天所感染，发出了悠长的啸歌。农历九月二十九日，他用高二适诗韵和诗一首回赠章、高两师友：

九月廿九日贱辰次和二适重九寄孤桐老韵
并答其见赠梁父吟二章

再展重阳节未过，等闲风雨奈谁何。
年年作健诗偏好，五五逢辰鬓早皤。
菊有黄花怜客久，吟成梁父寄愁多。
无因共揖长沙老，尘爵寒荣足啸歌。

“菊有黄花怜客久，吟成梁父寄愁多。”前半句写出南方的师友对自己的关心、惦记，后半句借章公的《梁父吟》写出自己无限的愁思。看到苏渊雷的和诗，高二适反复吟诵，望窗外，菊花渐次凋零，钟山浸染枯黄。霜风四起，如悲笳奏鸣。他想起冤屈的李陵，想起躬耕南阳的诸葛亮，被下放到天边的好友，不知何时能再相见。他吟起《梁父吟》："步出齐城门，遥望荡阴里……一朝被馋言，二桃杀三士。"乐府的悲凉之情涌上心头，他感情的阀门再也关不住，二首《梁父吟》一挥而成：

《梁父吟》二章为苏子作

古来梁父动悲吟，封禅七十二君临。
后代殊俗专断割，谁与八览能察今。
繄尔口语替征诛，万丈之壑一人呼。倒持云璈葑菲无。
世事攻错相砥砺，劝君此际休横涕。

石纽神山荒丘墓，三步回头五步伫。
英雄白骨费推寻，未见峦封缺长算。
我行却曲思东堂，几年春草梦池塘。大冶踊跃祥非祥。
不尔卧龙伤三士，令人却忆荡阴里。

诗前有一长序："陵令卒后，以封禅上，吾今能见之，而汉帝果从其言，相如自閟闻也。吾友渊雷虽徇人之请，著论表襮，吾衰荒，虽未先睹其书，然度此人平昔卓荦倜傥，使酒仗义，故与倦游者有间矣，而卒被放哉！昔陈寿志蜀相躬耕陇亩，好为《梁父吟》，今乐府传‘步出城东门’一章，未信定本于葛亮。要之，晏婴以二桃杀三士，亦非仁者之所喜也。选家谓武侯吟非必但持此章，或篇帙散落仅存，吾闻其语而是之。今吾友久赋长征，岂能比于李愆期之不反。愚也始伤离别之怀，终式相好之思，特著此篇以私自称通。是节霜风四起，如动悲笳，吾友尤作孤客龙荒北海，觌面何时？（余既非夜讽，正亦不必寄元矣。）”此序将好友苏渊雷的遭遇放在历史典故中陈述，增添了现实的厚重感，可见高二适对苏渊雷情深意重，字字琢心，句句动情。“世事攻错相砥砺，劝君此际休横涕”“石纽神山荒丘墓，三步回头五步伫”。读到此处，苏翁再也忍不住泪流满面，为自己不公正的遭遇，为高二适这份相知的情意。所有的怨愤不平在高二适的慰藉中消融了，他拭泪回诗高二适：

二适见赠《梁父吟》二章读之成泣题后却寄

诸葛勤陇亩，梁父动悲吟。当其抱膝时，隐痛一何深。
汉季厄名士，崔孔世同钦。阿瞒畏清议，戕贼不自矜。
能令李严哭，不得荀彧心。
度量相越有如此，傲岸宁止辨人禽。
文中尝言公不死，礼乐复兴或可俟。
乃知公出为生民，肯为刘家存纲纪。
高子高子苦用心，东望梁父为我吟，使我读之泪沾襟。

让苏翁情不自禁“泪沾襟”的，不仅是高二适对他个人的深情厚谊，而且在特殊的政治情景下，他自己的人生命运都无法掌控，却依然在这样艰难时刻心系国事，心怀梦想。“文中尝言公不死，礼乐复兴或可俟”，这是对高二适“以礼治国”信念的肯定，也这是对未来的期许——相信文化的力量，相信黑暗终将过去。这样的信仰来自“不死”的心灵力量。“乃知公出为生民，肯为刘宗存纲纪”，这是人生的大境界。一介书生何以自立于世，那是因他不为私利，不为浮名，而是为“生民”，为这个国家“存纲纪”。这样的“苦用心”，这样的人生境界，苏翁怎能不为高二适击掌称赞，怎能不为之痛泣？被放天涯，与亲朋相隔千里，是苏翁之不幸，而有高二适这般心灵的扶持，人生的互勉，则是苏翁之大幸。高二适长歌一曲疗愈了苏渊雷所有生活的痛疾，化解了他所有的人生困惑，荡涤了他心中所有的尘埃（图 4–10 图）。

1965 年，高二适与郭沫若爆发“兰亭论辩”，远在黑龙江的苏渊雷见到《光明日报》及《文物》上论辩的文章后，致函上海的诸师友，请他们搜集相关资料寄给高二适以助其战。1966 年农历二月，苏渊雷于雪窗之下检读章士钊、马一浮、高二适等师友的诗作，乘兴命笔写成《迟字叠韵诗》十五首。其中一首赞高二适“兰亭论辩”之举：

公案兰亭驳岂迟，雄文一出万人知。
黄庭恰好真同调，金谷相参别缀诗。

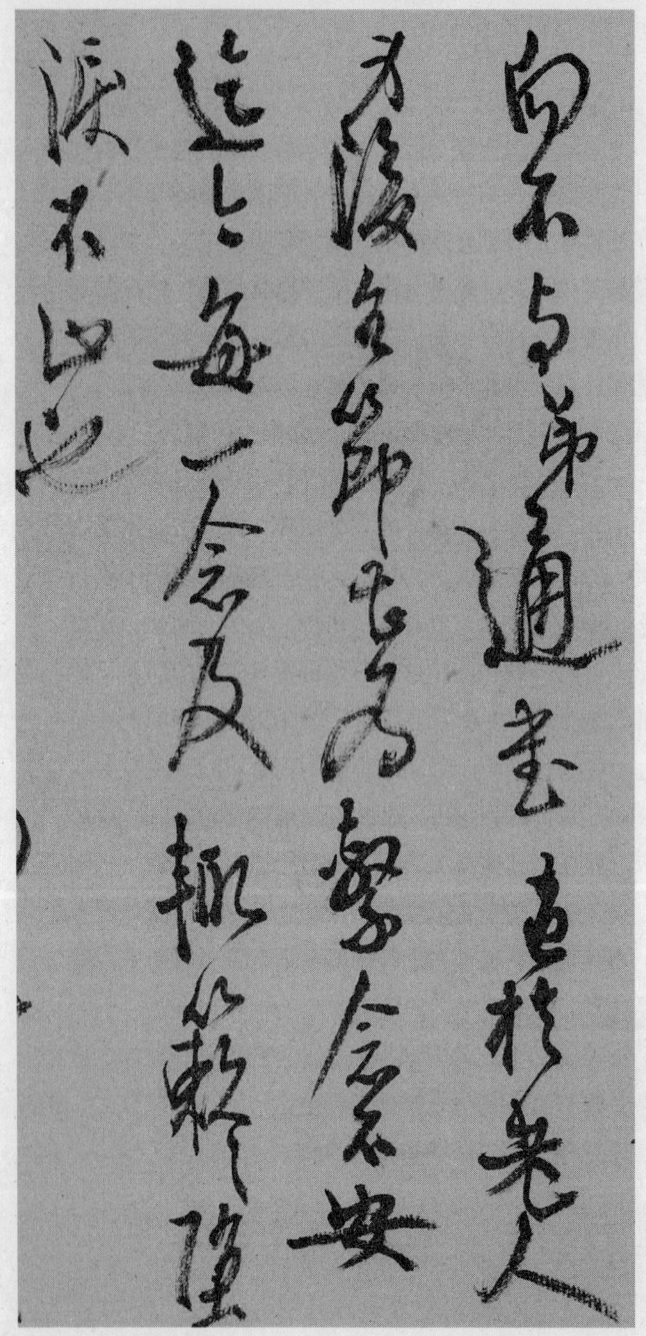

图 4-10：高二适致苏渊雷信札（局部）

自是临摹存瘦硬，何曾癸丑补干支。

流沙坠简分明在，波磔蝉联尚有丝。

正如苏渊雷所说，高二适因这一“兰亭”雄文天下认识了他，认识了他的书法，认识了他的学识，认识了他的风骨。本无声名的高二适也由此定格在中国文化史上。

1977 年 3 月，高二适因病溘然长逝。噩耗传来，众亲友悲痛难奈，苏渊雷老泪纵横，赋诗《闻高二适病逝南京寄挽四章》：

冰冷东淘子，平生吴野人。诗名雄楚蜀，草圣见嶙峋。

肝胆凭谁照，艰屯独我亲。如何音信绝，噩耗及兹辰。

忆昔吴船共，行吟迹每同。相思夜雨寺，人梦定林钟。

德述高常侍，名追杜水东。顾余栖海曲，目断几飞鸿。

（巴县浮图有寺名相思，亦曰夜雨寺。杜茶村居金陵，有句云：“凭将骨与青山誓，老号诗人杜水东。”）

香宋风非远，孤桐思不群。称诗能最子，老我忝为云。

未具生刍荐，偏教双鸟分。钟山肠胃绕，断句不堪闻。

（二适金陵见怀有云：“谁信钟山肠胃绕，频添诗思倍为君。”）

入春吾七十，期子发初衷。遽敛凌云笔，竟成望眼空。

曲高谁和者，魂警梦难通。惟有白门柳，萧萧杂雨风。

四首五律恨天痛地，述深情，赞诗魂，绝笔梦断，风雅犹存。高二适与苏渊雷的交游不同于与韩国钧、王用宾的交游。韩国钧、王用宾与高二适是两代人的风义，更多的是传承，而高、苏作为同辈人，则是新一代的成长，是一代人的共建。在特殊历史时期内，高、苏两人身上所体现出的民族大义、文人风骨、学术精神完全能肩负起时代的重任。他们代表了一个时代的风义，代表了那个时代的一代知识分子。高二适这一代知识分子的可爱之处，就在于他们总把自己的人生境遇放到国家、民族的大是大非之中，他们的聚散离别、喜怒哀乐与国家、民族的兴衰荣辱紧密相连。他们也有过怨、有过恨，但从来没有抛弃这个时代，更没有背叛自己的信仰，他们在仄仄的书斋里以萤火般的微光温暖着这个社会，温暖着未来。

三、艺坛神交：与书画家们的交游

高二适在上清寺与于右任结下了终身情缘。作为国民党资深元老，于右任和王用宾一样，在蒋氏政权里不被重用，他只能把满腔热血投之于传统文化的继承与弘扬，尤专注于诗词和书法研究创作（图 4–11）。于右任致力于草书的大众化，创造标准草书，并身体力行创作推广。尽管当时高二适并没有表现出在书法上的志向，但他的书法频频得到于右任的赞誉，这对高二适来说无疑是潜在的鼓动力量。晚年高二适于书学颇有建树，常常对人提起当年于老誉词。于右任于诗词创作不辍，在重庆期间，他倡导将每年纪念屈原的端午节定为诗人节，并举办雅集。高二适对于右任这样的辛亥老人敬重且亲近。1942 年端午节，高二适作《诗人节呈于院长》表达他对于老的崇敬：

离骚作者楚些辞，千古文章执的之。
乱世诗人明此义，端阳佳节重当时。
纷吾既美三原老，遵道还陈正则词。
莫为南征感迟暮，灵修浩荡与无期。

“千古文章执的之”虽赞誉屈原、于右任，但又何尝不是高

图 4-11：于右任像

二适自己的心声呢，也唯有此愿，诗人们才会在彼此的心弦上引起共振。自此高二适每年端午节必写诗，而且往往以诗人节称呼之，这既是诗人的情怀，也是他向于老的致敬。

1947 年端午节，于右任想起当年在重庆为集聚抗日力量而定下的诗人节，如今抗战胜利了，但蒋介石撕毁和平协定，致使内战全面爆战，国家再次陷入动荡。面对时局，于右任感慨良多，他招饮高二适到贾煜如的考试院过诗人节。高二适敬佩于公的学识、胸襟及正直的人品，于右任欣赏高二适的狂狷、勤奋、诗才。此次雅集，高二适分得“深”韵作诗：

骚雅沉沦忿怼深，谁怜宗国楚累心。
纷吾偃蹇乖时命，启圣殷忧入讽吟。
试院分题钟已动，台城览古迹堪寻。
诸公轩翥驱辞力，悬辔枚扬力最任。

高二适痛陈雅道沉沦，谴责当权者骄横傲慢。他强调作诗要入世，介入生活，不作无病呻吟的文字游吟。高二适的诗人“用世”观，不仅使他的诗具有家国情怀的风骨，而且练就了他洞察时事的一双慧眼。同年重阳节，于右任再招高二适与贾煜如、张溥泉、卢前、周弃子等登紫金山天文台。登高望远，金秋送爽，如此佳节良辰，本该览胜畅饮，但此时内战正烈，官僚腐败，民不聊生。蒋介石一面下达“戡乱”总命令，一面镇压民主运动，制造了“五二〇血案”，强压解散“民主同盟会”。诸诗人伤情国事，无绪赏花弄月，没有分韵，自由赋诗。高二适想起陶渊明的《九月闲居》，虽然他不像陶渊明那样家徒四壁，枉然赏酒，但陶公“尘爵耻虚罍，寒华徒自荣”所体现的安时守命、自保贞心的愿望正中此刻高二适心境，于是他以此句十字为韵写成十首诗。

丁亥重九，于右任、张溥泉、贾煜如三先生招赴紫金山天文台登高。是日例不分韵，余用陶诗“尘爵耻虚罍，寒华徒自荣”之句赋得十首

京城气澒洞，豁若罹秋尘。山光入佳节，登览穷河津。
往吾落庸蜀，十载泣萧尘。凭高烽火逼，邈海川涂湮。
……

兹台踞山颠，兹山拱京洛。昔日形胜地，谁言病文弱。
从古邦之兴，应怀大宽廓。老言政察察，其民缺缺若。
此土本崇礼，刑德涂刀镬。今来率背圣，末流工夺掠。
吁嗟原草枯，民命如汤雀。在宥天下理，客儿句宜酌。
国遭阳九灾，比兴原非虐。吾生敢妄论，一笑付人爵。

登临踵作赋，无文大夫耻。吾以望群公，群公差吾指。
……

闲居伤世短，靖节乃吾徒。作诗张重九，气澈天宇舒。

……

诸君先忧乐，吾岂忘吾庐。念时不可再，仰天强空□。

……

劝君拼酒力，余世惜诗才。

……

吾诗怕惊人，伤时语多删。

于公笔飞动，何似走龙蛇。飘髯制诗题，无取斗尖叉。
从来词赋手，不尽傍篱花。秋光明可掬，秋士舆犹赊。
此老主坛坫，大招□腾拏。迫促伤能事，冀野语少哗。
吾诗方运思，君句满京华。涉想不同趣，哦歌许正葩。
真呼卢在前，自省是枯槎。

渤澥高仲武，自喜沧州徒。沧州张溥老，峨峨究师儒。
……
私淑成私录，遗山语非诬。高会始揖公，文章公可扶。
质厚倘不足，求野幸区区。一言犯狂悖，不用弃泥涂。

前代盛雅集，今时有所自。不缘文字荒，那得辨同嗜。

高台初涉巘，井灶万家坠。吾里一篱落，黄白多深味。
……

曩吾迁西蜀，结友气纵横。九日乐北泉，高吟俯一泓。
惟时郃阳玉，与语最关情。酒半各称诗，要吾总文衡。
彼时绿芳阁，谈笑动危城。无何诗战罢，逝景高台倾。
……

诗后跋云：“前诗既成，懒不得写，聊以原稿乞饮虹先生代为表襮，兼求同集诸公之教。俟有佳篇，吾当甘受压倒耳！二适附记，十一日。”

这一组诗内容非常丰富，述史讽今，抒情言志。在此高二适评于右任的书法是“于公笔飞动，何似走龙蛇”，卢前的才华是“涉想不同趣，哦歌许正葩”，张溥泉的学识是“峨峨突师儒”，而贾煜如的生世则是“恻怆不能名”，可谓恰如其分。“一言犯狂悖，不用弃泥涂”“吾诗怕惊人，伤时语多删”，既表明自己常常说话不合时宜，也暗指像于右任这些能人不被重用，同时根本没有真正的言论自由。“吁嗟原草枯，民命如汤雀”，直戮时政，令人失望。此大概是于右任在大陆最后一次“闲适”地重阳登高。1948年4月11日，于右任七十寿辰，高二适赋诗《寿髯公》：

逢辰元老躬仍健，七十依然壮少来。

物望已归时未暇，骚心初启客休猜。

莺花判作江南计，霜蘖从知塞北回。

长松鬣飘髯动洒，九天龙蛰郁风雷。

1949年，于右任带着无限的怅惘与无奈去了台湾，1962年病重，以诗留遗言，愿葬玉山或阿里山高处，可时时眺望故乡。1964年，于右任郁闷成疾逝世，留下千古绝唱《望大陆》：

葬我于高山之上兮，望我故乡；

故乡不可见兮，永不能忘。

葬我于高山之上兮，望我大陆；

大陆不可见兮，只有痛哭。

天苍苍，野茫茫；

山之上，国有殇！

1973年，经过近20年的艰苦研习，高二适在书法上取得了惊人的成果。和他的诗一样，他的书法独辟蹊径，不走于右任碑学一路，也不走沈尹默、潘伯鹰纯粹的“二王”书风，而是以章草为底，开创四体书的“高体”。他痛感于“千年书人不识草”，大多书法家写草书时，草法轻率，有损书法文化的精髓。想起章士钊恩师赞赏自己与于公的书法之狂放——遒美气质超过天马行空的李白，想起于右任创立的“标准草书”，或许是某种心灵的暗示，高二适决意像于公那样要重新编创草书谱。这是他作为一位书法家的历史责任感，也是他对前辈于右任相识相知的敬礼。11 月 10 日为于公的忌日，高二适首展即将完成的草书谱，想起于公往日的音容笑貌，眼泪簌簌而下，提笔写诗悼于公（图 4–12）：

> 三原誉我书当家，而我诗书总世哗。
>
> 髯翁能草我奚疑，我书屈铁非世资。
>
> 阶下本无狂李白（此孤桐荐吾与于书语），邦瘁人殄泪断续。
>
> 古今才略与谁同，今看羊薄老江东。
>
> 于思于思难再逢（于思本左氏，吾辈均以此善败字嘲之）。

中华人民共和国成立后，高二适失业在家，举家维艰。在苏渊雷、章士钊等师友的帮助下，他暂在上海华东水校工作。但工作并不顺利，加之长年漂泊在外，羁旅之苦，使本来身体并不佳的高二适对家乡倍加思念，况且妻儿老小全在南京。1953 年 10 月，经时为华东水利学院教授的同乡郑肇经介绍，高二适回南京到该院做图书馆职员，并协助郑肇经编写中国水利史。在水院高二适查阅水利资料，尤对《水经注》深入研读，也由此引发一段与陆俨少“神交”的佳话。

1976 年，江苏省国画院副院长宋文治携其师浙江陆俨少的

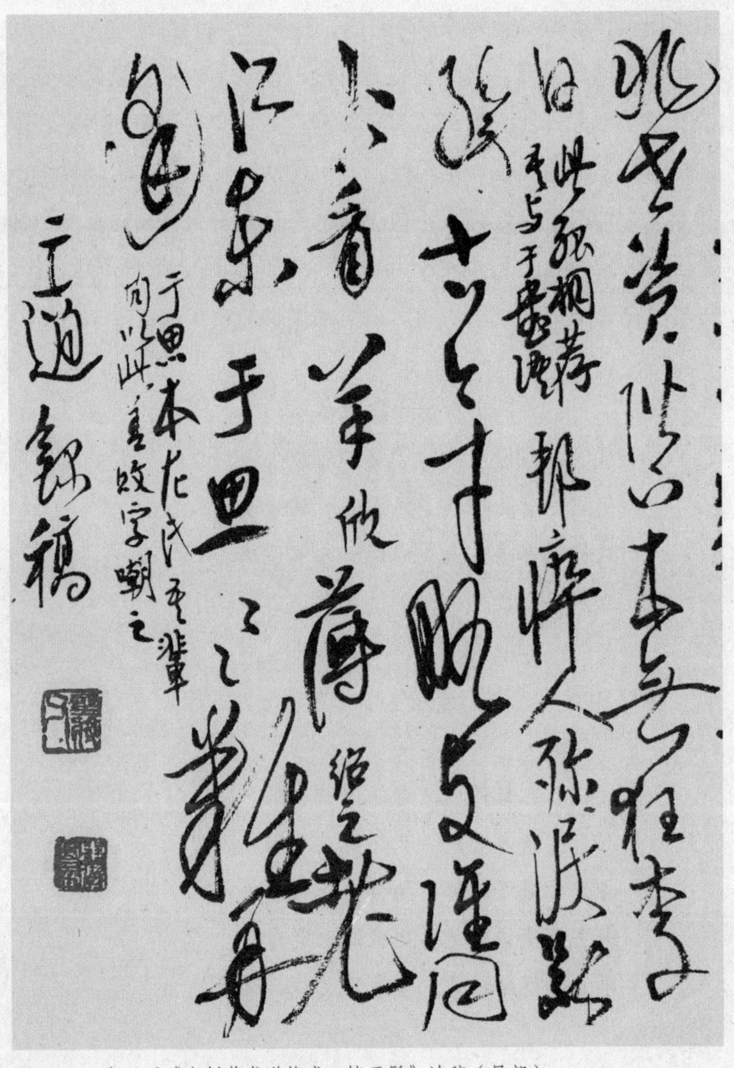

图 4-12：高二适《自创草书谱将成，悼于髯》诗稿（局部）

山水册页，请高二适题跋。高二适打开册页，边看画，边读款字。这是高二适的习惯，赏画必看其书法，读题款内容，以此辨其技识其学。看完画册，高二适对宋文治说："此翁不但画得好，款题得也好，似曾熟读《水经注》。"此话宋文治转述给陆俨少，陆老大为惊叹说，作画数十载，从来没有人看出我画之玄奥，知我者，高二适也。于是两人成为未谋面的知己。陆老每有得意之作，每每让高二适为其题跋。高二适对陆俨少的山水画也赞不绝口：

为陆俨少题山水画幅

展卷层层增美质，风霾雨霁破尘氛。
问君能着几緉屐，眼底丹青不着动。
欲披云雾睹青天，水镜人才不偶然。
画理而今成一绝，剩诗留我说残年。

1977年春节，高二适先生作《人日诗》：

丁巳人日偶成，寄俨少翁求画

人日阴晴未定天，我怀萧瑟故依然。
文章古道终流落，物候新栽益寿年。
老去荒荒谙自足，忧来汩汩定谁怜。
草堂会得幽栖地，望里钟灵驿路烟。

高二适将此诗函寄陆俨少，请他作《人日诗思图》。可惜画未作成，而高二适心脏病复发住进南京市立第一医院，3 月 15 日病重。临终前，昏迷中的高二适向女儿高可可夫妇交代“一定要保管好书帖”。忽然他老人家语齿清晰地说：“打开房门，陆俨少送画来了。”说完溘然长逝。办完丧事，高可可含泪给陆老写信，讲述父亲临终前一幕，请陆老完成父亲生前遗愿。陆俨少接信，情何以堪，回函请高可可寄去高二适照片一帧。很快陆老托人送来《人日诗思图》，优美怡静的山水中映衬着高二适，画境深远，情意绵绵。不久，陆老又画一幅《人日诗思图》自己留作纪念，并题以长款，题款记录了他与高二适的神交：“予神交舒凫先生而未谋一面，丁巳春先生书来乞作《人日诗思图》，图未成而先生遽归道山，其令女可可书来，为道弥留之际，仍以为此图为言。感念存殁，岂任感叹，予遂补一图奉寄可可女士。顷检箧笥，得先生二书，墓有宿草，而手泽犹新，不忍捐弃，爰为装成小卷，又作图界其首题跋。”9 月 24 日，高可可手捧陆老的《人日诗思图》给林散之先生观看，含泪讲述父亲、陆翁神交情缘。林老衔泪在画上题跋，诗曰：

潇潇风雨忆江南，杯酒窗前促膝谈。
自谓平生得至友，于君可算已成三。
先生高义迈今古，低首宣城更没诗。
凄绝春风三月半，衰残衔泪书君碑。

跋云："余过江初即结识二适先生，每于风雨窗前相对纵论，时时有匡不逮，实古之谅直之朋，江南无二。今春三月，忽病归道山，感怆不可为怀。伊女可可持陆君俨少为作《人日诗思图》索题，衔泪书此二绝句以归之。时七七年九月二十四日，友弟林散之书于玄武湖畔。"

这真是水经奇缘定神交，两地风仪传佳话。

1953 年，亚明调到江苏省文联筹委会筹建省文联，任江苏美术工作室主任，分管美术。一方面出于工作职责，另一方面也是自我学习需要，亚明广泛联系、结识书画家、学者。他先结识了时任南京大学图书馆馆长的胡小石。一次胡老拿出高二适写给自己的《邀胡小石游后湖先成此什奉寄》诗笺给亚明看。亚明一看此诗笺，诗书俱佳，连连称赞。

胡老向亚明介绍起高二适，说高二适国学、诗文、书法功底深厚，曾为国民政府立法院院长孙科的秘书。在常人眼中，他个性颇怪异，清高孤傲，只推崇其师章士钊，其他人很难入他法眼。一般人若上门看他、求字，他都毫不留情地把来人尤其是带有官僚气味的轰出门外，说，我不也是人？横眼直鼻，有什么好看的？

如此一来，一般的人是不敢到高家的。当然高二适倒是很满意，因为他的书斋生活因之免受不少干扰。后来他干脆在门上贴上"告白"：

一、来客如有必要坐谈，以十五分钟为度。

二、请勿乞字。

三、上灯不会客。

以上订首请诸君子哀悯鄙衷，勿相追蹙。

亚明心想，这样一位有成就有个性的艺术家，必须不能按照寻常的方法求教。他一登门就直说：高老，胡老说你字写得好，我想请你教教我。

有胡老推荐也不行，还看你是否孺子可教。高二适问：现在大家都用钢笔写字，你为啥还要来学毛笔字？

亚明把自己对书法的认识以及书法与中国画之间关系的理解一一地向高二适道出。高二适细听，觉得亚明不错，可教。于是就说，你先从“二王”开始练，练好后拿来，我给你说说。

说着，高二适在小方桌上铺上毛边纸，边示范，边讲解。示范完后，高二适乘兴一挥在纸上写了一首诗，亚明惊叹不已，这真是诗书双绝的杰作。

感动之余，亚明打量着高二适家内情景，这位大才书家，穷得连一张书桌都没有。第二天，亚明用妻子鲍如莲积蓄多年，准备用来买床的 50 元钱，到木器店挑了一张最大的写字台送到高二适家。亚明早已想到高二适会拒绝，他解释道：我叫亚明，您的学生。这是学生送给老师的拜师礼。

这一回答让高二适释然，他收下书案。不几天他给亚明写信，并没有客套与谢辞，只陈述这张书桌很合用，让人有归宿感。就这样高二适与亚明成为忘年交。后来高二适才知道亚明是个“官”，但他喜欢这个“官”。他喜欢亚明不是因为他是什么主席、院长，而是欣赏他是一个艺术家、一个真正的文化人。

1966年8月底，亚明被抄家，眼见焚烧的古书字画，心痛不已。某日晚饭时分，高二适冒着风险往亚明住所劝慰：

> 身外之物，要它做甚，保住身家性命，才最重要！这是我今天冒死来看你要说的一句话！从历代王朝来看，凡奸臣当道总是短暂的。我们的苦难不会太长的！不管经受何种委屈屈辱，也要咬咬牙忍受下来。这不是你一个人的苦难，是国家、民族和我们这一代人的苦难！在这种时候，坚强地活下去，就是强者！

接着高二适感叹道：

> 林散之被当作地主分子遣送回乡去了，傅抱石、曾昭燏、陈之佛死了还要被掘坟辱尸，老舍自杀了！

“坚强地活下去”，高二适总是在最艰难的时刻给人以信心和心灵的慰藉。1974年3月，亚明从被软禁的北京回到南京，闲居在家。这年秋季，高二适夫人朱凤子到成都的儿子高泽迥家探亲，摘得黄柑一筐，携回南京。高二适边吃边品，觉得此味不似30年前在四川的味道，感慨万千。虽然此黄柑不比以前，但南京还是没有这么好的柑橘。高二适想到诸友，特别是被批作“黑画”的亚明。不管别人怎么说，他认定亚明是好人、好画家，将黄柑赠送亚明并赋诗两首：

以成都新摘黄柑分赠亚明画人题寄

从吾游者诗能好，忆得黄柑此地无。
益郊霜寒怜水玉，莫辞佳句满床铺。
汝画吾诗占此邦，画成三绝竖旗降。
杜公三寸黄柑子，受钓白鱼那得双。

高二适的诗、书法与亚明的画三绝于一体，成为特殊时期灰暗生活特有精神慰藉。同样高二适也把亚明视为知己，他迫不及待地告知亚明对书学研究心得：“适近拟专著《书论》长篇（上下卷），以开启后来，惟公能为我生色添香耳。”在最后一句特加圈，以示郑重表白。1975年，亚明恢复工作。高二适应扬州弟子之邀，与亚明同游扬州。瘦西湖畔，五亭桥上，胜景如画，诗情勃发，这预示着一个新的时代即将开始。高二适得诗如下：

同亚明及邗上诸子游瘦西湖，
亚呼余登五亭桥远眺，再得长律

芜城烟树矗家江，腊屐长虹眼独扛。

乌鹊南飞空树绕，舳舻东指未心降。
千林窣堵僧安卓，百丈铜瓶井倒缸。
莫唱菱歌赋乔木，要看赤县画无双。

同年，亚明应南京军区后勤部副部长渠维瑛作《黄山图》长卷。渠维瑛少年时考取中国艺专，书画伴随一生，喜与书画界友人交往。亚明画成请高二适题诗。自与亚明相识，一晃20年过去了，看到亚明在中国画上取得的成就，高二适心中赞叹不已，作古风一首：

亚明画山逼真山，山在崩云叠石间。
我从天都观人瀑，未须跋涉上孱颜。
叩图直达蓬莱岛，正是仙境尘壒少。
玉屏远岫莲花开，便呼供奉匡庐来。
秉生造化亚公笔，椎墨诗篇适也才。
吁嗟哉，亚乎亚乎，江南木石画无穷。
何不图尔蟠屈之巅，着我高亭万壑中。
画色空明醉色起，善子溪桃满眼红。

1976年1月31日，高二适重书写此诗给亚明，并在其后跋言：

亚明写《黄山图》，乞余题，予尝系之七言短古，前稿既示亚，而吾诗将与君相袯饰，将亚耐吾诗以传之乎？抑吾自有不可朽者在也。丙辰元日，夜境苍茫，遂更书此帧，重寄吾友云，东台高二适舒凫父时同客南京。

跋语再现高二适的狂狷，他放言“吾自有不可朽者在”，是何等自信。历史证明此言不虚（图 4–13）。

1976 年 10 月，粉碎“四人帮”，听到外面欢庆的锣鼓声，亚明抑制不住心中的狂喜，提笔濡墨，将多年的情绪一泻而下，连画 40 张《佐蟹图》（亦作《助酒图》）。图画四蟹，三公一母，断螯残肢，僵尸一般俯仰着。作画之际，二适提一瓶酒前来庆祝粉碎“四人帮”，进屋一看满室《佐蟹图》。亚明风趣地说，刚刚蒸熟，这幅送给你。高二适说，正好佐我老酒。两人开怀大笑。高二适细品画作，凝思，瞬间诗成，接过亚明手中的笔，在画的上方挥墨题诗二首：

题亚明佐酒图两绝

蟹势横行恼画师，持螯载酒更添诗。
依前霸业终难就，看煮虾红入口宜。其一
乍传妖孽“四人帮”，一线围攻蟹数匡。
天下何人敢援手，秃头娘子本无肠。其二

“好！好！好！”亚明连连称赞。高二适连跋《佐酒图》40

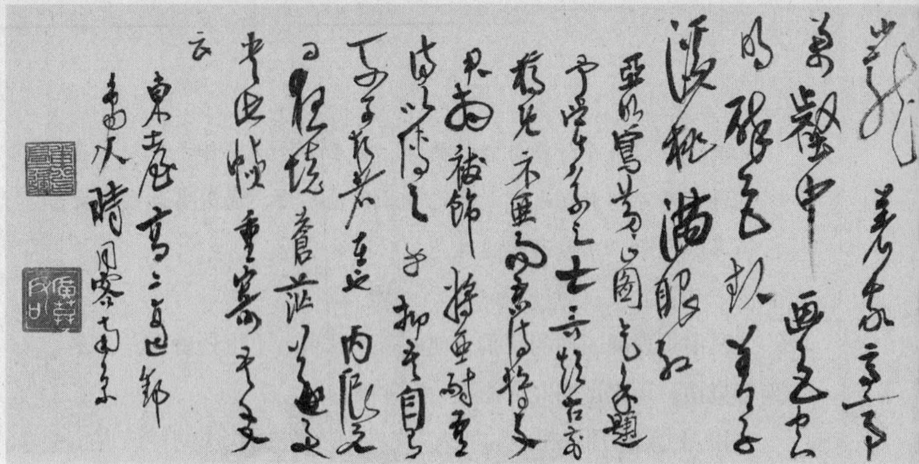

图 4-13：自作诗题跋亚明《黄山图》

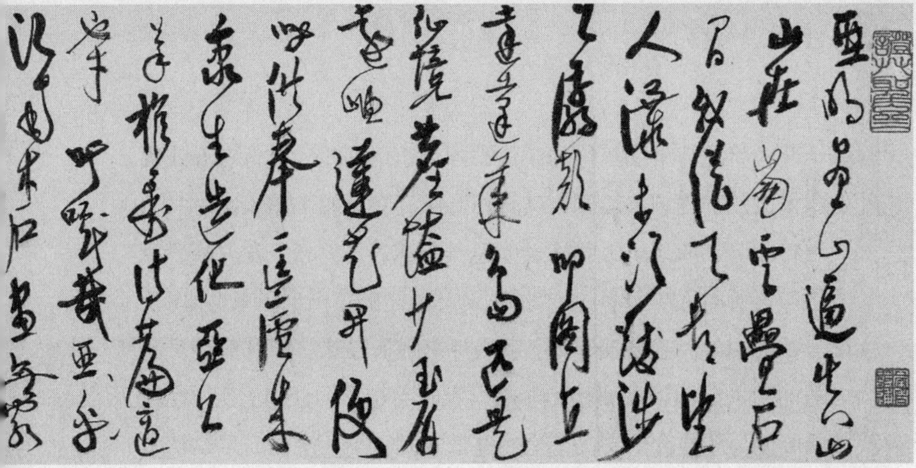

张。两人将此诗书画三绝的《佐酒图》送给朋友，以特有方式庆贺这场浩劫的终结。后两人又合作此画计有百幅（图 4–14）。

1962 年，江苏省政协大会堂悬挂郭沫若、邓拓、沈尹默、林散之四人所书巨幅大字。高二适独对林散之的草书毛泽东七律《长征》拍案叫绝：这才叫字！字字入神，耐人寻味。而林散之对高二适的为人、学识及书法也早有耳闻。1966 年 1 月 11 日，经江苏国画院何乐之介绍，高二适到林散之湖上寓庐会面，虽是初次见面，但两人一见如故，便是彻夜长谈。窗外冷雨婆娑，室内诗意盎然。两人纵论古今，放言诗词书画。这个雨夜是 20 世纪中国书坛最温馨的一夜，从此两个书法巨匠携手推动中国书法进入一个辉煌的时期。林散之第二天以五首诗记录这次温暖的聚会：

（其一）

小阁江南夜，风尘揖上宾。人间初见面，天外正逢春。
蓍草新年卜，梅花此夜亲。千秋有文字，契合重前因。

（其二）

寒雨连朝暮，人来喜在庚。初交留半夜，一语重平生。
宛马春相顾，天鸡夜共鸣。君非魏公子，何意到侯嬴。

（其三）

洛下知名久，今逢陆士衡。谁云士不遇，七十见先生。

图 4–14：高二适题亚明《助酒图》>

助酒图

西泠冯(?)作 时在丙辰秋日 画於南京

秦淮公谒题两绝

螃蟹横行恼画师 持螯载酒夏深诗 依然蟹来说难就 看煮虾不合宜 其一

北俗妖孽只人蟹 一钱圈攻螃姓匿 天公何人敢援手 看说娘子去无绪 其二

国画 画人 将助酒图之来百畅

老翁持携去吃蟹此诗 安得易日通之遍也

诗成自题 十酒畅

马之画

先生，高二适

秋月披肝胆，春堂耀旆旌。无双真国器，岂止重南京。

（其四）

不作寻常晤，青云订好音。诗留今夜雪，人共暮年心。
薜荔存幽草，芙蓉爱上林。昂昂天岸马，气自异蹄涔。

（其五）

乍见惊相识，春风喜作媒。素心寒夜尽，诗思古城开。
文史三冬雅，江山百代才。愿珍灵鹊报，风雨订重来。

林散之小注说：自从张案庵、黄宾虹两位恩师及诸诗友凋零、隐遁后，已没有人能读懂他的诗了。今逢高二适，恰如枯树逢春。两位大师虽是初见，却恍如已神交千载。从此两人在艺术道路上肝胆相照，相互映衬。高、林会面成为南京书画界美谈。20 年后亚明以此作《雪夜谈诗图》（亦名《林高会》）并作长跋：

东台高二适某夜偶见窗外一片银色，萌发拜访乌江林散之，不顾夜深天寒孤身至林宅。一见如故，二老触［促］膝笔叙，兴高似稚子，斯文知己，同叙必醉。至深夜高老急归，林翁忘眠，次日留下满屋诗香。二老皆性情中人，不与俗人言语，亦不群权贵。一月后林老作诗卅首，歌二人见后之情。丁丑三月于近水山庄，亚明并记。

高、林相会后三个月，林老再作《春日寄怀二适》记这次诗意的相遇：

今年新春节，细雨北门北。不辞夜履艰，过我湖上宅。
抗论古今人，欣欣两心得。征和出新诗，立言各有择。

高二适也以诗记述夜雨初晤情景：

书到酣时千万字，情投深处两三更。
昨来风雨今宵月，只欠心声作画声。

两人相互敬重、相互阅读、相互欣赏，在一个常因言获罪的特定的环境里，他们在诗歌里取暖，在书信里畅游（图 4–15）。高二适在《漫兴次和林散之》中说："诗翁书法木根蟠，脱手千篇也不难。今代何人与真赏，只留老眼互为看。"诗也好，字也好，脱手千万有何难，唯缺能真正欣赏的知音。"只留老眼互为看"，包含多少人生况味，一切自不待言，只在心会。

生活的些小之事，往往成为二老诗意的源泉。高夫人从成都带回一筐黄柑，高二适送一份给亚明，又分出一份随诗送给林老品尝：

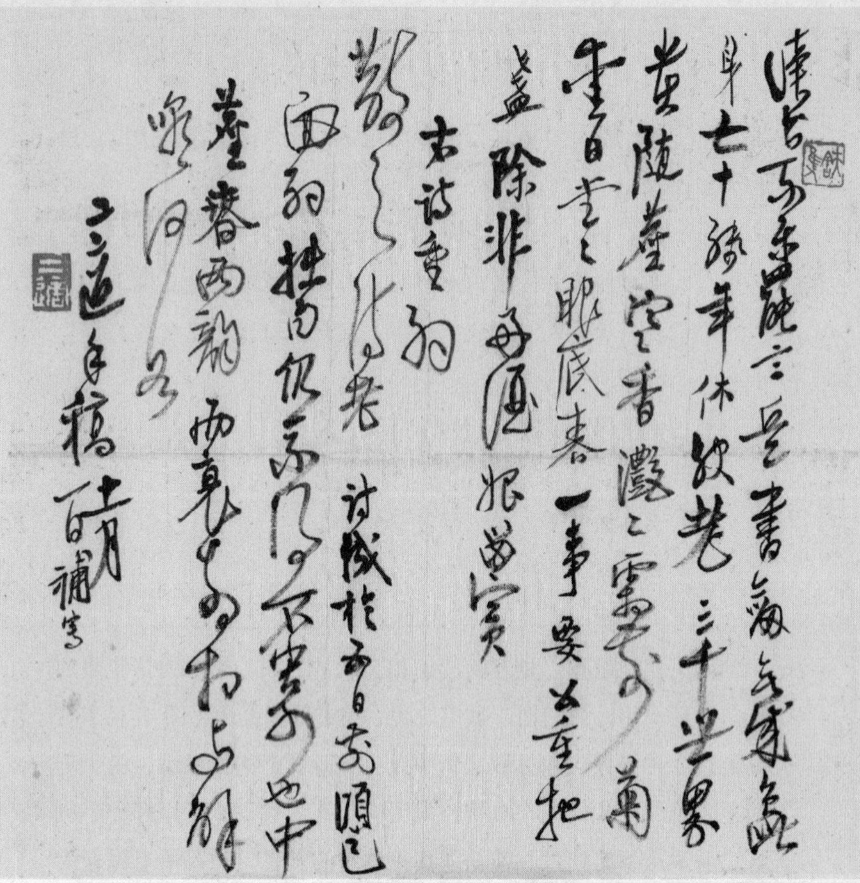

图 4-15：高二适致林散之信札

以内人成都新摘柑分贻散翁，

吾作此为乘韦之先云

丹橘黄柑此地无，共君那能满床敷。

孟光美意将诗老，舒凫传笺出蜀都。

解作难忘天地坼，舌干终赖乳浆哺。

右军帖后韦郎句，吾病怜君亦在渠。

高二适见到橘柑想到王羲之的《奉橘帖》，想到韦应物的“青橘”绝句。黄庭坚评韦应物之语，意在“吾病怜君”。林散之品柑读诗，回赠高二适则说：“不欣橘柚千头颂，独羡妻儿并世芳。几夜窗前新嚼美，风尘犹带剑南霜。”林老看到生活的美好，真羡慕高老妻子、儿女、孙子都健康快乐，这是在夜窗下品尝新柑美味所无法替代的。某年秋晚，有朋友送螃蟹给林散之，林老想到高老家乡盛产簖蟹，立即让人送至高家。第二天高老蒸而食之，如此佳肴，令他回想起家乡的味道，特书诗两首与林老分享：

散之诗老送螃蟹，越日蒸而食之，

作此寄散翁

勃翠蹒跚安可跻，草泥横肆霸图披。

散翁不食舒翁食，姜醋调来风味宜。

泻酒驱寒腥气赊，中宵郭索尚爬沙。

江风沉溺湖波浅，簖隐疏灯忽泛槎。

第一首写蟹美、情美，第二首写家乡簖蟹的生活情景。品蟹、吟诗、忆家乡风俗亦是乐事。一日，高二适信步走到林老家，两人坐下一谈就是大半天。没有预约，没有好菜，却有好心情，此餐就有味。第二天林老寄来《留二适小饮》一诗：

离居如久别，乍见倍相亲。无菜偏留客，多情却为君。
有文真不俗，小饮岂云贫。若不嫌孤寂，迁来作比邻。

情真无须山珍海味，自能品出豆甘菜根香。两老一刚一柔，一个是雷厉风行，一个是和风细雨，两人一同出场，构成了一道独特的风景。一次林老陪高老到医院拔牙，医生仰慕高老书法，就向高老求字。高老一听，恼了，说：我来拔牙，你来索字，这不是做交易了吗？字不给，我的牙也不拔了。说着就往外走，林老立即劝止，笑呵呵说，你拔你的牙，我来写字，不就行了。尴尬的气氛一下子就没有了。

1973年元旦后，南京书法界在玄武湖公园举办书法印章展。开幕后几天，又在公园内举办老中青书法家迎春茶花会。会上林老、高老等几位书家即席挥毫。林老伏案作书，气定神闲，世界如同静止一般，手中的笔推来送去，平和得如演示太极拳一般。林老写好后，高老站起来，犹如奔赴战场的将军，他将身上的军大衣向后一掀，径直奔向案前，提笔舔墨，落笔生风。高老走笔迅疾，如高山坠石，铿锵有声；又如大河奔流，气势夺人；再如京东大鼓余音绕梁，回味无穷。毛笔在纸上“沙沙沙”的摩擦声，让在场的书法家无不感到力透纸背的快感。而他那左手撑住案边，不自觉地竖起大拇指的自信情态，让在旁观看的青年徐利明终身难忘。

高二适为人耿直，不肯低眉，常招非议。然而林老像章士钊一样许之以“诤友”。为此林老《春日寄怀二适》中专赞高二适的狂狷精神：

侃侃高二适，江南之奇特。斗筲岂为器，风云独具翮。
有文发古秀，彤缋好颜色。百炼与千锤，掷地作金石。
雅俗更征别，论贤有卓识。于人不虚誉，于己能专责。
平生青白眼，未肯让阮籍。人皆谓其狂，我独爱其直。
实为君子徒，恺悌神所悦。

也正因为狂狷耿介的性格，高二适在1965年7月心无芥蒂地撰写《〈兰亭序〉的真伪驳议》，来评郭沫若的《由王谢墓志的出土论到〈兰亭序〉的真伪》一文。

在“兰亭论辩”中，高二适所表现出的精神和勇气，响彻士林。林散之多次赋诗以壮老友：

谁论兰亭伪，应寻定武真。千年仍聚讼，一议足推陈。

林老在其后自注“君有兰亭驳论”，再有“名留江左惊南北，论入山阴有是非”。林老自注：“君论兰亭真伪，有独见。”

1976年10月是全国人民大喜的日子，十年内乱结束给中华大地带来新春般的消息，可是它并没有给高二适带来健康的喜讯。高二适的身体每况愈下，病重期间，高二适依旧夜读诗书，昼写碑帖。他在写给费在山的信中说，我近写杨凝式，过此一关便无可匹敌。他忘却了疾病，忘却了时间，依然那样勤奋，那样前行，那样狂狷。是的，他的书法又突破了桎梏，进入了新的境地，但也耗尽了他生命的最后余温，没有能够走进他盼望已久的新时代。1977年3月15日，高二适心脏病突发，在一声“陆俨少送画来了”的凄美诗意中离我们而去。

林散之含泪亲书“江南诗人高二适”墓碑，并自撰自书老友高二适挽联：

风雨忆江南，杯酒论诗，自许平生得诤友；
烟波惊湖上，衰残衔泪，那堪昨夜写君碑。

10年后，又是高二适的忌日，人们以艺术的方式来纪念他。1987年3月15日，高二适遗作展览在江苏省美术馆三楼举行。九十高龄的林老身体比较虚弱，但他还是要参加开幕式。林老是坐在轮椅上被抬上三楼的。林老一件一件地观看高老的作品，两老友再次以一种特殊的方式交谈。睹物思人，诗情翻涌，他写下

《题挚友高二适遗墨》一诗：

矫矫不群，坎坎大树。巍巍菁菁，左右瞻顾。

亦古亦今，前贤之路。不负千秋，风流独步。

在高二适去世后的10多年时间里，林散之常说：“自二适去世后，无人可共谈诗。哀哉！痛哉！”

四、文化身份的转换：惠泽后学

高二适一生交游都建立在“文字之交”基础上，无论是德高望重的长者还是素昧平生的晚辈,高二适与他们都是以文字相识，以文字相知，以文字相往来。在一个旧世界消亡新世界诞生之际，民族危机深重，内战混乱，文化的薪火何以传承，是每个读书人面对的问题。高二适以萤火虫般的微光，照亮世界幽微的一角，他的“文字之交”就是试图力挽日益沉沦的“骚雅”。一方面，他先是在乡村小学教书，然后到中学、大学任教，教师这一身份加重了对后学的独特的情感。另一方面，他治学严谨，深刻认识到学术对整个华夏文明的影响，以惠泽后学为己任，以正本清源为要旨，确保文化正脉传承。

1947 年夏，高二适执教南京市立第三中学的高三年级学生毕业，学生们来辞行，高二适赋诗《赠平桥毕业诸子》，激励诸生继续勤修学问，将来为社会做一番事业：

年时频聚首，此别易销魂。谊重文辞尚，春归桃李繁。
弦歌谙断续，师弟共温存。莫唱阳关曲，骊驹已在门。
离合当时意，成才异代看。诸生元拔识，此席足追欢。
学问须求放，功夫肯著闲。几年洙泗地，容易起鹏抟。

章士钊仙逝后，少了恩师章公往昔的叮咛，宁静的夜晚更加幽静了。但他耿介的性格、处世的态度，常使他郁闷压抑。每每这时高二适放声一呼:“高家的二爷。”然后自己大声应答:“哎。”他不怕寂寞，就怕无书可读，无字可写。他不操心生活的清贫，却时刻关注传统文化的命运。他常说，一肚子的学问，却用不上。晚年的他希望能把自己的学问传授给年轻人。因此，想真心学习的年轻人，他都特别喜爱，并毫无保留为他们讲解传授学问。

1965年，南京十竹斋举办《王杰日记》书法展销，高二适、林散之等名家都参加了，萧平的父亲也有作品参展。一个星期天，萧平随父亲看展，父亲问萧平，你最喜欢谁的字？萧平说，最喜欢高二适先生的。随后，萧平找到十竹斋书画鉴定家张舜民，请他帮忙买高老一幅字。张老却说，我们关系好，你不要买了，我去请高二适专门为你写一幅古诗词。可惜不久，张舜民被隔离审查。萧平只好将此事搁起。到1973年时，高二适的旧友高月秋带信让萧平到他家，看其弟高岭梅从香港寄来的《张大千画集》。谈话间萧平提起曾托人求高二适字一事。高月秋满口应允说：这有何难，老高与我在重庆就是好友了。他现就在我家附近，我去请他写，你下周日来取。

到了周日，萧平如约来到高月秋家。只见高月秋先生满脸愤恨，余怒未消地说：“高二适太不讲交情，竟不愿写，把我脸面丢尽了，我要与他绝交。”

萧平一听，赶紧劝慰道：“几十年的交情，不要为我这小事伤了你们二老的感情。”

不几日，与两位高老先生同是邻居的画家张正吟，跑到萧平在南京博物院的办公室，告诉萧平说：“因你的事，高月秋与高二适二老关系闹僵了。这不能全怪高老，因为几年前他的文房四宝、图书全部被抄走。他是一日不能无书的人，哪有心情为你写字。这几天被抄的东西退还了，老人家的气也消了，字也写好了。不过高二适说：‘萧平是什么人？要我写字，又不出面，还烦两位长者三番五次为他跑腿。字是写好了，但必须他自己来取。’”

萧平只好硬着头皮，心怀忐忑地来到高家。令萧平诧异的是：高二适一见他并没有发脾气，反而满心欢喜地说，当今乱世，斯文扫地，竟还有如你执着要我字之人！随即取出事先写好落款“为萧平书”的横幅递给萧平，说，今天我就不客气了，直书你的姓名。这幅不算，以后想要，随时来，或写信也可。从此两人结下师生缘，成了忘年交（图 4–16）。

萧平为扬州人，他把扬州要好的书画界朋友，诸如魏之祯、桑榆、马千里、蒋永义等，特别是自称“广陵散客”的陶白老人介绍给高二适。因为陶白是干部，高二适遂问萧平陶白为人如何。萧平说，陶老尽管是省委宣传部副部长，但他是真正的文化人。后来，陶白成为高二适的知己朋友。柳诒徵的女儿柳定生向高二适引荐冯其庸，同样高二适先询问其人品、学问。

有些人来向高二适求墨宝，而不看书写的内容，高二适就提出批评。一旦高二适认定对方是好学之人就热忱待之，几乎有求

图 4-16：高二适致萧平信札（局部）>

[illegible]年　契臨　又十年[illegible]

[illegible]

[illegible]老[illegible]

大[illegible]

[illegible]中[illegible]

[illegible]

必应，常一书再书。浙江湖州费在山为湖笔厂的负责人，常寄毛笔给高二适，并不断向高二适请教诗歌、书法。他的谦逊好问，打动了高二适，两人遂成为师生。高二适连写 10 多封信为他专门讲解柳宗元文章，这些信札成为高二适国学研究难得的文献资料。高二适写给费在山的许多信札，内容既有说时事、谈生活、聊往事，也有探究国学的，如讲解书法、考据文房四宝。其中一封手札可看出高二适的文化自尊与自信：

在山：

此短古窃谓宣刊之于对日出口之画报，要使日人知吾湖笔有继古开来之新创品也。何如？（着重号为原注）

接着他再写：

又左右欲吾再写便仍当作也。不必吝此草草数行。苏省市文化中人有请吾作书，吾已婉却之，却不妨为兄及笔庄一为张目耳。呵呵！

有一次，萧平到高二适家看望他，刚要进门，只见徐纯原几个人，手夹着《论语》《孟子》走出来。原来，高二适在家给学生们讲国学，诵四书五经呢。要知道在破“四旧”的时代，这样的举动可谓是非常不合时宜的。萧平一见很着急，生怕出什么事，连忙叫徐纯原把书藏起来，免得让别人看到惹麻烦。

高二适就是这样生活在自己的世界里，守候在诗书构建的风景里。他在乱世中守道如常，在变革中守贞如初，其志坚，其骨硬，其情真，在20世纪的苍穹下，兀地独立，孤寂而自生欢欣。隔壁巷的少年汤永炎生于文化世家，一天他看见高二适胸前挂着“四类分子”牌子在扫地。小汤并不认识高二适却说：大爷，我来替你扫。高二适赶紧说：不能让你扫，否则会牵连你的。接着一老一少聊起话来。高二适问，你在看什么书做什么功课，小汤说在跟张正吟先生学画。高二适心生欢喜，遂让他来家里学习。一天下午四点左右，小汤在高二适小楼上学习，远远看见一辆小轿车开来，下来两个手提黑皮包身着正装的人，一看就知道来头不小。来人蹬蹬地上来了，小汤见状连忙起身让座说：高老您来客人了，我先走。高二适仿佛没有看见来客，一脸正色地说：“你是来讨学的，你坐下。他们是访客，一会就走。”这句话深深触动汤永炎年少的内心，并影响了他一辈子。

高二适没有辜负章士钊的期望，努力耕读、创作。晚年他忽然从书里抬起头，一种忧患意识潜入心里，尤其是每天面对“文运”，他忧心如焚。文化的命脉，岌岌可危。然而，命运留给他的时间已不多了。1975年端午节，高二适早早地吃过早饭，便匆匆来到南京十竹斋。他在会客室闭目、谛听。是的，正是爱徒徐纯原的脚步。徐纯原进来一看，原来门卫说的客人竟是高二适。奉上茶便询问：“你老这么早来有急事？”“今天是端午节，我已约好林老中午到寒舍小酌。你一定要来，我还有事，就走了。”说完便起身出去。

徐纯原送至门口，高二适先生从袋里取出一封信交给他，便沿原路离去。徐纯原望着高先生消失的背影，抽出信笺一看，竟是一张请他吃饭的信札：

午节，予每招友为吊屈大夫而聚饮。昨散翁已约好，希纯原能来参与也，勿却是幸。

适便笔　五日晨

既来亲约学生，同时郑重其事写邀请函一封，这看似多此一举的行为，已成为高二适日常生活的一种仪式。这种对文化的敬意，对文化无意识地演绎，会产生潜移默化的力量，于下一代便有了自觉的传承。

中午林散之先生携学生桑作楷如约而至。席间，高老对林老说：“今日诗人节，不可无诗。你我二人各作一首。纯原、作楷不会诗，由我们两人代作，你代小桑，我代纯原，如何？”林老笑而乐从。

第二天，徐纯原找来上好的乾隆二十八年（1763）贡纸，请高二适先生书录端午节雅集诗作。高二适兴致盎然录诗两首：

高亭即是招屈亭，五日冤沉湘水深。

岂意千秋有微术，俗流能避陆全沉。

文章兴废本无常，残屡尤煎续命汤。

千酹灵均呼不起，楚人辞赋满甘棠。

第三天徐纯原拿着流着墨香的书作，狂喜万分，再看诗的前面加了小序记述诗人节雅集及其所思所感：“诗人节林散之来访，遂邀纯原同集高亭，义主吊屈大夫也。余向年每值端阳必集客赋诗，今僚友零落殆尽，江之南能与往还者，独剩孤山客耳。嗟嗟。湘兰沅芷，吾辈均不复有高丘无女之思，然陆沉于俗，避世金马门，此即东方生滑稽之雄者流耶？吾诗之所由发耶？”后面多了跋：“此代纯原作也。招屈亭在武陵，本楚人吊楚义帝之所，后改为招屈，余西迁曾觞客于此。高亭在重庆，于此事，章行严师有题榜及诗纪之。”

整幅字以龙腾虎跃之势一挥而成，满纸烟岚，其文沉郁、其诗忧愤、其字苍茫。至此高二适完成了一个文化仪式的全部细节，但它留下的精神空间却是巨大的。诗的首句“高亭即是招屈亭”，招屈亭守候着一个伟大的灵魂——屈原，它便是屈原的化身。今天高亭主人就是当年的屈原，高二适毫不避讳陈述自己的心迹。虽然他说“不复有高丘无女之思”，“陆沉于俗”，大隐于市，但千秋之忧仍不能放下。他是说给林老听，说给徐纯原、桑作楷听，说给世人听，也是说给在天的恩师章士钊听。此刻他想起了当年流亡西迁饮恨于招屈亭的情景，想起了独石桥章士钊命名高亭的场景。也许从那一刻起，他的使命便注定了，尽管他不知道北碚那个亭子是否还存在，今生是否还有机会再聚友于其下，但他心中的那个高亭已稳稳地立在那里。

1973 年 10 月，高二适书自作诗赠南京市文管会的文物鉴藏家、篆刻家王一羽。诗曰：

> 秣陵金石王一羽，万古云霄只独挥。
> 墨玉堪赢七窍劲，奏刀兼擅六书微。
> 故家文物君能说，江左风流世所稀。
> 安得相须论草隶，殊途一致与同归。

诗后跋云：“一羽印人，吾在南都，夙以文章风谊为天下唱，君为我琢印，吾当以诗酬之，傥不失古之风谊之流耶？”

同一首诗，高二适另有致王一羽诗稿，其序云：

> 亩梅席次赠一羽，吾在南都以文章风谊为天下先，君向为我治印，吾则酬之以诗，傥不失古人风谊之流耶？奉一羽目哂存之。

“文章风谊”在高二适眼里，无论是“为天下唱”，还是“为天下先”，都上升到一种文化道义，一种历史担当，一种传承力量。

1974 年，他携夫人回故里到溱潼、东台、泰州走亲访友。

在溱潼，89岁老友徐子和与他畅谈陈年旧事。徐子和说，当年你若不为我洗净汉奸罪名，恐怕我早已不在世了。可你的耿直在溱潼也有人不认可。高二适一怔，随后说，噢，你说的是那教员。是的，当时他写信给我，想让我出面给教育局局长打招呼，把他从乡下调到城里。国家在用人之际，不思工作以图报国，不思读书以修身，却贪图安逸生活。我是很反感的。

徐翁再次见到高二适，异常激动，拿出写好的诗请高先生过目。沧桑岁月，人生感慨，自流笔端。高二适回到岳父家，随即写成《北归溱潼，奉赠和子和国医》：

江南良医吾尽识，喜闻活人无比数。
江北忽遇徐七翁，五十年来声楚楚。
相过谈笑各有情，相逐酒垆话平生。
今日国医谁有道，生人数广如春草。
知翁着手皆成春，明年九十翁未老。

回到南京后，高二适又将此诗重写一遍寄给徐子和，并相约来年秋天再见面。可惜不久两老相继离世，这个约定终成憾事。

在故乡，同辈的兄弟姐妹大多是三四十年未见，不少已过世，而健在的经过岁月的风霜，风华不再，令人增添了无限的伤感。尤其是锡云、莲珍两位妹妹，当年光艳照人，聪明能干，高二适特别看重这两人，认为她们将来一定会有美好的生活。可是世事变化，社会动荡，一切美好的记忆在现实面前都被击成碎片。他说：“莲珍妹事母九十，勤苦可风。余曩与妹别，妹才十余龄耳，阅卅余岁磨炼，能为商贸主，猥屑相稽致劳薪，此丈夫子之节概也。余北返睹其状，遂称之于诗，借为留别云。”诗如下：

卅年易逝朱颜老，何事难能到我家。
阅尽兵戎磨炼苦，天教桃李不成花。
初心事母能到老，九十慈颜月色皎。
自析劳薪自养亲，绝代诗篇怜汝好。

回宁后，高二适感慨万千，他写道：“北归于嵇家楼访锡云妹，妹幼失母，贤而有声。吾往在里与云最亲，以为有大家仪范，忽忽数十寒暑，今各垂垂老矣。重晤云徒见心伤，殊无可语。别后返宁，爰赋二十八字。呜呼！吾身亦寥落，持此以赠云妹，将以赋之耶，抑其共伤之耶？”作诗两绝：

旧家沧没今如此，相对茫然太恨生。
四十年来才一见，那堪重语别离情。
久不逢人亲愈疏，几年重得舞婆娑。
来时踏破门前草，水远山长奈汝何。

在泰州，高二适走访光孝寺、望海楼旧址，在泰山公园拜谒岳王庙，并留下墨迹。作家李进为泰州人，早年参加革命，曾任泰州地委宣传部长。他随高二适习字，高二适在《七姬志》字帖上以泰州典故题赠给这位老乡：

题七姬志寄李硕城进君，与余故皆扬之泰州产。

此际有人好为张楚之论，故有下句。

泰州旧有永宁宫，杨溥诗篇满域中。
事阅千年如现在，江山人物未全攻。
州人尤喜张吴王，失国黎侯文逾昌。
天佑长存七姬志，鼎沈汉祚社非亡。

诗后跋：“寻阳张羽撰此志，实吴王张士诚之天佑十五年，文称至正丁未，以吴王尝奉元正朔，此亦可见张为文之有斟酌云。又，士诚为东台草埝场人，王有十友，均一时名家。”“天佑长存七姬志”则是对后学寄予殷切希望。

尽管高二适常拒人千里之外，但浓浓的乡情使他对来自故乡的人特亲切。当时村里每年都要到南京装肥料，装肥的汉子们总是一有机会就到高家看望“锡璜”。在高二适心里“锡璜”是最有家乡味道的，也是最亲切的。高二适虽然生活并不宽裕，但每次都要夫人去买猪头肉招待他们，这对困苦的“泥腿子”来说是无上的菜肴。曾经，侄子辈高泽岚等人帮水果行运输枇杷，不小心遮盖不好走舱，部分枇杷有点变质。货主自然不接受，要求赔

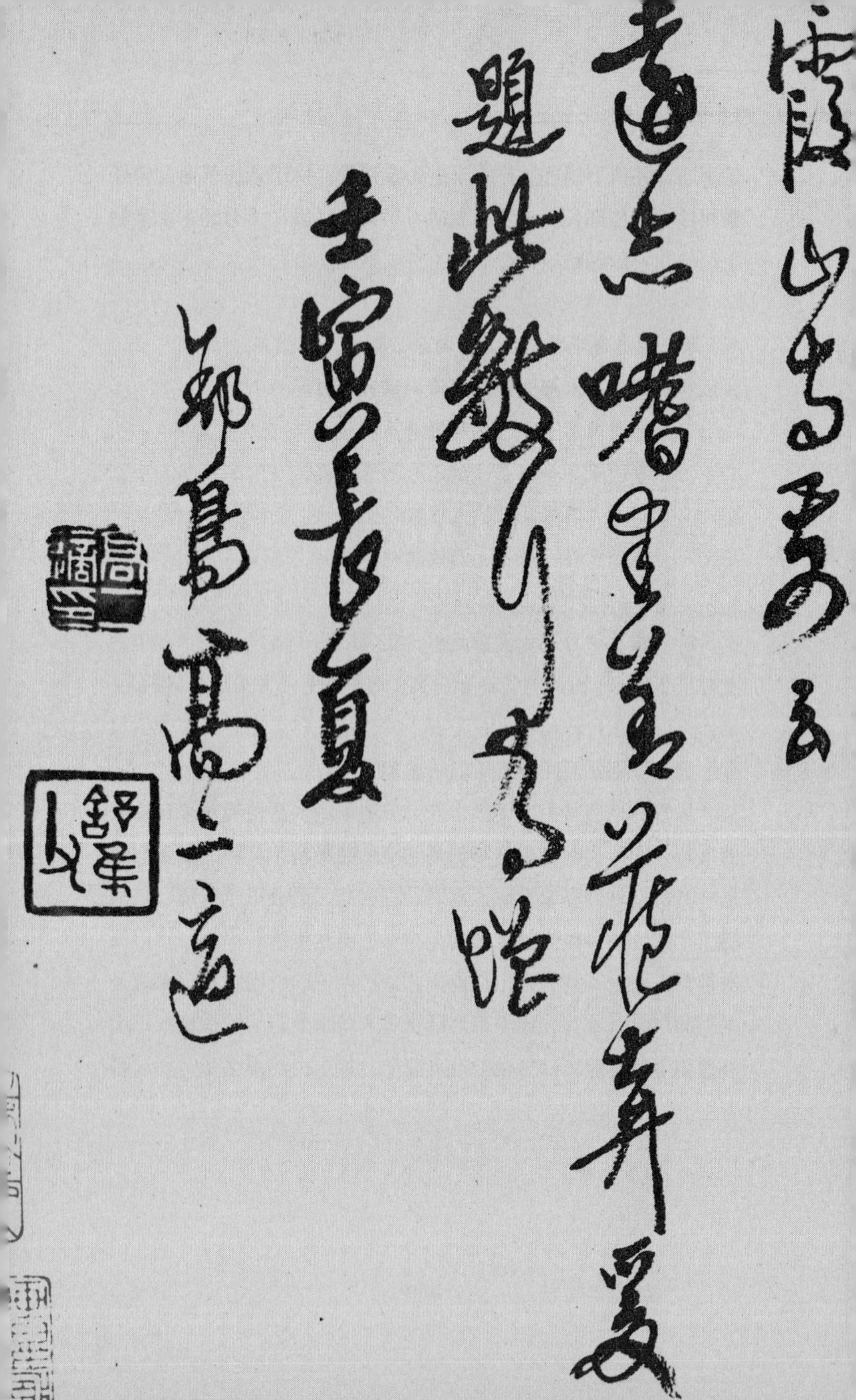

偿。高泽岚一看闯祸了，无奈，去找高二适。高二适一笑，随手写了一个便条，说，你拿这个去自会无妨。高泽岚将信将疑地拿着便条来到码头。对方一看是高二适的字，态度立刻 180 度的大转弯，不但不要求赔偿，还请高泽岚大伙儿一块吃饭，更给泽岚返乡的路费。

金秋十月，南京炼油厂青年谭家明、徐孟蒂到南京来看望高二适先生。仿佛是某种不好的预兆，虚弱的高二适提出登游栖霞山寺，寻找徐铉的摩崖题刻，探访《明征君碑》。谭、徐两人搀扶着高二适漫游栖霞山寺。20 年前与章士钊先生同游此寺，那时心存高远，志在四方，翰墨飞腾。现在章士钊已逝世，此寺此物犹在，伤情千万，不知明年明月还能再来？但这样的伤感不会留给后生谭家明、徐孟蒂，他的诗依旧那样硬朗（图 4-17）：

古寺栖霞不二门，塞途荆棘满荒屯。
秋深枫尽催霜叶，涧涸泉犹啮石根。
老子将诗怀旧侣，毗耶示疾仗诸昆。
残碑何处寻江总，存废当年畏讨论。

同月，高二适游镇江金山寺名胜古迹，写下多首诗，其中二首写给陶白：

金山寺怀陶老二绝

< 图 4-17：高二适跋《明征君碑》

飘萧华发欠同舟，新有诗篇共献酬。
今日黄尘飞不到，明朝仍隔古扬州。
我去金陵到镇江，钧天梦断醉茫茫。
思君便在金山塔，风动铃声有底祥。

这一年春，高二适两度与亚明、萧平携扬州诸生同游瘦西湖、登平山堂。少年到扬州求学，留下美好的印记，30年前到扬州草长莺飞，今日到此，岁月已老，故旧飘零，往事不便回首：

过平山堂吊欧阳永叔示同游诸子

古人往矣今人在，今作诗来吊古人。
山峻堂平天一握，雨余风定日初辰。
文章兀兀回轩盖，履迹茫茫踏故尘。
莫怪萍蓬起幽仄，卅年重此揖交亲。

晚年的高二适孤寂而欣慰。孤寂是因为故友相继凋零，或身陷逆境而无力相助；也因为“文革”，斯文扫地，文化凋敝。令人欣慰的竟然还有如南京的萧平、徐纯原、桑作楷、庄熙祖、张尔宾，扬州的桑宝松、蒋永义，浙江湖州的费在山，上海的周志高等这样的青年，在喧嚣的尘世中能静下心来写字、读书。萧平是高二适先生最喜欢、最看好的一位青年。他于诗、书、画、文物鉴赏均有独特的见解，每每让高二适嘉许不已。萧平常到高家与高二适畅谈诗书画印，高二适看到他年轻的身影，仿佛回到他与章士钊相识相交的生活。如果不能一周相聚，高二适便去信相约。一次萧平胃炎发作，没有来高宅谈艺说字，高二适不放心。萧平来信说明未见高二适的原因并询问高二适近况。不到两日，高二适回信一封，同时写了一扇面给萧平的夫人，赋两诗以慰萧平焦虑之心。其诗《答萧平问近状》如下：

一春摆落残红了，入夏翻成诗酒疏。
终是湿凫飞不起，床头闻雨夜摊书。
述病有如堕溷池，时时为汝镇长思。
人言促柱繁弦夜，才试江南开府诗。

高二适虽然此时“有如堕溷池”，但有大段的时间念着萧平，他念的是年轻人的学习，念的是对文化的传承。萧平一见高二适的诗作，顿感心舒神爽，感到一下子胃不疼了，连向高二适回信述说此事。高二适接到来信，大喜，想起以诗疗疾的佳话，脱口而成两绝，再书寄萧郎：

萧郎有疾我谁呵，一纸书来笑语多。
不是杜陵诗愈疾，晚将心地荡愁魔。
人生事事贵清凉，肝肺叉丫眼着芒。
墨冢笔池均细事，古人交道在文章。

诗成并跋语：“萧平书来，誉吾为所书扇，实起胃炎宿疾。噫，此何感耶！凡朋友之心声，吾固不敢非之，然吾适之所道，意岂在乎此。爰以两绝解之。”诗何以能愈疾，只因它能荡涤人心里的“愁魔”，让人懂得“人生事事贵清凉”。“古人交道在文章”，天地间，人海茫茫，诗文打通了彼此的心结，打破了时空的隔膜，千里之外有他与你同悲，千年之后有他与你同泣。

1976年6月，高二适旧病复发，住南京鼓楼医院两个半月（图4–18）。住院期间，他听到卞孝萱从乡下调回扬州师范学院（今扬州大学），非常高兴。同时柳定生带来冯其庸一幅画作，兴奋之余，于7月15日赋诗一首分寄两人：

岂意残年落病坊，每凭高枕梦匡床。
老儒不作医国计，寒谷空留吹黍方。
何必书名腾域外，却愁夭枉过天常。
羡君哺鸟投林急，未觉高飞有底翔。

写好这首诗，尽管身体衰弱，但他仍扶病给柳定生写信一封：

定生贤契：

接前月六日贵函，并附冯君画一帧。鄙以夙疾就住鼓楼病院，危病中未能作答为歉。其庸画尚草草有致，希代伸谢

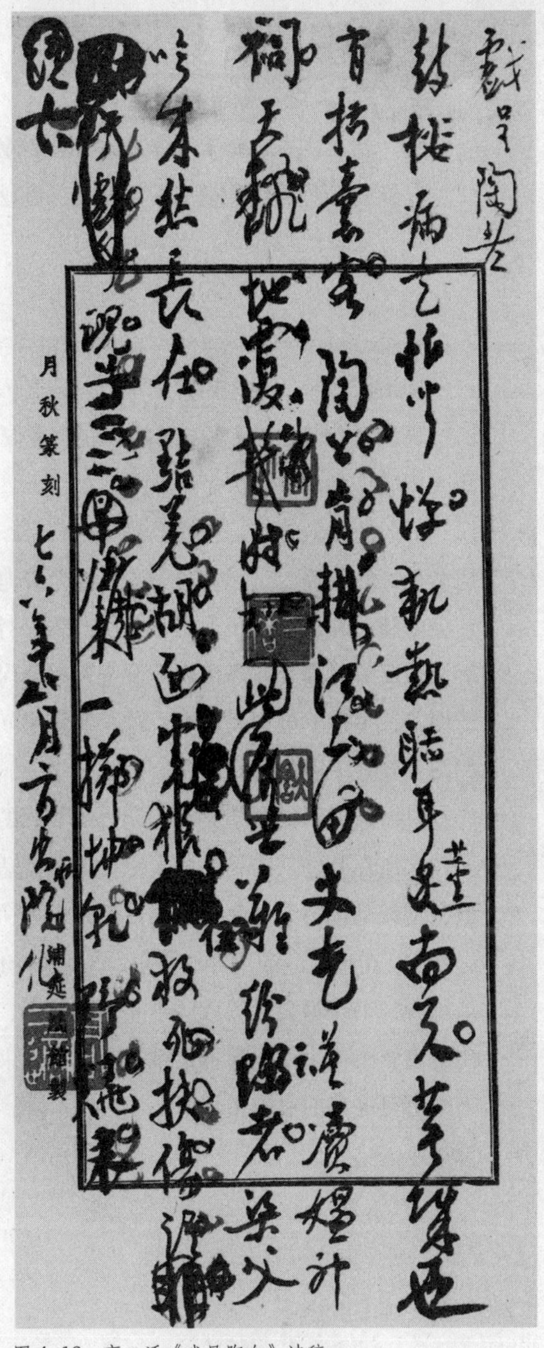

图 4-18：高二适《戏呈陶白》诗稿

意。鄙在院有示邗上卞孝萱一诗，惜劬堂老不作今人，无为我棒喝矣。然此诗似不妨给冯君一诵也。手颂

双祉

适手启七月十五日

柳诒徵已经仙逝，知音难求，好诗无人喝彩，病躯熬夜，其情可哀，然请柳翁才女定生转诗给后学才俊卞孝萱、冯其庸一诵，薪火传递，亦是心慰。

不久唐山大地震，鼓楼医院转来伤员，为腾出更多的床位，病情稍好转的高二适回家休养。8 月为避地震，高二适暂住东郊紫金山麓。临出门前，他将家中所有图书打包严实后，放置床板下。他反复叮嘱女儿高可可，一定要好好保护书籍，说，即使房子塌了，书也不可损失一本。过了一段时间，高可可和尹树人夫妇两人到乡下看望父亲。高二适第一句就问，家里的书保管得怎样？尹树人说，现在是大震时期，最要紧的是要把命保住，书没了，人还在就好。未等尹树人说完，高二适一脸正色打断他训斥道，书就是读书人的命，读书人不视书如命枉为人，人没了，书必须在。在高二适的生命气象里，人作为个体只是文化的守护者、传承者，书作为文化的载体不能废不能丢，人必须把书一代一代传下去，书比个体生命更贵重。高二适爱书如命的意识就这样融入高可可夫妇的血液里。

第五章

与章士钊的旷世情缘

一、世纪情缘：特立独行

高二适一生遇到两个至关重要的贵人，一是陈树人（图5-1），二是章士钊。陈树人直接把高二适从一个乡村教师变成国家机关公务人员，这一步登天的转变彻底改变了高二适的人生轨迹，为他搭建了一个充分发展才华的平台。章士钊作为他的人生知己，不管在什么时候，都能帮助高二适规划人生、实现人生梦想。章士钊长高二适22岁，但他们两人结下了旷世情缘。他们情同父子，却更是诗友、学友、诤友。

1932年，陈树人被任命为国民政府华侨事务委员会委员长，迁居南京。陈树人自幼喜爱美术，早年留学日本，并追随孙中山从事革命，为孙中山所激赏。但现实让他很失望，与自己原初的政治理想相去甚远，他便把更多的精力放在绘画上。尤其是1932年他的爱子陈复被国民党杀害后，他更加专注于美术，成为“岭南画派”三大创始人之一。陈树人常在报刊上发表画作并征求题画诗，高二适屡次以诗作应征。陈树人对高二适的诗作及其对中国画的解读颇为欣赏。不久两人相互通信，谈诗论艺。高二适的才华及品德打动了陈树人。1935年10月，陈树人聘请高二适任侨务委员会办事员，1936年2月，高二适正式到南京上班。当时规定，办事员是编外人员，月薪为120元。高二适先在委员

图 5-1：陈树人像

长办公室专办信函及应酬文字，后到救济失业华侨委员会办公，仍兼任陈树人的私人秘书。该会的文书科科长梁道群和侨民指导科科长林仪甫都是陈树人的老乡，两人与高二适关系都不错。林仪甫还成为高二适的诗友。

高二适为解决编制和生活待遇问题，在晋升科员时遇到了麻烦。按规定，当时政府晋升科员须填写个人情况登记表，上交考试院铨叙部审查学历和资历。可惜的是高二适在上海拿的正风文学院本科文凭，考试院不承认。此时陈树人还兼任国民政府中央勋绩主任委员，他了解到高二适曾在东台党部工作的经历，且符合勋绩所规定的年限，即由1927年国民党势力到达江南时，向上追溯到1922年即可。高二适遂向陈树人请假回东台，找到他高小同学、时任县修志局局长的戴某，请他一起找旧友、党部常委潘锡纯。高二适说明革命勋绩证书的目的、用途以及陈树人的提示，潘锡纯随即开具革命功绩的证明，高二适携此勋绩证明，加之陈树人从中推助，遂有了5年以上勋绩证书。1936年高二适任科员，工资加到160元。后到重庆又重新填表，所填资历不能与前不一致，高二适无奈，只好再填此资历。对此高二适晚年有详细的记叙，叹息自己因图面子，以落得终身遗憾。

可惜在侨务委员会这样的诗性生活并没有持续太久。1937年，随着抗战的全面爆发，国民政府进行机构调整，在陈树人和章士钊的共同关心下，高二适调至立法院任秘书，主要为孙科办理应酬文字兼及照看孙科私人图书馆。令高二适欣慰的是：孙科应允他依然过着自我的书斋生活。

如果说陈树人改变了高二适的生活轨迹，那么章士钊则引领了高二适的人生航向。章士钊的特立独行、自由开放、学术至上的精神与高二适固有的气质天然神合，这种精神气质在高二适日后的学习生活道路上绽放出特有的光彩（图 5–2）。在政治上，章士钊一生历晚清、民国、中华人民共和国近百年的政治舞台，他穿梭其间，那忽隐忽现的背影将文化人的使命感、责任感、道德感逐一具象化。

尽管高二适没有像章士钊这样做出惊人的壮举，但高二适的耿介、狂狷、特立独行的精神与章士钊是相通的，这就为他们日后成为忘年交提供了精神基础。

在思想文化方面，章士钊创办了被一代知识分子誉为“现代之母”的《甲寅》，上承严复、梁启超余绪，下启新文化运动之发端。在治学方面，出版《逻辑指要》《柳文指要》。但也因他在段祺瑞政府担任教育总长期间发生“三一八”惨案，落得“老虎总长”的骂名，被鲁迅直喊痛打“落水狗”。章士钊涉事革命、政治、法律、学术、文化，但文人的本色未变，一生担任过五所大学的校长，七家报纸的主笔。在中国近现代政治文化圈中，尤其是政治人物、知识精英，绝大多数都与章士钊有交往，在文化界更是堪称一代盟主。他既与孙中山、毛泽东、蒋介石等政治风云人物都有着不寻常的往来，更与章太炎、梁启超、蔡元培、马一浮、沈钧儒、叶恭绰、梁漱石、陈寅恪、杨树达、傅斯年等学

图 5-2：章士钊像

人以及于右任、徐悲鸿、张大千、沈尹默、潘伯鹰、沙孟海等文艺名流都有着较深的交往。同时与汪精卫、梁鸿志，杜月笙等人交情也不浅，但其人格气节不受他们影响。章士钊何以在诸多领域穿梭自如，这是由于他将救国救民的理想与重义、重情、重节的文人风骨融合在一起，同时又把古代“任侠”气质灌注于以中学为体、西学为用的实践之中。当这种“任侠”冲动与“独立自由”精神交汇时，往往使章士钊行事过于任性而被人指责。例如为汉奸梁鸿志、周佛海辩护。

章士钊一生嗜才如命，其举贤不避讳的宽阔胸怀在中国近现代史上几乎无人能及。从与高二适相识、相知到引导、举荐、爱护，可谓是章士钊惜才、爱才的注解，他们相处40年，情如磐石。高二适与章士钊的相识缘于文字。高二适在致章士钊儿子章可的信札里说，与章士钊相识始于“自读《甲寅》起”。1914年春，章士钊与陈独秀、杨永泰等人在东京创办《甲寅》月刊，其提出许多主张“并不能解决中国的问题，但他宣传民主民治，反对专制统治，还是有意义的”[1]。《甲寅》成为当时许多心怀理想的青年的读物，毛泽东便是其忠实读者之一。1926年，章士钊在天津租界复出《甲寅》周刊，是年23岁的高二适开始向《甲寅》周刊投稿。不久章士钊发现这位来自乡下的教员诗宗杜甫，且深得杜诗神韵，其书法峻朗雄健颇见功力。就这样高二适与章士钊以诗书往来结下情谊。1933年春，高二适去信请章士钊书写一楹联以自勉。章士钊楷、行、隶均佳，取法高古，自成风格，民

[1] 白吉庵：《政客里的文人文人里的侠客》，团结出版社，2015年，第86页。

国期间多次举办书法展，只因其丰富的人生经历掩盖了他的书名。青年高二适刻苦学习，广结诗友、书友，他真诚地向章士钊请教学问和书艺。章士钊遂用行书对联“念我能书数字至，将诗不必万人传”赠给高二适。其中题款说（图 5-3）：

> 二适老弟频书以来问讯兼索楹帖，为书杜句寄之，略见鄙意。

此联出自杜甫诗《公安送韦二少府匡赞》颔联，章士钊书写此联的情景与杜甫创作这首诗的背景相似，其情感与老杜也相似。章士钊对未谋面的青年高二适寄予厚望，勉励他埋头勤读。

1935 年春，章士钊被聘为上海政法学院院长。同年，时任南京国民政府委员的周震麟举办六十岁生辰宴会，邀请一同参加辛亥革命的章士钊赴宴。章士钊欣然应邀到南京。高二适闻讯，前往南京城南钓鱼台湖南会馆拜见章士钊。虽是初次见面，但自 1926 年彼此通信，诗文往来已近 10 年。章士钊很是欣赏这位小文友的才华，高二适更仰慕章士钊的为人和学识。自此一面，两人便定下终身忘年交。

1935 年 10 月高二适从乡下到国民政府侨务委员会工作，在南京与章士钊再次会面。通过交谈，章士钊认定这位青年的学业一定能大成，因为高二适无意于官场，志在读书写诗做学问，而高二适也特别敬重章士钊特立独行的性格和严谨治学的精神。

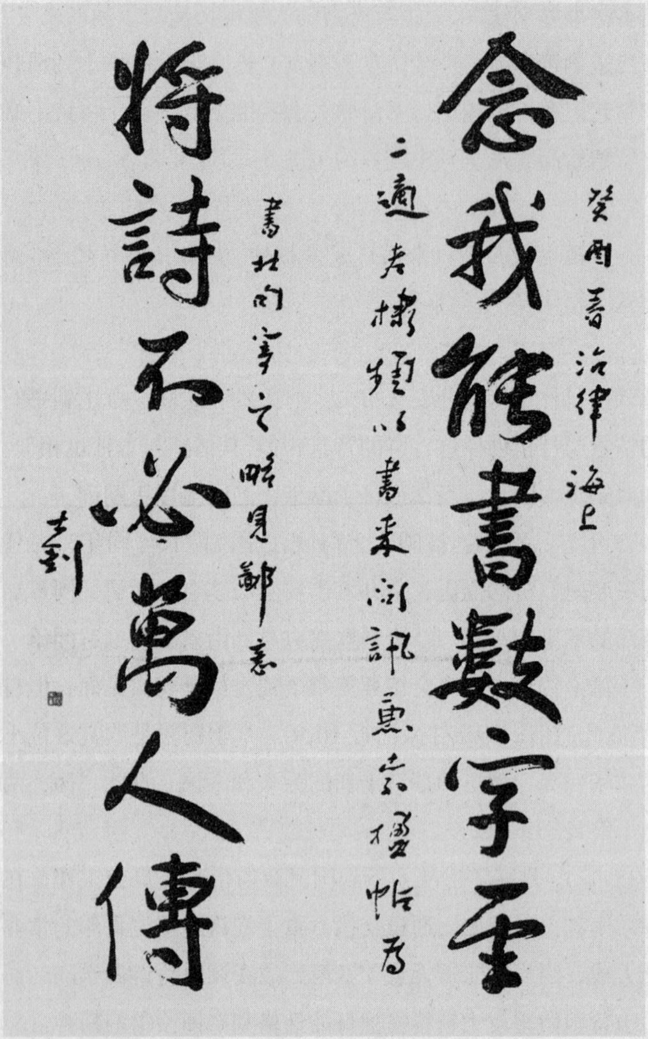

念我能書數字至
將詩不必萬人傳

图 5-3：章士钊赠高二适书法墨迹

（一）勉其志

高二适孤身独居独石桥，只与王用宾、苏渊雷、林庚白等诗友相往来，且以文字风义为主。高二适是孤寂的，但章士钊没有忘记他，总给他温暖。1938 年，章士钊在《答二适》中直接以高适激励高二适："达夫五十始言诗，而子英年已妙辞。厚我有书长问讯，忧时一例为饥驱。"高二适一生以高适为其表率，且以高适诗学成就作为自己人生的理想追求。章士钊在此赞誉高二适超越高适，虽有过誉之嫌，但之于章士钊则为激励高二适，高二适当然明白章翁的心思。

这期间章士钊一直勉励高二适要励志前行。1940 年春，章士钊六十寿辰作《改岁》一首：

改岁居然六十翁，浮生梦里亦从容。
旧家人物今余几，老派文章谁与同。
丁令归来乘独鹤，陶潜隐去抚孤松。
尽多哀乐中年外，浅见应需笑谢公。

随即，高二适唱和：

国戏归朝尚未翁，横流沧海世无容。
早能文毕诗今壮，晚爱风流政亦同。
生子欲教图大事，得闲聊与听长松。

先生，高二适

蛟龙出则为霖雨，不数功名跨数公。

章士钊再作《二适次韵见酬，赋此答意》应和：

河山破碎一衰翁，敢向明时怨不容。
粗解文从聊润己，若论纯俭概求同。
鸿伤海上三珠树，鹤倚原头百丈松。
如子清才应自爱，莫惭升斗后诸公。[2]

此三首诗载于《章士钊诗词集 程潜诗集》第 46 页，高二适的和诗题目为《高二适》，此误将高二适和诗编成章士钊的诗作。师徒三首诗很有意思，《改岁》为章士钊原唱，感叹自己“老派文章谁与同”，此句表明他不仅清高，也有孤寂。丁令乘鹤、陶潜抚松、需笑谢公，皆用典故，意在高洁、归隐。高二适次韵所作，盛赞章，首联以宏阔的气势极赞章纵横捭阖之才能，颔联赞章诗文，尾联再赞章政事之能、功名之盛。“听长松”一语双关，既赞章高挑，也表明与章士钊于文化志趣是一致的。章士钊据高和诗，再和之，一是自谦无用，也不能文，二是勉励高二适，鸿伤三珠树，鹤倚百丈松，分别用张九龄、白居易诗意，意在赞高二适能自爱清才，安贫乐道。

1941 年 6 月，章士钊在《文史杂志》上刊登诗歌专辑《近诗废疾》，其中一首《二适游北碚一日，深夜步归独石桥》为其

[2] 陈书良，胡如弘：《章士钊诗词集 程潜诗集》，湖南人民出版社，2009 年，第 46 页。

笃学鼓动、呐喊：

欲从有女得高丘，执手姑为江上游。
俗眼白时途更阔，万山青处句能收。
古人为己方称学，乱世明诗亦可尤。
遥夜索途成一往，阆风未到莫回头。

首句用《离骚》“忽反顾以流涕兮，哀高丘之无女”之典故，期望有良臣明主大治国家的弦外之音十分明显。“执手”既实写章士钊与高二适两人的情谊，又暗写两人心灵的搀扶。颔联虽写自己的特立独行，但从立志写诗、有志于国学的层面上看，更多写给高二适的，是对高二适的“我诗不入时人眼”的肯定与勉励。“俗眼白时途更阔”是反用竹林七贤阮籍对权贵翻白眼之意，言明从事诗学事业，常会得不到世人的理解、尊重，尤其是高二适狂狷耿介的性格，常会使他陷入孤寂的境地。章士钊却为此叫好，认为这才是真正做学问的，才会走得更远，才会出大成果。章士钊以自己的人生经验，与心灵相通的忘年交——高二适分享，不亦是乐事？当然高二适定是“与余心有戚戚焉”。

章士钊与高二适除了有共同的诗情，更多的还有政治热情与社会责任，而高二适则唯诗济世以志，另无他求。接着章士钊直接支持高二适沉浸于诗学、国学，点明在此乱世中，作为文人坚守文化操守亦是一种责任，执笔与拿枪同样值得嘉许。最后“阆风”句用《离骚》“朝吾将济于白水兮，登阆风而绁马”典故，坦言不登上诗学的最高峰誓不回头，以师长的口吻说与高二适共勉，其实对高二适来说更多的是期许。

高二适不是仅仅停留在言语上的宣誓，更是以行动来践行自己的誓言。一方面他勤奋读书，猛攻杜甫、韩愈、孟郊、黄庭坚、陈师道的诗，他自述“每夜阑灯昏，辄放声吟哦不休”，甚至影响到左邻右舍的休息，同事们也只得戏说，二和尚又在念经了。另一方面他勤耕不辍，写了大量诗作，两三年间写诗三四千首，大有以章士钊为楷模二年作四千首的气势，故有“休夸风月三千篇，败兴犹能起卧虎”诗句。对此章士钊提醒高二适作诗不要贪多，要精作，并作诗《寄二适》给予规劝（图 5-4）：

> 吾谓高二适，作诗应无多。制题等谋篇，拣选不厌苛。
> ……
> 谓是偏心欤？自矢亦靡他。君子笃忠恕，名理诚不磨。
> 得鲠吐乃快，思进由盈科。因诗悟至道，所贵养天和。
> 书此当解嘲，我友其谓何。

尽管章士钊自己“两年为四千余首”[3]，高二适似有追章士钊之概，“默记三数年内，已吟成二三千首”[4]。反常的是章士钊不但不夸奖，反提醒他“作诗应无多”，可见章士钊对高二适要求之高之严。他是立足于诗歌史学指出高二适不应如此贪多不

[3] 见潘伯鹰 1941 年发表于《文史杂志》第一卷第五期文章。
[4] 高二适：《近诗疗疾·序》，载 1942 年《文史杂志》第二卷第九、十期。

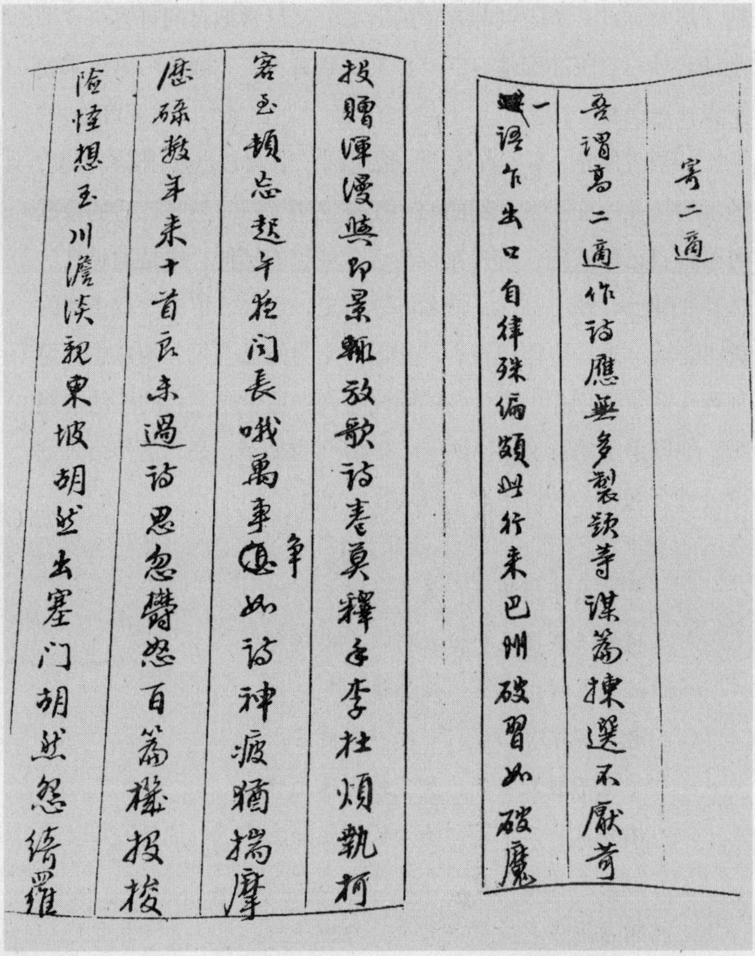

图 5-4：章士钊《寄二适》诗稿墨迹（局部），《高二适先生年谱》，第 126 页

精。尽管如此，章士钊却在诗的后部分又反常地自问自答："谓是偏心欤？自矢亦靡他。""自矢"犹自誓，"靡他"语出宋朝王谠《唐语林·补遗一》："一言革面，愿比家奴，之死靡他。"章士钊语气坚定，不容置疑——他对高二适偏心也好，信心也罢，他发誓至死不变。章士钊的两个反常说明了：一是高二适的诗歌可弥补自己的缺陷，可视作自己诗歌梦想的延伸；二是勉励高二适严于律己，精心创作，诗名必须留史，也必然留史。章士钊的誓言，高二适一生铭记在心，并以"士为知己者死"的意志，更加埋头研读、创作。章士钊的勉励为高二适带来莫大的感动与鞭策，他以弟子的身份做出回应。1940 年重阳节，高二适作诗《呈章公近多勉余，为诗申之，以助发一笑》：

韩门弟子谁为杰？侯喜诗声元第一。
崎岖三载困巴中，枉将心力换华发。
读书尤憎坐不乂，只公语我气轩轩。
老笔纷披著细字，一波一磔要区分。
平生不解文字苦，贪多矜得殊无取。
休夸风月三千篇，败兴犹能起卧虎。
一年又是重九时，春秋佳日意在斯。
杨云不堪身后累，皇甫特为树降旗。

高二适一生对章士钊执弟子礼。高氏中堂"天地君亲师"所倡导的家风，在高二适身上得到完美演绎，也是其父高也东对高二适的希冀所在。高二适以古之四个师徒关系来比拟他与章士钊的师生情义：孔子与子路，孔子与高柴、卜商，韩愈与侯喜，王安石与龚深甫。这四种师徒关系，一方面表达自己对恩师章士钊的崇敬，另一方面申述自己的志向以及他与章士钊特殊的情感。这首诗的题目说明创作的缘由，便是答谢章士钊多次对自己的勉励。首句活用韩愈与弟子侯喜的典故。韩愈作名篇《与汝州卢郎中论荐侯喜状》，文中称侯喜“家贫亲老，无援于朝”，虽10多年科考，“竟无知遇”，韩愈“掩卷长叹”其文古、其志坚、其操贞，遂力荐其才。侯喜不负韩愈知遇之恩，官至国子监主簿，成为韩门弟子最优秀的一个。高二适以此典故不仅表明章士钊对自己有知遇之恩，还宣示自己该是章门弟子中排名第一。诗中言明，虽困守巴中、读书尤苦，但“只公语我气轩轩”，便让他意气风发，佳作连篇。

对此，好友王用宾赋诗《孤桐书来戒二适诗过于贪多示意后见答一首次韵却寄》助阵（图5-5）：

得题襟处直承当，底事含胡菀结肠。
射久悬轮能贯虱，道精叱石便成羊。
文章岂为千篇重，李杜难争万丈光。
山谷不轻传戒语，斐然定属简而狂。

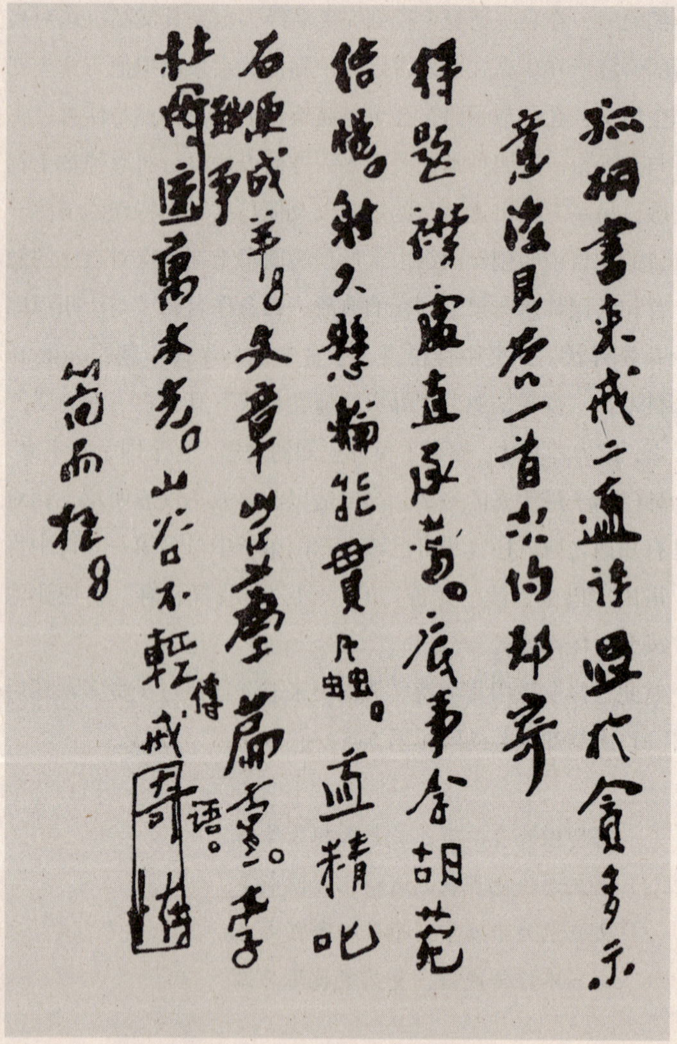

图 5-5 ：王用宾诗稿墨迹

这首诗用“纪昌学射”“叱石成羊”两个典故，肯定高二适勤攻诗学必将有大成。同时又用黄山谷书《戒石铭》，宋太宗删繁就简的故事告诫高二适写诗勿贪千篇。结尾活用《论语·公治长》中孔子的话：“吾党之小子狂简，斐然成章，不知所以裁之。”变贬为褒，赋予其新的内涵：显著的成绩一定来自精练，做大事定属于有大志向的人。显然这是对高二适的期望，也是一种信任。

1947 年，高二适作《春晚呈长沙公》：

杖策孤怀狎野沤，风沙漠冥与沉浮。
烟花尽烬谁能住，海水群飞自可收。
退笔如山余拂拭，图王终霸只离忧。
狂歌一放真吾愿，试约先生圹垠游。

高二适诗中言明他以“退笔如山”的精神，愿与章士钊狂歌一放遨游于圹垠之野。同年秋，章士钊作诗《丁亥秋于役南京示高二适作》，嘉许高二适：

蓬萦人行白下隈，忘呼诗客卧苍苔。
未能无事长相见，拼作过门不入来。
腹痛为经闻笛许，髯长畴事绝伦才。
南州高士期无忝，人执生刍首尽回。

章士钊指出高二适满腹经纶的才华，却是经过“腹痛”“髯长”勤奋苦读得来，但他确信高二适是“高士”，理当得到养贤敬贤的礼遇。

1948年，国共内战局势渐趋明朗，在此形势下，国统区的士人不得不进行人生的思考与抉择。本来就不合时流的高二适更加孤单寂寞。尽管这份孤寂不是来自对政治仕途的忧虑，但作为固守文化一隅的旧文人，还是希望得到一种精神的支撑。高二适发表于《京沪周刊》第二卷第二期《饮河集诗叶》的《积雪呈孤桐师》借雪赋诗以表心声：

积雪冰凌最忆公，闭门高枕有谁同。
江梅未肯和盐实，远浦何如养鹤冲。
岁俭饥寒厌残腊，战余鳞甲警痴聋。
工吟岂是哀时节，炉火梢春却着红。

11月7日，章士钊遂于该刊第四十四期发表《寄二适》一诗，积极宽慰高二适：

高邱转眼即围城，玉貌峨眉任汝行。
未与咨谋差自解，得昌诗学亦平生。
乌皮几上三年泪，朱雀桁头六代兵。
变起那容占吉日，往为姑当我同征。

章士钊再次以诗公开赞誉高二适昌诗平生，而且坚定表示与他“同征”，无论何时何地你高二适只需“闭门高枕”倾心耕读，无须担忧“有谁同”。如果说高二适志在诗学志在“重振江西诗派”出于本我，那么章士钊则是这个本我的潜在的不离不弃的身影。

（二）爱其深

高二适的人生发展史几乎是由与章士钊交往所构成，基本上高二适人生中的重大事件都有章士钊的背影。章士钊勉其志，嘉其骨，荐其才，情深意切。1943年夏，章士钊游泸州，胜山佳水，清梦浩歌，却念念不忘高二适，赋诗《寄高二适一首》：

别泪遥添锦水波，此情今古不相讹。
几回孤鹤萦清梦，一漾重江发浩歌。
午睡乍醒疑自失，秋阳不退待如何。
明朝更蜡云峰屐，却愿浮云蔽日多。

章士钊多情，但不滥情，他以诗意的笔触记录了他与高二适的旷世情缘——“此情今古不相讹”。章士钊一生在多个领域纵横捭阖，独对传统文化不舍其缘。高二适却舍其余，唯专诗词国学书法等传统文化，一生可谓四肢不勤，一心只读圣贤书，且又耿介狂狷，故生活能力极差。他之所以没有沦落到王令、陈师道的悲剧境地，是因为内有贤妻朱凤子的料理，外有章士钊的倾力相助。

1950 年，高二适失业，全家近 10 口人，温饱成了大问题。不谙农事的朱凤子竟租地种植，以渡难关。这年 4 月，由于食不饱力不足，高二适在致苏渊雷诗札最后说："无力再写，即此搁笔。"[5] 可见高家的困难。在苏渊雷等旧友的帮助下，8 月，高二适为生计只能孤身来到上海，任私立南京工业专科学校上海分校语文教员，但不知何故（笔者推断，高二适的方言口音过重，学生不易听懂是重要原因之一），次年春第二学期后，学校不准备再继续留用高二适。

当然，章士钊知道了此事。1951 年 3 月，章士钊由香港返京，特途经上海，在茅家酒店召集上海文化人聚会，高二适受邀。活动当天到场共 38 人，其中有上海临时联合救济委员会副主任委员李思浩、高二适老乡上海文管会的冒广生及老朋友上海市图书馆的潘伯鹰、上海市财政经济委员会的苏渊雷等。章士钊此行的目的除了会会老朋友，更重要的事情就是帮助高二适解决工作问题。

陈诵洛在致汪辟疆函中较详细地讲述了此事：

> ……
>
> 四、茅店公宴孤桐，到三十八人。
>
> ……
>
> 十三、二适原任教已成问题，此次长沙公来，特以二适事亲向渊雷致感谢之忱。此后二适出路，仍由长沙托苏设计，

[5] 1950 年高二适致苏渊雷信札。

俟有眉目，再由章加以促成。[6]

8月，华东交通专科学校成立。在章士钊主导、苏渊雷帮助下，高二适的工作得以解决。10月，高二适得以受聘为华东交专语文教师。可能还是语言问题，2个月后，调任校文书及图书管理员。虽走下讲台，但能进图书馆，以书为伴，且有一份薪水，不亦乐乎。重要的是在上海能与重庆旧友诸如苏渊雷、沈尹默、潘伯鹰、李拔可等相聚，述情、怀旧，欣悦的还是谈诗、论文、说艺。正因为章士钊的助力，上海3年的时光，高二适总体是欢愉的，让他得以继续他的书斋生活、诗性生活，同时也是他筹划书法事业的预备期。

1952年，高二适老乡郑肇经教授在上海参与筹建华东水利学院。郑肇经赏识高二适的古文功底，1953年10月下旬，高二适随郑肇经由沪返宁，任华东水利学院图书馆职员，协助郑肇经编写《中国水利史》。为研究需要，高二适购买了《水经注》研读，他题跋说（图5–6）：

二适得于沪渎，时将返宁，拟从事水利，为研求实学之初基也。

此次研读《水经注》不经意为他日后神交画家陆俨少埋下伏笔，成为晚年高二适人生意外收获之一。1958年3月，高二适

[6] 张亚权：《汪辟疆诗学论集（下册）》，南京大学出版社，2011年，第400～401页。

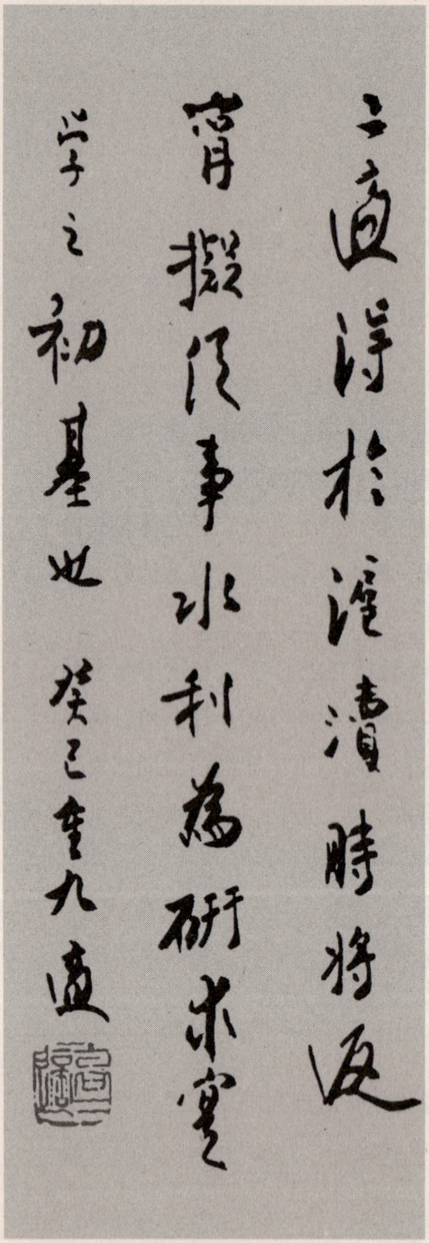

图 5-6：高二适《水经注》题跋

因病从华东水利学院图书馆退职。

这期间，以“敬老崇文”为宗旨，为团结、惠顾老旧硕学之士、社会名流和专家学者，于1951年7月29日，国家成立中央人民政务院文史馆研究机构，章士钊任副馆长。1953年3月，江苏省文史研究馆成立。1959年10月23日，章士钊出任中央文史研究馆馆长。章士钊接任馆长后，首先想到的便是困顿的高二适，他着手举荐高二适为中央文史馆馆员。1961年8月25日，高二适有诗酬谢：

辛丑七月十五日，得章行严京国书，
称有提名事，怀思恳叙，伫俟继声，先成此诗奉谢。

忽捧新辞带剑霜，浮槎声影到池潢。
孤云自作奇峰势，秋稼人传百谷旺。
都下倘容为食计，尊前只待报恩忙。
碎琴不数麟台客，获露终看笔辨强。
（《论衡》笔辩以获露敷陈表露为通。章公精仲任《论衡》）。

章士钊一直牵挂高二适的“为食计”。不久，八十高龄的章士钊生病，高二适在12月9日赋诗《得孤桐病起讯，忧喜间作四首》其四：

忆昔渝州郭，迷岛实羁雌。呦呦逐苹食，鹿鹿本无奇。

绝调虽萦炫，商歌还等夷。脱略军旅籍，唱诗此一时。

每托文学乘，形迹何尝离。十载春风隔，沉疴无返期。

惟公发藻恩，拯我于单危。涸辙看游鳞，土膏萌蘖枝。

岁无松柏厄，春蒸桃李姿。不雕公大德，瓣香适所私（亦作尸）。

借非忧喜集，美意两融怡。

“惟公发藻恩，拯我于单危”，此语不虚。惜此次举荐中央文史馆一事未能成行。1962 年 2 月，章士钊邀请高二适进京为他讲解《易经》。此时高二适的处境异常艰辛，章士钊让女儿章含之住校，腾出卧室，让高二适住宿。高二适回南京后，周恩来总理到章宅看望章士钊时，章士钊借此举荐高二适说：“南京有个高二适没有饭吃，是老、文、穷的才子。”[7] 周恩来总理因此建议两个方案：一是到北京文史馆，但没有北京户口，且不能带家属，此方案对高二适不可行；另一个方案是安排到江苏省文史馆。章公拟想高二适同时兼职上海商务印书馆编辑，但规定不可兼职，兼职编辑一事作罢。自此高二适每月有生活补助费 60 元，基本解决了生活问题，可以继续他的学术梦、书法梦。

1970 年，章士钊的侠义精神再次凸显出来。5 月，高夫人朱凤子不慎感染肺病，病重住院抢救。高家生活乱了套不算，面对突如其来的事故，高二适实在付不出朱凤子的医疗费。向来在生

[7] 高二适次子高泽迥口述，王林整理，《我的父亲高二适》，见《当代史资料》1999 年第 1 辑。

活上不愿求人的他，这次不得不向友人、时任江苏省革命文艺学校革委会主任的杨秀峰求助，可见高家当时困难。5月23日中午，高二适致信杨秀峰：

秀峰主任同志，晨间把晤，至为快慰。窃以适家人多病，朝夕乏人侍问。应早向政府申诉，然适不敢陈者，以君子不欲多先于人耳。内人朱凤子实属久病无痊。寻常饮食起居不待言，而老弱疾患之岁，纯为险象环生。适在苏文馆，端有贡献，上年省市自定照顾六条准则，适自恃应得一分享用。此情若与林散之比，则更有缓急轻重之不同也。适上月24日上陈良同志签，不便言出转己。总之，适遵循政府照顾老弱佳猷。签上之后，即静候鼓舞仰戴之处。兹特再奉笺，至恳代陈省方领导，早予考虑解救一家之困，俾伸张视听，一视同仁，如何？乞裁酌为感！

在沈阳的次子高泽迥瞒着高二适，给章士钊写信陈述家庭窘境。章士钊随即汇给高二适50元，在附言说："暂作夫人滋补用。"

高二适因中华人民共和国成立前在国民政府立法院任秘书，中华人民共和国成立后，多次对其国民党党籍和1945年短暂人国民党中央训练团受训两件事重点审查，尤其是后一件，直接关系到对高二适的定性。1969年7月他在审查材料中说明：

立院在重庆离胜利不久之前（时期记不清），余以秘书职务，被集体调至蒋匪帮中央训练团，受训三个星期。当时凡在秘书、科长职务，均在被调之列，无一幸免。我迁延推托到最末二期始去，蒋介石自为团长，教育长系段某（名字已忘），讲话人均在职之都、次长，其次即教练官等。余对军训最痛苦，其他长时间某课讲话，如政治、军事等，均属蒙混人之耳目，我常为之切齿，被调之人，美其名曰“学员”。三个星期完毕，又美其名曰“结业”。我个人实是苦楚极了。完毕后，仍回原职。[8]

尽管高二适在个人材料中对此段经历写得很清楚，且曾在1956年2月3日的材料中也一再言明：“伪团之训练，我固然事过若忘，未曾为他们做一件开罪人才，□害人民的勾当，然而不知不觉，自己已堕入阿鼻地狱。”[9]但审查组依然不相信高二适，虽然这期间有原立法院旧友俞宝书作证，但仍不能使高二适审查过关。后审查到他与章士钊关系时，章士钊出面宣讲：“二适从未曾有党派之说。”这样对高二适的审查才得以结案。最后给高二适定性为“帮闲文人”，列入无辜范畴，使高二适在“文革”中得以免除劫难。

（三）警其行

1965年，由于章士钊的支持，“兰亭论辩”得以顺利展开，

[8] 1969年7月，高二适审查材料手稿。
[9] 1956年2月3日，高二适审查材料手稿。

但高二适出于对文化的救护本能，认为这就是“百家争鸣”的学术讨论，丝毫不能体察到其背后的政治风险，或者出于魏晋名士精神的狂狷气质，或是他无私无畏。1965年8月20日，高二适致章士钊诗稿，前有小序：

孤桐老人，以适“兰亭驳议稿”草，为京《文物》杂志所重付影印。来谕称喜不能禁，辄题两绝。诗曰“文章才调尔精灵”，又有“兰亭不见见高亭”及“道是北京珍异事，士林相聚噪黄庭”诸句。又谓适接受此一态度，必须格外谨慎，贺与警并，惟谦方能受益云云。推愚不才为此文，虽发于童蒙，而实含茹于师门风谊，不尔则将复酱瓿而历之积薪矣。盖夫世情憯舒，缄石知惧，文章地势翔泳各殊。适捧诵公诗函久之，始得广为四韵以酬，厚觍焉耳。

此序表明，高二适的论文得以发表，章士钊是非常高兴的，且吟诗对高二适大加赞誉，这种欣悦之情，是由对《兰亭序》的辩护引申开去的文化情怀，是师徒二人对“士不悦学”世风的有力回击。高二适则和诗云：

随蓝文字上天庭，不信沉潜得地灵。
初喻扬雄能作赋，旋闻伏胜想传经。
仙槎莫讯支机石，吴会虚传有御亭。

一事报公卅年愿，刘郎晚达在冬青。

诗后题跋："随蓝，本荀劝学，青出于蓝。张鷟判有随蓝改质，实借招邀题竹书名良资教授。御亭，吴大帝建。后有人用庾信诗'御亭回望'句，改为望亭。地今存。刘宾客赠白傅：'在人虽晚达，于树似冬青。'尔后两公时有和答晚达冬青之篇，予与公廉取之可乎？"这首诗四联均用典故，喜悦，自信，感激溢于言表。尾联"一事报公卅年愿"是回应30年前章士钊在重庆对自己"阆风未到莫回头"及"清才自爱"的劝勉。诗稿言明章士钊来信是"贺与警并"，但似乎高二适并没有在意"警"字。高二适的论文发表以后，郭沫若和一批学者撰文反驳高二适，高二适针对对方文章，也写文再论辩。但是只见支持郭沫若的文章发表，却不见高二适的文章刊出。高二适遂再次求助章士钊，并致信催促：

兰亭文寄京，久不得音耗，

以诗代问孤桐老人两首

闭门何事镂心肝，得失秋毫付一叹。
自忏临文非善祷，谁令下泪警孤寒。
同仇敌忾人休敌，亦阙丹忱口尚丹。
未识区区当世士，只容灌艾不滋兰。

寒炉拨火病难胜，起为牵怀有怒嗔。

衰草也怜南雁度，破窗惟益北风能。
从今岁月都堪老，未必文章占上层。
幸得闭门吟咏和，及春愁思也临冰。

诗后跋云：“拙句频发，供公一笑。兰亭文战，可告大戡，而可自承衄败耶？”[10]虽说闭门自忏，也知章士钊警示，但永不妥协的文战精神，让他“怀有怒嗔”，斥责“只容灌艾不滋兰”，既是把郭和自己比成艾与兰，又表达对郭沫若压制高文发表的不满。暗示只要自己的驳文能发表，“兰亭文战，可告大戡”。但是游走于高层的章士钊则不同了，他不仅从文化从学术，还从政治环境多角度看问题。

1967 年 3 月 30 日夜，章士钊作诗《奉酬二适丁未贱辰见贶之作》颇具警示高二适意味，原诗题如下：

今之世患于不能诗者多，知诗者亦绝少。吾等“剩欲摧藏让头角，岂是有意群儿伤”，如是焉耳。[11]

此题中诗句直接引自陈师道《答魏衍黄预勉余作诗》。“岂是有意群儿伤”是化用韩愈《调张籍》诗句“李杜文章在，光焰万丈长。不知群儿愚，那用故谤伤。蚍蜉撼大树，可笑不自量。”章士钊用此诗句意味深长，此时“文化大革命”已经爆发，“兰亭论辩”学术论辩已有推及人事端倪，这是个危险的信号。其诗云：

[10] 高二适，著，李静凤，编校：《高二适诗存》，黄山书社，2011 年，第 151 页。
[11] 高二适，著，李静凤，编校：《高二适诗存》，黄山书社，2011 年，第 151 页。

诗来飞动满春城，草长江南为有情。
惠我恰同人日作，揆予姑念厥初生。
明年此顷知谁健，并世高文让老成。
渭水桐江都付汝，愿留楚些博先声。

此诗并没有多少警示之语，述说师徒两人情深后，只是提示高二适留史的高文一定属于“老成”之人，“兰亭论辩”勿浮躁、勿妄动、勿冒功。但章翁诗后的跋语警戒高二适就不言而喻了（图5-7）：

近日乌台之案迭起，茶陵谭生膺祸尤剧（我曩与谭律末一联云：他日怀归两行泪，秋风先洒阖庐城。诚不知胡乃动人凄戚）。尊诗到来我随声奉答未敢留稿，存置与否任之。雅意余不一一。即颂，撰苐。士钊初稿三月三十日夜。第四句拟改：揆予敢忘伯庸名，桐江，江字重，改滩字。

章士钊说“乌台之案迭起”一是说因文获罪，二是形势紧迫。“茶陵谭生”，是指谭延闿侄子谭光。谭光曾任南京国民政府农矿部秘书、行政院参事、国民参政会参政员等职，1957 年 6 月，定居苏州，担任市文管会委员。3 月 19 日，高二适在贺章士钊 88 岁诗《孤桐老人戊申八十八龄诞辰赋献》首联点明此事：

叔皮往昔推刘秀，王命论成有激扬。
今代能文铁炉步，新词寻颂太阳光。
麟麟鸣凤春难老，郁郁高门曲未尝。
早晚农歌相答谢，卜商那复更夸张。

叔皮，为班彪的字。班彪为东汉史学家、文学家。西汉末年，战乱纷争，为天下太平，班彪作《王命论》，规劝天水隗嚣归依汉室，未果。至王莽时期，又劝说西北的窦融归顺光武帝，功成。用此典故暗指章士钊劝说毛与刘和好一事。诗中“铁炉步”出自柳宗元《永州铁炉步志》，此处反用柳意，是说章士钊文章名重，自己可坐享其荫，旨在赞誉章士钊才高德厚。卜商，孔门七十二贤人，沉郁勇武，好学，以“文学”名世，强调学以经世，延展儒学且多有独创。高二适以卜商自况，大有弘道且不负章士钊教诲之恩的气概。此时章士钊腰病复发，身体不适，臂不能举笔。收到高二适贺88岁寿诗，大喜，即和诗《二适有贺余八十八龄诗来意作答》两首：

残存几许付冥冥，浮世何人过百龄。
夙昔徒闻健腰脚，只今宁复用灰钉。
罢牛累驾是移粟，病鹤孤拳耻刷翎。
耄矣剩教随意读，戒依授政泥遗经。
忆从四十几年前，与子相逢岂偶然。

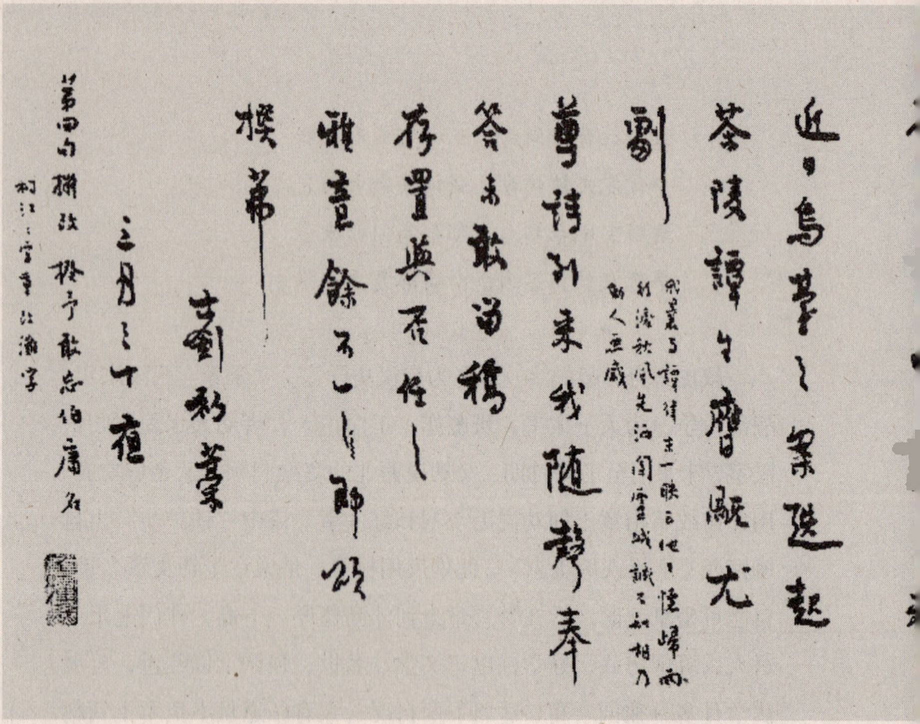

图 5-7：章士钊《奉酬二适丁未贱辰见贶之作》诗稿

奉酬

之適丁未賤辰見貺之作

詩來飛動滿春城
草長江南爲有情
惠我恰同人日作
撩予姑念厥初生
明年此頃知誰健
並世高文讓老成
渭水桐江都付汝

一向告君诗错落，而今投老手挛拳。
两京相望长江阔，四大皆空七字传。
泛日一观新世界，怜他史不解尧天。

诗中章士钊一方面自称“残存”“罢牛”“病鹤”“耄矣”，另一方面又表示“夙昔徒闻健腰脚，只今宁复用灰钉”，说自己身体虽不再康健，但其志犹存。章、高二人分居北京、南京，相隔千里，两地相望相守。回望过去，人生已过大半，四大皆空，唯有诗文能传下来。这样的人生感慨也只有他们师徒两人相知相通了。但诗里提出“戒依授政”“不解尧天”，显然是在警示高二适言行。

高二适见章翁诗，感触颇深，于5月31日端午节遂作诗《五日怀孤桐老人》。诗前有小序：“公本春八十八龄生日，和余诗有‘夙昔徒闻健腰脚，只今宁复用灰钉’句，意味深长矣。忆兹时节虽殊而余言未续，燕吴相望，则索句谁工耶。遂赋呈。”

汩汩云龙夏木稠，含风吐露结层楼。
荆巫曾共离骚赋，神女今孤梦泽州。
莫对端阳思竞渡，终寻渔榜续前游。
左徒未似杨王狷，从此棺钉那便求。

这里高二适借左徒屈原表达为追寻梦想，虽死未悔意志。但身居高层的章士钊和郭沫若比高二适看得清楚，若再辩论下去，可能就不是学术问题了，所以章、郭两人都以各自不同的方式退却，当然论辩双方基本观点已表达出来了。章士钊回诗《二适以重五诗来赋此答之》：

且作登州蜃市观，绛宫明灭不胜寒。
存亡吾辈千钧重，霸主宗邦四海宽。
桃梗不须嘲土梗，缨冠何必待弹冠。
左徒枉负怀沙愿，张楚无人意岂安。

章士钊在此强调吾辈应自觉肩负社稷存亡的重任，以桃梗和土梗典故来比拟郭沫若与高二适，希望他们要团结，不能相互攻讦。否则，后果是不仅不能实现屈原富民强国的心愿，而且导致国无能人，殃及国体。而“张楚无人”则是章士钊最担忧的，“张楚”为陈胜、吴广起义所建立的中国历史上第一个农民政权。张楚政权建立后，很快内部争斗，陈胜被部下庄贾杀死，不久张楚灭亡。章士钊隐隐告知高二适“文革”的忧患。后四小句连用四个典故，以史教谕高二适“兰亭论辩”不单纯。

章士钊的担忧还是发生了。高二适不是从政治，而是从学术从文化角度思考“兰亭论辩”，虽然他能感知恩师内心深处的忧患，但他认为“兰亭论辩”必须有一个明确的胜败结论，不能以郭沫若一家之言论之。高二适在此之前写二首柏梁体寄给章士钊以吐胸中被审查不平之意，章士钊即以七言长句《二适以柏梁体二篇见寄，余耆矣臣精销亡，笔不能举，姑以七言长句报之》回复：

重重旧恨叠如云，皓月横吹劣可分。
老去艰为柏梁体，秋来耻唱鲍家坟。
蛰龙初解东坡误，恶虎应销处士群。
莫怪广平心似铁，还将古事问高君。

蛰龙、恶虎句用典故，似有所指，因当时的政治文化环境不能明说。结句“莫怪广平心似铁，还将古事问高君”，既是写自己的无奈，也是来宽慰高二适。“兰亭论辩”爆发后，高二适后来所作的驳文，皆未能发表，高二适十分愤慨。章士钊当然了解高二适，就劝慰他：你高君学问高，有些典故我都要问你，你不必跟那些人计较了。不管论辩胜败如何，能够和平结束就已经很不错了。7月5日，章士钊作诗《七月五日得二适诗函随意酬答一首》：

高高谈荡眼飞腾，南挂钟山一割青。
谁梦钧天游帝所，谬将险石□流星。
文章□□归下阔，啃反平生付渺冥。
漫道看书河道改，神碑岣嵝人无灵。

10月6日中秋节月全食，高二适往天津桥三观之寄诗章翁。章士钊先生回诗《戊申中秋月全食二适夜尔独步天津桥，候新光有诗见寄同作一首》：

宵来无法遣高秋，玉斧谁修七宝搂。
赢得世间红遍地，未□顶上月当头。
书文同轨皆同向，龙窟天河暂不流。
谁料旧时□水客，夜深犹作女墙游。

章士钊反复在诗中告知高二适现在的形势是“书文同轨”，实际上就是说“兰亭论辩”纯粹的学术论辩已再无可能。但高二适就是认不清形势，即使自己也受到审查、抄家，依然缠住章士钊，揪住“兰亭论辩”不放。1970年10月18日夜，先生写诗《秣陵道上寄呈孤桐老人》：

阜旧有小亭而无题榜，
前此同人为余名曰“高亭”云
石径荒塘烟树平，荻花菱刺满秋城。
江风暗送湖风远，山色潜移水色清。
阶级斗余诗笔健，乌乌集毕菀枯成。
高亭未是高阳馆，愿得山公启一名。

高二适借“高亭”一事，以“山公启事”典故，希望章士钊能助己与郭沫若继续抗辩下去。可是章士钊不慌不忙，循循善诱给高二适和答《庚戌九月答二适秣陵道见寄之作共两首》：

久病废诗僵卧苦，忽闻名篇思起舞。
善从安稳贤詹事，窥到清新老开府。
杜公长啸宇宙间，广阔明知还自阻。
孤吟九十世罕见，却疑高才扶未死。
从亡伊昔蜀江浒，喜与谈诗三十五。
只今迁延到斯岁，燕越相望难为语。
竹林故事渺如烟，池馆高阳声虎虎。
一亭小小等无恙，何不呼为听涛处。

章士钊以太极之法回应高二适的罡罡虎威，竹林七贤渺如烟，此事不必太纠结。结句“听涛”妙极，一语双关，既希望高二适安稳完好，心定神闲，身居高亭，静听江涛，又暗示高二适别把“山公启事”当回事儿。既然郭沫若已说，兰亭论辩已经解决了，就姑且搁下，但这也不代表就是历史的定论，将来有机会再辩论，现在关键是做好自己规划的事。章士钊此时正以九十高龄撰写出版《柳文指要》，并规划为和平统一台湾奔波，高二适本人也在完善刘禹锡诗文的注疏。章士钊的大格局大胸襟及审时度势，使过着书斋生活的高二适既能狂狷使性，又不会因之陷入不测之境，此乃高二适之大幸。

（四）情切切

章士钊对高二适的关爱是无微不至的，高二适对章士钊的景仰之情则如深海。章、高两人均是熬夜读书人，对茶尤为偏爱。虽然比起章士钊，高二适生活要窘迫得多，然而一旦得到好茶，都要与章士钊分享，甚至宁可自己不饮用，也要奉献给章士钊。1965年8月20日夜，高二适随诗致信章士钊，一则喜报论文在《光明日报》发表，且意外得稿费50.60元，二则说得云南普洱茶一饼，自己舍不得品尝，小心收藏，奉给恩师。其言云："前从滇佐客获普洱茶一方，急收藏于茶铺筒内（法宜用石灰块，以纸包之，与茶同置筒中），闻此不堪转湿。昨用邮奉到，乞哂纳。人言普洱浓厚，恐此亦寻常品也。"信中提及"急收藏于茶铺筒内"，并以纸包住石灰块同置于筒中，以防转湿，降低茶的品质，可见高二适心细如发。信中他还向章士钊呈明请在抗战流寓重庆时结识的老友高月秋先生刻印"江南高生"一方，以"示小子终身永永不忘此四字也"（图5–8）。

一次高二适得到碧螺春新茶，他想到的依然是恩师章士钊并赋诗《以春茶寄献给孤桐老》：

苏州茶户碧萝春，采撷山家供远人。
破铤已堪升鼎味，倾瓶还若饫时新。

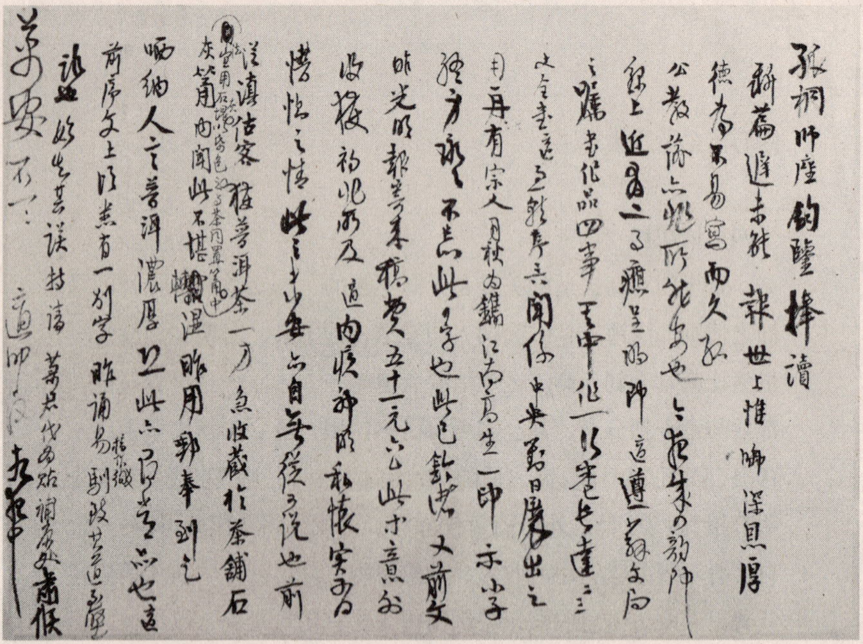

图 5-8：高二适致章士钊信札

化舒并挟风雷长，气足真饶沆瀣亲。
自付粗官无德业，奉公才觉露嶙峋。

末句写以茶喻人，赞章士钊为人刚直正派，高士配好茶，人茶互映见其美。另一次朋友送来安徽祁门红茶。祁门红茶是红茶中的极品，有“红茶皇后”的美誉，高二适立刻把它藏于金陵雨花茶瓶，仔细包装好，寄给章士钊，并附诗《以祁门茶寄爨下翁》一首：

祁门茶到白门庄，却换新题寄上方。
曾带绯红宜入室，故令重叠供升堂。
省中井是漪涟水，爨下文真翰墨皇。
莫倚曲生风味好，未同鼓吹壮诗肠。

“省中”意思是宫禁之中，“曲生”是酒的别称。好水泡好茶，怡人心肺。品佳茶，读美文，吟佳句，赏墨宝，此等乐事虽是上好的美酒也未必有此味道。这样的情景高二适虽然未能亲眼看见，但他的诗性与爨下翁章士钊是相通的。

1968年重阳节，北京秋高日丽，香山红叶妖饶多姿。章士钊与吴玉老、秘书王益知、义子袁绍良等到香山看红叶，途中成诗一首，分呈诸友。而远在南京的高二适这天没有写诗，第二天忽然接到章士钊来电，十分高兴，诗兴大作，赋诗《戊申九日无诗，忽奉孤桐老人来电，戏呈》回赠章士钊：

重阳得酒那为欢，未抵登临步步宽。山戴金陵休凤侣（侣一作藻，兼无友无文两谊），水归扬子落潮寒。

文公笔下空传电，戏马台前胜急澜（一作“落木颓城一门安”）。却怪陶潜非达者，绕篱黄菊岂胜冠。

进入冬季，高二适旧病复发，久治不愈，眼花头昏，但仍读书临帖。他一边校读章士钊的《柳文指要》，一边编纂草书诀歌。隆冬有雪吟诗遥寄章士钊，章士钊立即奉和二首，其中一首如下：

戊申严冬连日大雪二适有诗来奉和二首（其一）

三年艰苦见天迴，一夜高风自此来。
林下未妨明月共，松陵不必小红陪。
知寒稍忆周公竹，能赋堪轻小谢才。
怪底楚骚无补笔，阳春白雪此腰胎。

章士钊梦见富贵竹，是宽慰高二适，说他身体不久会康复，并赞赏高二适的诗才超越小谢，而比肩于作“骚体”的屈平。诗歌互和，构成了高、章两人特有的精神空间，他们相互包容、相互敬重、相互扶持。高二适敬章士钊之德、之义、之才；章士钊爱高二适之品、之骨、之才。他们各自在自己的土地上站成高峰，并遥相呼应。他们人格魅力所形成的雾霭流岚，总让后人作无尽遐想。

每年 3 月是章士钊寿辰，高二适必作诗祝贺。1973 年 3 月 25 日，先生作诗《孤桐吾师九十又三寿》：

老人夙是文章伯，我往闻之翰墨场。
早有高怀同挟策，更缘外奖得登堂。
十年不见犹如此，百岁相过定胜常。
何必雅台怜骏骨，请从硉兀与腾骧。

不知是不是有一种预感，此首诗似是对章翁知遇之恩的一个总结——“百岁相过定胜常”。自从追随章士钊，高二适诗文飞扬，意气飞扬，虽或 10 年未能相见，然精神同在，亦如面见往常，由此自信自己在学术、诗文、艺术领域必高昂卓著。“硉兀”语出唐韩愈《咏雪赠张籍》之“狂教诗硉矹，兴与酒陪鳃”，宋范成大《次韵温伯夜坐》之“平生烟霞兴，硉兀上南斗”，及元汪炎昶逸句“椎金锻铁作硬语，意气硉兀真丈夫”，此皆符合高二适彼时胸襟。1973 年 4 月上旬，章士钊自觉身体、精神状态较好，向周恩来提出赴港请求，意在谋求两岸和平统一途径。章士钊赴港力促祖国统一已不是第一次，早在 1956 年、1958 年、1960 年就多次到香港，带去党中央与毛泽东的谈判意见，其主要精神是：“只要台湾当局承认台湾是中华人民共和国的一部分，台湾可拥

[12] 启元：《1950—1965 国共两党的五次秘密接触》，转引自吉庵《政客里的文人文人里的侠客》，团结出版社，2015 年，第 368 页。

有自己的军队、政府、党组织，经费也可由中央人民政府负担。”[12]可是蒋介石拒绝中央提出的方案，致使和谈一误再误。

5 月 24 日，周恩来往北京医院看望章士钊。在他的周密安排下，5 月 25 日，章士钊飞赴香港，为祖国统一大业竭尽最后力量。对于这次香港之行，章士钊函告高二适，高二适非常兴奋随即赋诗一首以表达抑制不住的激动之情：

喜闻孤桐老人飞抵香港，作诗奉候

消息传来宙合清，大鹏南去独飞鸣。

老人胸有万邱［丘］壑，寰海天元厌甲兵。

广厦每怀工部愿，辞宗更乞柳州盟。

知公对客胡床语，未忘门生扞百城。

他在诗稿后附言：“此诗将国内外少有晓澈处，吾料章老必为搔首耳。”尽管高二适说此消息不外传，但他还是通过诗告诉亚明、宋文治、苏渊雷、费在山等几位好友（图 5–9）。

然而历史总是留给我们太多的遗憾。章士钊到香港一个多月，因过度操劳，于 7 月 1 日逝世。可谓“出师未捷身先死，长使英雄泪满襟”。在哈尔滨的苏渊雷接到高二适的诗，还没来得及庆贺，即得此噩耗，于是贺诗变成挽诗：

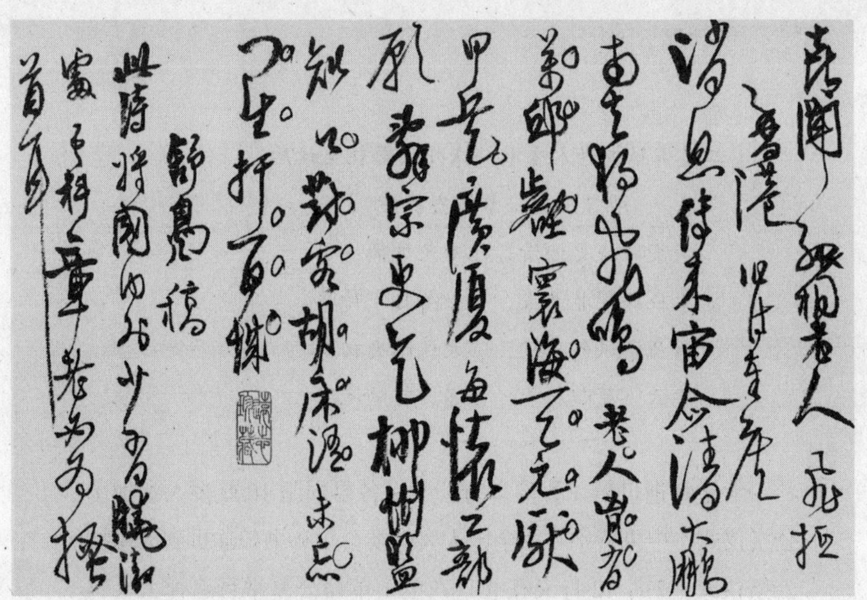

图 5-9：高二适《喜闻孤桐老人飞抵香港，作诗奉候》诗稿（局部）

二适寄孤桐老人香港诗未发而噩耗至读后
增叹亟次一章辄当挽诗

箭发聊城史迹清，九皋又见鹤飞鸣。
老成谋国非无策，举世如狂宁待兵。
入座春风知广被，弥天遗限爽初盟。
凌云一笑归旌急，迢递何曾隔凤城。

章士钊逝世后，香港举行公祭，各界同胞1000多人参加了公祭仪式，中央特别委派全国人大常委会副秘书长连贯到港主持公祭仪式。7月12日又在北京八宝山革命公墓举行追悼大会，郭沫若致悼词，毛泽东送了花圈，朱德、周恩来、叶剑英、李先念、邓小平等党和国家领导人参加了追悼会。郭沫若悼词如下：

……

晚年又以高龄孜孜不倦地从事祖国文化遗产的整理和著述，在学术问题上能够接受不同意见，这种精神是值得钦佩的。章士钊先生为国家的统一大业，不辞劳苦，鞠躬尽瘁，始终怀念台湾省的故旧，时刻关心台湾的解放，盼望早日实现祖国统一。[13]

高二适惊闻章士钊噩耗，痛哭三日，近乎昏厥，悲不能诗。在致老友苏渊雷、学生费在山的信中，表达了深深的悲痛：

[13]《人民日报》，1973年7月13日。

数日间得孤桐老噩耗，卌余载师友之分，各有难言，而老人卒客死海外，天下悲之，吾独何心哉？

……

再孤桐老此次似有意埋骨香港，与其爱子用巽穴。殷夫人养女眉书法“兰亭”，画山水鱼鸟亦不恶。章老曾要适赠诗鼓励，今不啻又一世矣。[14]

在山仁契，上月十日书久稽未报，至歉，至歉。

孤桐师客死，吾哭之三日。[15]

孤桐老与适交往四十年如一日。前悉诣港，悲喜交集。正迟疑，顷不图凶问遂来。既哭之痛，乃能举笔电唁，并询吾师遗箸及葬事。鄙意香港可窆棺树石，留为后人瞻仰也。挽歌诔文，现均无可陈送，兴哀未已，夫复何辞，承询附及不一。[16]

“兴哀未已，夫复何辞”。直到9月6日，高二适才稍稍平息，整理情绪。伤心难奈，万恨难排，唯泪纵横，唯诗遣痛，遂成挽联：

扬雄生能为沉博绝丽之文，大耋荅涓埃，谁更百年争不死；

羊云忽遘滋华屋山岳之感，招魂何处所，相期来世得重寻。

[14] 1973年7月9日致苏渊雷信札。
[15] 1973年7月9日致费在山信札。
[16] 1973年7月12日致费在山信札。

长江奔泪，香山染血。魂归何处，相期来世。高二适和泪写章士钊挽诗：

孤生痛——挽孤桐先生二绝句

四十年来万象该，东临淮海北燕台。
无情有恨何人见，血染空青骨作柴。
一片伤心画不成，金陵难见此丹青。
我今呜咽千行泪，七字迷漫也未灵。

1973年的中秋，月光显得特别清冷，祭祀月神的仪式依然像往常一样简单有序，但高二适心中悲伤思念之情，使得周遭显得无趣而沉闷。从前脱口诗句，信手书函，总让他有与章士钊分享的快感。每逢四时八节，他写诗都像是回应章士钊当年的期许，都像是对自己于诗学书学的检阅。那等平生得意事，再寂寞的生活，也因为书斋的灯光，显得格外温馨而有趣味。可如今诗写成了，却再也寄不到章士钊，听不到章士钊的点评、应和。天各一方，阴阳两界，从此两茫茫。提笔伤神，聊寄章士钊的秘书王益和、助手卞孝萱，这也应是“爱人者，兼其屋上之乌”了。（图5–10）

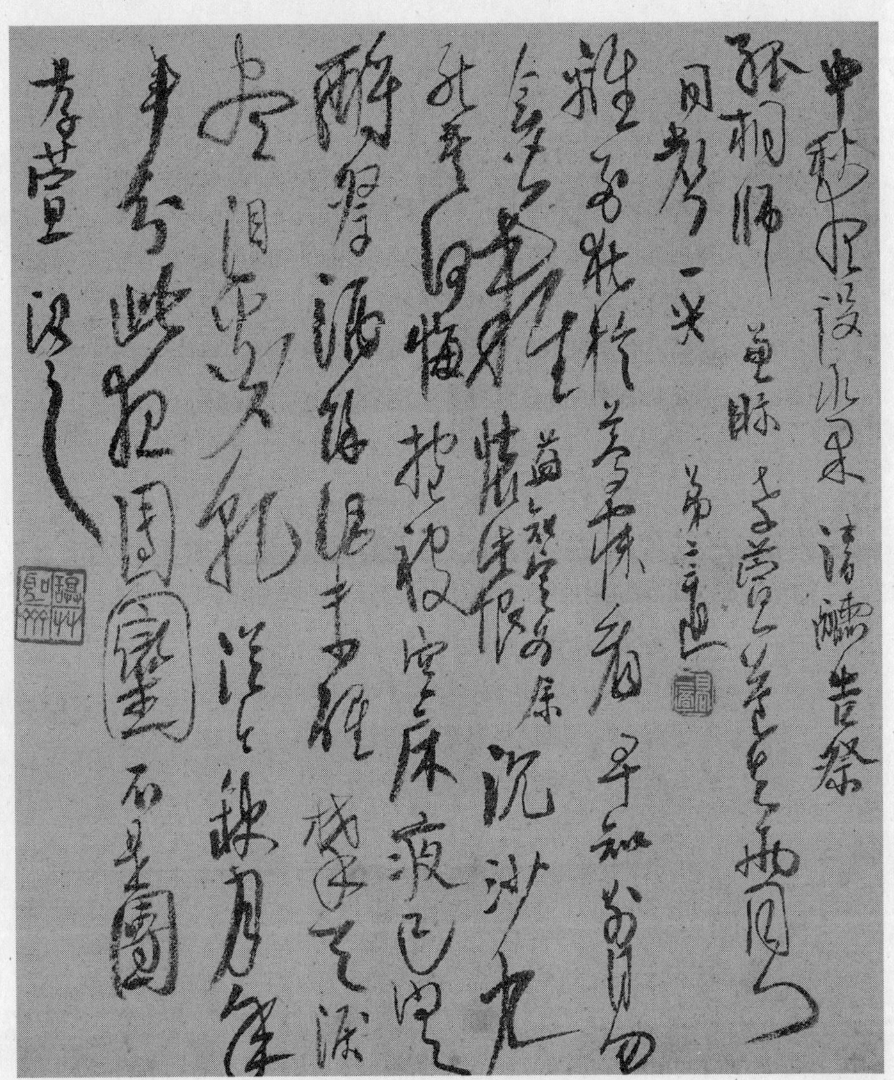

图 5-10：高二适《中秋夜设水果》诗稿，见《典藏》（下）第 209 页

中秋夜设水果清醽告祭孤桐师，

兼示孝萱、益知两同门，同声一哭。

离别犹于梦寐看，早知别易会皆难。

沉湘九死吾何悔，抱被空床夜已寒。

酹祭酒余酒未醒，攀天泪尽泪奚干。

从今缺月年年分，此夜团圞不是团。

从今以后，年年有月也是缺。此恨绵绵，“高亭”犹在，而那个命名的导师已先去，此情何堪，唯与同门一哭，或能解痛。12月，高二适请人治印章士钊号“孤桐堂”以悼念章士钊。印成，悲从中来，遂成诗作，并抄录赠画家张正吟：

吾师往矣存此堂，此堂岁月耿难忘。

岂意平生张公子，独能从我著石章。

没无赴告属无书，身后凄清火一炉。

莫忆蔡家琴酒趣，千秋师弟渺黄垆。

“身后凄清”，是因为世间再无如章士钊这样的人说话。章士钊的离世，给本已体虚多病的高二适以沉重的打击，生命留给高二适的时间已不多了。但章士钊期许他“天下一高”的细节尚未全部完成，他将孤独地前行，为章士钊，也为自己作一个许诺人生的注解。

二、天下一高：吾许汝

章士钊对高二适如此关爱，始终如一，坚定不移，实属罕见。考察其原因，大概有两个方面。一是高二适一生守道、守志、守性、守情、守贫、守廉，他把章士钊与自己的师徒关系比成孔子与高柴、子路、卜商以及韩愈与侯喜、王安石与龚深甫。此类比一方面是表达他对章士钊的诚服与崇敬，另一方面以高柴、子路等这些优秀的学生自况，不仅表明追贤思齐的心迹，还表达对自己史学贡献的自信。高二适身上兼具孔子弘道的精神、屈贾的家国情怀、竹林七贤狂狷的秉性；他有司马迁的志、陶渊明的淡，还有杜甫的泪、韩愈的热、孟郊王令的苦、陈师道的骨，他不仅习其诗文，更习其为人风骨。他考章草，追“二王”，化颠张醉素，夺杨凝式，溺宋克，书法自成一格，风韵独绝，所关注的不仅仅是艺术，更有对文脉的坚守。章士钊在高二适身上看到的是中国传统文人近乎完美的品性，也看到他是从晚清到民国再到中华人民共和国成立初期，难得固守在文化阵地的读书人。章士钊许以孔子名列20的门生公冶长来称呼高二适，所以章士钊信他、呵护他。二是章士钊一生传奇，儒家、墨家思想在他身上演绎得淋漓尽致，奇特的是他一脚跨进政治，另一脚依然留在文化门槛内。政治上的热情让他竭尽全力，文化上的痴迷让他梦想不灭。

但章士钊又不能全身心埋在书斋里，政治上的有所为消耗了他文化上太多的能量，固守在书斋里的高二适，似乎让章士钊看到自己的另一半——做一个纯粹的文化人，一个有所为的文化人。高二适是章士钊的门生，更是章士钊文化生命的延伸，所以章士钊懂他、尊重他、呵护他。

章士钊坚信高二适在文化上一定会有所建树，在文化史上定会大放异彩，因此从一开始就不遗余力向世人举荐高二适。

（一）荐其诗

高二适与章士钊相交，并不是看中他可利用的朋友圈，而是在这个朋友圈中找到了自己的位置，即做一个纯粹的读书人、纯粹的学问家、纯粹的书法家。

1937 年七七事变后，高二适与章士钊随国民政府西迁至重庆。高二适住在重庆北碚独石桥立法院宿舍，宿舍内建有一小亭却未命名。一日章士钊与高二适诸诗友做客孙科在独石桥半山间的“独石山房”，其中有一小亭未名，孙科请章士钊命名。章士钊则说：“院中诗人无逾二适者，何不以高亭名之。”其实立法院中诗人颇多，且水平高的人为数不少，例如大才子林庚白，曾在自己的《吞日集》序中自标其诗“直与杜甫争席可也”。[17]章士钊对高二适的推介，不完全是出于个人感情或一时戏言，他相信自己的眼光与直觉。章士钊此语一出，在重庆诗界引起震动，被称“清末第一词人”的赵熙颇为不服气，就对章士钊说：“高

[17] 林庚白著，周永珍编：《丽白楼遗集》，中国人民大学出版社，1996 年，第 384 页。

二适理路不清，定辜负君之奖措。”而章士钊相信自己的判断。汪辟疆作《光宣诗坛点将录》将赵熙比作“天捷星没羽箭张清”，其后附章士钊《论近代诗家绝句》，其中第二首论赵熙绝句为：

事异王维过郢州，却从理路厄诗流。
浩然归去题襟黯，会看高亭出一头。[18]

结句“会看高亭出一头”，应是章士钊对赵熙质疑的回应。从章士钊与赵熙的“斗嘴”既可看出章士钊爱才惜才，也可看出章士钊是运作的高手。《光宣诗坛点将录》是汪辟疆于 1919 年写出，可谓近代诗史，震动诗坛，章士钊遂反复向汪辟疆推荐高二适。一向谨慎不轻易赞许别人的章士钊这一举动，让汪辟疆颇感惊异，于是汪辟疆认真阅读高二适诗作，越感奇妙，不忍脱手，在高二适诗后题诗记录这件事：

吾交章长沙，誉君诗最久。长沙慎许可，胡独与子厚。自吾得君诗，三复不去手。[19]

后来汪辟疆与高二适成为忘年诗友。在此期间，章士钊还将汪辟疆的《光宣诗坛点将录》所列诗人以诗的形式加以评点，汇成《论近代诗家绝句》，此是对汪辟疆所作诗史诗论的补充，很有诗学价值。汪辟疆十分欣喜，特记诗坛此胜事：

[18] 汪辟疆：《汪辟疆文集》，上海古籍出版社，1988 年，第 346 页。
[19] 汪辟疆著，张亚权编撰：《汪辟疆诗学论集》（下册），南京大学出版社，2011 年，第 577 页。

章士钊在渝时，从余索善本去，又就其师友及所知者，各为绝句若干首。旨在论人，不在论诗。其原诗附以小注，尤多诗人故实。[20]

汪辟疆于1943年将章士钊评点的《绝句》和自己的《点将录》同时发布。有意思的是在评点赵熙的诗时，章士钊特把高二适拉出来，把“高亭”命名一事写出，不能不令人敬佩章士钊推举高二适的良苦用心。因为章士钊知道《点将录》必留史，高二适也因之留名，抑或高二适更使《点将录》增辉添色，而在章士钊看来，可能更倾向于后者。章士钊“高亭”的命名、柳诒徵直呼高“肯堂”，在诸公的助阵下，高二适对赵熙的批评也作出坚实的回复。他在《仪曾见过纵谈吾五年前故事，戏书率寄》一诗中说：“世人笑我文非理，异军苍头终突起。”高二适自信他将打破赵熙的魔咒，以特有的风格矗立于诗坛。

章士钊无论是以高二适来命名“高亭”，还是与赵熙据理力争，都不是戏言妄语，他以敏锐的眼光，以超越尘俗的观念，看准无名之辈高二适。1941年4月，他专门为此作诗一首并公开发表：

过桥踏石上江村，偶忆乘舟归鹿门。
从古诗人定名胜，高亭应比孟亭尊。

诗后还跋云：“吾尝语孙哲生（即孙科），独石桥须俟高二

[20] 汪辟疆：《汪辟疆文集》，上海古籍出版社，1988年，419页。

适始可传。”[21] 孙哲生即孙科，章士钊向孙科说，独石桥因为高二适可以传名于后世。唐朝的襄阳因建有纪念孟浩然的“孟亭”而名闻天下，但在章士钊看来“高亭”应该比“孟亭”还要尊贵。他相信小小无名的独石桥也因为高二适而流传后世。章士钊后来亦有诗“独石南台了无别，高亭遥矗古渝州”[22] 力挺高二适。历史证明章士钊是对的。

好友苏渊雷见章翁“高亭”诗作，亦撰文刊与报端赞誉高二适诗作：“以为韦偃画松，放笔直干，二适诗当之无愧也。”[23]

1946 年，高二适在《新中国月报》第一卷第三期发表诗作《雪》：

> 万井堆盐絮逐车，洛阳裘满侈春花。
> 惭无珪璧先投座，喜有霜风不出家。
> 闭户读书情未减，擘笺题句手须叉。
> 天真不假施朱粉，鼎实分功岂漫夸。

抗战胜利后，高二适回到南京，但他并没有受到环境的影响，依然闭门读书，勤功诗歌，借咏雪表示“天真不假”的心迹。章士钊见此作，即赋诗《雪诗答二适》，并刊于 12 月 18 日的《中央日报》：

> 腾腾虎气压吴洲，对雪题诗第一流。

[21] 高二适著，李静凤编校：《高二适诗存》，黄山书社，2011 年，第 113 页。
[22] 纪如彬，吕华江：《高二适先生年谱》，江苏凤凰美术出版社，2018 年，第 127 页。
[23] 苏渊雷：《高二适墨迹·序一》，云南美术出版社，1995 年，第 2 页。

久与岑参成绶步，还同务观踵前游。

人归笠泽红依笛，船出瓜洲白拂楼。

四十五年喜未见，钟山青处有云浮。

章翁夸奖高二适题雪为第一流，喜称其45年来未见此才。章士钊不管在何时何地都从不避讳赞誉高二适。此时国民政府还都南京，国内处于相对和平时期，各行各业都处于重建阶段，章士钊在国民党最高党报《中央日报》盛赞高二适，向世人力荐，可见章士钊的用心。民国十大狂人之一、章士钊的秘书潘伯鹰对章翁提携高二适非常知悉，他在章士钊《寄高二适》底稿后加注：

高二适，江苏东台人，苦吟好学，以诗谒先生，甚见奖掖也。[24]

潘伯鹰介绍高二适简洁精准，一是说他苦学的特征，二是说他与章士钊交往的基础是诗，三是强调章士钊对高二适的奖掖之甚。章士钊无意却有心运作的“高亭”公案，成为诗坛佳话。高二适也以自己的诗学实践得到同行的许可，并请人刻印“高亭主人”，盖在书法作品上。“高亭”已成为诗友对高二适的别称。1963年，被陈巨来先生列为民国“十大狂人”之首的冒叔子，题诗为《渊雷邮寄近诗赠此慰之兼柬高亭、天风、槐聚》，这里的“高亭、天风、槐聚”分别指高二适、徐澄宇、钱锺书三人。

[24] 章士钊：《寄高二适》诗稿墨迹，见《高二适先生年谱》，第127页。

苏渊雷更是经常以“高亭”称呼高二适：《夜读〈后汉书·逸民传〉至高恢高凤事有感，适奉高亭诗札，因缀为长句寄怀》《高亭数叠谙字韵见寄，兼怀旧游因复叠四章》。

“高亭”佳话并没有随着时间的流逝而抹平，并且在日后的时间里不断地演绎着。“高亭”常常成为高二适与诸诗友往来唱和的话题。南京钟山山麓有一小亭，1971 年秋日高二适与同好登山，于此亭休憩饮酒赏景，酒酣之际，大家认为此无名亭没有题榜甚为憾事，便谈起当年独石桥“高亭”一事。有人提议将此亭也命名为“高亭”，高二适笑而谢之。回来后高二适抚今思昔，特别思念恩师章士钊先生，同时也借“高亭”佳话，希望“兰亭论辩”得以顺利展开，遂赋一首《秣陵道上寄呈孤桐老》，尾联为：“高亭未是高阳馆，愿得山公启一名”。章士钊接到诗札，感慨万千，岁月苍老，病魔缠身，诗意犹存。关键是此时的环境已不允许开展正常的学术争鸣，更无从谈起“兰亭论辩”，无奈提笔作《答二适秣陵道上见寄之作两首》。第二首末句，也以“高亭”来宽慰警示高二适：

一亭小小等无恙，何不呼为听涛处。

章士钊孤吟 90 载，与高二适谈诗 35 年。往事如烟，“高亭”传名。第二年秋，高二适再次登临小亭忆起往事，吟《题小亭》一首：

巴蜀归来有此亭，年年长是费登临。
江山行处余陈迹，花鸟移时只损心。
蔀屋那能穷奥窔，高文还曰就雄深。
如何故国三千里，张祜空成处士吟。

诗有小序：“亭在钟山南麓，亭故无题榜，上年有人觞余于此，有请僧径名为高亭者，余笑谢之。今秋登览，始成此诗。”在诗最后一句自注：“‘高文还曰就雄深’，谓长沙章公。‘张祜空成处士吟’，用小杜寄张祜诗意。”一是借杜牧赏识张祜的才华来比章士钊对自己才学的欣赏，二是表达才不为世赏识的苦闷。此时，高二适书被抄走，兰亭论文不能发表，他感叹“几见书生能报国，端忧天地始呼天”[25]。看淡过往，心在笔墨，高情犹在：

从吾窥蜀我心烦，亭在亭亡只等闲。
若把深心托毫素，高情犹在燕台山。[26]

好一个“亭在亭亡只等闲”。晚年高二适与林散之相遇，两位老人相见恨晚，互敬其才，林散之欣然以“高亭”为题作画，不吝其笔再题诗两首：

题高亭图

奇文我自思东海，亭阁消遥托暮年。图史三千故家物，

[25] 高二适著，李静凤编校：《高二适诗存》，黄山书社，2011 年，第 101 页。
[26] 高二适著，李静凤编校：《高二适诗存》，黄山书社，2011 年，第 102 页。

风云一代老夫天。

孤情不失谢康乐，逸气能存李谪仙。只向画中闲着意，枫青霜白生高贤。

又题高亭

披拂东南运，抟扶江海才。读书真种子，壹气得心斋。

山静千灵秘，亭虚万窍开。无惭谢幼舆，邱壑置身来。

林散之以画绘就“高亭”风谊。两首题诗，以谢灵运、李白赞高二适诗才，以赵孟頫的《谢幼舆丘壑图》将高二适类比魏晋名士谢鲲。“高亭”的情结在高二适心里挥之不去，章老的眷眷之情他能理解。高二适晚年以“高亭主人”为号不是炫耀，而是自砺，同时他还想把“高亭”风谊传承给后学，这也是他以高柴自况的职责，是兑现对章士钊的承诺。1975 年 10 月 25 日，他致信扬州苏北农学院马千里说：

千里吾兄，廿一日手毕，敬承之“证草圣斋”印章微觉不适大幅之用，兹先寄赠陆君一绝。随函奉达即希转致，并乞代为道谢！另见示“高亭主人”方章，篆法至为厚重，尤推佳制也。鄙诗意以草篆微尚，今兹秦斯石澌灭，故欲以草法取敌暴秦，特聊为兄言之。[27]

信中陆君是指时在江苏省东海县兽医站工作的陆承平。陆承

[27] 纪如彬，吕华江：《高二适先生年谱》，江苏凤凰美术出版社，2018 年，481 页。释读有误，“景秦”应为“暴秦”。

平专业是兽医学，业余时间喜欢篆刻创作，为高二适治印“高亭主人”，高二适作诗《陆承平“高亭主人”印镌成，寄赠一绝》以表谢意：

高亭若比孟亭尊，新刻名章唤主人。
从此诗家射雕手，匹为草篆敌咸秦。

诗后题跋：

章孤桐题诗曰：从古诗人定名盛，高亭应比孟亭尊。孟亭在鄂，高亭在渝，今则随吾之居也。承平为刻“高亭主人”即赋此奉谢。[28]

同年，高二适为女高讯兰同事鲁振阁书撰联：“非才吴钓碣，久已蜀高亭。”（图 5-11）

章士钊给予高亭生命，高二适赋予高亭灵魂。在未来的某一天高二适也会追随章士钊离去。章士钊问：“高亭能传世么？”高生会说：“有诗在，有文在，有魂在，当立世矣。”

（二）举其才

每至关键时期，章士钊对高二适总极誉之，力荐之，其用语往往无以复加。

[28] 纪如彬，吕华江：《高二适先生年谱》，江苏凤凰美术出版社，2018 年，第 481 页。

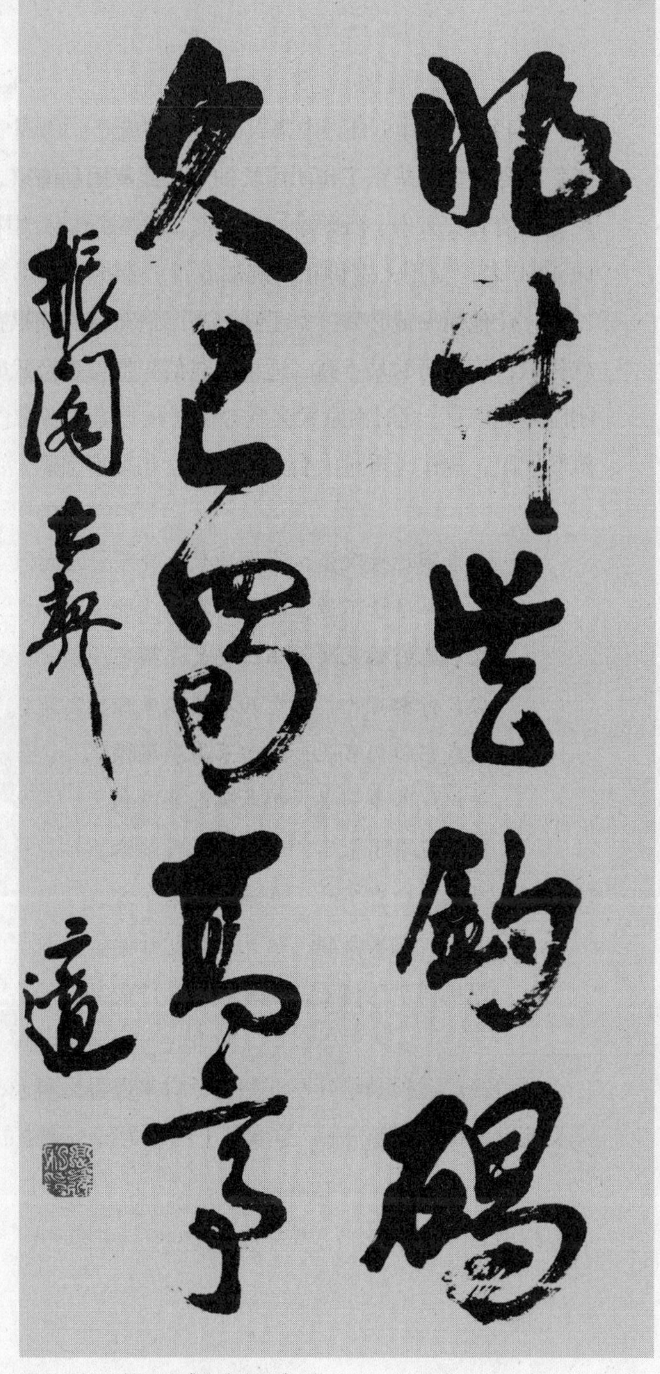

图 5-11 : 高二适《非才久已》联

1949 年 10 月 1 日，中华人民共和国成立。12 月，时任接收工作指导委员会华东工作团团长的董必武率团到南京，接管原国民党政府有关人事、档案等一切事宜。董必武在原“国民大会堂”向 4000 名拟留用人宣讲相关统战政策。章士钊手书举荐函致高二适，让他面见董必武。章士钊、高二适与董必武早在重庆期间就相识，可不巧的是：高二适携章翁信去拜见董必武时，董必武刚刚离开南京。此时南京大会堂旁桃李花开正隆，高二适回来后，感慨无限，遂作《重过大会堂有感桃李花发事率赋》：

身未窜迁世改张，崔嵬独数大会堂。
吾今屡遇情不适，况值桃李犹芬芳。
忆在巴蜀咏此树，阳气发乱光腾芒。
当日行都百忧集，岂知人物极盛强。
及我东归仍官此，几回落笔歌慨慷。
早识议郎争一哄，倒卷风雨座飞狂。
惊心花事了未了，洗眼凝伫路歧旁。
有怀莫白言不食，悫事正惟朱鸟方。
悬知醉醒累臣独，应见召伯憩甘棠。
问桃谒李耿何意，容吾出入提诗囊。

此诗高二适抄录给好友苏渊雷，对未曾得见董老，未能与董老交流新曲深表遗憾——“这实际上已成为他一生中的憾事”[29]。

[29] 高二适次子高泽迥口述，王林整理：《我的父亲高二适》，载《当代史资料》，1999 年第 1 辑。

1965 年在“兰亭论辩”中，为了能让高二适的论文发表，章士钊不得不惊扰毛泽东，他连同高文并以信函呈送毛泽东。章士钊在致毛主席的信中毫不避讳地赞誉高二适：

兹有读者江南高生二适，巍然一硕书也（按“硕书”字出《柳集》）。专攻章草，颇有发明。自作草亦见功力，兴酣时并窥得我公笔意，想公将自浏览而喜。此钊三十年前论文小友，入此岁来已白发盈颠、年逾甲子矣。然犹笃志不渝，可望大就。[30]

“巍然”原指高大雄伟的样子，后形容名次等级高。“硕书”语出柳宗元《与李睦州论服气书》，章士钊在其巨著《柳文指要》中注解为：“硕书者，大书家也。以此类推，大画家似可言硕画，然竟无人敢如此用。”[31] 并在《柳州书法》中再述此词：“子厚以工书自诩，其于《与李睦州论服气书》，尝追述幼时学书之苦，叹不得硕书，而书乃形纵而理逆，为天下弃。夫硕，大也，注家谓语出《庄子》‘无硕师而能言’，其说近。”[32] 章士钊向同样精通草书的毛主席介绍高二适，用如此顶级的词语，足见其分量极重。紧接着他列举高二适两大成绩，一是高二适在章草研究上颇有独特的见解，二是草书创作很有功力。以理服人，不为虚语。然后以 30 年文友交待他与高的关系，并坚信高二适定然“可望大就”。

[30] 白吉庵：《政客里的文人 文人里的侠客》，团结出版社，2015 年，第 378 页。
[31] 章士钊：《章士钊文集》，文汇出版社，2000 年，第 710 页。
[32] 章士钊：《章士钊文集》，文汇出版社，2000 年，第 1494 页。

1970年7月2日，章士钊向周恩来密呈“为袁绍文返国事”。袁绍文为民国实业家袁涤庵第三子，美籍华人，是著名火箭专家。章士钊在香港了解到袁绍文想回来报效祖国的心愿，就致信周总理力促此事（同时请周公转呈给毛主席）。信的结尾在介绍袁绍良时，颇有弦外之音：

> 可见怪者，良当学文于吴玉如，即公之同班同学，实亦讲课时不少概见，而今玉如所能，似良亦能之，特精粗美口微不同耳。良能作章草，颇为钊另一门人高二适所赏。今附此函简报四通，其文字，皆非同龄人的能为。公一览当觉鄙言非谬，惟公幸玉成之。

是年90岁的章士钊思维敏捷，家事、国事、天下事，事事厘清；亲情、友情、爱国情，一往情深。袁绍文回国是公事，但处理好国内袁氏姐弟的事是袁绍文回国的首要任务，足见章士钊处理事情的周全。他引出袁绍良是吴玉如的学生，而吴玉如与周总理同庚、同学、同寝，情深义笃。可见办好袁绍文回国的事于公于私合情合理。用高二适而不以吴如玉来评判袁绍文的书法，可想章士钊眼里天下的书法也只有高二适了。当然也借此机会，给总理安排高二适江苏文史馆馆员一事的交待。

1963年春，章士钊的皇皇巨著古典文学研究《柳文指要》的上部50万字完成。上部称为《体要之部》，即按照《柳宗元集》

原文编排的顺序，逐篇加以校笺、考证、评论。章士钊把书稿寄给高二适校读。1964年春分前，高二适批阅《柳文指要》时发现其中三条错误，随即致书章士钊的秘书菉君（亦作录君）。经过整整10年对章草的研究与临习，高二适对草书的理解与创作达到一个新的高度。此勘误文稿即用章草一挥而就寄给章士钊。章士钊阅毕，对高二适的纠错大加赞赏，随即赋诗一首回赠：

二适与菉君书，翘举柳诗误签三条，草书佳绝漫题其后

异同刘柳不须删，童子隈墙作态玩（隈墙失注）。
南海共知翁仲殆（注家不识翁仲为南海人），
东周谁见冶长鳏（贞一南来二首注误）。
误书偶得思逾适，大草偷挥手更娴。
天下一高吾许汝，家门月旦重如山。

“东周谁见冶长鳏”，是以春秋齐国人公冶长来比高二适。“冶长”为公冶长的省称，是孔子七十二贤之一，家境贫寒，好学博诵，终身不仕而志在治学，为孔子所赏识，并将女儿嫁给他。而公冶长亦不忘孔子的教诲，终成一代名士。章老先生用此典故既点明他与高二适师生关系也有嘉奖高二适之意。此为第一层。接下来大加赞誉高二适窥得草书艺术的奥秘。最后将高二适推到“天下一高”的境地，并用“家门月旦”的典故来说明自己此番评定不是玩笑之语，而是实事求是，分量重如大山。

孙中山先生曾这样评价章士钊：“行严矫矫如云中鹤，苍苍如山上之松……革命得此人，可谓万山皆响。”高二适与章士钊相遇、相交、相知，是高二适的人生机缘，没有章士钊就没有高二适绝响的人生。高二适是幸运的，他的勤勉自律赢得了上苍的垂青。作为旧式文人，高二适在南京过着与世无争的书斋生活，他曾作一联：“五行秀气谁为主，天下文章自在身。”尽管他满腹经纶，心怀高远，但他一心读书，不与世俗交往。其门庭差不多是“苔痕上阶绿，草色入帘青”，其境虽雅致，但往来既无白丁，谈笑更无鸿儒。时过境迁，自然他的学问很少有人知晓，加之当时传统文化不为主流社会所重视，高二适几乎已被人遗忘。为此章士钊于1963年、1964年两次在香港《大公报》撰文巧妙地向世人推介高二适。

1963年4月5日，章士钊在《大公报》发表《癸卯上巳》一文，文章开头一大段写上巳日章士钊、朱启钤、章蒙君吟诗唱和。朱启钤生于1872年，原为北洋政府内务部长，著名爱国人士、工艺美术家、古建筑学家、中央文史馆馆员。章士钊在1901年与朱启钤相识，结下了超过半个世纪的友情。章蒙君为章太炎的侄女，时任章士钊的秘书，章士钊赞她：“渊源学家，成就非浅，诗经出乎，韵味随之，亦当今未易才也。”随后，章公就以他与高二适的诗书往来全面推举高二适的书法、诗歌、国学。高二适作《上巳奉怀孤桐老》：

不向东风怅别离，阴寒唯祝酒盈卮。
兰亭逸气工模帖，海淀樱厨想对棋。
社燕已随阳雁足，新花岂閟故林枝。
嗟余蹇蹇归平淡，藉有从公讌息期。

章士钊先是评价其诗，然后评其书法：“此诗素手白描，略逊平昔苦心吟断之作，惟诗帖挥洒极工，颇类南宫手札，吾爱之重之。”高二适在当时的诗坛上是有名的苦吟派，诗友们常把他比作杜甫、孟郊、吴嘉纪。高二适寄给章士钊的虽然是一件普通的诗歌信札，但章公用“诗帖”一词，并将它类比成明朝大书法家宋克的名札，可见章士钊对高二适的书法推重。从章士钊与高二适学术上较劲式的商榷看，章士钊此语绝非敷衍、吹捧之词。面对此信札章士钊忍不住激动之情，急切地和诗注解“诗帖”：“漫天恶札世争奇，皇象工书反不知。四海久嗟同气少，寸衷唯许素娥知。退之原自长于笔，高叟何妨固在诗。却虑耦耕逢日暮，百年沮溺壮心期。”高二适百年壮心，书学终成，一扫漫天恶札。章士钊借刘禹锡与韩愈各持所长的典故，赞誉高二适不仅诗好而且书法造诣也极高，只是高二适像退隐躬耕的沮溺不为人所知。随后章士钊道明写诗意图：“惟愿天下人知有独学自成，不求人知之高二适其人，故郑重以出之。高二适本无书名，唯无书名，是以独绝。”

1964 年 2 月 9 日，章士钊将他与高二适学术探讨以实录的方法作《小小诗谳》发表于香港《大公报》。文中章士钊向世人昭示高二适“于史汉功勤，谓马班厚实，无漏洞可塞，频为惊奇不已”。

身居香港的章士钊养女章眉习书绘画，让章士钊欣喜不已。1965 年 6 月，章士钊临《兰亭》一幅寄与章眉试临。两个月后，章眉寄回临作，章士钊甚为满意并赋诗一首，随即转寄给高二适同赏。高二适亦喜后学可嘉，在其后和章士钊一首，《题赠章眉》二首。9 月 1 日，章士钊收到高二适诗卷后，在其空余处附信致章眉：

> 高二适是我三十年前论文小友，虽历来自署居我门下，然所学都比我专，书法工力我尤不及，右幅是汝临写神龙“兰亭”，我送与他看，他高兴所加的评语，语气十分亲切，字体亦甚高明。汝当以为至宝，加紧用功，莫辜负前辈人的善意。汝得到此幅后仔细看看，好好学习，试照样临写一通并我的跋语也包括在内。汝自己认为满意，然后邮寄来让我寄与高先生看。
>
> 桐 九月一日在北京[33]

附信中，章士钊一方面对晚辈章眉的学习循循善诱，寄予厚望，另一方面推介高二适，特别点出自己所学及书法均不及高二适，这是何等胸襟。

[33] 纪如彬，吕华江：《高二适先生年谱》，江苏凤凰美术出版社，2018 年，第 292 页。

1967年正月十五日，高二适不慎摔倒折足，卧床3个月有余，苦不堪言。在床上他回顾人生，诸多感慨涌上心头。4月26日，他在自作诗后跋曰："然岂知吾此之遭际，尚有呜咽而不能明者，吾终饮恨也矣！将诗云乎哉，将诗云乎哉！"对此，章士钊立刻伸出援助之手，不是其他，而是精神灵魂的慰藉。5月28日，章士钊赋诗《训二适寄赠佳纸》：

无焰残灯照楚骚，暗惊心迹上秋毫。
行文涩似填驴券，求纸珍逾拾凤毛。
难得故人遥念我，了知退笔不辞劳。
客来倘问临池兴，惟望书家噪一高。

章士钊在此自谦行文不畅且繁复，但转而赞赏高二适，并坚信高二适书法一定会大噪天下。高二适见此诗当然知道章公的潜台词，遂作《次长沙公韵》再表心迹：

招屈亭荒继有骚，知公楮墨益三毫。
国书屡为扬幽仄，郎署何惭指鬓毛。
再寄陈笺将日近，长歌白石未心劳。
一龚蚕挹荆文句，柴也如愚枉姓高。

诗的前部分礼赞章士钊文才具有无中生有的神变，以此来应答章士钊的谦辞“填驴券”，尾联连用两典故以陈心迹。一龚即王安石的学生龚原，《宋史·龚原传》：“初，王安石改学校法，引原自助，原亦为尽力。其后，司马光召与语，讥切王氏，原反复辨救不少衰。”[34]龚原因不随世变，不背叛师门，而受人敬重。高二适用此典故，是有所指。1965年6月“兰亭论辩”备受关注，由于外部环境变化，同时也因为高二适与章士钊皆为原国民政府任职人员身份，有逐渐引向人事争斗的可能，章士钊感觉到一种潜在的危机。当然章士钊倒不是从自身考虑，因为不管伤害到谁，都是章士钊不愿看到的。但是高二适对此看得并不分明，11月6日午夜，高二适致信章士钊：

孤桐老师座，四日上一函并附缴尊稿《柳州之于“兰亭”》一文，适僭越加批数处，罪状罪状。顷奉三日手毕，拜诵惭惶。公历次赐书，适宝藏未给任何人过目，人自无由知之。惟上月有冯若飞在苏文馆谈及适《驳议》文发布事，南京每有捕风捉影之奇闻，适久晓世情娴于嫉忌，未或辩之。现续作两稿正在誊真，发表与否不置于怀。惟重接戒饬，只有益自谨慎。至于尊为《指要》备一文，有两三位乡老见之，故适妄作前请。适本自量度，老人殊不必参加此一争辩也，现倘有人为含沙之计，公可渺小视之。如有关适事，适愿待罪，万死无悔，嗟嗟。适无似遵秉国家政策，为百家争鸣增一线之光（右郭公都不中理，可长思之矣）。动则烦劳师门之忧，

[34] 见《四库全书·史部·正史类·宋史·卷三百五十三》。

吾此为仲由欤？（图 5-12）

信中高二适陈述自他发表驳文后，社会上出现了针对章士钊和他本人的“捕风捉影”和含沙射影的传闻，但他仍表示以子路的伉直和勇气，继续与郭氏辩论下去，不为私自，只为学术，只为与“百家争鸣”国策争辉。但是高二适想得还是简单了，从他给章士钊的两个信札中可看出端倪：

11 月 28 日夜信札：

孤桐师钧前，奉到二十二日谕示。暨寄回拙稿等，语重心长，读之感涕。

12 月 12 日信札（图 5-13）：

孤桐老人师座：前奉谕教，因适有驳议文而牵联到政治仇恨，此何物与公为敌？又闻有暗潮陡起，适累日惶惶不安于室。我师自前一癸卯，即与闻国事，口诛笔伐，虽政局云翻雨覆，公复得罪人间？今主席毛公倡百家争鸣，值有《兰亭》真伪之辩难，报端表曝诸文，有能餍士林之望乎？适人微言轻，知文坛有人把持，顾为书艺兴废，不甘作寒蝉，所以才求公乞将鄙文呈献政府，冀待采纳，非有他望也。孰料南北有人腾口诽谤，是不啻暗中阻挠政策，中伤我师门一代风义。适在南都，也尚有为恐吓之辞，人民政权下尚复存留

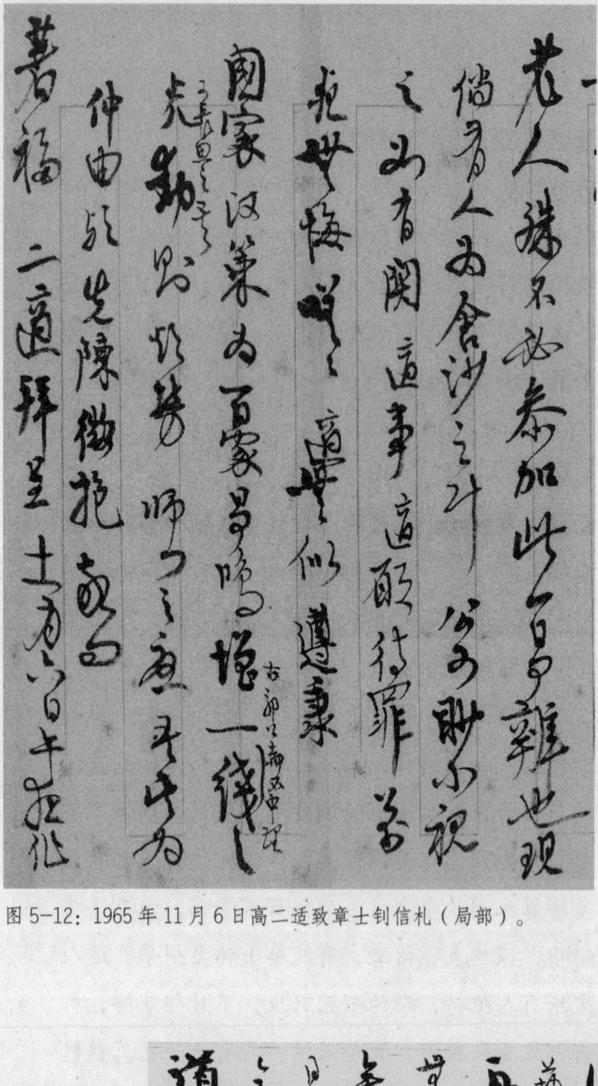

图 5-12：1965 年 11 月 6 日高二适致章士钊信札（局部）。

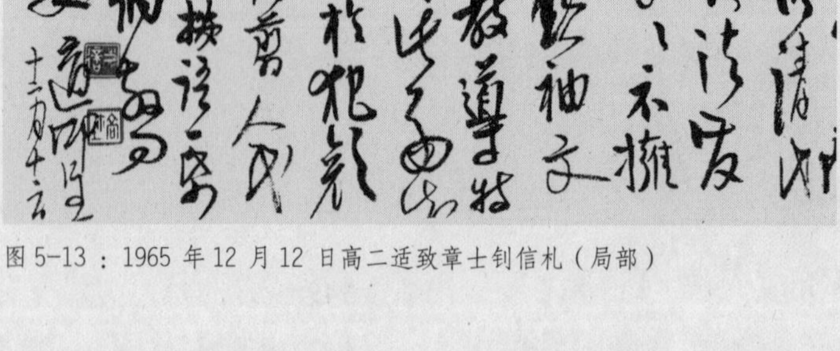

图 5-13 ：1965 年 12 月 12 日高二适致章士钊信札（局部）

阿谀陷溺士类，吾实耻之。

……

“奉到二十二日谕示”，“前奉谕教”，虽然我们现在不知章士钊语重心长地说了什么，但可想反复教谕的事一定不简单。“兰亭论辩”已确定无疑“牵联到政治”，已有人站到章士钊的对立面，这不仅是中伤章门风义的事，更有随时爆发批斗章士钊的危险。在南京，高二适也同样受到恐吓，可见其形势暗潮汹涌，万事不能不小心，更不能让人抓到口实。1967年3月30日夜，章士钊再次警示高二适“近日乌台之案迭起”。问题是高二适的子路精神，着实让章士钊不安，虽然他知道高二适不是出于私心，只为学术，只为倡导文艺，但高二适不依不饶的举动，难免使章士钊产生错觉。因此高二适以龚原自况，是向章士钊表明心迹，非常必要——不管世间如何风云变幻，他高二适一定会像龚原一样誓死捍卫师门，更不会让章士钊受到任何一点伤害。不仅如此他接着反用高柴的典故。高柴是孔门七十二贤中最贤能、最孝顺、最公正廉明的弟子，创办的“高柴书院”，传承孔门，弘扬儒学，影响深广。孔子对高柴的评价是：“柴也愚。”此“愚”非蠢也，当是忠厚愚直、大智若愚。高二适借此说，如果高柴真的愚蠢到不懂得捍卫师门，那他真是不配姓高了；作为门生我高二适定会向高柴那样广播章门风义，弘扬道义，捍卫文化，成为你最得意的门生。高二适此等表忠心、表决心，绝不是应景献媚之词，这是他一生坚守的道，坚守的义。章士钊当然知道，否则按照他任侠的个性，怎会容得下一个见异思迁、见风使舵的势利之徒；如则是，纵他有天高学问，章翁也就挥挥手——由他去吧。

高二适以高柴自居，也非是停留在口头的锦绣文章，他坚定地践行自己的誓言，沿着文化的梦想前行。1973年腊月，南京印人王一羽为高二适治印“适吾所适”，并赋七绝请教。对勤奋好学的后辈，高二适总有一份偏爱，他即刻回赠两首，其序云：

一羽为余再镌“适吾所适”朱文长印，笔力深厚，且媵以七绝，使衰朽益欣跃矣。爰报谢两首，余将诱羽学诗，故此先登云。

其序落脚点在“诱羽学诗”，高二适身体力行，为后学示范。两绝如下：

东家丘语内无适，而我适乎柴也愚。
苦为王郎增注脚，世间谈口慢拘虚。
久摩君印吾能说，君傥为余书绩愁。
不信旁观真缩手，郢人垩鼻宋人求。

后有跋语：

巧匠旁观，缩手袖间，韩祭柳语，余曩年在渝州为人作书，于右任、章行严均引昌黎文相推挽，事越卅余年，知己长往，余笔从可休矣。右畲一羽同参。[35]

高诗“东家丘”句用《论语·里仁》典故：“子曰：‘君子处之于天下，无适也，无莫也，义之与比。’”表示自己以道义为亲，以道义为处世准则，此即高二适1937年公开发表的人生“三道”原则浓缩版。然后正面用孔子“柴也愚”语，以高柴自况，表明其弘道精神。其跋解释第二首绝句，借回顾30年前于右任、章士钊对自己的提携举荐，意在勉励后学发奋自励。由于当时环境所限，高二适不能像高柴广收门徒，传道授业，也只能以此方式传承文字风义。

“天下一高吾许汝”。章士钊生前虽未亲见高二适获此盛誉，但时间的流沙累积起高二适日常细节，高二适以精卫衔西山木石的日月之功来铸就章士钊月旦之评，“天下一高”如章士钊所愿，日益见长，日益见隆。而文化史的长廊也没有舍弃为它雕琢的每一位门生，诚如高二适，无意于名垂于史，历史却垂青于他。

章士钊与高二适的旷世风谊，可圈可点，令人惊叹不已。如世无章士钊，即无高二适；世有高二适，更见章士钊风华。

[35] 纪如彬，吕华江：《高二适先生年谱》，江苏凤凰美术出版社，2018年，第409页。

第六章

『江西诗派』现代传人

一、苦吟的背影

（一）苦吟形象

中国传统诗人，鲜有不通过勤读苦学而成家成名的。《文心雕龙·养气》说：“夫学业在勤，故有锥股自厉。”[1] 狂人林庚白与高二适相识后，对他这样描绘“苦吟诗世家”，“苦吟”确实是高二适定格的背影。高二适自幼在父亲高也东的指导下刻苦习读诗书，很小年纪便能诗能文，名动乡里。1936 年他作《感愤诗四首》，其中回忆起这段经历，颇为自豪：

> 髫龀习儒书，杂家相攻下。宿师愕顾盼，此儿不凡者。[2]

也是从那时起，高二适养成了终生勤学苦读、笔耕不辍的习惯，避免了仲永的结局。这既得益于他父亲的良好教导，更在于高二适自律习惯的养成，他从书中读出滋味，读出人生，读出学问之道。他从来没有让一日闲过，1936 年 8 月 27 日，在致韩国钧信札中，他提道：

> 止叟老人尊右，昨奉拙诗计承台誉，近来苦雨阮坐，日理闲书……[3]

[1] 刘勰著，周振甫注：《文心雕龙注译》，人民文学出版社，1981 年，第 456 页。
[2] 1936 年致韩国钧信札。
[3] 1936 年 8 月 27 日致韩国钧信札。

对付苦雨最好方法就是读书吟诗。1943 年夏，高二适住重庆独石桥，他的勤耕苦读，让立法院编译处处长谢保樵甚为赏识，遂将儿子谢兆崇及妻侄李仰溪送至高二适处问学。惠泽后学，高二适一生所求，他欣喜作诗《喜兆崇仰溪来学，寄保樵处长》：

区册自南来，昌黎色斯喜。比于庄逃虚，赠文如湍水。

公家卢谌亲，生儿斯为美（谓仰溪）。崇也能文章，益用挂吾齿。

吾昔早辞乡，天涯迷道里。欲求文字功，同时有显晦。

……

诗中褒奖谢、李两生，也由此触动追忆他往昔勤读生涯，一个“迷”实则写其痴。随后有诗句“人生久当要，诗书堪底里”[4]，是他从自身的认知出发，强调诗书对人生的重要价值，此也是回答他勤读苦吟的内在原因。战时的陪都重庆生活十分艰难，高二适虽是国民政府立法院机关秘书，但用他的话来形容“我如太白罪长流”。1943 年 9 月 14 日中秋节，明月当空，家在万里；穷山恶水，题壁解愁：

中秋夜保樵处长席上奉赠温委员定甫

天河四射秋无风，夜光明灭须臾通。

谁遣嫦娥奔月窟，今古完完影当中。

[4] 见《文史杂志》1943 年第四卷第五、六期。

谢公此时招独客，座有温公文章伯。
六年流播谁当愁，我如太白罪长流。
巴中蛇虺昼夜伏，蝇蚋噆人生肿肬。
饮含泥滓口藜蒺，冷暖非时如坐囚。

他在诗里描述当时的情形是：周遭是蛇虺蝇蚋猖獗，肿肬尤苦；饮食是不干不净，如杂泥藜蒺；住的是冷暖无常，寒檐苦雨无尽头。尽管如此，面对苦境，高二适依然没有放弃勤学苦吟，在巴县山中小道上，常见他挟韩孟诗文放声吟哦，独来独往；在深夜，高二适的朗朗读书声，已成为独石桥宿舍每晚的报时钟；在诗友雅集中，少不了高二适的高声讽咏。中华人民共和国成立后，对国民政府旧文员少不了各类审查，每每交待此段经历，高二适坦然而颇为自豪（图 6–1）：

事务日废，我则聚集群书，昼夜诵读，一心泽古，不与外事。

“昼夜诵读，一心泽古”，不是高二适自誉，而是他一生的真实写照，不管他在什么时候，也不管他在什么境遇，都是如此。中华人民共和国成立初期，高二适失业在家，全家生活异常艰苦，以致不能开锅，但苦吟不能断。1950 年 3 月 17 日，他用诗《朝不食谣》记录了这段艰难时光，其中有句：“吾意攻书为疗饥，

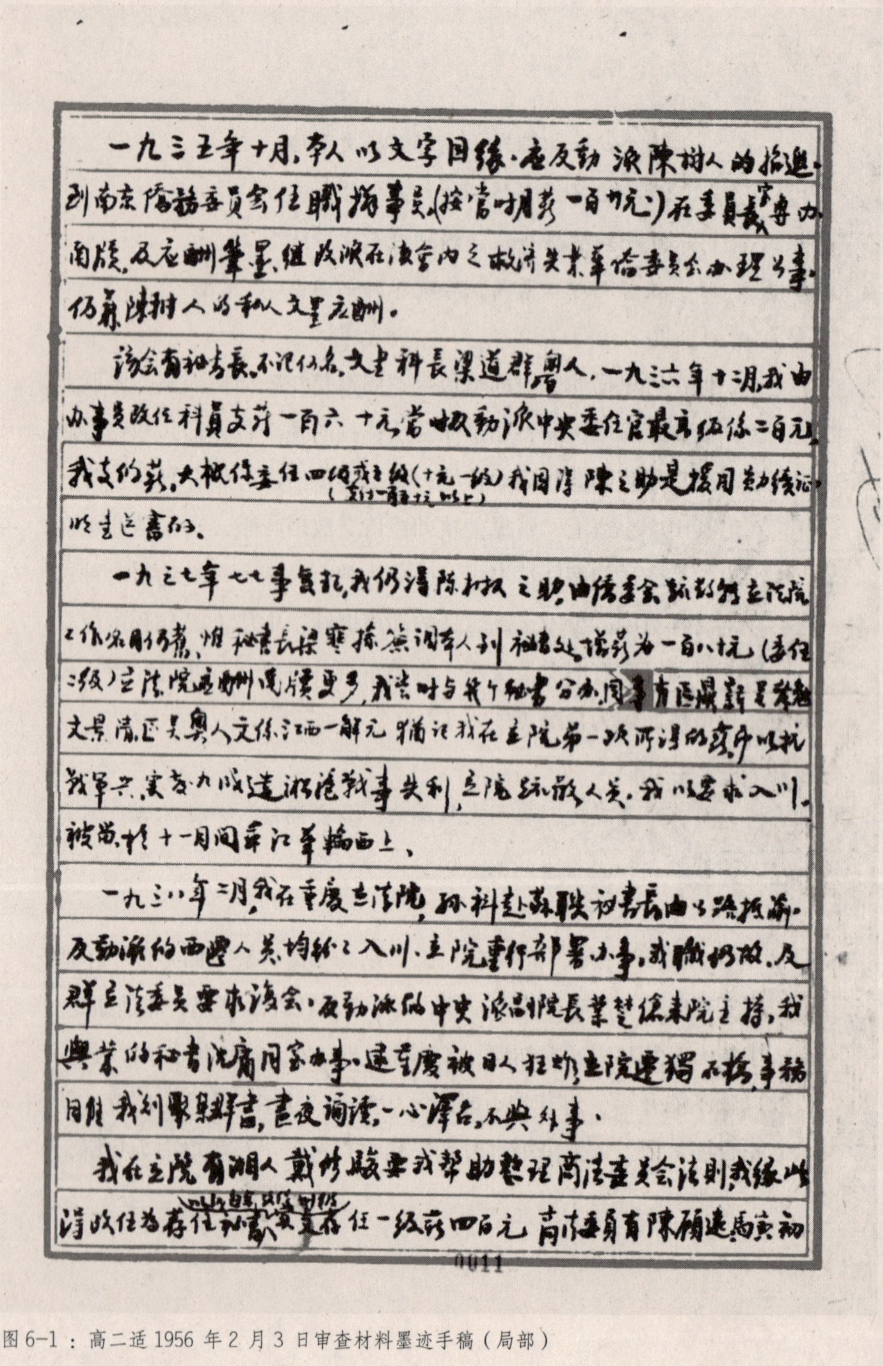

0011

图 6-1：高二适 1956 年 2 月 3 日审查材料墨迹手稿（局部）

由上路撤渝，反动派的西迁人员均纷纷入川。立院重行部署办事，我职仍故。反群立法委员要求复会，反动派以中央派副院长叶楚伧来院主持，我与叶的秘书沈庸同室办事。适重庆被日人狂炸，立院迁独石桥，事务日简，我则购集群书，昼夜诵读，一心译古，不与外事。

我在立院，有湘人戴修骏要我帮助整理商法委员会法则，我缘此得改任为荐任秘书，兼文荐任一级薪四百元。商法委员有陈顾远、马寅初、彭醇士、陈海澄等，戴修骏为主任委员。戴的职务以负责集开会，审查法案，判行提付立委大会。我的工作为整理條文，发付誊写或油印，具文呈院。我经手的记有海商法、商事法，海商累次修订，据据数年，迄未成为专案，反动官吏的泄泄沓沓，坐支公帑，亦可慨已。

我在立院计八九年，院长孙科、叶楚伧，孙高高在上，有贵介暴戾气，不常得见。叶被为南社名流，诗字均好。代的副院长玄，继年借我读书治事。秘书长则先后有吴尚鹰、连声海、温望宽、张肇元等，也有与我相契或极端反对的，如张肇元系退此世何由更作痴。”对付饥肠辘辘的方式，高二适历来是两个武器：攻书和苦吟。这样饥寒交迫的日子一直持续到1953年，其间高二适以书疗饥，以诗御寒，成为生活的一部分。1953年正月初一，新年第一天，他便展卷开读，感慨良深，在清王祖源辑录诗论的《声调三谱》上，提笔写下（图6–2）：

己丑（1949年）兵后，味辛踪迹茫然，吾则仍浸淫讽咏，百苦备尝。

其“百苦备尝”非常人能想象，有时他竟羸弱得臂不能举，“仍浸淫讽咏”，可见高二适矢志不渝。一个人有梦想，有期待，他就足够强大，高二适即是如此。在重庆期间，他赋诗《愈》：

文学真成愈，纵横孰用奇。梦空如坐忘，句苦不缘悲。
一徇流人曲，全归病骨痴。风尘仍落寞，何处有新诗。

这里高二适说“愈”言“苦”不是因为环境的恶劣，生活的悲催，而是魂牵梦萦的文学、令人坐忘的诗句。他自陈“病骨痴”，全因“何处有新诗”。早在1943年，高二适就有这样苦吟的自画像：

而疾转困，今将磨牙吮血，掐擢肝肾，其厥抵于大渐乎，抑更迫于不可为一世之低昂乎？[5]

[5] 1943年9月14日，《文史杂志》第四卷第五、六期合刊载《近诗疗疾》。

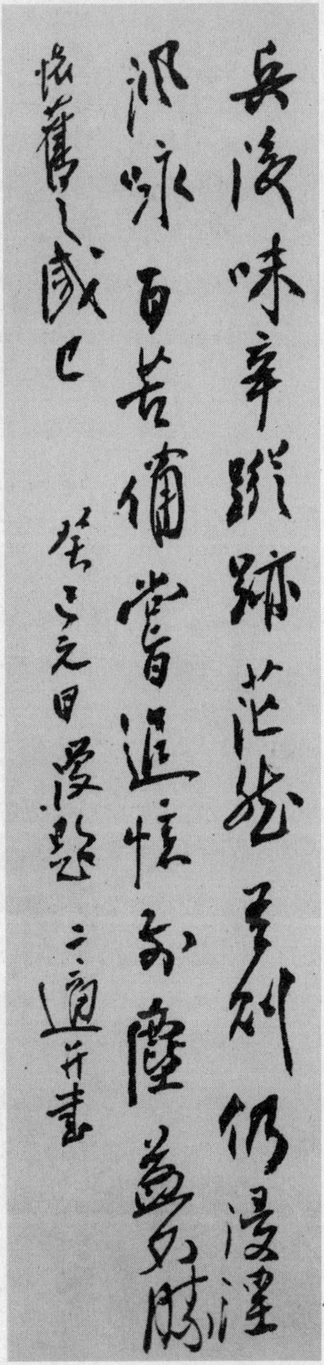

图 6-2：高二适《声调三谱》题跋，《高二适书法选集》第 92 页

“大渐”就是病危，高二适在此并非虚夸，他真的是以性命相搏的人，颇具任侠的气概。这一点章士钊尤为推崇，也是章士钊自至始至终看好高二适定能立足于文化史的重要原因。当然任侠也是章士钊的个性，性相近，情相投，彼此更有共同的语言。勤读苦吟是高二适人生常态，也是他在众人眼中的形象。1941 年，章士钊这样描述高二适苦吟行状：

寄二适

吾谓高二适，作诗应无多。制题等谋篇，拣选不厌苛。
一语乍出口，自律殊偏颇。此行来巴州，破习如破魔。
投赠浑漫与，即景辄放歌。诗卷莫释手，李杜烦执柯。
客至顿忘起，午夜闻长哦。万事争如诗，神疲犹揣摩。
……

诗里浓缩了高二适流寓巴蜀，日夜讽咏，勤苦创作的情形。他即景放歌，手不释卷。他将生活诗意化，在他眼里万事如诗，客来友往赋之于诗，无须观言察色。如此也是身累如常，神疲犹酣，此为章士钊极赏。章士钊对高二适嘉奖的潜台词更多的是励志，更是要与他完成共同研究中唐文坛的宏愿。高二适的回应总能让章士钊宽慰欣然，高二适有诗《呈章公近多勉余，为诗申之，以助发一笑》，其后半段：

平生不解文字苦，贪多矜得殊无取。
休夸风月三千篇，败兴犹能起卧虎。
一年又是重九时，春秋佳日意在斯。
扬云不堪身后累，皇甫特为树降旗。

“平生不解文字苦”，因为有章士钊。侯喜、皇甫湜因恩师韩愈，故能成就人生，高二适在此以章士钊与自己自况。“休夸风月三千篇”，在完成文化史的宏愿路途上，这点成就算什么呢？1965年“兰亭论辩”爆发，高二适论文难以发表，他求助于章士钊，7月23日，高文《兰亭序的真伪驳议》遂在《光明日报》发表。高兴之际，于9月20日致信章士钊云“苦学为励”，其言下之意，两人心知肚明（图6-3）：

抑公更循循以小生苦学为励，窃夫有穷年兀兀，悉数难更。

郭沫若随即组织人对高文进行反驳。不过，高二适见此类驳文，连用“呵呵”，言外之意是不过如此。9月20日，他致信章士钊：

适意彼之诗境与处，大可勉以多读书，今眼中号称能事吟哦者，适与公岂不皆有玉尺可量耶？[6]

[6] 1965年9月20日高二适致章士钊信札。

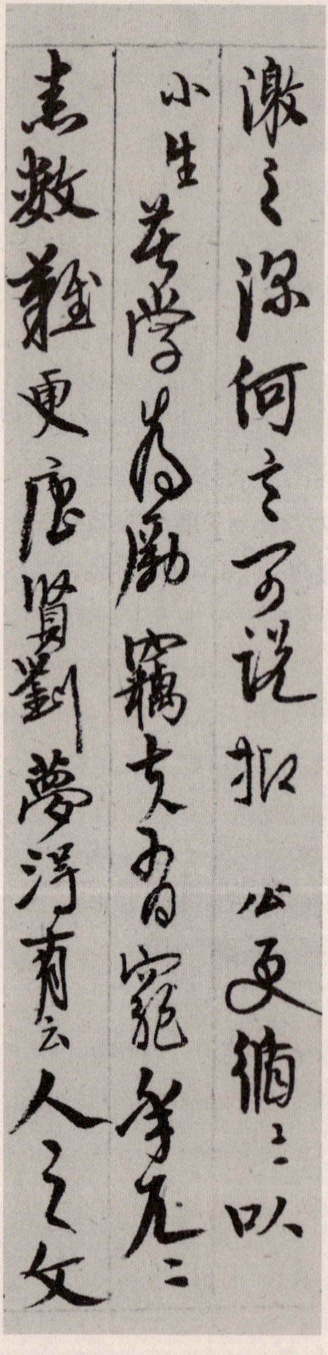

图 6-3：1965 年 9 月 20 日高二适致章士钊信札（局部）。吴为山主编《高二适墨迹》第 158 页

高二适此语大有与章士钊同登山巅一览群小的气概，这是对“苦学为励”的最好回报。

狂人潘伯鹰对高二适的苦吟也多嘉许，并赋诗《奉赠高二适》：

高侯苦吟难尽识，移山共笑愚公力。
取讥一世恢有余，万仞俯凌身壁立。
雨雹空山属鬼神，老松丑干故轮囷。
堂堂百代风骚手，未要当时有子云。

诚如潘伯鹰所说，苦吟的高二适，如同被智叟们讥笑的移山的愚公，在不少政客、同僚眼中他就是整天念经的无用“二和尚”，但心存大义、心存“百代风骚手”的高二适全然不顾这些，依然我行我素。1948 年 10 月重阳节，高二适借菊花赋诗《戊子九日晨起出门》抒写其孤傲：

未办登临却办惊，黄花满日不胜情。
亭皋留客方不佩，尘爵倾罍已偏行。
漠漠野云归灭没，翛翛南雁起平明。
年来短发余孤傲，待与何人论浊清。

高二适毫不矫情，即使无人与他“论浊清”也无妨——“世人无我，我无世人”[7]，这就是高二适，我苦我自傲。

（二）诗境苦

高二适苦吟其实苦在内，根在他的悲天悯人的情怀，他不怨天不诽地，却忧国忧民。这点好友曹经沅看得准。1941 年，曹经沅有《高二适索赠诗三年矣，昨于绿芳阁中，又申此请，为赋二绝》[8]：

> 负君一诺已三年，僚底谁如此士贤。
> 敢借放翁真实语，勖君山立万夫前。
> 折君官职是诗名，闭户休疑业未精。
> 谁谓陋轩似冰冷，穷年内热为苍生。

第一绝用陆游《送芮国器司业》“曾见灰寒百僚底，真能山立万夫前”典故，第二绝用白居易《赠杨秘书巨源》“不用更教诗过好，折君官职是声名”之句，赞誉高二适为真贤士，同时指出高二适外冷内热的诗歌特点，其要害之处是“为苍生”，这也是高二适诗境苦的内在原因。1943 年 9 月 14 日，他在《文史杂志》第四卷第五、六期合刊登《近诗疗疾》序言中直言：

> 余作诗近六年，其中颠沛流离，因诗境与所处适得其合，故乐穷其窔奥……近两三月来，诗境愈苦，而愈不敢妄作矣。

[7] 1961 年《月仪帖》《出师颂》合帖题跋。
[8] 曹经沅遗稿，王仲镛编校：《借槐庐诗集》，巴蜀出版社，1997 年，第 216 页。

> 余惟驽骀，雅不欲以文词鸣；而处此颠危，抱蜀沉冥，又平生痛解世务，既不可得于今，剧思与古文徒，斯为可咄嗟便办。料今而后，吾其庶几以己吾之疾也已。

高二适在此讲明外在的国难当头、自己的“颠沛流离”与其内在的精神气质相结合，使其诗境愈苦，其苦在时艰，苦在看透，苦在忧深，苦在词穷，以致而成疾，故其苦外泄。

1942 年 8 月 31 日夜起不能寐，作《八月十一日夜起》：

> 推窗曙色漏微光，海际天畴总渺茫。
> 四壁暗蛩催独醒，一灯残焰伴新凉。
> 平生余感秋偏早，入世奇情夜未央。
> 谁会沉迷吟思苦，回头五载尚南荒。

其苦境在海天渺茫，独醒苦吟，是独行。

1942 年 9 月 24 日中秋节，高二适作诗《壬午中秋夜赠孤桐一章》：

> 中秋无月天惨黑，终夜无眠人转侧。
> 篝火不鸣狐兔休，床头山雨疑鬼哭。
> 南方魑魅貌狰狞，五载文思堪作贼。
> 谋士多于猬毛虫，公来何事仍默默。

当王不明自有由，滔天祸乱长悖德。
公故能歌我故愁，苦听蛙声憎紫色。
愿天从此莫偏盲，愿公从此尚安宅。
一年无奈是今宵，人生失意犹可惜。

其苦境在祸乱，在悖德，无奈听蛙声，是问政。

《秋怀二十一首》之十九：

瓶花殊媚我，耀祖手携来。一念涤云翁，当年庭院栽。
吾方足迹热，而翁忽携颓。语我蔚本法，情好骨成灰。
孤吟吾更苦，泻泪彻泉台。精神无间隔，子其知我哉。

其苦境在精神无间，有子知我，是情好。

1948年正月初八，高二适赋诗《正月初八日渊雷见过留饮，遂和其人日见忆之作》[9]：

辛苦年来共子痴，狂言惊坐不为诗。
白门又见官杨长，人日偏愁细雨欺。
万簇孤云欣有托，一樽浊酒倒无辞。
相怜至竟能相忆，百虑千忧我自悲。

其苦境在与友共痴，心怀百虑千忧，是悲时。高二适的苦吟

[9] 1961年《月仪帖》《出师颂》合帖题跋。

继承了中国诗学精神，中国诗人从来没有脱离社会，脱离家国，他的苦吟闪烁着“文章合为时而著，歌诗合为事而作”的精神。高二适的苦吟气质早年来自吴嘉纪，稍后则得力于孟郊、王令。1944 年，高二适留滞巴中已 7 年，其苦不堪言说，遂作诗《秋怀二十一首》，其中一首：

韩公荐士诗，只为孟东野。吾今亦有此，留滞情七载。谁能洗此恨，魏衍丧文采。诗合三诵休，夙昔无惰怠。及门恐语烦，公乎君子恺。

诗中以韩愈举荐孟郊、陈师道门人魏衍类比，但此时高二适苦恨于困境。1949 年，他在王令《广陵先生集》上题跋（图 6–4）：

逢原力攻韩孟，其掐擢胃肾且犹过之。当日荆公所喜闻尚有在言行外者，岂天生鬼才耶？其诗苦涩，不为人喜，而自陈乱绪抽搔，自尚讷怍（见答李公安诗，载二卷五页），信手不易到也。昔张祜哭孟郊有寡妻无子息语，而逢原以得年二十八而终，身后情形几希才与郊同。掩卷长吁。吾同言，吾同言。己卯秋重读一过。二适主人

高二适对孟郊、王令的“寡妻无子”的悲惨情形，表示“吾同言，吾同言”，可知他内心的苍凉与热忱。他曾作诗《无端》，

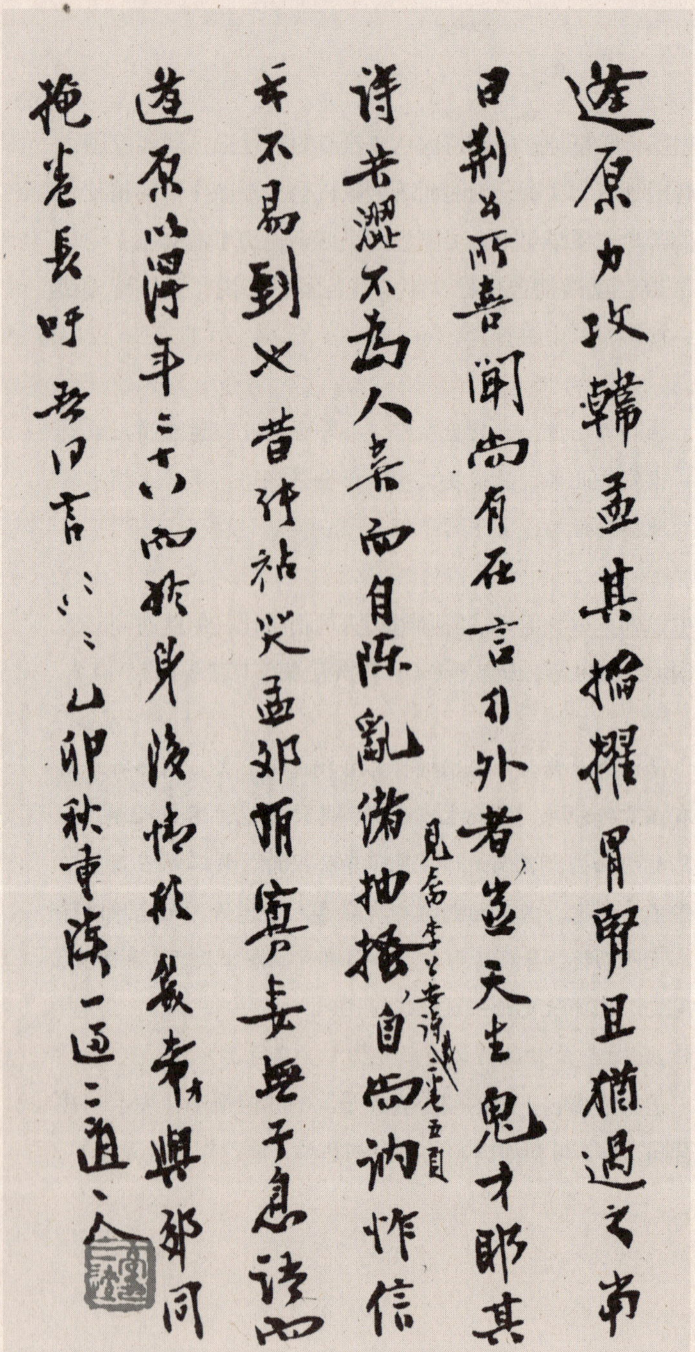

图 6-4：高二适《广陵先生集》题跋。《高二适书法作选集》第 90 页

有诗句“一十三年吟望苦，自吟自惘自成痴”[10]，可谓其诗里诗外的真实写照。

高二适志向高远，品行高洁。他天资聪慧，加上刻苦自砺，日夜耕读，早岁便显出诗学才华。自与章士钊结识，便为章士钊一生所激赏。也唯有章士钊始终如一褒荐高二适，并为之自豪。从这个角度看，又是千里马常有，伯乐更难寻。

[10] 高二适著，李静凤编校：《高二适诗存》，黄山书社，2011年，第145页。

二、诗学体系探寻

（一）诗学思想：一心二用

高二适的诗歌创作不是生活的消遣，也不是文字的游戏，而是有他的诗学追求和诗学体系。他的诗学思想、目标、审美主张、路径及创作成果构成了高氏自我的王国。1939 年 9 月 17 日，高二适在《黄山谷集》第一册题跋：

> 己卯秋，旅渝一月，苦热畏雨。既于中秋前十日归独石桥矣。续读此集，感叹无既，只恐平生空有济世志，而流落蛮荒，枉付诗心耳。一笑记之。二适记。[11]

高二适的一生身怀“济世志”，然考其言行，此志不在出仕，也不在出世；不是为将，也不是为相，唯在“诗心”耳。高二适的“诗心”即内化为“适吾所适”的讽咏，外化为“用世观”的担当，前者是小用，后者是大用。1944 年，他在《秋怀二十一首》中说：

> 大用不扰民，小却适吾适。[12]

[11] 尉天池，徐利明：《中国书法全集（第 86 卷）：萧蜕吕凤子胡小石高二适》，荣宝斋出版社，1998 年，第 213 页。

[12] 高二适著，李静凤编校：《高二适诗存》，黄山书社，2011 年，第 15 页。

“适吾适”即二适名也，此为小用，是守，守其志，守其道，守其心；亦是养，养其德，养其廉，养其气。小用让高二适建起一道万夫莫能开的厚厚的墙，此墙能让他与世俗隔绝，他在其内任诗心怒放，上承千载，下启未来。“大用不扰民”，即为民所用却不扰民，更不会伤民、害民。高二适一生秉承儒家的修齐治平的用世观，鲜有老庄无为思想，但此处明显有《道德经》对圣人的理想期待：

> 江海所以能为百谷王者，以其善下之，故能为百谷王。是以欲上民，必以言下之；欲先民，必以身后之。是以圣人，处上而民不重，处前而民不害。是以天下乐推而不厌。[13]

在这组秋怀诗第二十首，直言“用世本吾志”：

> 用世本吾志，排卑奚足较。倘以枉直寻，丘也亦无祷。
> 颇怪石船翁，浅水施急瀑。终然成怨盅，好语遭忌媢。
> 吾亦睚眦徒，迟早期必报。只恨沮洳场，终误侯生钓。

诗中多用典，“忌媢”即妒忌，语出《宋史·忠义传十·马伸》：“自是公暇虽风雨必日一造，忌媢者飞语中伤之……伸天资纯确，学问有原委，勇于为义，而所韫深厚，耻以自名。”[14]“沮洳”，低湿之地，语出《诗经·魏风·汾沮洳》：“彼汾沮洳，言采其

[13] 任继愈：《老子新译》，上海古籍出版社，1985 年，204 页。
[14]《宋史·卷四百五十五》，中华书局，1985 年。

莫。”末句语出韩愈《赠侯喜》诗：“君欲钓鱼须远去，大鱼岂肯居沮洳。”根据此典，此首诗疑似写给章士钊，因高二适把章士钊与自己类比为韩愈与侯喜的师徒关系。此诗高二适以马伸、侯喜的境遇表示自己虽有用世志，但为世所不用，反遭恶语中伤。高二适希望为世所用，并非要官要名，他曾在1941年5月30日给好友王用宾的一首诗中说得很明白：

辛巳五日王委员长集莲池诗社诸君于高台邱，余得奉陪喜赋一律呈诸友（是日即以端午为题）

词客曾夸屈大夫，今来端欲反骚无？
临文耻为衙官计，用世还如山泽臞。
把手诸贤容作社，入林七字看成图。
楚因君子高台感，谁向新亭识故吾？

高二适的用世“耻为衙官计”，却甘愿作臞仙。作为诗人，所作所为必须有利于国家社会，更何况在国难当头、民生多艰之际。同是名妓，高二适贬赛金花褒华老四，语出惊人，自然受到假君子、伪道学的攻击。

高二适的用世观秉承的是孔子所倡导的入世哲学思想，这个入世思想经过宋程朱理学的演绎，到明清之际再由王夫之、黄宗羲、顾炎武等思想家完善，并明确提出“经世致用”概念，其核心是反对空谈，做学问要有益于国事。高二适的用世观最初可能得益于晚清黄遵宪。1936年12月23日，他在致韩国钧信札中说（图6–5）：

> 凡古人诗，固非今时之所需。然坊间乱灾梨枣之籍，又复汗牛充栋，瞀人心目，抑又何也。“黄公度诗”适始借到中央研究院一部。书为黄弟遵庚初校，梁卓如复校。日本排字本尚不恶（适前未读过，接尊书，始谋阅之）。然黄诗别有竟［境］界，似不佳。近商务闻亦有排铅本，不知比尊处之书为何如耳。南洋胡某迄未有复，未识是何道理。

韩国钧让高二适受益匪浅。韩老对高二适的学业提出许多建设性的意见，这对高二适未来发展具有相当大的影响。比如从此信札中可知，阅读黄遵宪亦是在韩老的倡导下进行的。黄遵宪是晚清著名的诗人、外交家、思想家、政治家，他的经世致用的深度、广度、力度达到全新的境界。高二适说黄诗不佳，很正常，因为高二适以江西诗派为标准，并不认可明清诗歌，但却称赞其别有境界，盖从思想内容角度予以肯定。高二适用世思想继承了经世致用的务实、创新、担当的精神，特别是他的大小用世观以诗心为核心，将内外完全融合为一体，这就消弭了程朱理学将“内王”和“外圣”对立的弊端。“一心二用”成为高二适独特的诗学用世哲学。

高二适提出的大用“不扰民”思想颇具仁者之心，可能出于

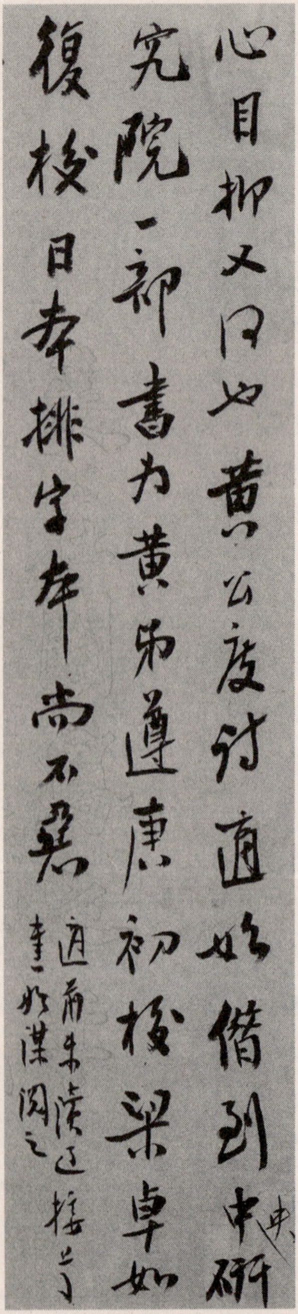

图 6-5：1936 年 12 月 23 日致韩国钧信札（局部），

《高二适手札典藏版》图二二四

两个原因：一是他来自基层乡村，亲身体验到各种扰民伤民的事件对民众的危害；二是阅史，其中他看到诗人王安石变法，中间的利益集团对老百姓的伤害，王安石的诗心用世落实得并不好，因此文人治世要慎之又慎。小用和大用构成了高二适独特的阅世看人的方式。高二适用世观，让他超越世俗的名利，以广阔的胸襟、崇高的道德感跨越各个阶层派别，以一种救世的担当，审视人世间发生的一切。同时他又以诗人敏锐的眼光，捕捉人性深处幽微的光，剖析纷繁复杂事件背后的本质力量。他以积极入世的精神关注这个纷争的社会，关注常常让人无法承其重的民生。他不会用佛家无牵挂的绝念来了结社会的压力或烦恼，因为他的底色是民本的，也是基于他曾宣誓的守道之源。由此他鲜有陶渊明式隐逸与远离，也鲜有苏东坡那样的旷达与超迈，虽然也有过那样的期待，但他始终放不下这个时代——他更多地把杜甫忧国忧民的调性注进自己的诗韵里。

1975年麦收时节，忽闻杜鹃声声，高二适诗情翻动，赋成《南都闻杜宇，两三声而止，余溺情为记此诗》：

（其一）

巴蜀曾传杜宇魂，麦黄风雨怯黄昏。
今来屈作江南客，犹被鹃声昼闭门。

巴西傳杜老手澤書多

黃魯直性好奇愛上十八座

作江南峽猿被鶻聲晝聞

以一色瀟[illegible]佔爲西去春不

如西如中安國年世了[illegible]中生

上岸三斷斷大折江流百

折之長 二首 鄭燮

子[illegible]學兄[illegible]庚辰於[illegible]年三月也

（其二）

诗家莫作归去来，不如不如安用哉？
一声望帝三声断，九折江流百折哀。

其后跋曰（图 6–6）：

吾诗常带泪痕，然不伤心则又无言也。

高二适说他的诗常带泪痕，不伤心不成诗，因为用情太深，用世而不自欺。“一心二用”成为高二适诗歌创作的纲领性思想，也是他评判诗歌的重要标准。1947 年 2 月 20 日，高二适致信潘伯鹰谈到好友李拔可的诗歌时说：

兄寓沪，仍可常就李拔可翁谈诗。渠少年功夫甚深，晚则不免下退水船矣，弟意此缘不用世之故，盖不用世则胸中无可言矣。又《饮河》不妨寄赠拔翁，或可求其近作，何如？前集有“打鸭”一题出语，大有语病，篇中亦烘托不足，此虽苏渊雷亦讥之。兄操选政不可滥。[15]

在高二适看来，李拔可诗歌创作水平下降的原因是在不用世。不用世则不能直面人生，直面现实，直面变革中的大时代，虽能赋诗，但往往空洞无物，与人无益，与社会无益，与时代无益。

[15] 纪如彬，吕华江：《高二适先生年谱》，江苏凤凰美术出版社，2018 年，第 158 页。

< 图 6–6：高二适手稿，《高二适手札典藏版》图一八二

这种逃避人生的态度不符合中国文人精神所在，有悖于孔子所倡导的诗教理想，有悖于屈贾所建立起来的诗人情怀。像李拔可这样晚清成长起来的诗人，晚年沉浸于自我文字的小情调里的为数不少，尤其是在动荡的时代，可以理解。但高二适拒绝逃避，拒绝无病呻吟，他的诗心永远随着时代的脉搏而跳动，他要做这个时代的见证者、记录者、建设者。他强调“作诗贵有史”[16]，一生学杜甫，并以杜甫为宗。虽高二适狂狷，但他从不以诗圣自诩，而一直以诗圣之路自律。1974 年秋，他在致丁灏信函中说：

服尧舜之道，有颜曾之行，斯乃可为今之诗圣也已。

用世观让高二适的诗歌不仅有泪、有怨、有喜，更有义、有情、有道、有骨、有史。

（二）诗学目标：重振江西诗派

“一心二用”的用世观使高二适行知致远，也使他的诗歌创作有深度，有广度，更有温度。但高二适不满足于“诗言志”，不满足于诗之教。从诗歌艺术角度，高二适有自身的追求——对诗学的建设，高二适有明确的目标，即重振江西诗派。1939 年 5 月，他在读《黄山谷集》时郑重其事地题跋：

吾先学后山，继学双井，思以一手，重振江西。[17]

[16] 高二适：《高二适手札典藏版》，江苏凤凰美术出版社，2013 年，图二一七。

[17] 尹树人：《二十世纪书法经典·高二适卷》，河北教育出版社，广东教育出版社，1999 年 12 月第一版，第 116 页。

这就是高二适的诗学宣言，它既是对过去学诗的一个总结，也是他未来诗学的走向和终极奋斗目标的宣告。从师法杜诗、陈师道到立志重振江西诗派，是有一个过程的，这其中韩国钧同样起到重要作用。早年高二适读杜诗，戈公振和韩国钧均力荐乡贤苦吟诗人吴嘉纪。1931 年，他始读江西诗派三宗师之一陈师道的《后山诗》，结识韩国钧后，韩老再次提示高二适多在陈师道诗上下功夫。1936 年 12 月 23 日，在致韩国钧信札中，我们可以看到高二适对此积极的回应：

止叟先生尊鉴：

奉书以眼疾致稽裁答，至为歉仄。近来宋人诗如黄山谷、王广陵等集，不易觅到。尊嘱留意《后山集》，久已搜寻，顷更切托状元境书贾到沪访购（闻沪上旧书肆有旧刻本），当有以报命也。

此是高二适早期谈诗的实录，可以确信韩国钧对高二适坚定“重振江西诗派”之志有助推之功。高二适深度研读，曾云：

辛丑客宁，仍读此集，将毕之，以彭城诗语精湛，每不为人所欲言，人亦未尽识之，吾用功夫重卅年，将一字一意均剖析之无剩也。[18]

[18] 1961 年高二适《后山诗》题眉。

陈师道，彭城人，高二适以彭城代称之。高二适在师法陈师道上得到诗界绝大多数诗人的认可，尤其是在陪都重庆的诗坛，得到诸如李拔可、于右任、章士钊、王用宾、林庚白等人赞誉：

余诗作于政府西迁之年，危疑艰厄，亦以此时为最。曩者长沙章先生见鄙作，谓“可傲岸当世”，亡友林庚白亦谓“君诗可力追后山，其高处且有江西派所不能言之慨”。此师友相规相勉之意，余固未以为足也。[19]

章士钊赞许高二适是自然的事，只要能用得上的妙词佳句，他都毫不吝惜，比如此处的“傲岸当世”，言外之意是还有谁能比得上高二适呢。可令人意外的是林庚白赞词，天才林庚白自诩诗超杜甫，当代诗坛无有逾他者，竟然夸高二适“有江西派所不能言之慨”。至于李拔可则是从诗学史角度，给予高二适定位。1974年2月12日，高二适72岁生日，在《后山诗（上）》上题批：

七二生朝亡书大归，余先获诵此集，此李拔可许吾为五百年来学陈最著且久者耳，二适老子记耻。[20]

正因为高二适在陈师道诗上深度耕耘，并有重大收获，才建立起诗学的责任心和使命感——重振江西诗派。对于高二适学陈，力振江西诗派，其实绩如何？1943年9月14日，《文史杂志》

[19] 1942年《文史杂志·近诗疗疾·序》第二卷第九、十期。
[20] 高二适《后山诗（上）》题批。

第四卷第五、六期合刊再次刊登高二适《近诗疗疾》33首诗。编者在编后记中说：

> 《近诗疗疾》一篇，系高二适先生近著，抒情写景，戛戛独造，深入陈后山之家。高先生现任立法院秘书，公余注其全力于诗，创作丰富，所投稿甚多，因篇幅关系，未能尽载，留待陆续披露。[21]

《文史杂志》主编为著名历史学家、民俗学家顾颉刚，该刊严谨，为抗战期间影响力较大的文史刊物，所言有理有据，不加妄语。此处对高二适诗作点评精要、中肯。

1966年，高二适结识林散之，两人相见恨晚，谈诗尤多。林老对高二适诗的认知也有一个过程，刚接触高二适的诗，林散之对之并无太多认同。他作诗给高二适《再柬高二适二首》，第二首如下：

> 诗到苏黄尽，斯言足可商。高情尊北宋，雅量在三唐。
> 芍药真成色，蔷薇自有芒。不存中晚见，犹肯忆冬郎。

首句林散之不认可高二适的“诗到苏黄尽”的观点，在诗末林老跋云：“君于诗，喜晚唐韩偓薛能诸家。”[22]可见此时林散之对高二适学陈师道，学江西诗派并没有什么特别印象，但随

[21] 1943年9月《文史杂志》第四卷第五、六期合刊。

[22] 林散之著，陈世雄校：《江上诗存》，南京教师进修学院，1979年8月，第276页。

着他们之间往来和诗，林散之对高二适有巨大的反差，对其诗有高度评价。1974 年初秋，林散之赋诗《雨夜寄高二适》：

江南高二适，诗力全无敌。宗仰摄上乘，容易非所屑。
虽循后山辙，未肯囿鞔扤。笔驱六代风，手掇西江月。
别来秋雨翻，咫尺云泥隔。小阁忆城隅，掩抑卧晨夕。
不辞夜更深，搜句独怡悦。艰难一首成，百炼锤钢铁。
功深力自见，昂昂傲今昔。尝读铜剑歌，声光耀寒碧。
孟郊赋铜门，相视无逊色。嗟哉楚鄙人，与子久相识。
夜雨平生情，延伫拜三益。[23]

此诗林散之以高二适“诗力全无敌”起首统领全篇，指出高二适学陈师道却又不囿于陈，“笔驱六代风，手掇西江月”。非指自然界风月之美，实赞高二适深得江西诗派的精髓。高二适与他的诗友不同之处就在于：他以传承弘扬“江西诗派”为己任，是播种者，是布道者，故其诗能得大境界。

（三）诗学路径：一祖二宗三苦吟

梁寒操在《奉和二适》一诗中说：“胸中和已破千卷，眼底何曾宗一师。”指出高二适的诗学之路，一是读万卷书，以国学为作诗的根基；二是虽师法“江西诗派”诸家，但并非专攻一人，而是兼收并蓄。

[23] 林散之诗稿，刘墨邨藏。

重振江西诗派成为高二适的诗学目标，那么他实现这一人生梦想的路径是什么呢？一生勤学苦读的高二适，知道此途无捷径，唯有低头向古人学习。他上至《诗经》《楚辞》，下至明清诸家，兼及宋元词曲，几乎读遍整个中国古代诗歌，最终立定在江西诗派，走出自己诗学路径，这就是一祖二宗三苦吟。江西诗派有“一祖三宗”之说，一祖即杜甫为江西诗派的始祖，为江西诗派的源头活水，故高二适牢牢抓住杜少陵。即黄庭坚、陈师道、陈与义为江西诗派三领袖，高二适扎根于黄庭坚和陈师道二宗师。从目前资料看，高二适对陈与义几乎丝毫不顾及，究其原因，可能陈与义师承黄、陈，但力避其瘦硬风格，而高二适特偏爱瘦硬美学思想，当然这也是杜诗的重要美学特色，因此高二适弃陈与义不师。三苦吟，即高二适一方面苦吟诗学，另一方面他师法三个苦吟诗人：吴嘉纪、孟郊、王令。

1. 一祖：法杜甫

高二适自幼读杜诗，自定下重振江西诗派的宏愿，更是几乎每年必通读一遍《杜诗镜铨》。不动笔不读书的高二适每次都留下研读墨迹，大量心得批注其中（后文括号内文字、着重号均为笔者所加）（图 6-7）：

庚辰（1940 年）中秋重于北碚官斋。读此时正励志韩杜二家也。适志。

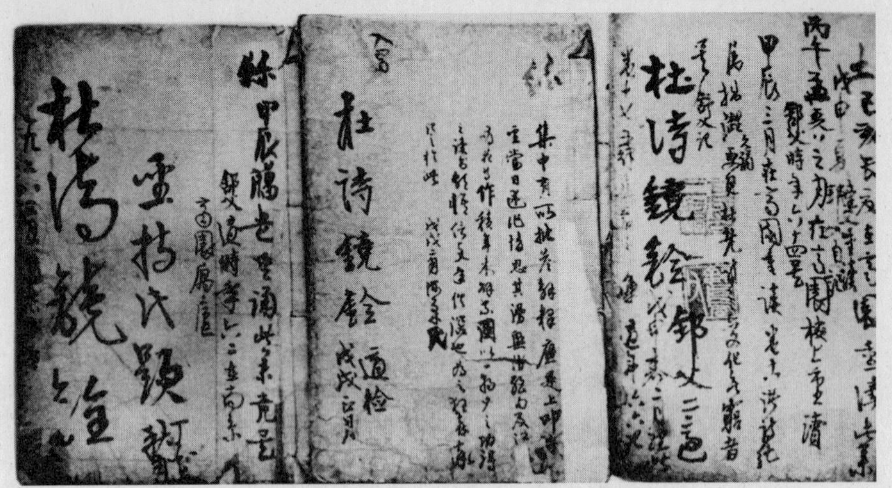

图 6-7：高二适《杜诗镜铨》题跋，《高二适学书轶事》第 168 页

二十九年（1940 年）冬十月久滞巴山，再重读一遍，自是于杜集益了解矣。

此两则题跋表明高二适励志师法杜诗。对杜诗高二适不仅吟诵，而且从内容到技法全面师承，此可从他 40 多年的大量的题跋中窥其心得。

（1）师有史

此为高二适学杜精髓，而避江西诗派之短。800 多字《五年不得见，一首寄柳翼翁》长篇巨制是其代表作。

题跋杜诗《偶题》：

此篇睥睨一世，可当诗史矣。

此篇抵太史公自序。

题跋杜诗《折槛行》：

此是诗史，即俗所谓史诗。

题跋杜诗《哀江头》：

忠心耿耿，涉于纸背也。

苏黄门谓《哀江头》即《长恨歌》，此不知诗也。白诗何等轻滑浮泛，能与公为此拟耶。汉魏六朝无此等有关诗史之大篇文章。

题跋杜诗《三川观水涨二十韵》：

唐世纷期，此种大漫史官不书，而杜公以吟咏代之，诗之身价可见。此所谓史诗也。

（2）师瘦硬

从杜甫到江西诗派，瘦硬诗风为其重要特质，高二适紧抓其主脉。

题跋杜诗《畏人》：

此诗特瘦。

二十九年（1940年）十二月再读此集，期能背诵，吾诗将以杜陵为骨干矣。适志。

（3）师以文为诗

此亦为江西诗派特征，高二适溯流而上，追求源头，以获活水。

题跋杜诗《遣怀》：

开首似以文为诗。

题跋杜诗《除草》：

> 杜诗平泛处如此种亦顺适可诵。

杜诗《三绝句》原注：“三首一片无赖意。思有托而言。字字令人心碎。亦开宋元诗派。”高二适特为拈出，以示认同。

（4）师立意立言

杜甫在《奉和严中丞西城晚眺十韵》一首中说：“诗清立意新。”好诗重于立意，高二适以杜诗窥立意堂奥。

题跋杜诗《殿中杨监见示张旭草书图》，同写草圣张旭，不同诗篇，因题立意，各有侧重：

> 旭草圣，公诗圣。此作有相得益彰之势。
>
> 公在《李潮小篆八分歌》内云：“吴郡张颠夸草书，草书非古空雄壮。”此篇题张旭草书图又云“草圣秘难得”云云，此诗家就题立言。各有侧重等差。在李潮篇言草书不能与篆及八分相比拟，而在此则专誉草圣之作也。读者须分别观之，乃得古人立言之意。
>
> 笔力挥洒。
>
> 结简切。

题跋杜诗《遣兴五首》之三：

所讥彭泽正为己解嘲，此公作意所在。

以朱砂再批：

言人不止达生，还须默识。惜陶未能达道也。

题跋杜诗《苦寒》：

老杜寻常诗题能结出大哀乐，固知胸有经纶也。

（5）师天骨开张气势

高二适诗歌不仅受益于杜诗之势，而且成为其书法的重要美学特征。

题跋杜诗《西山三首》：

三诗全系一片神行，天骨开张。使人读之不觉有文字之障。

题跋杜诗《陪章留后侍御宴南楼（得风字）》：

气吞山岳。
激烈高亢，兼而有之。

题跋杜诗《滟滪堆》：

此诗可泣鬼神。

题跋杜诗《送路六侍御入朝》：

言情第一。此足当“神完气足”四字。

老杜寄弟诗以此为第一。

题跋杜诗《羌村》三首：

此老杜精湛之作，全在练气。昌黎南溪泛舟似之。

题跋杜诗《玩月呈汉中王》：

八句一气贯注。

（6）师体裁

① 古风

题跋杜诗古风《自京赴奉先县咏怀五百字》：

压卷。

先生，高二适

题跋杜诗五言古风巨制《北征》：

至清流露，真千古至文。

与奉先咏怀不同。为宏大文章。

前无古人，后无来者，悲壮过奉先咏怀。

锤炼第一。

此种诗中材料，非胸罗万卷不能作，非能善读书善体会工部造法亦不能尽解也。

《魏将军》亦不让上三诗，余恒一气拼读，其乐无比也。

题跋杜诗五言古诗《寄题江外草堂》：

杜老至性高亢，都无俗态，于此起首四句见之。

五言结构玉成。

题跋杜诗七言古风《题李尊师松树障子歌》：

此七古简洁朗爽，杜老集中另为一作（应为“做”）法。

昌黎学此种最似。

题跋杜诗《戏赠阌乡秦少公短歌》：

此种体裁最可取法。

高二适对末句“多才依旧能潦倒”特解析此典故：

北史崔瞻传：魏天保以后，重吏事，谓容止蕴藉者为潦倒。而瞻任不改焉。此正用此史语，能潦倒，犹言其蕴藉如故焉。

高二适晚年创作了大量的古风，诸如《关山月为陈英同志绘红梅行卷》《安庆胡寄樵携陈墨过江见访，辄赋此兼柬赖少其书家》《墨村由皖载亳酒来，饮之而美，作诗奉闻》《奉题亚明钢铁画捃拾集》《海粟翁画长松图，镇凯求题，辄思余感书此短歌》等，均瘦硬爽朗、酣畅淋漓、圆润蕴藉。

② 排律暨五律

题跋《杜诗镜铨》：

三十年（1941 年）五六月重读此集，此次复习尤注意排律暨五律两体也。适。

甲申（1944 年）五月重细读，二适尤留心集中次韵叠韵之作。适父。二十一日。

题跋杜诗《因许八奉寄江宁旻上人》：

王阮亭云清空如话，东坡半山七律多祖此。

开宋人一派。

题跋杜诗《赠毕四曜》：

五律压卷。

高二适将其颔联“饥寒奴仆贱，颜状老翁为”与孟郊《送韩愈从军》“亲宾改旧观，僮仆生新敬”相较注疏。

僮仆因主人贵而生新敬。杜则正与［韩］句意相反。

注与此互证。是。

杜诗《客居》原注：“杜诗五言晚年多率意之作，如此种诚不免颓唐。”高二适却题跋：

语拙惟杜老能之。

此赞词与刘熙载所赞“野者，诗之美也”[24]如出一辙。

高二适诗《鹤逸寒夜过谈学广陵体，是日，君借〈广陵集〉》《酬林友松人日同游鸡鸣寺》等，是其排律的代表作品。

③ 小诗

[24] 刘熙载：《刘熙载文集》，江苏古籍出版社，2001 年，第 96 页。

题跋杜诗《热三首》：

诗要使人不皱眉如此可称意。

小诗古今第一。

题跋杜诗《承闻河北诸道节度入朝欢喜口号绝句十二首》：

十二绝句转折最可玩味。

此仿鲍照中兴歌作法，章法自与鲍同。

鲍十首空写，杜十二首则实写也。各具所长，未相轩轾。

（7）师结构

题跋杜诗《火》：

收笔甚趣。言恐此火烧及闾阎，故自身亦觉微命如缕也。

吾尝谓画不如诗，观于此篇益可信。

题跋杜诗《宿府》：

此收句正为余今日所企求。

题跋杜诗《寄李十四员外布十二韵》：

先生，高二适

双关起，排律最通用。公亦屡使。

题跋杜诗《白盐山》：

直起可贵。

题跋杜诗《春日戏题恼郝使君兄》：

诗无遗憾为难，凡此结句可见。

题跋杜诗《奉观严郑公厅事岷山沱江画图十韵（得忘字）》：

通体组练精密，结笔始言绘事，兼到严公身上。合作也。

（8）师语言

① 语言风格

题跋杜诗《初冬》：

以辞遣意，明白畅达。

题跋杜诗《观李固请司马弟山水图三首》：

古今人诗，大都能驱辞而不能遣意。杜公诗不在遣辞而功夫全在以辞遣意也。

题跋杜诗《夏夜叹》：

适取斋名为“固其常天斋”。

凡诗人常袭古人成句而不必拘牵其本意者，所在多有。

② 句式

题跋杜诗《晚秋陪严郑公摩诃池泛舟（得溪字）》：

秋自落中藏日字，对下句晚字意。或亦可云秋风之自落也。然句有小疵。

此律未佳。

欲鹭为己之伴，乃同宿于溪也。此语尚佳。

题跋杜诗《对雨》：

此种句法最高，最不易得。

题跋杜诗《绝句》“迟日江山丽，春风花草香”句：

短句阔绰最难。

③ 炼词

题跋杜诗五律《对雪》：

公诗哭语，以此为最。

对诗中有两“愁”字，高二适批注云：愁吟愁坐，作两名词解，不为复。

杜诗《诸将五首》，胡应麟对其“昨日玉鱼蒙葬地，早时金碗出人间”一联注云：“此盖以金碗字入玉碗语。一句中事词串用，两无痕迹。如伯夷传杂取经子，镕液成文，正此老炉锤妙处，非独以上有玉渔字故避重也。”[25] 高二适对此题跋：

胡此评甚有见。杜前有思家忆弟之语，句似同而意自不同也。

又跋：

换字法。
金玉不换之法。

[25] 杜甫著，杨伦笺注：《杜诗镜铨》，上海古籍出版社，1998 年，第 639 页。

诗句“见愁汗马西戎逼，……将军且莫破愁颜”批注：

“愁颜”，名词与“见愁”字不复。

④ 音韵

杜诗《彭衙行》，邵子湘云：“是真汉魏古诗，但不袭其面目耳。解人得之。”[26] 高二适批注：

诗比汉魏尤高。以汉魏无此气势也。

考宋郑庠《古音辨》真文元寒删先六韵皆偕先音，此诗合六韵为一篇，及《石壕村》起句，兼用元真寒三韵，乃皆古韵同用，非叶也。

题跋杜诗《草堂》：

娱韵最令人痛心。

题跋杜诗《九日蓝田崔氏庄》：

第一句九日先悲，二句有兴来蓝田崔氏庄故得欢矣。此实想不官，不作落帽想。得自宽。四句短发秋风帽而皱斜，故笑倩旁人为之整而正之也。此冠韵微意在闲散耳。

[26] 杜甫著，杨伦笺注：《杜诗镜铨》，上海古籍出版社，1998 年，第 167 页。

陈后山云：颔联文雅旷达，不减昔人。故谓诗非力学可致，正须胸中度世耳。

（9）以杜诗解文论艺

高二适评论杜诗，最著名处为对《骢马行》之批语。高二适将杜诗与司马迁文、王羲之书法比较言之：

吾谓中国书史中有三大宝物，即史迁之文、右军之书、杜陵之诗是也。而杜诗造法亦与史记、王书同具一副机杼，转动回旋，强弱高下，无施而不可。而杜于声律之上，尤觉从容闲暇，虽史迁文章，奇奥不可尽与杜之五七言为比拟。然凡羲之书帖诸笔法，则杜律无不尽收之也。”[27]

在高二适眼里杜诗不仅是他打开江西诗派的一把钥匙，而且是他窥探中国文化的法宝，在他整个求知的过程中，杜诗每每给予高二适启发与灵感。当然研习杜诗不是一朝一夕的，也不是追名逐利的工具，而是一个修炼的历程。1958 年，高二适在杜诗题跋中记下这一心迹：

集中有所批答解释，应是上叩诗圣当日述作情思，其《漫兴》诸绝及寻花等作，积年未解，不图以一朝夕之读书顿悟，信与年具深也。为之狂喜，记之于此。[28]

[27] 高二适研究，载《东南文化》1997 年增刊，第 34 页。
[28] 纪如彬，吕华江：《高二适先生年谱》，江苏凤凰美术出版社，2018 年，第 231 页。

2. 二宗：师法黄庭坚、陈师道

高二适诗学之路以杜甫为骨干，以黄庭坚、陈师道为两翼，全面师承江西诗派——目标虽远，但即在眼前，为其耕耘于此，方能致远。高二适务实求学，焚膏继晷，兀兀穷年。兹录其部分读书轨迹，可窥高二适之苦勤。

1927 年读《山谷诗集》，第二册扉页题记：“丁卯七夕，酷暑未减退，时由北碚赴渝，借住汪文粲大楼。日午展诵，自觉清凉也。”（图 6–8）

1939 年读《山谷全集》，第一册扉页题记：“己卯秋，旅渝一月，苦热畏雨。既于中秋前十日归独石桥矣。续读此集，感叹无既，只恐平生空有济世志，而流落蛮荒，枉付诗心耳。一笑记之。二适记。”徐利明先生评曰：“其少壮时的雄心壮志与豪情对时局前途的忧虑分明可感。”[29]

1943 年读《山谷全集》，在扉页题记：“癸未正月，重读此集。独石桥记。”“癸未夏六月二十日，苦雨无聊，复读此集。”

1943 年春夏间，读《黄山谷集》题记：“癸未春夏，余滞独石桥，以读此集为最刻厉，每夜阑灯昏，辄放声吟哦不休也。”（图 6–9）

同年 7 月 21 日，复读《黄山谷集》题记：“癸未夏六月二十日，苦雨无聊，复读此集。”

1944 年，读《山谷诗集》题记：“甲申五月重细读一遍，尤留心集中次韵叠韵之作。适记二十一日。”

[29] 尉天池，徐利明：《中国书法全集（第 86 卷）：萧蜕吕凤子胡小石高二适》，荣宝斋出版社，1998 年，第 213 页。

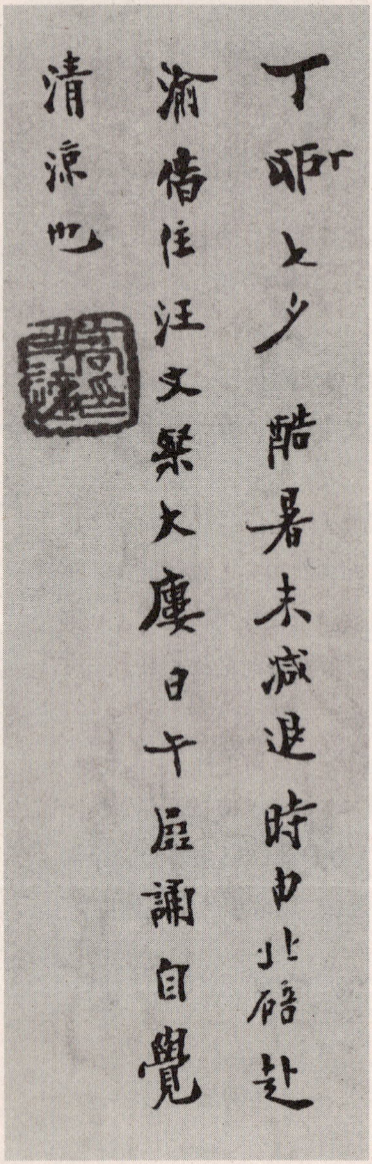

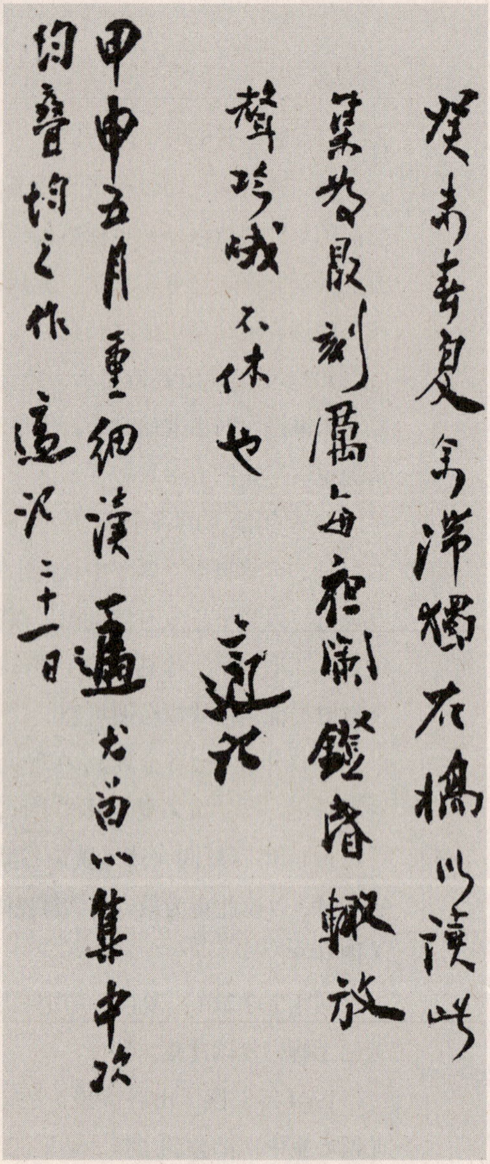

图 6-8：1927 年高二适读《山谷诗集》题跋

图 6-9：1943 年高二适读《黄山谷集》题跋

1945年，读《后山诗注》题记：“乙酉十月重诵一过。”

1948年，读《后山诗》题记：“戊子春暮在侯府重读此诗。”

1949年，读《后山诗》题记：“己丑夏初迁三条巷齐园，重读此集。”“己丑冬月，重诵此诗。”

1957年，读《山谷全集》题记，扉页题记：“丁酉春正在南京，重读此集。雪净道人。”

1961年，读《后山诗》题记：“辛丑客宁，仍读此集。”（图6–10）

1972年，读《后山诗》题记：“七二年书还仍复读此，适父年七十有一。”

1974年3月下旬，读《山谷全集》题记：“七四年上巳前后，又值危难时节，风鹤之惊。不分日夜重诵此集也。适父七十二题记。”

1974年冬，读《山谷全集》题记：“七四年冬夜在南都重读，舒凫老人年七十二矣。”

1976年，读《后山诗》题记：“丙辰年元旦七四年复读此集。”

1977年1月1日，复理《山谷全集》，题记：“舒凫老人，一九七七年元旦复理。”

虽则高二适对黄、陈同时用力，其对黄庭坚用功更早些，但他认为陈师道更高于黄庭坚。1955年，高二适在《寄赠林友松五首》第四首中有此句：

回顾赵宋世，彭城实逾黄。吾乡陋轩人，秉笔余沧桑。

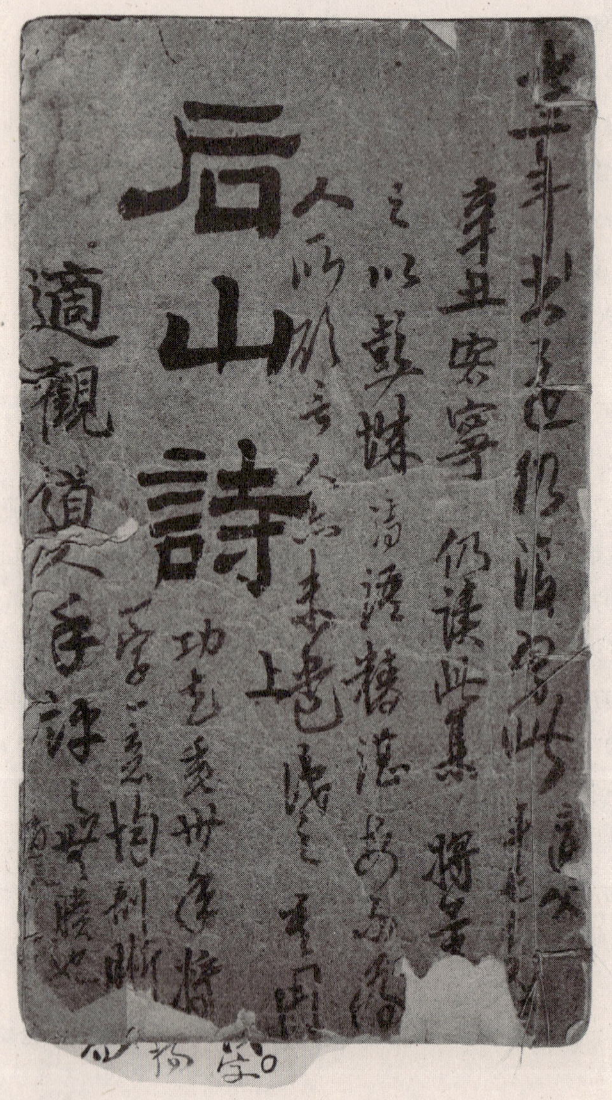

图 6-10：高二适《后山诗》题跋，《高二适先生年谱》图一三七

天下无正眼，世道多弛张。此事不可言，恐遭天咎殃。

高二适认为陈高于黄，可能更多的是从诗的内容角度认定的，这还是源于高二适的用世观，源于高二适坚守“诗言志”的传统诗学本质。陈师道诗集其诗《次韵秦少游春江秋野图》后录南宋魏庆之《诗人玉屑》语：“黄鲁直答王立之诗曰：小诗若能令每篇不苟作，须有所属，乃善。倾来诗人，惟陈无己得此意，每令人叹伏［服］之。盖渠勤学不倦，味古人语精深，非有谓不发于笔端耳。”[30]此处黄庭坚认为诗“须有所属乃善”，陈师道深得此意。高二适点评道：“后山见批山谷，此真乃大本领。”陈师道其志、其骨、其穷、其苦吟，与高二适颇有相似之处。陈师道是宰相的外孙、州判的儿子、提刑使的女婿，仕途本应光亮，但他拒绝应试，拒绝岳父的举荐，自绝于仕途，穷得只好送老母到舅舅家养老，送妻儿至岳父家寄养。最后在苏东坡的帮助下，陈师道才到徐州等地任教授，得以喘息糊生，最后贫病而终。因此陈师道的诗少了风花雪月、逍遥虚妄，而充以守道养拙、持节乐穷、悲天悯人的气格，他的诗每每引起高二适的强烈共鸣。国难当头，高二适在重庆避难，抛家别子，读陈师道的《送内》无限感慨批注云：“此诗读毕，痛彻心肺。”1967年，高二适折足在家休养，读陈师道《卧疾绝句》，其后两句：“一生也作千年调，两脚犹须万里回。”老泪纵横，批注说：“一日读此，忽大哭，此治吾足病耳。”陈师道《绝句》有：“书当快意读易尽，

[30] 陈师道著，任渊注：《后山集》，商务出版社，1937年，第37页。

客有可人期不来。”表达没有知己共赏好书的遗恨，可他不曾想到，在900年后高二适读懂了他，斯人已去，唯剩可人高二适独自任泪纵横。

由于陈师道的诗直入高二适的灵魂深处，这就为高二适师承陈师道，步入江西诗派堂奥提供了便利。高二适深得陈师道诗味，林庚白有诗赞誉：

二适携近诗见过因成长句兼似辟疆、冀野

高适乃有二，后山恐无地。苦吟诗世家，身手见恣肆。
君诗追前人，千篇多古意。傺底不自局，时复奋文字。

狂生林庚白对高二适专研陈师道所取得的成就肯定有加。1941年，他由重庆至香港九龙避难，临行前特将自己珍藏的《陈师道诗集》送给高二适。无论是李拔可声称高二适学陈师道“五百年来学陈最著且久”，还是此处林庚白说在高二适面前陈师道“恐无地”，众人的赞词说明了高二适的诗学成就是不容置疑的。

3. 三苦吟：师法吴嘉纪、孟郊、王令

在高二适诗学之路上，吴嘉纪、孟郊、王令三个苦吟诗人是绕不过去的。乡贤吴嘉纪，号野人，明末诸生，入清不仕，盐民诗人，著有《陋轩诗集》（图6-11）。尽管吴嘉纪后来并不是高二适主要师承对象，但他在高二适诗学起步阶段有着关键的影响，其苦吟已植入高二适的灵魂，一生循此而行。高二适所藏第一本《吴嘉纪诗集》是乡贤戈公振赠送的，后高二适从乡下移至南京，此集为人拿去未还，高二适只得求助韩国钧帮助重新购置。韩国钧却将旧藏赠与高二适，高二适遂赋《谢韩止老赠陋轩诗》：

陋轩昔有诗，流传夙负名。余亦爱之笃，踯躅苦难寻。
谢公赐旧刻，铅椠久弥新。闭门三日夜，把玩不胜情。
讳者吾能补，盋山校独精。□刻久丛残，敢未见其真。
吾乡数诗祖，东淘一野人。版归欣有主，辞妙绝无伦。
风檐再展读，气势尤纵横。

此诗写高二适再次获得《吴嘉纪诗集》的喜悦之情，末句表达阅读吴诗意气风发的感受。1937 年，高二适西迁重庆，随身携带书箱中就有此本，不想被大诗人赵熙误以为赠与自己，以致高二适与赵熙绝交。由此可见，吴嘉纪在高二适心中的情感与地位。1963 年，章士钊在香港发表《癸卯上巳》，其中有诗赞高二适：

冰冷东淘俊少年，重提退笔迈无前。
中山集纪开新样，火急河东二妙缘。[31]

文中对此首句作解释：“东淘，二适产地，与清初吴嘉纪同乡，当时有一个冰泠泠的吴野人之语。”在此章士钊既点明高二

[31] 1963 年 4 月 5 日香港《大公报》。

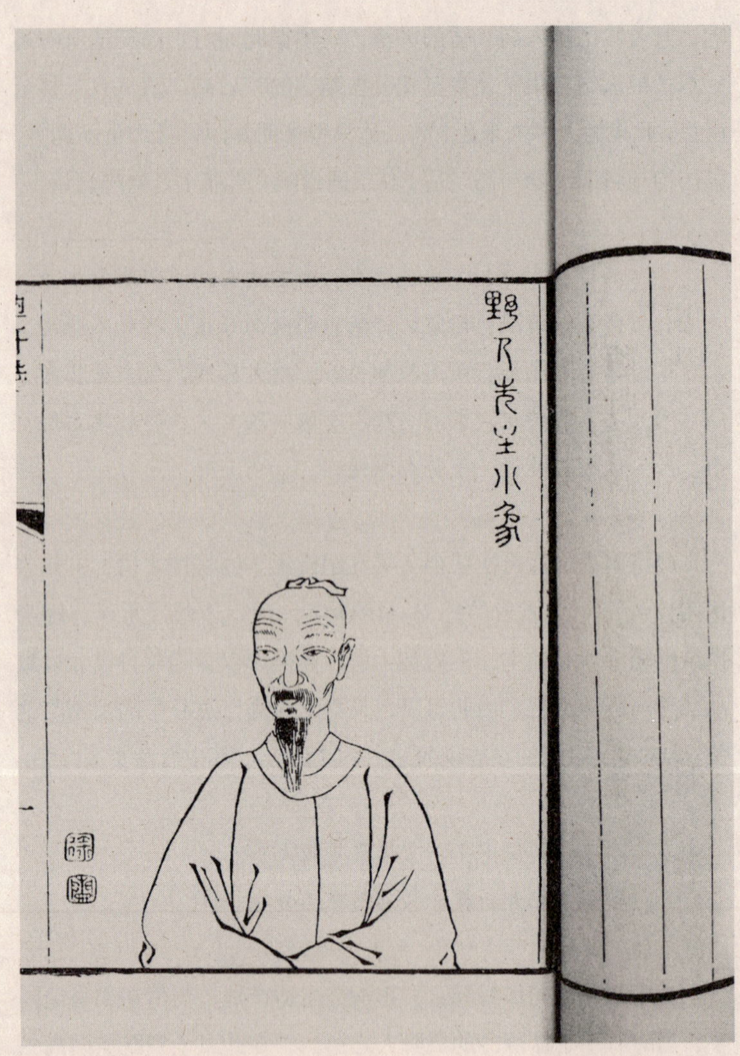

图 6-11：吴嘉纪像，泰州图书馆藏

适的出身地，也以吴嘉纪来比况高二适，实则是赞誉高二适。高二适病逝后，苏渊雷赋诗《闻高二适病逝南京寄挽四章》以缅怀，其首句即以吴嘉纪赞其诗名：

> 冰冷东淘子，平生吴野人。诗名雄楚蜀，草圣见嶙峋。

沿吴嘉纪诗心，高二适追溯到另一位乡贤苦吟诗人——王令。王令，北宋诗人，字逢原，居广陵，以“广陵人”自居。1936年12月23日，高二适致函韩国钧推荐王令：

> 《王广陵集》系宋王逢原［令］著，其诗在荆文之上。当日介甫亦最折服之。每到图书馆阅览，辄见猎心喜也。老人有暇望古遥集，不如见阅《广陵集》，以其诗甚和平，不似后山之寒怯。此适之微言。

在高二适眼中，王令诗作又超越了王安石，并与陈师道进行比较，同是苦吟派，一个平和，一个寒怯。同年秋高二适于《广陵先生文集》题跋一则：

> 逢原力攻韩孟，其掐擢胃肾且犹过之。当日荆公所喜闻尚有在言行外者，岂天生鬼才耶？其诗苦涩，不为人喜，而自陈乱绪抽搔，自尚讷怍（见答李公安诗，载二卷五页），

信手不易到也。

王令“力攻韩孟”。王令与陈师道近似，其才颇为王安石激赏，虽有济世之志，却不应试，一生困苦，英年早逝，故其诗苦。其诗虽不为一般人喜欢，但高二适非常认同。由王令苦吟，高二适再上溯到唐代孟郊——又一位声名赫赫的苦吟诗人（图6-12）。1943年9月14日，他在《文史杂志》上叙写这段诗学历程：

> 余作诗近六年，其中颠沛流离，因诗境与所处适得其合，故乐穷其窔奥。昔者以黄（山谷）陈（后山）为幽邃绵密，言必清奇，而拗屈匪异人任，为益可喜；意其可以疗吾疾而生之矣，乃越岁，重识诗之涵义，至为广漠；医诸以吾之所为未足者，此外定有一种不可蕲求之界限；于是更以半山（王安石）广陵为之后程焉。既而吟荆文久，而忽丧吾激昂慷慨之初心，又逢原生涩，一似以此故攒不可爬梳之地，私心甚蹙之，盖此时余之为诗。又转嗜昌黎之所称“无本于为文，身大不及胆”者。况又盘空硬语，妥帖排奡之为，于是熟读韩孟联句，而旁猎贞曜。[32]

晚年高二适在致林散之手札里，点明当时诗学之路的转变过程：“适昔年曾肆力孟郊，李长吉未能追踪。遂改从黄、陈，今仍未敢休也。”[33]

[32] 1943年9月14日《文史杂志·近诗疗疾·序》第四卷第五、六期合刊。
[33] 高二适：《高二适手札典藏版》，江苏凤凰美术出版社，2013年，图二一九〇。

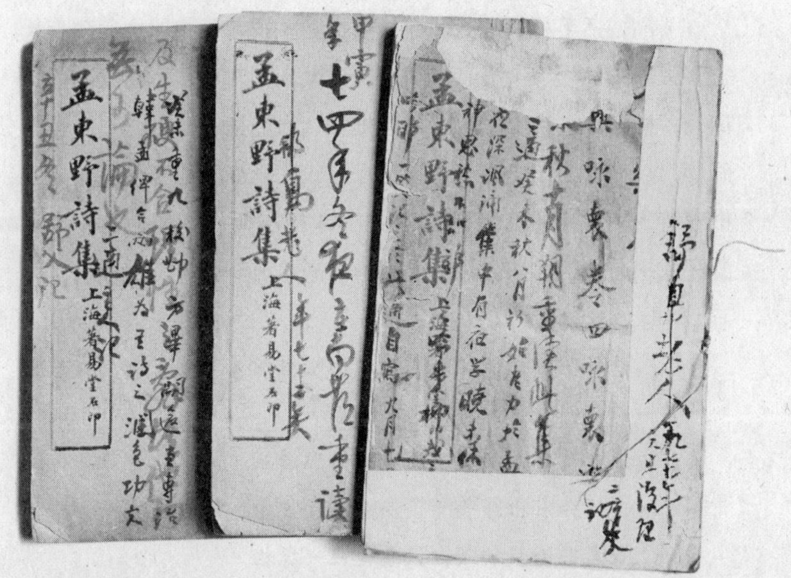

图 6-12：高二适《孟东野诗集》题跋

《高二适手札典藏版》原标点为：“适昔年曾肆力孟郊李长吉，未能追踪。”考据高二适资料未发现其对李贺有苦读研习的记录，根据高老读书学习的习惯推测，高二适未曾对李贺下苦功研读，故推断为“李长吉未能追踪”较妥。高二适在给晚辈学人推荐诗人名单中也未出现过李贺。如 1974 年秋，他与青年丁灏游玄武湖，并访林散之百子亭寓所，高二适赋一律赠丁灏：

仲任对作谁能会，与汝同游咀诘般（韩退之诗：我且咀嚼行诘盘，谓诘盘诗句也）。
压座黄花添曲蘖，填坑文木胜漪澜（见《两都赋》）。
武侯分有出师表（谓汉贼不两立），烟阁终非据马鞍。
老矣若为教献颂，只宜佳日一凭栏。

诗后有跋提示丁灏取法哪些诗人，成就诗学：

右诗录示，不拟与林。林非不能讽吾诗，恐不明吾意之所云也。君欲从吾学五七言，当先熟读杜韩，继之以山谷、后山，才能立根底。还有诗外功夫，然非毕三十年功能不克就。再君子无一朝之忧而有终身之患。服尧舜之道，有颜曾之行，斯乃可为今之诗圣也已。舒凫父并记。

这段跋语实际上就是高二适自己诗学之路。“李长吉未能追踪”，有可能是对林老误认为高二适“喜晚唐韩偓薛能诸家”之词的回应。

从孟郊到黄庭坚、陈师道，这就完成了高二适的诗学序列，即杜甫—孟郊—江西诗派。孟郊是其重要的节点。高二适抓住孟郊这个关键，上承杜甫，下启黄庭坚，至而整个江西诗派。

不仅如此，高二适还注重师承关系序列的研习。他由孟郊推至韩愈，在高二适的语境里基本上是韩孟一家。当然韩孟本来就是一个重要流派，高二适亦以此作为自己的诗学突破口。1943年9月7日，读《孟东野诗集》题曰：

> 癸未秋八月初，始尽力于孟。夜深讽诵，集中有“夜学晓未休，神思愁不知”，不知郊之吟乎抑我之吟耶？一笑记之于此，适自写，九月七日。
>
> 癸未重九校勘方毕，嗣逾当专治韩孟，俾合两雄为吾诗之润色功夫。[34]

“不知郊之吟乎抑我之吟耶”，高二适与孟郊已经融为一体，因为诗心消解千年的时空。由此可见，韩孟在高二适重振江西诗派的征途中起到至关重要的作用。

再有，高二适认为学韩，须由欧阳修起步。1949年，高二适在《广陵先生文集》再跋：

[34] 纪如彬，吕华江：《高二适先生年谱》，江苏凤凰美术出版社，2018年，第138页。

吾本学韩，计由欧进，当得捷径。顷读古体大氐欧九别出疏畅。此集借自诵雒，他日期于至细论之也。[35]

除此之外，宋诗学杜甫得其瘦硬的还有王安石。唐宋之后，元好问学杜最胜，故杜甫一脉重要代表诗家如王安石、元好问等诗人均在高二适研习之列。

这就是高二适诗学之路的大序列小系统。勤学善学的高二适，成就了他的诗学梦想，难怪独具慧眼的章士钊相信他一定能名垂史册。

[35] 高二适：《高二适书法选集》，江苏美术出版社，1987 年，第 90 页。

三、含泪的诗句

高二适少怀大志，勤勉苦学，志在诗心济世。其诗志在重振江西诗派，宗杜少陵，力学黄庭坚、陈师道。强调经世致用，以大小用世观观察生活，体验人生，因此他的诗歌有生活有情怀，其诗歌内容主要继承的是屈原和杜甫的家国情怀精神。

（一）有史诗

高二适一生跨晚清、民国、中华人民共和国，历经朝代更迭、日寇入侵、多次文化运动，身处一个大动荡、大变革的时代。高二适虽在立法院任秘书，对官场他做消极的旁观者，但作为诗人却不做闲暇人，他强调作诗贵有史。这不仅是因为高二适抓住了诗学的本质力量，更是他对国家、对社会、对人民的责任感和使命感——既然生不逢时，不能逃脱这个时代，那就迎头而上。当然高二适从来也未曾想逃脱，也不会逃脱，他与这个时代既然铆上了，就不会分离，因此高二适的诗有史、有志、有味。

1937年日寇攻陷上海，直逼南京，抗日形势严峻。11月，国民政府正式西迁重庆，其西迁之路不是简单的流亡，而是生死背离的逃难，因为日寇的飞机紧随其后轰炸。高二适夹杂在流亡的人群里，目睹了一幕幕人间惨剧，多少年后此经历依然痛沉于心。1942年高二适借怀想柳诒徵，赋成800多字《五年不得见，一首寄柳翼翁》长诗，以诗史的笔法回顾这一西迁悲壮的历史，描绘了国殇时心痛志坚的画卷，可谓声泪俱下。

五年不得见，一步一彷徨。大乱谁能弭，斯人志发皇。
忆在金陵日，日日寄书藏。交明惟介特，笃好有文章。
彼时于役地，出入西城隍。公道在丘轲，讲肆备珩璜。
所居原相近，时诣盋山庄。折花媵小女，赠句压奚囊。
国故资玄讨，兵车宵在墙。移官鄙不腆，逼侧故当行。
访公龙蟠里，别泪盈眼眶。忧煎情默默，亿万心惶惶。
艨艟下关岸，一面遂迷方。如临大敌阀，热泪积衣裳。
余本里闬士，生小爱乡邦。闻命值迁播，气挫力不强。
轮舟夜轰动，江水沸尤狂。一泻死无地，凭栏魂飞扬。
九江船入泊，虏兵益跳梁。几日到汉皋，雨暴如鸣廊。
日报京口陷，坐卧如未遑。日愁凶鸟虐，闭旅情激昂。
去登黄鹄矶，欲阻大军航。吊古伯牙台，涉远漫趋跄。
荆襄水断岸，下游海生桑。日夜惊国瘥，闻政欲移湘。
同人整行李，余悲泣道旁。登车类楚囚，岂不惮路长。
一过岳阳镇，君山湖水荒。乍闻潭州郭，敌机始啸张。
屈平空歌些，贾傅赋徒伤。重登天心阁，掩泪酬定王。
流民日载道，何处逃痍疮。喜甚犁头街，奉手茹经唐（谓唐蔚芝先生）。

言必称尧舜，公文似班扬。示我大战局，稍挈理学纲。

永嘉枕湘女，斑竹啼鸾凰。情思少见弛，霹雳南都亡。

叫舜苍梧野，胡来疑鬼伥。酒筵忽不乐，定策仰中央。

勉游岳麓寺，抚碑邕在堂。诗赋敢哀郢，桃源路眇茫。

惟此始暂憩，又勒蜀马缰。离乱重流涕，且宿东栈场。

夜寒车待发，忍饿索酒浆。愁来无山简，谁念携葛疆。

早知在三事，不属五噫梁。几时重过汉，试论江海防。

乃知胡行速，谁挥组练光。待舟吾西上，时候阅炎凉。

处处人汹涌，船船无定舱。布被一眠食，床敷地难量。

内热潮汐涌，大邑指宜昌。江水低又浅，兵运尤苍黄。

待轮迟更缓，终日卧旅房。此都霾昏雾，枯肠久停觞。

国历岁已阑，迫促万事妨。三游洞无迹，虎牙畏探汤。

忠贞过夔峡，不祀神女妆。滟滪奔如马，清滩心怯恇。

舟势阴崖转，一落千丈长。持身犯险阻，客泪暗雨滂。

渝州列上郡，巨擘扫欃枪。两江夹重镇，到此回宜翔。

突接泰和耗，谓公实不祥。旋剖舍弟书，誉公徙朝阳。

两词各不同，无法证行装。疑对使君泣（谓纕翁），大痛惜国殇。

东坡迁不死，幸此文苑芳。昨读入蜀集，深识愈老苍。

哀歌孰与同，挟兴饱飞飏。出入吾师门，记语长沙章（孤桐师）。

如公今罕觏，使我气方刚。缘何壁电稽，未接转如簧。

滞乡吾罪慢，出蜀惜公忙。料知人世事，聚散亦有常。
平生师友间，藉学如营粮。长沙既游秦，公又浮黔艎。
精神常缭绕，魂梦要颉颃。时事信难料，何时得见将。
蹉跎吾颜卑，万里失腾骧。常愿死耕凿，不羡驷为郎。
吁嗟别公久，手足如桁杨。此际莫排遣，天地且相戕。
胡为不自振，五载守孤孀。寄诗托勤恳，耿耿意难忘。

诗的第一部分从“五年不得见”到“亿万心惶惶”。首写与柳诒徵（字翼翁）五年不见思念尤深，回忆当年在南京读书著文的美好时光以及离别时热泪盈眶、忧深情重的不舍之情。

第二部分从“艨艟下关岸”到“到此回宜翔”为全诗的主体，写逃难的艰辛历程：气挫下关——魂飞九江——雨暴汉皋——水荒岳阳——敌机嚣张潭州——内热宜昌——忠贞夔峡——巨擘渝州。一路艰辛，兵祸、天灾、人乱，写日寇“虏兵益跳梁”，“乱机始啸张”，写民生“流民日载道，何处逃痍疮”。兵荒马乱，高二适每到一处即踏访名胜古迹，不为赏景只为访古问今——伯牙吊古，屈平空歌，贾傅徒伤；诗赋哀郢，路眇桃源。高二适白天面对日机轰炸，夜晚则忧郁激愤。他慨叹在这逃亡的人流中，哪还有文人的尊严，坐车如“登辕楚囚”，枯肠则索酒驱饥寒。作为政府的机关人员尚且如此，平民百姓的境遇更是惨不忍睹。

第三部分从“突接泰和耗”到结句，再回到在此国殇之下的文人风谊。至此高二适笔锋一转，忽然听柳公的音信且喜且泣。

想起与章士钊师友之间的情谊，与章公的精神默契——“精神常缭绕，魂梦要颉颃”，那是心灵的无限慰藉。困厄之中，柳诒徵为抢救、保护图书，不顾个人的安危，仍然辗转在敌占区。柳公的行为令高二适钦佩不已，精神也倍受鼓舞，仿佛又回到了血气方刚的青年时代。结尾回写与柳公手足情谊。天地相戕，道路艰难。此情仍在，此情难忘。全诗着眼“大痛惜国殇”，“东坡迁不死，幸此文苑芳”，表现出高二适倔强的性格和对文化的信仰。作为手无缚鸡之力的文人，面对国难离情，高二适唯有泪千行，“别泪”“热泪”“悲泣”“扼泪”“流涕”“客泪”“使君泪”，山河破碎泪奔涌，西迁万里缘国殇。

抗日战争不是一个人的战争，而是一个国家整个民族的全员战争，只要是有益于抗战的，不分人等不分大小都是战士，这也是高二适的抗战观。他不能拿枪去冲锋陷阵，但用笔去写，用诗去放歌，一样可以树起民族的脊梁。因此高二适的诗为四川名妓华老四倾倒，因为华老四为抗战捐款。他的诗更为舍小家而坚守抗战阵地母子礼赞。1941 年长沙会战正酣，10 月 4 日，第一战区高级幕僚室主任何遂的母亲孙弄琴在上海病逝，享年 75 岁。但此时何遂正参与第二次长沙会战谋划，他以抗战为重，没有赴沪奔丧。高二适遂作《何叙甫母孙太夫人挽词》赞誉：

何家兄弟人不识，失痛丧母情惨恻！

海东啮指儿不归，儿滞西南为报国。

岁晚蜀山寒雨时，素车丹旐纷飞驰。
过客休传蓼莪句，庐墓他年会有诗。

诗中说何家丧母惨恻，何遂滞留西南只“为报国”。尾联用《诗经·蓼莪》典故，《毛诗序》说：“《蓼莪》，刺幽王也，民人劳苦，孝子不得终养尔。”[36]高二适在此肯定何遂不是不孝，而是大孝，国难之际，忠孝不能双全，只有舍家赴义。何遂，耿介赤诚，同盟会早期会员，热诚拥护国共合作。当时高二适并不知道，何遂厌恶蒋介石消极抗战，心向共产党，他的五个子女中有四人是中共党员。尽管何遂与高二适没有多少交集，但何遂的抗战义举令高二适拍案赋诗。

高二适诗里还有一群特别的青年。九一八事变后，东北地区沦陷，为了帮助东北留亡青年，国民政府教育部成立东北青年教育救济处，后此救济处也随迁重庆。救济处编印的《东青通讯》成为东北青年学生的文化阵地。作为忧国忧民的诗人，高二适希望这群特殊青年，更能有所作为。1944年9月5日，高二适在《东青通讯》第二期发表《寄勉东北青年两绝句》：

地维天柱久攲倾，亿万重黎洗耳听。
封域定须回禹甸，中枢德威贯神明。
国家整土中兴日，东北青年内响时。
莫向语溪新石刻，黄龙痛饮有前期。

[36]《诗经·朱子集注本》，上海古籍出版社，2013年，第11页。

高二适用诗寄语失去家园的东北青年,希望他们在重整河山、驱逐倭寇的洪流中有所作为。

1942年，高二适接到“九千里外”家书。家书说，日寇的炮弹击中家里主屋中梁，中梁断裂，幸好家人及时避难，未有受伤。高二适惊喜之余作《梦到家作示内》：

五年只觉到家难，今日魂飘过万山。
乍及门庭犹错愕，初移几席得宽间。
屋梁已断疑丧我，兵火仍连误赐环。
剩有夸张儿女处，九千里外暂开颜。

高二适以自已一家的遭遇，记录普通百姓在兵荒马乱的年代亲人分离，惊悸万恐的生活。1943年9月14日中秋，高二适赋诗《中秋夜保樵处长席上奉赠温委员定甫》：

天河四射秋无风，夜光明灭须臾通。
谁遣嫦娥奔月窟，今古完完影当中。
谢公此时招独客，座有温公文章伯。
六年流播谁当愁，我如太白罪长流。
巴中蛇虺昼夜伏，蝇蚋嚼人生肿肬。
饮含泥泞口藜蒺，冷暖非时如坐囚。
寒檐苦雨地昏垫，毒蛰浸体无春秋。

昨年月闭卧黪黑，今宵有酒索题壁。
过眼千哀吾幸存，美公华发温而文。
国家何时堪破虏，恃此忠贞不二门。
有田不归指山月，有口莫谈省烦冤。
万里长风与秋色，年年好景欲穷源。
醉看月出东海上，更想西行抉炎瘴。
白璧明珠肯相向，此情此景神应王，我有长歌须一放。

这首也是典型的高二适“贵有史”诗。高二适由于志在“重振江西”，江西诗派的创作技法在他身上烙印很深，因此单纯的叙事诗他写的并不多，他所强调的“史”往往融汇到写景、叙事、抒情、议论中。这首诗是同僚保樵处长中秋夜招饮高二适和温定甫委员，高二适有感而发赋成两首中的一首。此中秋良辰，美酒佳肴，宾主情同，本是诗人意气风发，逍遥自得，但心怀国忧的高二适，如何能独自偷欢，自沉于个人的风花雪月。高二适借月长歌一放，写流寓川渝六年，苦如李白流放。高二适在此是否有一个隐喻呢？明明我们有广袤的东三省、壮丽的华北、厚实的中原、富饶的长三角、绮丽的珠三角，却为何困囿在这艰苦的巴中？那是因为日寇的侵略。日寇的强盗行径固然可恨，但我们的国民政府在干什么呢？他们在干消极抗战积极反共的勾当呢，以致国民政府里许多人都看不下去，所以他发出“国家何时堪破虏”的诘问。

1945年抗战胜利，1946年3月由重庆返回南京，随即回到阔别10年的老家与亲人团聚。这本该是令人欣喜的事，毕竟抗战胜利了，8年的流寓生活结束了，8年的与亲人分离结束了。可是令人失望的是：蒋介石拒绝在“双十协定”上签字，和平无望，内战再起。回到南京，愤慨失望之情笼罩心头，高二适赋诗追写回乡的感受，但已少了一份快意：

丙戌（1946年）二月还家，追赋此

十载还家矜一得，风云澒洞无虚日。
吾生行役久离居，居人不识寒食节。
已成冢地日接芜，入门偃蹇愁索逋。
谁令文字生冤狱，妻孥劳问犹追呼。
月明烽火莽独宿，大地荒荒笼修屋。
早识归来陷贼中，何似天涯仍踯躅。

此诗首句写十年战乱，以老百姓“不识寒食节”写文化的衰败，第三、五句则记录连续十年的战乱造成的乡村的惨状，大地荒芜，墓冢成片。然不止于此，此诗妙在结句责问，早知道回来还是陷入内乱，与踯躅于天涯、流寓在川渝又有何区别？这种大胆的控诉，正是高二适用世观的表现，也正因为他的诗有史，使得他日常生活的叙写都浓缩了广阔的社会背景，使得他瘦硬的诗风更加凝重——这就是他学江西诗派的过人之处。

1976 年 10 月，高二适为亚明绘制的钢铁画册页题签并题 269 字的古风《奉题亚明钢铁画册捃拾集》。其后部分如下：

同人睹此应发奋，排闼列阵真所宜。
行见恃此荡荡志，寇来莫上金汤池。
到头画师本领大，万斛之水钢骨垂。
因官五此良伎巧，堪笑即我作诗题。
吁嗟乎，冶城金陵难再作，谢傅登临只涕洟。

亚明此画册以钢铁生产为题材，生动表现了 20 世纪 60 年代我国特殊时期工业建设尤其是钢铁生产的成就。此诗，高二适一方面为亚明的画册拍案叫绝，赞其曰“鬼斧神工”“画师本领大”，另一方面以诗性的笔调写钢铁生产——“万斛之水钢骨垂”，并活用优旃反语谏秦皇之典故，指出钢铁工业的战略意义——“行见恃此荡荡志，寇来莫上金汤池”。

江西诗派主张“无一字无来处”。高二适全面师承江西诗派，像这样反映时代特征的诗作，在高诗中不少见，但它硬朗，气势夺人，写出诗人在时代洪流中的独特个体体验。当诗人把自己嵌进历史的长河，嵌进人民大众中去，他便可以获得普遍的认同感，便可以获得史学的价值与地位。

（二）关注民生疾苦诗

好友曹纕衡说高二适“谁谓陋轩似冰冷，穷年内热为苍生”[37]。高二适虽深居书斋，但民生疾苦一直处在其视野之内。由于工作环境，高二适鲜有杜甫经历“三吏三别”的场景，因此他没有直接反映民生的叙事诗，但他将所见所闻所感的民间生活写进诗中，我们透过这些诗句依然可见他的屈贾之哀、少陵之怀。他的这种情怀出自儒家的“仁政”思想以及他的“以礼治国”的梦想。1976年，高二适惊闻唐山大地震，悲痛之际，他发出这样的诘问：“北国灾状，有不忍闻见处，吾民多难，刍狗之谓何因？”[38]

1946年秋，高二适登清凉山扫叶楼，作《乱后独登扫叶楼》：

荒原催拄目，西城昏不敛。僧贫无叶扫，楼空仍履簟。
昔吾客此都，足迹屡曾染。佳日及题诗，同游共削刻。
飘忽八载余，流波意难慊。觞咏偶然停，膻腥隔梦魇。
繁华事足哀，江山有贻玷。刑政用失当，杀戮沪猖獗。
草树久为髡，阳秋孰可贬。关口客虎踞，石城遮鬼脸。
到此论形胜，京雒一关陕。定须张吾诗，贬恶不为谄。
今兹怀宴安，耽毒毋窃忝。疮痍莽四封，温风荡摇飐。
遗黎逾瘠贫，岁月行荏苒。揭来与烦忧，饭过日将奄。
宇宙浩茫茫，人生若电闪。何当载昔游，得意还剥茨。[39]

[37]《诗经·朱子集注本》，上海古籍出版社，2013年，第11页。
[38] 1976年8月5日，致南京炼油厂谭家明信札。
[39] 高二适著，李静凤编校：《高二适诗存》，黄山书社，2011年，第29页。

诗中写战后南京满目疮痍的景象，特别指明“遗黎逾瘠贫”，“遗黎”亦作“遗黧”语出《晋书·地理志下》：“自中原乱离，遗黎南渡。”[40]此处指劫后余生的人民。抗战胜利后，国统区多数文人为国民党歌功颂德，但高二适却直面现实，直面人生，在诗里坦言“贬恶不为谄”，因此他直接说造成人民更加困苦贫瘠的主要原因是刑政失当，杀戮猖狁。

抗战胜利后，国民政府理应致力于休养生息，改善民生，促进和平，但他们却积极内战，腐败横行，致使民不聊生。1948年2月2日，除夕前七日，南京大雪纷飞，高二适遥望钟山全无春节将至的喜庆，沉郁作诗《大雪望钟山感赋》赠潘伯鹰：

钟山冻合玉玲珑，一瞥银光万顷同。
戴狎盐梅回暖候，早驱鹅鹳策奇功。
劫余禹城空域守，寒逼尧年试火攻。
莫倚题诗夸喜气，黎民满眼正疲穷。

作为国民政府机关文职人员，高二适也可像梁实秋那样眯眼赏花吟月，过上悠游的雅舍生活，但他没有，他看到繁花背后的衰叶，他看到的是百姓的疲惫与贫穷，这不是他所期待的社会，不是他理想中的礼仪之邦。他说：

从古邦之兴，应怀大宽廓。老言政察察，其民缺缺若。

[40]《晋书》第4册，中华书局，1996版，第117页。

此土本崇礼，刑德涂刀镬。今来率背圣，末流工夺掠。[41]

高二适的社会理想是政治宽厚清明，民众安居乐业。若民众“缺缺”“夺掠”，其责任是在当政者，是由于当政者未能宽怀、未能崇礼敬德所致。但是高二适这样的理想在当时已无法实现了。

1975年3月，高二适应扬州施桥船闸之邀，与亚明、萧娴、陶白、萧平等一起前往参观。回来后，高二适赋诗《赠扬州施桥船闸》（图6–13）：

施桥南北水汤汤，击楫而来舟万航。
两岸堤封如壁削，千门版闸障江防。
货通淮左名都在，路出邗沟霈泽长。
我比濠梁应更乐，扶摇何必学蒙庄。

扬州北称为“里下河”，地势低洼，南接长江，北连淮河，有十年九涝之说。高二适老家小甸址正处其中，自幼感受水灾对人民的伤害。中华人民共和国成立后，国家致力水利工程建设，解决水患，扬州施桥船闸就是其中的重要工程之一。高二适参观施桥船闸，亲身感受了水利工程雄壮，更感受到船闸惠泽里下河千百万人民。他诗情澎湃，礼赞施桥船闸，尾联用《庄子》两个典故，描述自己观闸无比喜悦的心情。像这样轻松明快的诗歌，在高二适诗作中并不多见，他的情感深处依旧是家国情怀，依旧

[41] 高二适著，李静凤编校：《高二适诗存》，黄山书社，2011年，第19页。

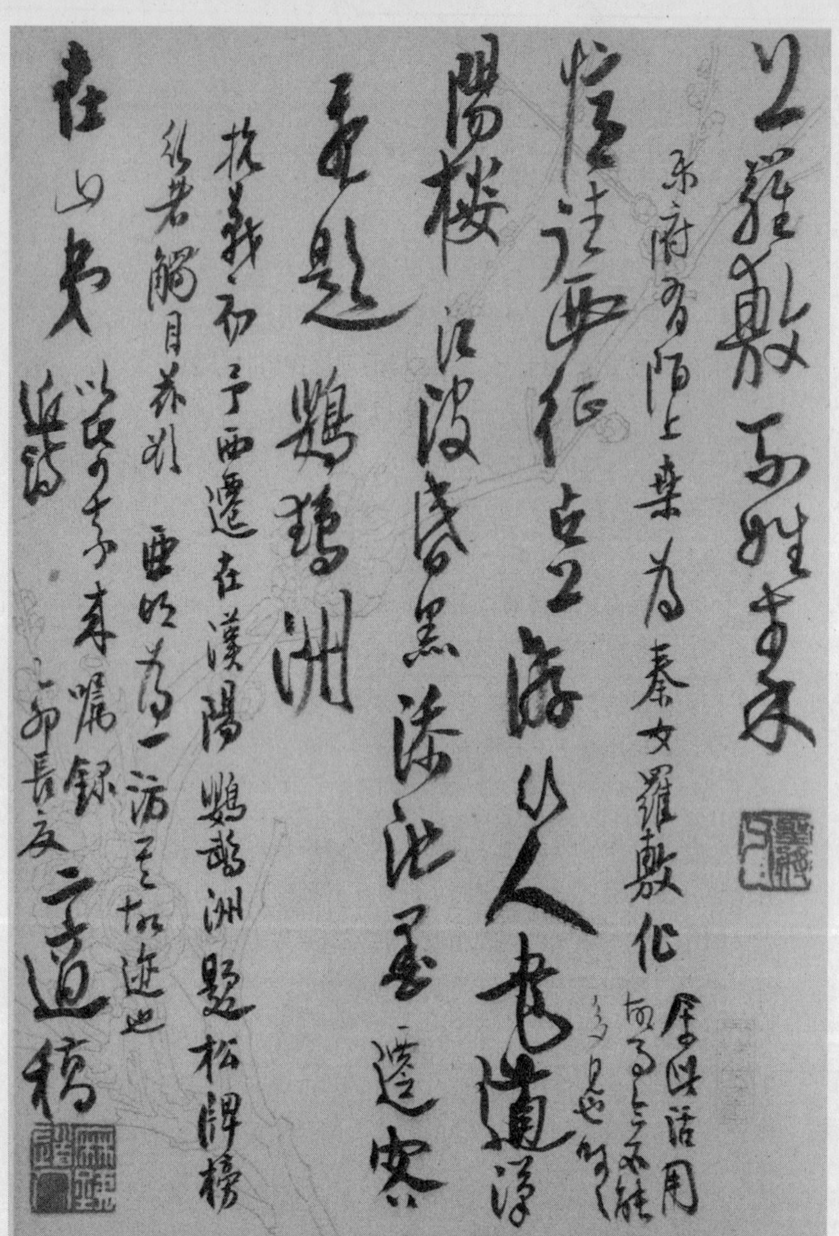

图 6-13：《赠扬州施桥船闸》诗稿（局部），吴为山主编，《高二适墨迹（下）》第 81 页

是他眷眷的民生情。

（三）讽时伤乱诗

高二适坦言“吾生敢妄论”[42]“贬恶不为谄”[43]，此在诗界大有盛名。他对国民政府的弊政、对当权者的骄奢淫逸均直言批判，同时他时常对民生、对政局表现出深沉忧虑和愤慨。《夜闻子规起而作诗》是其代表作之一：

我昔秣陵听杜宇，时值清明恶风雨。
客里思家不可过，晚闭幽房对妻语。
今来巴渝只独眠，日落灯昏多狐鼠。
夜深忽闻鉤辀声，飞止吾屋啼愈苦。
声声叫号撩人愁，使我中宵毛发竖。
其悲略同婴儿啼，用致吾意中缕缕。
古称尔乃望帝魂，蜀人敬礼能识序。
是岂雄力可抢翔，或且羁旅暂延伫。
尝闻政恶出多门，尔早禅位及臣辅。
又闻尔雌随尔雄，双栖不会终龃龉。
人间世事总抛撇，选更高啄无与件。
胡为终夜只悲号，拉毁良宵真顽鲁。
尔始呜咽有为哀，若在吾喉快一吐。
忆昨小年离母怀，桃李轻盈随父祖。

[42] 高二适著，李静凤编校：《高二适诗存》，黄山书社，2011年，第19页。
[43] 高二适著，李静凤编校：《高二适诗存》，黄山书社，2011年，第29页。

二十出门使欲归，深闺早结鸾凤侣。
长来世事□逼仄，渡淮泛江悬几许。
南来困厄同党灾，西上更遭□担梅。
忽忽三秋不得归，每念骨肉生毒蛊。
昨说中宵恶鸦噪，今来催归迫羁旅。
尔冤竟是向吾鸣，吾怀更期谁听取？
被冷难禁去国恨，时艰何处乐吾土？
世乏良医疗我愁，安望乘云去修阻。
满腔智谋诚短阙，欲倚阖闾盟吴楚。
向来泪落推肝脾，今更口干令心痛。
鸟道路难隰不飞，吾人客籍焉用武？
我病不爱谈世事，晚行邦国真踽踽。
神州陆沉要兴复，微惜空拳无斤斧。
抉目伤神终一掷，坐愁绝徼多豺虎。
孤身野旷仰天青，欲铸神奸有齐怒。
尔久悲啼无舌桥，同嗟鸿蒙一困圄。
从兹闻呼即起立，制有陈义高冠古。
杜宇杜宇尔勿悲，我有长歌持似汝。

此诗发表于1940年《国际与中国》第四卷第七期。子规即杜宇，自古即是中国诗歌重要物象之一，是哀伤、盼归的典型化身。1940年，抗战进入最艰难的时期，高二适已与亲人分离3年，战事何时结束尚未明朗。深夜，高二适惊闻子规悲啼，落泪成诗。全诗以自己与子规对话形式来构思，实则子规就是高二适本人，他是借子规形象写自己悲愤忧时的情感。高二适慨叹世无良医“疗我愁”，因为他的心痛在于神州陆沉却无救世的“斤斧”，他“抉目伤神”是因为难禁国恨，乐土何在？“孤身野旷仰天青，欲铸神奸有齐怒”，是说他想有所作为，但环境不允许。“神奸”语出《左传·宣公三年》：“远方图物，贡金九牧，铸鼎象物，百物而为之备，使民知神奸。”[44]“齐怒”语出屈原《离骚》：“荃不察余之情兮，反信谗而齐怒。”高二适在此用两个典故，内心的愤懑无处申诉，只得仰天长叹。故他发出“尔冤竟是向吾鸣，吾怀更期谁听取”的感慨。

1942年9月24日是中秋节，月隐天惨，狐鸣鬼哭。此景喻世，高二适以同韵作诗两首给章士钊：

壬午中秋夜赠孤桐一章

中秋无月天惨黑，终夜无眠人转侧。
篝火不鸣狐兔休，床头山雨疑鬼哭。
南方魑魅貌狰狞，五载文思堪作贼。
谋士多于猬毛虫，公来何事仍默默。
当王不明自有由，滔天祸乱长悖德。
公故能歌我故愁，苦听蛙声憎紫色。
愿天从此莫偏盲，愿公从此尚安宅。

[44] 高二适著，李静凤编校：《高二适诗存》，黄山书社，2011年，第19页。

一年无奈是今宵，人生失意犹可惜。

是夕无月，次壬午韵奉呈长沙公兼示渊雷

月子不来窗影黑，五年离梦仍翻侧。
短檠墙角张更愁，泬寥秋士病皆哭。
吾方止饮创金痕，胸中何计擒国贼。
同时苏子溺亦饥，贤识怨公终语默。
蓦然斫地动斯文，磨厉居然祖文德。
木生于世牺尊断，牝牡骊黄将辨色。
圣狂不作古所哀，迹息王家丰镐宅。
今宵无月亦中秋，天不惜时人自惜。[45]

两首同韵，主旨基本一致。此时中国正处于内忧外患之际，可是当政者昏庸无能，致使魑魅狰狞，祸乱滔天。“谋士多于猬毛虫”是对当政者人才良莠不分的极大讽刺。“王家丰镐宅”即蒋氏溪口故居，高二适大胆指出问题的根在蒋介石。当然高二适依然从儒家思想出发，认为蒋氏失政在于悖德。在第二首诗中使用墙角短檠、牺尊沟断、牝牡骊黄三个典故，哀叹国难之时，该用有真才实学之士，可惜当政者图看表面，而重用滥竽充数者，真让饱学之士“病皆哭”，只能发出“天不惜时人自惜”无奈的喟叹。

1959 年夏，高二适赋诗《频年与禾夫相对，每讽老杜“乱后

[45] 高二适著，李静凤编校：《高二适诗存》，黄山书社，2011 年，第 21 页。

故人双白发，春深逐客一浮萍”之句而伤之。昨见霜雪盈颠，蟠胸文思，益有感于吾怀，长句奉呈，盖不知涕泪之何从已》：

四海谁怜公白发，天涯同此一漂萍。
剧愁种种吾犹尔，历乱茫茫醉与醒。
近代诗书成逐客，几时桁械脱天刑。
相投最有论文雅，倘许扬云共挈瓶。

这首诗的诗题很长，交待了写作此事的缘由。禾夫，姓翟，东台词人，曾与周应昌、陆鲁瞻等人结社填词。年轻的高二适在乡下与周应昌唱和颇多，并曾向翟禾夫问学《易经》。想起当年对吟唱和事，已过去近30年，而此时高二适也已白发盈头，且处境并不尽如人意。他的立法院工作经历屡遭审查，工作也因之受到牵连，在郑肇经的倾力相助下才得以在华东水利学院图书馆工作，可一到1958年，他55岁，就几乎是被勒令退休。这对刚毅的高二适来说是不小的打击，抚今追昔，悲从中来，涕泪横流。他以浮萍喻天涯逐客，历乱茫茫，深愁千万，感叹何时脱离“天刑”，成为一个真正的自在的人。高二适个人的伤逝，正是当时一个时代的缩影。

1976年“文革”已开展到第十个年头。4月2日，高二适生日，作《丙辰生朝，对客漫赋》：

今朝七十四龄过，室有莱妻被草莎。
病退一廛元未死，胸余百忧哪能歌。
客来差具齑盐味，乱定仍愁风雨俄。
一事扬云终自合，雕虫微技尽销磨。

高二适将此诗寄给陶白，在诗后附言："近局愈趋迷离扑朔，想贤者所同忧也。"由此可理解高二适诗中的郁闷——"胸余百忧"不能倾诉的原因，他期望这场内乱能真正安定下来。高二适曾感伤地说："吾诗怕惊人，伤时语多删。"[46]但耿介的他还是不愿良知被遮蔽，写出惊世骇俗的诗句。用世观让高二适总是把个人情感与国家、社会紧密联系在一起，他的感时伤世具有深刻的社会内涵，每每读之，令人唏嘘不已。

（四）咏怀诗

由于高二适主动拒绝融入主流社会，故主流社会也拒绝他，但他"一心二用"的人生哲学，使他不甘做旁观者，不甘做一个闲适的文人。他有所为有所不为的状态，往往有惊人之语，但他的宏论、他的治国之道——以礼治国，当政者又怎么能听呢？因此高二适多有抒写才不见用、壮志难酬的幽愤诗。

东轩二首

东轩已作七年闲，著我离忧始闭关。

[46] 高二适著，李静凤编校：《高二适诗存》，黄山书社，2011年，第20页。

快马何因看一蹶，连鸡未必解千环。
当春无赖风兼雨，养士休遗寡与鳏。
自是有才难大用，青云那得数追攀。
东轩居士停骖处，少小不识在行路。
嵚崎自写磊岢风，平生奇想要奇遇。
一间老屋堆床书，七年困我还欲去。
时事如棋那可凭，郎潜郁勃真厌事。
轩前风多雨撼窗，轩外流水行云住。
似说坡翁在黄州，未见谢傅堪捉鼻。
而我睎发有底狂，不辞荦确行赑屃。
试登绝顶叩天关，怀哉满眼江乡泪。

两首《东轩》作于1945年3月，基本扣住“自是有才难大用”忧愤而作。此时全面抗战已进入第八个年头，高二适困顿于巴渝也7年。国民党军队在抗日战场上的表现，实在令人大跌眼镜。高二适认为这还是蒋介石任人唯亲的问题，故用《战国策》典故：“秦惠王谓寒泉之曰：‘……赵因负其众，故先使苏秦以币帛约乎诸侯。诸侯不可一，犹连鸡之不能俱止于栖之明矣。’”[47]高二适用“连鸡”一词，指出国民党领导的抗日军队，相互猜忌，相互牵制，不能相互协调，不能统一行动，以致抗战屡有败绩。高二适希望蒋介石真正能够唯才是举，不因快马一次失足就弃用，也不要遗弃那些有真才实学却又无权无势的“寡与鳏”。高二适

[47]《战国策》，山西古籍出版社，2003年，第363页。

这里是有所指的，比如他周边的师友于右任、章士钊、王用宾、林庚白等都是忠良死节，饱学之士，都是辛亥革命的先行者，但他们都被置之一边。虽然蒋介石也给他们一些职务，但都是一些虚职，根本进不了蒋氏朝廷的决策中心，根本不能在抗战中发挥他们的智慧。第二首高二适当仁不让写自己品行卓著，一间老屋，满床诗书，当然自信。他总梦想有“奇遇”，有像章士钊那样的伯乐赏识自己，但他知道这个奇想只是枉然，故借用郎潜、东坡、谢安三个典故，非为升迁愤恨，而是希望能经世致用，“而我晞发有底狂，不辞荦确行赑屃”。“荦确”语出韩愈《山石》诗：“山石荦确行径微，黄昏到寺蝙蝠飞。”高二适此句是说年纪虽老，但仍愿为国家不辞辛苦，像赑屃一样负重前行。然而试问“天关”，一切都是水中月镜中花，徒然泪眼盈怀。“怀哉”语出《诗经·国风·扬之水》：“怀哉怀哉，曷月予还归哉？”高二适无奈与伤怀只得一付之东流去。诗中当春风雨、轩前风雨、轩外流水皆有所托怀。

咏孤也是高二适咏怀诗中的重要内容。

1948年2月9日，农历丁亥年除夕，轻叹作诗《丁亥除夜》：

浮世真同波浪翻，岁华冉冉急归鞍。
干戈换劫身元贱，灯火盟心夜已残。
撑腹文书空峣屼，刺天名节有盘跚。
妻孥莫喻诗情好，江左观风只可叹。

1948年重阳节，赋诗《九日晨起出门》：

未办登临却办惊，黄花满日不胜情。
亭皋留客方不佩，尘爵倾罍已偏行。
漠漠野云归灭没，翛翛南雁起平明。
年来短发余孤傲，待与何人论浊清。

1948年，《京沪周刊》第二卷第二十八期《饮河集诗叶》发表高二适《访君武锦绣坊》一诗：

谁将锦绣裹乾坤，坊巷径行独叩门。
正使一障能却敌，还同千丈不宜浑。
论思献纳庸何补，丧乱兴衰未可言。
只我欲从来日约，约公诗语共温馨。

1949年，蒋家王朝即将覆灭，高二适赋诗《乙丑夏写似斠玄先生政之》：

彝陵西上同趋蜀，记否山东蹑屐时。
屈指头颅语半掷，扶衰文字肯全悲。
身闲只有投林好，道胜奚犹覆瓿嗤。
我自羁雌憎退羽，漫怜高鸟与无枝。

蒋氏领导下的国民政府发动内战，失政，失德，失人心，有识之士无不对其失望。《丁亥除夜》中的“换劫”即红羊劫，古之谶纬之学，代指国难。高二适以此暗示国民政府气数已尽，即使有伟思良策亦是“庸何补”。在此背景下，纵使高二适有满腹经纶，刺天名节，也不可能被重用，还常常受到周遭群小的嘲讽。“覆瓿”典出《汉书·卷八七·扬雄传下》，喻无价值、不受人重视，“覆瓿嗤”表达高二适被嘲弄的愤慨，故高二适有异常的孤独感。“羁雌”即失偶的雌鸟，语出枚乘《七发》：“朝则鹂黄鳱鴠鸣焉，暮则羁雌迷鸟宿焉。”羁雌退羽，高鸟无枝，既表示无人与他“论浊清”的孤寂，也表示他的高洁与“孤傲”。幸好还有如许君武、陈中凡、卢翼野三两失孤诗友一同观风叹息，讽诗咏怀。

1975 年，整个社会几乎经济停滞，文化凋敝。同年 6 月，高二适书自作诗赠肿瘤医院李茂元《因病晤茂元，重赠五言》：

> 樵苏不宿饱，枳棘乱能起。我有求友诗，嘤嘤声在此。
> 危时弄化权，何如医得中。文章不遇时，何处哭东风。

此诗真的很大胆，但也符合高二适狂狷个性。首句语出《史记·淮阴侯列传》：“臣闻千里馈粮，士人有饥色，樵苏后爨，师不宿饱。”用此典故，指出百姓连温饱都十分困难，可见民生多艰，接着高二适直接指出其原因——“四人帮”一伙祸乱。“枳棘”喻佞人，《楚辞·刘向〈九叹·愍命〉》：“折芳枝与琼华兮，树枳棘与薪柴。”王逸注：“以言贱弃君子而育养小人。”[48] 高二适忧怀的是如何根治这些佞人弄权误国。面对此局势，不遇时的高二适只得“哭东风”了。

（五）明志诗

高二适的诗心济世，他的志向在诗学、在学术、在书法、在文化，在有用于世。

1941年5月30日是端午节，高二适赋诗《辛巳五日王委员长集莲池诗社诸君于高台邱，余得奉陪喜赋一律呈诸友（是日即以端午为题）》：

词客曾夸屈大夫，今来端欲反骚无？
临文耻为衙官计，用世还如山泽臞。
把手诸贤容作社，入林七字看成图。
楚因君子高台感，谁向新亭识故吾？

此诗颇具杜甫诗风，表明他的读书为诗的志向——不为官，只为经世致用。全诗有骨，有风，有势，酣畅淋漓。

1948年2月10日，农历戊子年正月初一，高二适诗性正浓，作诗《戊子元日》：

[48] 屈原：《楚辞》，山西古籍出版社，2003年，第239页。

窗明不隔日高舂，元日镵诗兴又浓。
但倚晴光满人海，自余和气拄心胸。
出门径欲寻吟侣，投绂安能事老农。
我拟缚茅三亩宅，霜筠雪竹信从容。

“投绂”，弃去印绶，谓辞官，语出苏轼《和致仕张郎中春昼》：“投绂归来万事轻，消磨未尽只风情。”此诗表现了高二适厌倦国民政府机关，希望能有一亩三分地，像东坡结庐“雪堂”，过自己的田园生活。

1957 年 10 月 31 日重阳节，高二适登鸡鸣寺赋诗《丁酉九日同王天瑞登鸡鸣山有赋》：

佳日登临兴共赊，湖光山色郁杈丫。
散林讵敢干云木，高士端宜对菊花。
自到青冥看白发，可能落夜发寒沙。
约君准拟营诗社，大笔淋漓自世夸。

1964 年 2 月 12 日，癸卯除夕作诗《癸卯除夜》：

残夜空斋立，陈篇半死余。初疑孤迥在，终作岁年除。
疲志炊悬釜，低头压架书。何劳观物化，形影漫相如。

1964 年 2 月 13 日，甲辰正月初一作诗《甲辰元日》：

老去潜阳在，开心正养蒙。溺文憎世次，泛□滟春红。
誓扫衰慵尽，休疑造化穷。分年一耆指，属句待谁工。

中华人民共和国成立后，高二适的境遇并不是太好，但他济世之心亘古不变，不仅诗学未放，还致力于刘梦得诗文校勘，于书学另辟蹊径对章草深入研习。可以说高二适虽身困于窘，却志愈坚，于文史哲艺全面推进。1952 年，高二适在《张文襄公（张之洞）诗集》上题跋，强调坚定的意志对重振诗学的重要性：“余谓容易不足以昌诗，惟志能副之，始克见身手耳。”[49] 此三首诗正是高二适表明自已有志振兴江西诗派的信念。“悬釜”，喻指艰苦生活，语出《韩非子 · 十过》：“城中巢居而处，悬釜而炊，财食将尽，士大夫羸病。”“白发”“半死”“孤迥”“衰慵”“耆指”借说高二适困苦中的衰年状态，但他以志炊釜，以阳固阴，低头压书，开心养蒙，誓扫衰慵，穷造化，工诗文。“大笔淋漓自世夸”表现了在一个压抑的环境下，他依然保持不可抑止的气势。他的这种自信，在他 1972 年即 70 岁时，所作《偶成》一诗中充分表露出来：

甘心七十且酣歌，眼底长藥恨事多。
再过卅年仍未达，才应百岁叹蹉跎。

[49] 纪如彬，吕华江：《高二适先生年谱》，江苏凤凰美术出版社，2018 年，第 206 页。

此诗第二句仍用韩愈的《短灯檠歌》，但已不是以前的以短檠自喻感叹才不见用，而是以取“一朝富贵还自恣，长檠高张照珠翠”之意。当然高二适不是意在富贵腾达，而在于诗歌留史，实现重振江西诗派的梦想。三四两句即说百年之后，如果他高二适的诗仍未显达，不为世所认，那才是人才虚度。这样反说，正说明高二适的底气和自信。

京剧演员宋荆棣（原名宋朗，号晴轩，斋号石庐）喜篆刻，功力深厚，1967 年 1 月，为高二适治“证草圣斋”“草圣平生”两印。高二适喜赋《赠宋荆棣》以谢：

证圣何如得圣名，龙蛇飞舞豁平生。
向来中国尊皇象，可信东吴产笔精。
自宝奇觚为善解，老丁长乐欲无营。
多君铁石明吾志，五百年前孰我争。

写作此诗时，高二适耗时 10 年的《新订〈急就章〉及考证》专著大功告成，且他的章草创作个人风格也已成型。和重振江西诗派一样，高二适也自觉肩负起重振章草的重任，故有“多君铁石明吾志”之句。一二两联写高二适沿王羲之、皇象、陆机等巨匠路径研习章草，第三联说考释《急就章》，末句放言他的草书 500 年来无人可及。

1967 年 1 月 15 日，高二适折足，卧床数月，颇多感慨。9

月18日中秋节，赋诗《中秋夜怀孤桐老人》：

万里云生月向明，今宵殊感动咸京。
九天旋转亡胡岁，七亿人争立汉旌。
独钓每怀严子濑，半人谁忝汉南城。
胡园漠漠归心懒，聚铁何嫌错不成。

作为“兰亭论辩”的主角，高二适及其附和者在随后的论战中文章难以发表，这让高二适很是愤慨。诗中“万里云生”“九天旋转”即是当时的环境。高二适此次折足自认为是天谴，故末句用“铸成大错”的典故自责。可这都不是高二适所要表达的主旨。诗后有跋“诗中字复辞别，古大家定知之也。予病足废居，故以习凿齿为自嘲矣”[50]。这是对第三联的说明，也是高二适进一步表明自己的志向，不仅仅是像严光那样远离官场、超然物外，更以半人习凿齿自况。习凿齿，字彦威，东晋著名史学家、文学家，是魏晋风骨的重要代表人物之一。《晋书》这样评价他：

习氏、徐公俱云笔削，彰善瘅恶，以为惩劝。夫蹈忠履正，贞士之心；背义图荣，君子不敢[51]。

习凿齿作为后世楷模，其魏晋精神一直为中国文人所推崇。他集民族气节、淡泊明志、刚正不阿、穷且益坚等优秀品质于一

[50] 高二适著，李静凤编校：《高二适诗存》，黄山书社，2011年，第120页。
[51] 房玄龄等撰：《晋书》，岳麓书社，1997年，第1438页。

身，其守护文化的精神也一样光昭史册。此时的高二适与习凿齿的境遇相似，与其性其志更是一致。高二适以“自嘲”相许，不是妄自菲薄，而是表示对习凿齿的敬仰，全在自励自勉，这是对首句“万里云生月向明”坚定志向的具体诠释。此诗也是高二适用世观中“适吾适”小用世观的体现——在大用世无法实现的情况下，走小用之道，追求内圣。

（六）书画诗

在对书法的长期研究中，高二适对书法有了独特的感悟与理解，同时与书画界的朋友交往，为诗歌增加了许多风雅乐趣。

1940 年，来自全国各地的印人在重庆成立了继西泠印社之后又一个高水准篆刻团体——巴社。社长为乔大壮，负责人有台州的徐文镜、南京的高月秋、长沙的谢梅奴等，社员有高二适的师友章士钊、沈尹默、潘伯鹰等。巴社印人每周聚会，或在高月秋的照相馆，或在徐文镜的“紫泥山馆”，或在谢梅奴的家里。他们切磋技艺，弘扬印学。但他们并不全是赏风吟月，更多的是撰文出集，为抗日救国办展筹款。他们尽了一个知识分子在国难之际继续传承文化和社会担当的责任，可敬可佩。当时重庆大多文人的印章都出自巴社。因为章士钊的介入，高二适与社员徐文镜、高月秋结下情谊。徐文镜别署镜斋，早年拜晚清浙派古琴大师大休上人为师，追随孙中山参加革命，诗、书、画、印、琴均有极高造诣。高二适曾言“鄙夙喜弄石章”，与徐文镜相识给书斋生活平添了许多乐趣。一次徐文镜眼睛生病，久不能治，以致不能操刀刻印，但他还是为高二适治印一枚，告诉高二适说因眼疾带来的不便，请他向诸友说明不能刻印的原委，并写一首长诗，请高二适品鉴。高二适接到印和诗自然欢喜满怀，三个月来未曾写字，今得宝印，情思飞扬，心手双畅，写字用印，其喜洋洋矣，赋诗一首回赠徐文镜：

徐镜斋为余治印，报以长句

君病眼不能操刀，使余明之世云

镜斋眼蔽手不敝，独披封泥之腹背。
刀笔我求发石章，闻尚元人力无对。
刷削吾方未忍抛，凋镂君自通茫昧。
从今瘖庵得一奇，试钤斲刻称藻缋。
奈何三月懒无害，深锁名章情则隘。
刿论要约赠品诗，引满待发已越岁。
吾书疏放庸可名，及看君印终形秽。
细思文字有何功，道义相副才足贵。
闻君能画且攻诗，此事都应留我辈。
所忧百好百不如，君胡有眼病沉醉。
君印已教起我诗，吾诗能明君眼未。
问龙乞水忆东坡，慰君细字终无晦。

难得见到高二适对自己的字否定，此次竟说：“吾书疏放庸可名，及看君印终形秽。”想必镌刻此印徐文镜用心之诚，技法之高，令高二适惊叹不已。高二适又直呼：“细思文字有何功，道义相副才足贵。”佳印好诗将人生的乐事、友情的道义变得可触摸。高二适问：你的印让我诗兴大发，而我的诗能治疗你的眼疾吗？想起苏东坡吟诗感慨：晚来想要看细字，当“向龙乞水归洗眼”，此地没有治疗眼疾的龙井水，但有此诗，亦是能让你眼明心亮，再看细字定会毫无妨碍。如果是俗人看到此诗，定会说这真是书呆子，诗能疗病？是的，诗性的关怀会疗治每一个受伤的心灵。

高二适虽不治印，但自幼受堂伯高仕圻篆刻的熏陶（图6–14），对篆刻所蕴涵的文化有特殊的情感，尤其是印人为他治印字号、斋名、闲印，极容易引起他的诗兴，因为这些印文皆有他喜欢的寓意。

桑宝松为余作两面印二方，长歌奉谢

金陵印人吾皆识，晚得扬州桑阿松。

刀法超奇篆法古，羡君功深愈从容。

昔人佩印如斗大，赫奕功名胡为者。

我今羊薄老江东，累累之章比素封。

吁嗟乎，何时乞得书堂九万纸，约君游戏墨池水，斲石攻书安止止。

西山爽氣

知音者芳心自同

图 6-14：高仕圻印谱

扬州印人桑宝松为高二适治“江东羊薄”两面印，高二适常以南朝刘宋大草书家羊欣、薄绍之自喻，得此印，甚喜。此诗主要赞誉桑宝松刀法超奇，功夫深厚，同时表现自己得印的欢愉之情。

1975 年，扬州书家魏之祯为高二适治印“麻铁道人”，高二适赠诗以谢：

扬州老印人魏心饮为鄙治“麻铁道人”石章一方，
余钦其刀法若新发于硎然，乃献作此诗酬之

残唐乃有杨景度，旷代宁无铁道人。
景度工书起居法，道人只欠丝与缗。
六鳌蹲坐古扬子，终岁无鱼肯离此。
神仙之路本无常，道者变法非圆方。
心饮助我充浮饵，挥手乃觉眼生芒。
我赏鱼乐观濠梁，君体嗤我病迷阳。
吁嗟乎，古来直钩无鱼诗可钓，道人学步岂竞友严光。

“麻铁道人”是高二适晚年的自号，他有诗句“人言磨墨墨磨人，磨穿铁砚始堪珍”，以表示自己的学书的意志。魏之祯不仅治印，书法也好，尤其是隶书更佳。此诗并没有多少谈印，倒是与魏之祯谈书法，因为此时高二适书法转向五代杨凝式（字景度），故前八句全论说杨凝式书法。诗的后半部分用《庄子》观濠梁、迷阳两个典故，表现自己的志趣。

1973年12月初，时任国防大学革委会副主任陈英携关山月的《红梅行卷》，通过亚明请高二适题跋，高二适欣然题诗《关山月为陈英同志绘红梅行卷》：

关山月白冷蕊红，是谁负之走江东。
燕台只市骏骨马，诗书三绝能为下。
天南玉勒来上都，白门诗掩迹画图。
角力要须二豪者，画马玉蹬诗车渠。
缩手巧匠旁观在，画阁传呼诗历载。
临文欲叩主人陈，此题此画谁分野。
君不见，粉壁长廊寒彻骨，接席分流君当识。

傅抱石与关山月在人民大会堂合作巨画《江山如此多娇》名动神州。面对关山月的大作，又有亚明的嘱咐，高二适诗兴勃发，挥毫题跋这首七古。但高二适就是高二适，除力赞关山月的画，当仁不让说自己的诗和书法一样妙绝，故题曰诗书画“三绝”。陈英见此很满意，专门拍照给高二适留存。高二适对此事甚惬意，并特致函亚明：

承嘱为题关山月长卷，适遵赋七古短章一首，友人见而喜之，为摄影留存。其实，此区区笔墨，何足道耶！兹将原行卷珍重奉璧，请为指教。他年北都题画故事，添鄙人此殿

榜一诗，亦与公交往之佳兴也。迟日当趋前把手，不一一。敬问台绥。二适顿首十二月二十三日宁垣。（附摄照一纸）[52]

1976年9月，刘海粟画《古松图》，题四字“纵横郁勃”，并短跋：

丙辰中秋前，唐镇凯来访，出示高二适所书两诗，笔墨精到，诚不易，及案有佳纸余墨，信手作此，老人精力不及前时，笔墨狼藉，可发一笑。刘海粟年八十一。

此画刘海粟作于“文革”即将结束之际，画中老松躯干中部有一疮洞，可解读为刘海粟老人“文革”遭遇的自喻。此画为唐镇凯携至南京，请高二适题诗，夫子留观数日后，挥毫赋古风《海粟翁画长松图，镇凯求题，辄思余感书此短歌》：

唐生手持古松图，就我求题来南都。
作者名动艺术界，四十年前老叛徒。
吾方伐荻展此画，悬之书堂鸟雀讶。
谢君先声赞吾蒙，何问沧浪学钓翁。
与君从此抚孤松，君不见天壤物类畸堪纪，而我谡谡长风里，为人所怜途未穷。
剩与此图筋骨同，偃屈风流大江东。

[52] 1973年12月23日高二适致亚明信札

并乞教海粟大家，东台高二适。

此诗高二适高度肯定刘海粟的艺术创新精神和艺术造诣，在当时特殊语境下，他竟用“老叛徒”一词可谓大胆而奇崛，完全将刘海粟艺术形象精准定型化，同时由画中古松生发，以松喻人，表明自己与海老属于同一类——虽历经风霜却风骨犹存，倔强而孤傲，不管是过去还是将来，其风采都与长江同在，与天地共振。

因唐太宗李世民称赞王羲之“尽善尽美”，致使许多人对王羲之囫囵吞枣，全然照搬学习，不能去理解性研习。高二适则不同，他对王羲之是批判地学习，赋诗《题王羲之传本墨迹选》：

右军瘦劲多淳化，游相痴肥切莫传。
书记所称无外物，东瀛杂帖孰当先。
吾生独溺杨风子，未见羲之与献之。
近世模书多恶札，山阴似只滑甜宜。

高二适抓住王羲之的“瘦劲”美学特征，借不同版本指出王羲之的“肥、滑、甜”的缺陷，提醒后学费在山学习王羲之应切忌这些。晚年的高二适由“二王”转向杨凝式，独具慧眼，以诗述说其心得体会，每每有醒世之语。

四、创作纲领及风格

（一）创作纲领

杜诗对后世影响巨大，后世诗人从多角度师法，其家国情怀多为陆游、文天祥所承接，忠君爱国伦理为苏轼、黄庭坚所传承，苦吟伤世多为陈师道、陈与义师法。又宋朝王室重文轻武，政治上长期陷于党派之争，故宋诗多不能讽喻时世，力避政治祸害。例如苏轼遭遇乌台诗案对诗坛负面影响巨大，以江西诗派为代表的诗人转而多从文化、哲学、禅宗等方面进行诗歌创作。这就造成江西诗派的创作容易脱离广阔的现实世界，他们多从个人小圈子去体验日常生活。但他们在创作技法上大大地向前推进了一步，并对后世产生重大影响。高二适诗歌创作基本上不存在江西诗派所处政治环境，且遭遇国耻，所以他在诗歌内容上很好地继承了杜甫的现实主义精神。诚如林庚白所说：

> 其高处且有江西派所不能言之慨。[53]

其意是高二适诗歌取杜诗所长而舍黄、陈其短，这就使得他诗境阔大，文气幽深，体格瘦劲。高二适以苦吟著称，长期的自修自学自悟使他养成了独立思考的品格，并逐渐形成了自己的创

[53] 1942年《文史杂志·近诗疗疾·序》第二卷第九、十期。

作观。1953年2月14日，农历正月初一，新年开读《声调三谱》，随笔漫题：

> 姚味辛往与余论诗极合。渠矜声韵、守谱律，予则以“诵习功夫得古人之间，纯乎天籁，不斤斤于矩矱”难之。味辛畏服，顾余亦无以破渠之所墨守也。凡诗古文辞，能讲宗法、遵师承、株株于流派者，均非佳致。要之，出入千数百年、纵横于百数十家，取长舍短，自得其环、而又超乎象外，何《声调谱》之足援耶？己丑（1949年）后，味辛踪迹茫然，吾则仍浸淫讽咏，百苦备尝。追忆前尘，益不胜怀旧之感已。[54]

这种题跋可视作高二适诗歌创作的纲领：一是强调诗歌的传承性，其本质是文脉的延续性，这也是黄庭坚强调的“无一字无来处”[55]的具体表现。二是就其技法是取长补短，形成自己的创作方法和风格，“自得其环、而又超乎象外”即高二适追寻的“适吾所适”状态，这是他诗歌创作的纲领。他与黄庭坚所提倡的创新观念相一致：“作之使雄壮，如沧江八月之涛，海运吞舟之鱼，又不可守绳墨，令俭陋也。”[56]三是强调苦吟，不管是尊师承株流派，还是“出入千数百年，纵横于百数十家”，都必须讽咏研习，这个说的还是学诗路径。

[54] 高二适：《高二适书法选集》，江苏美术出版社，1987年，第92页。
[55] 黄庭坚：《黄庭坚全集（上）》，江西人民出版社，2011年，第314页。
[56] 黄庭坚：《答洪驹父书》。

（二）风格特征

围绕创作纲领，高二适一生几乎为此苦吟，创作不下万余首诗。但由于时局动荡，留存下来的不及三分之一。重振江西诗派的文化使命，让他自甘背负起“百苦备尝”的重担，放弃荣禄，放弃安逸，在诗学的长河中长啸长吟。由于高二适志向高远，胆识过人，创作路径漫长而充满荆棘，这就造成他的诗风不同寻常。在重庆避难时期，章士钊在《寄二适》一诗中对高二适诗的风格进行一番总结：

> 诗思忽郁怒，百篇机投梭。险怪想玉川，淡淡亲东坡。
> 胡然出塞门，胡然怨绮罗。游侠青骢马，名王明月戈。
> 座上倾金樽，桥边送玉珂。逸似云出山，狂若水奔河。
> 快同脱韝鹰，静比古井波。八极恣挥斥，万露为婆娑。
> 恍善将将术，韩信不我诃。诗以多而能，沈约来切磋。

此处较全面地写出高二适的早期诗歌特征：“险怪”“淡淡”“逸”“狂”“快”“静”。诗中玉川即卢仝，初唐四杰卢照邻之孙，贫如陶潜，狂类孟郊，弃仕苦读。此颇类似高二适。卢仝为韩孟诗派重要人物，诗风浪漫且奇诡险怪，人称其诗为“卢仝体”。此时的高二适为学习江西诗派，全面研习杜诗、韩孟诗派、江西诗派，其多种诗风都尝试创作，故章士钊以卢仝、苏东坡类比高二适。纵观其一生的诗歌创作，高二适诗歌艺术特征可概括为：

一是外史内泪。高二适强调诗贵有史，他坦言：“吾诗常带泪痕，然不伤心则又无言也。”[57]这就注定了他的诗将个人的情感紧紧拴在国家民族和民众民生上。为此，诗人曹纕蘅指出高二适之诗是“内热为苍生”。这造就了高二适诗歌沉郁顿挫的审美特质，这种诗风直接师承于杜诗。1936年高二适诗云：“惟有杜陵忧社稷，空将热泪洒中宵。”[58]杜陵忧成为高二适整个诗歌基调，不管是在军阀混战时期，抗战时期，还是在中华人民共和国成立初期和“文化大革命”时期，高二适始终秉承家国情怀。如《生意》一诗：

> 艰难生意费思量，欲绝人寰未断肠。
> 皮骨空存怜杜老，风流未坠想王郎。
> 死地蛛网为谁苦，生就蛾眉只自伤。
> 昨夜床头嗔雨坐，可容回忆十年长。[59]

高二适在第二联注：“《南史表》粲谓王敩风流未坠正在王郎。”查《南齐书·江敩传》：“时袁粲为尹，见敩叹曰：‘风流不坠，政在江郎。’”[60]高二适此处用“王郎”指称“江郎”，是因江敩庶祖母为王氏，从祖母称之以表感念。诗中发问人生“艰难”“皮骨空存”，是“为谁苦”？“怜杜老”“想王（江）郎”，回忆十年只自伤。“昨夜床头嗔雨坐”，纯用白描，暗点苦伤的

[57] 高二适：《高二适手札典藏版》，江苏凤凰美术出版社，2013年，图182。
[58] 高二适诗《六月八日镫下阅报》，1936年致韩国均信札。
[59] 高二适诗《六月八日镫下阅报》，1936年致韩国均信札。
[60]《南齐书》（第二册），中华书局，1996年，第159页。

缘由，此神似老杜《茅屋为秋风所破歌》雨夜床头心系天下的忧国忧民形象。1936年7月18日，高二适为侨务委员会同事姚楚英诗集《楚英诗存》作序《楚英诗存弁言》，提出好诗标准：

> 诗者，所以发摅人之性情，寄托人之怀哀。是故哀感兴愤，为凡属含生之伦者，俨然为布帛菽粟以外，一日不可缺乏之具。盖人生既临事兴怀，又或因物而动，而其所不能少者，于是乎托于声诗，所谓言之不足，故长言之，长言之不足，故咏歌嗟叹之者也。
>
> 楚英女士，身丁离乱，往曾涉足南洋，执鞭为教，其治事之勤，基于其心之恻怛。而揽笔为诗，辄多家国兴亡之概。盖其英华郁于中，故能感慨淋漓泄于外也，岂非然哉。（好诗其一）
>
> 抑又闻楚英平居奉母，其处心宅性，恒有北宫婴儿子之勤，是其孝思所蕴结，类非时下儿女子所能望其项背。则楚英之诗，更加磨厉，又其德厚之至纯者也。（好诗其二）

在这篇序言里，高二适根据姚楚英的诗歌提出好诗的两个标准：一是内心的感慨来自“家国兴亡”，二是作者自身的德厚至纯。其本质还是他的外史内泪，正因为如此，高二适诗歌多慷慨激昂而又忧愤蕴藉，境界阔大而又情意深邃。他反对诗歌空洞无物、无病呻吟，却作华丽辞藻的堆砌。其论诗有句：“三十豪华尘里过，百千心事客中收。彭城有句分明在，敷粉施朱学得不。”[61]诗中彭城即陈师道，此句表明高二适力学陈师道深沉雄健的诗风，而拒绝艳词丽句。高二适诗有泪，其宗法王令、陈师道和孟郊，但高二适的苦泪与三师不同。清代卢文弨说：“孟东野但能作苦语耳，后山之诗，于澹泊中醰醰乎有纯味，其境皆真境，其情皆真情，故能引人之情，相与流连往复，而不能自已。”[62]高二适在致韩国钧信札中这样评价王令和陈师道：

> 《王广陵集》系宋王逢原［令］著，其诗在荆文之上。当日介甫亦最折服之。每到图书馆阅览，辄见猎心喜也。老人有暇望古遥集，不如见阅《广陵集》，以其诗甚和平，不似后山之寒怯。此适之微言。[63]

可见东野苦语有恨，后山苦境有情，王令苦遇有泪，二适苦怀有史。

二是瘦硬老健。瘦硬老健为杜诗初显特征，经过孟郊光大，至黄陈深度笔耕，已成江西诗派的重要美学特质。高二适力振江西诗派，直追杜诗，故对瘦硬诗风有强烈的审美倾向。南京俞律先生在《〈高二适诗存〉序》中梳理江西诗派的发展脉络时指出：

> 另一种是走江西派之路，追求艰涩生峭，生新出奇，含蓄而饶余味，这一路的代表人物有陈三立、陈衍、沈曾植

[61] 高二适诗《偶成二首》，1936 年 6 月 8 日，致韩国钧信札。

[62] 傅璇琮：《古典文学研究资料汇编黄庭坚和江西诗派卷》，中华书局出版，1978 年，第 566 页。

[63]1936 年 12 月 23 日致韩国钧信札，见《高二适先生年谱》，江苏凤凰美术出版社，2018 年，第 68 页。

等，其后影响所及，沈尹默、潘伯鹰、高二适等实际上也属此路。[64]

高二适重振江西诗派的使命意识，让他在创作中始终体现瘦硬风格，自然这也是他的重要文艺观。1969 年 6 月 30 日，高二适赋诗《奉题孤桐老人与袁郎绍良双清留影图》：

相知长命无绝衰，乐府上邪歌康哉。
山无陵兮江水竭，几时才见天地合。
诗老真傍五陵豪，手持节杖孟伯劳。
山木苍苍烟雨歇，红颜白发如相招。
三人同行独少我，我怀纡郁自磊砢。
世上欢情似冰云，百年长好久无闻。
出峡交游空挟策，居吴鹧鸪行不得。
明年公寿九十而，庶物湛湛春之棋。
我来定赴杏花卮。
吁嗟乎，谁道江南才子老，惟忧德祖不能诗。

此古风意气勃发，抑郁深沉，倾吐对恩师章士钊的情感，亦在感叹自己才老江南、有志难申的忧怀。此诗用典生涩，语句峻峭，诚如方回评陈师道诗：“枯淡瘦劲，情味深幽”[65]。

[64] 高二适著，李静凤编校：《高二适诗存》，合肥，黄山书社，2011 年，第 5 页。
[65] 方回：《桐江集》，见傅璇琮，《古典文学研究资料汇编黄庭坚和江西诗派卷》，中华书局，1978 年，第 535 页。

第七章

厕入中唐大师讲坛

一、校勘为学

高二适于国学研究本于用世，忠于学术，始于校勘，重于注疏。虽说高二适在1942年向世人宣示学术作为他的人生终极追求，然早在乡下教书罅隙之际他就研读经史子集，探究国学之精髓，终身不辍，至死不悔。他处于一个不适合做学问的时代，却又把学问做实、做成。

中国文化博大幽深，卷帙纷繁，由于流传方式、刻工、地域等差异，也造成了典籍版本的不同，这给读书人带来了困惑，有些直接影响对原作的理解。因此，历来读书人特别重视版本的选择，也由此产生了一门重要的学科——校勘学。一般认为校勘学始于汉，成于宋，大盛于清。高二适的学习始终带有研究性质，故其从一开始就注重校勘。如高二适青年时期从乡贤戈公振处获赠吴嘉纪《陋轩诗集》，竟因误会被他人占有，心痛不止，只得借书校勘：

又《陋轩诗》，盋山书馆有乾隆时刊本（泰州陈璨重刊本）径已借校，缺者补之。据询柳先生（翼谋馆长），扬刻京口书坊无出售者，恐仍在邗城也。[1]

又，镇江吴氏重刻《陋轩诗集》，不审于旧本有何异同？

[1] 1936年5月2日致韩国钧信札。

如有陋轩未刻残诗，实为贵重。此书拟恳惠给借钞，以资校勘。

适昨在盋山书馆另获《国初十家诗》，其《陋轩集》内有郑方坤小传。又，泰州陈璨重刻本有重订后序，皆为通行本所无。适拟将来如于吴氏刻本校出异同，或增多篇目，定为诠次，附诸影印。[2]

1936年，高二适“校勘宋代王令《广陵先生文集》，费时两月”[3]，由王令追到韩孟。1943年重阳节，高二适读《孟东野诗集》题跋：

癸未重九校勘方毕，嗣逾当专治韩孟，俾合两雄为吾诗之润色功夫。

此类校勘往往是高二适攻读诗文的需要。另一个则是他与恩师章士钊相约“并肩厕入中唐大师讲坛”，章士钊专攻柳宗元，高二适专攻刘禹锡。自1942年至1963年费时20余年，终成《〈刘梦得集〉校录》。1974年高二适在《答费在山之问》时说：

余著《〈刘梦得集〉校录》，今于卷四（据日人宋刻董康影印本）钞出校录诸语，便可明瞭宋刻与普通本之得失。[4]

虽然高二适与章士钊言明主攻方向各异，但于柳宗元高二适

[2] 1936年7月31日致韩国钧信札。
[3] 尹树人：《高二适研究》，载《东南文化》1997年增刊，第145页。
[4] 1974年9月15日致费在山信札。

一样校勘研读。1974 年 8 月 6 日致信费在山：

> 河东文最能启发思路，此正贾门客廖莹中刻本，惟原书校勘既疏，而注释多误，殊误后人。至台从欲逐篇从吾问难。此全集吾用力垂卅年，其裒集昔人之非，即章著《指要》论之（柳集计元人刻一种，明蒋刻一种，廖刻计共三种，海内外别无他本矣），尚百余条，其余可想已。[5]

可惜这本高二适用功 30 年的《柳河东集》于 1969 年为红卫兵抄走。他在致章士钊信函中痛陈：

> 适蒋注（中华备要本）及旧木刻本《柳集》均被夺，亦无从勘校也。为之累也。适拟用旧木刻本《柳集》裁剪校正，呈赠老人，为《指要》本之辅，事不难为也。[6]

1972 年 9 月，他只得向诗友、时为南京大学中文系教授陈中凡借阅《柳河东集》。此《柳河东集》为蟫隐庐影印宋刻世彩堂本。10 月初，高二适在此本前题批：

> 此集于斠玄翁书斋借来，迄今已月余。予遍加墨，并勘定误字误句多处，似此实难言还瓻之期矣。

[5] 1974 年 8 月 6 日致费在山信札。
[6] 1972 年 10 月 19 日夜致章士钊信札。

高二适亦将此事向章士钊说明（图 7–1）：

近又借到五八年九月中华新版《柳河东集》，圈句误处夥颐，实为误人子弟（书种近三十年，诚已衰败之极矣，此是书局编辑所无人之过）。据该局出版说明，是用蟫隐庐影印宋刻世彩堂本断句排印的，又云：在还没有一个新的校注本代替以前，仍是一个可用的本子。这是书估口吻，不必计较，惟柳文断句，竟有如吾见层出不穷之舛误，是不能不寄与深慨也已。该本子适已用朱墨笔批满，视同珍璧。

从此一跋一信札可知，高二适仅用一个多月的时间就对此柳集遍加朱墨，几乎每页都留下他校勘、注疏的墨迹。若没有之前 30 年的功夫，怎有如此随手拈来的手批，可见他对柳集已烂熟于心。他说："适近每晨夜必朗读（仪定）数遍（与书一卷早熟读于口）。"[7] 正因为如此，章士钊的巨著《柳文指要》一经出版，高二适随即发现百余条错误，并予以纠正（图 7–2）。章士钊非但没有生气，反而予以肯定赞赏，并考虑出版以弥补自己的缺憾。柳宗元文集的版本始于唐刘禹锡编的"柳集"，至南宋版本繁多，重要的有百家注本、五百家注本、郑定本、世彩堂本等七种。世彩堂本由贾似道门客廖莹中编刻。此本刻工非常精美但内容较前三本粗陋，错误较多，不为世所重，直至民国初年罗振常蟫隐庐影印此本，遂得以广传。此后中华书局也依此本出版"柳集"，

[7] 刘凤桥：《章士钊师友翰墨》，万卷出版公司，第 62 页。

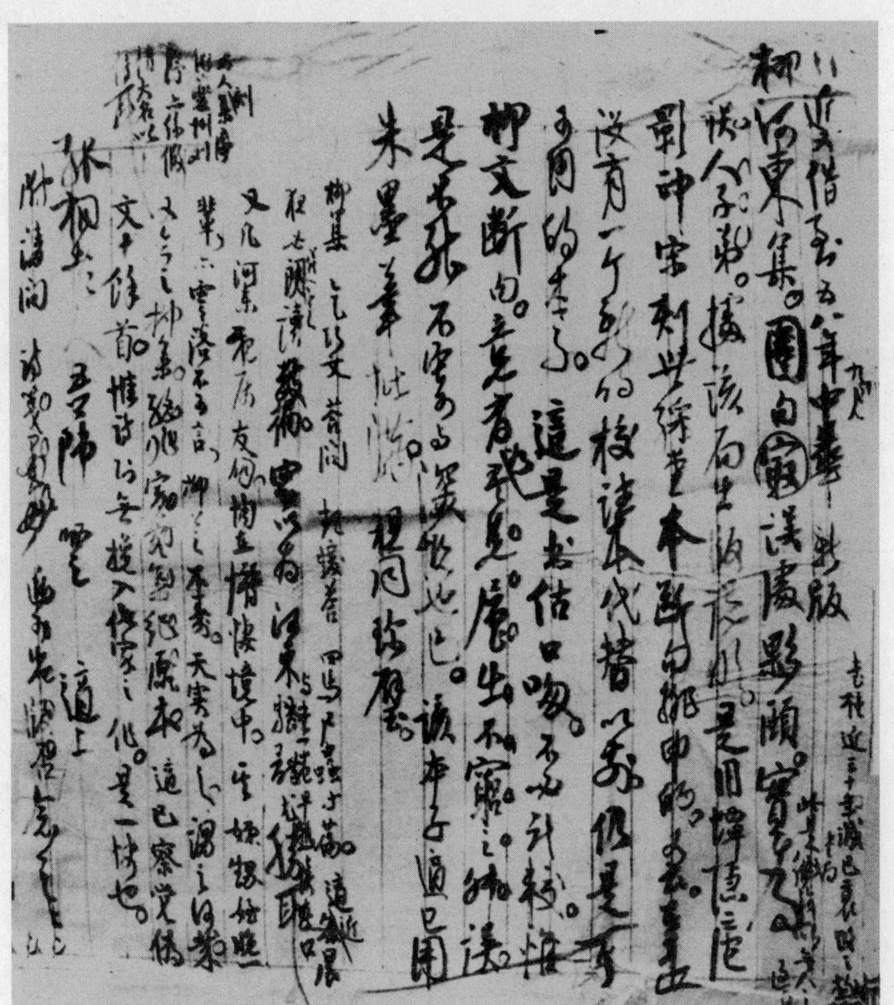

图 7-1：高二适致章士钊信札，《章士钊师友翰墨》，第 62 页

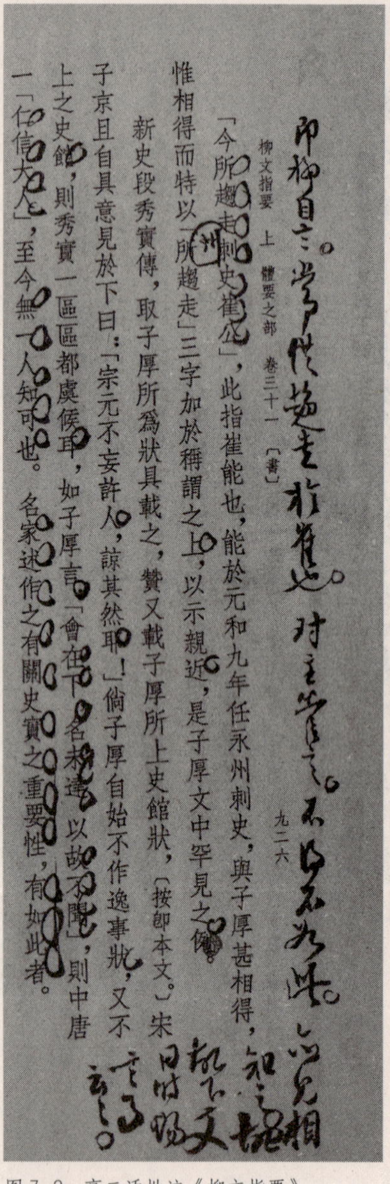

柳文指要　上　體要之部　卷三十一〔書〕　九二六

「今所趨走刺史崔公」，此指崔能也，能於元和九年任永州刺史，與子厚甚相得，惟相得而特以「所趨走」三字加於稱謂之上，以示親近，是子厚文中罕見之例。新史段秀實傳，取子厚所爲狀具載之，贊又載子厚所上史館狀，〔按卽本文。〕宋子京且自具意見於下曰：「宗元不妄許人，諒其然耶！」倘子厚自始不作逸事狀，又不上之史館，則秀實一區區都虞候耳，如子厚言「會在下名未達，以故不聞」，則中唐一「仁信大人」，至今無一人知可也。名家述作之有關史實之重要性，有如此者。

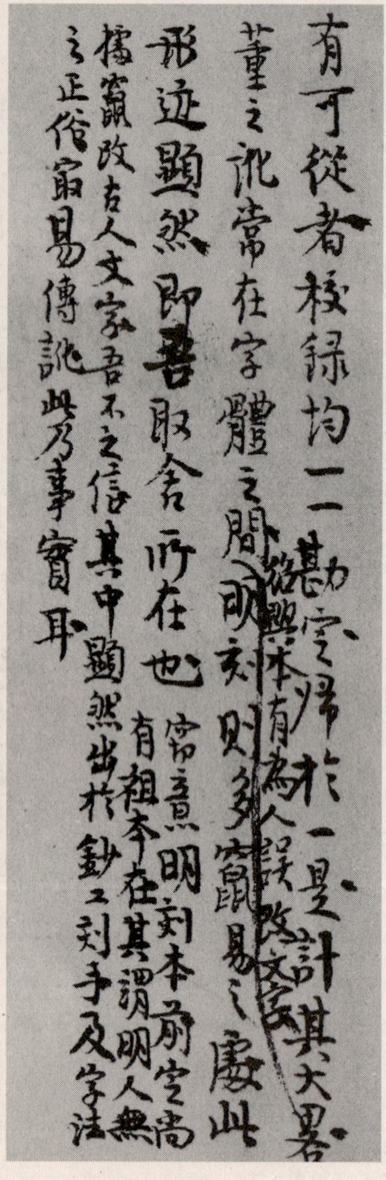

图 7-2：高二适批注《柳文指要》

图 7-3：高二适批校《刘禹锡集》手稿，《高二适批校〈刘禹锡集〉》，第 5 页

高二适用的正是此本。高二适认真校勘典籍，除了学术的自身需要，还有守护文化的责任感，不管是给章士钊还是致后辈青年学子信札，他都一直表示绝不能让错误的版本、错误的知识“误人子弟”“殊误后人”。他之所以不留情面纠正章士钊《柳文指要》100 多条错误，也是基于这点。正是由于高二适的国学研究以文化道义为背景，所以他的学术言行显得异常厚重。

从高二适校勘、注疏《刘禹锡集》《柳河东集》《急就章》等典籍看，他不是率意为之，而是严格按照校勘之学而为，其严谨态度令人叹服。校勘的原则有三：一为存真，二为校异，三为订讹。其中订讹，最难也为最上乘。它不仅要找出误字、脱字、衍文、错简、正文与注文混杂、旁人加删改的地方，还要指出讹误的原因，并加以订正。高二适在校勘时尽可能搜集多版本，以为订讹提供更精准的依据。高二适校勘刘禹锡文集所用的版本有（图 7-3）：

> 武进董氏影日宋刊刘梦得集为祖本，辅之以吴兴徐氏影绍兴八年本及畿辅王氏、仁和朱氏二丛刻，最终更假常熟稽瑞楼陈氏钞本及季沧苇、王凤喈等明刻中山集钞配本（稽瑞楼与结一庐同出；中山集畿辅初本稽瑞楼本均似钞而未校，且王西庄补写之外集十卷，字迹讹误，尤为不易爬梳。余以钞配本既非通行，故其异文均未列入校录，上两书原藏八千卷楼，今在南京图书馆）。

1974 年，高二适在致费在山的信札中又再次概括他校勘刘集所用的版本：

> 适附书——查到刘诗文集，计（连外集）四十卷（内集十卷）已刻本：
>
> （一）宋刻。原本在日，清末董康绶经借出，影印四十部，商务丛刊本，即用此复本。
>
> （二）几辅丛书（无外集）本。
>
> （三）静一庐丛书本（浙江朱氏）。
>
> （四）南宋刻印本（今在浙江图书馆，此书余曾托南京图书馆借用半年余，还去）。
>
> （五）即普通用（如《全唐诗》等，最为选家引用）。
>
> 予自拟予之校录本出，则各本均可废。各本中宋本误字亦多，多至不可究诘。予熟习汉魏六朝诗文及乐府诗。刘用书多本此两书，用功十余年，故能斠正刘集诗文讹字（凡校字，予均加注说明）。[8]

高二适何以狂语：在他校录本面前，其他各本“均可废”，盖不仅是他“用功十余年”，更因为他遍览诸子百家，尤能熟读魏晋诗文，知晓刘梦得的用词用语之源，故能准确考订其他版本讹误。如刘禹锡《古诗十七首》之《泽宫诗》句“依于高墉，因我不臧”，多数版本均对此句“因”认定无误，然高二适认为应

[8] 高二适致费在山信札。纪如彬，吕华江：《高二适先生年谱》，江苏凤凰美术出版社，2018 年，第 476 页。

该是“罔”字，他书写一“罔”字覆盖在“因”字上，并对之详注缘由：

> “罔”，吴兴徐氏影绍兴八年本、畿辅丛书本、结一庐本，均作“因”（《全唐诗》以作“因”），非。按：诗“高墉”两句，用《易·系》上：“射隼于高墉，获之，毋不利”意。“罔我不臧”，即《诗·邶风》“何用不臧”意。宾客诗文习用“我”字，集中屡见也。此正为序文末二句注脚，若作“因”，则诗序均背矣。

高二适在引用《易经》系辞“射隼于高墉”后落“之上”，可见他并非是抄录《易经》，而是凭记忆录之，故有个别字词有误（抑或所读版本不同）。高二适一生研读古诗文，不仅是读，而且大多数能背诵，像《世说新语》《周易》这类他喜欢的书几乎是通背，由于量大面广，也出现了引用有瑕疵的现象。从此条注看，诸多的版本且基本上均视作善本，一致用“因”字，如果没有一定的知识储备，不去理解刘梦得诗意，断不敢怀疑“因”有何问题。刘禹锡集绍兴八年版本几乎被认定为祖本，可谓流传有序，且用“因”字也无甚大碍，一般人不会去猜疑，但高二适目光如炬，发现其中讹误，并合理订正之。如此相比，高氏校录版与其他版本高下立判。

高二适于 1965 年校录刘禹锡集基本完成，然在其集后校录时间录有 5 个（图 7–4）：

一九六五年长夏重校一过。二适父记。

六七年三月再校。是年十月三校。

七二年一月，又十月再校及注。

这不仅表明高二适严谨治学的态度，也是在这期间发现绍兴本后，再次校录，以拾遗补缺，尽量完善之。

对于《急就章》的校勘，除松江本、宋克补本，高二适还搜集了各类版本及可用资料，以便在校勘时做到辨析准确、有根有据，非为个人随意臆断。他在《新定急就章及考证·自序》中说（图 7–5）：

己亥大暑，时际酷热，余发愤搜求《急就篇》颜、王注本，《玉海》宋太宗草书翻正本，与近代孙星衍、庄世骥、钮树玉、罗振玉、王国维诸氏之《急就》考异、考校，《流沙坠简》、汉隶书《急就》残简之考释、张凤《汉晋西陲木简乙编》、汉残简隶书《急就》之辑录，及李滨氏《玉烟堂帖考》本诸书，又益以元人、赵子昂、邓文原章草影印本，暨近人沈敬仲印行之《急就皇象书类帖》、于右任重印之伪太和馆帖本，排比章正，审覈异同。其他凡与章法牵联得书，如《说文解字》《广韵》《玉篇》《唐说文木部写本》《五

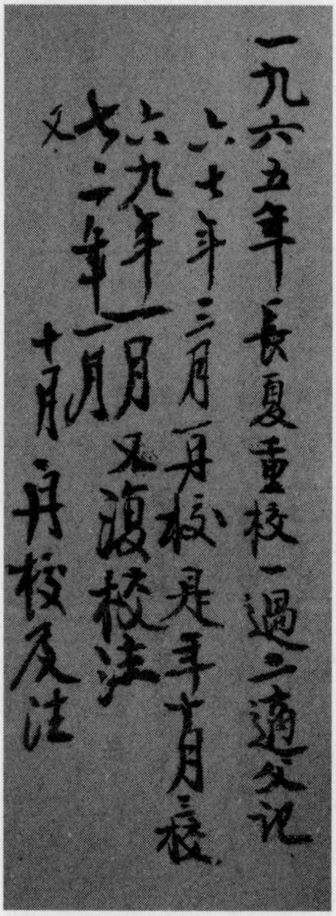

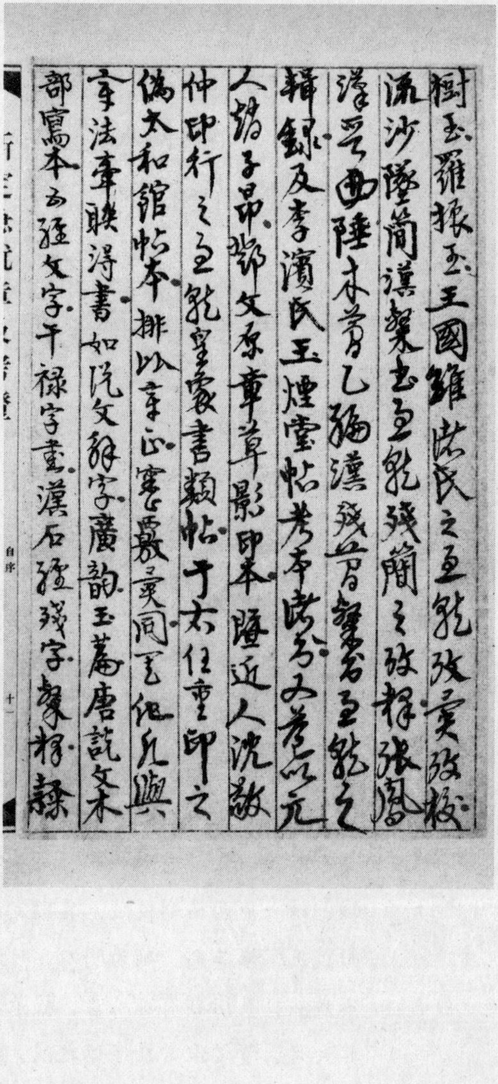

图 7-4：高二适批校《刘禹锡集》手稿，《高二适批校〈刘禹锡集〉》，第 797 页

图 7-5：高二适《新定急就章及考证·自序》墨迹

先生，高二适

经文字》《干禄字书》《汉石经残字》《隶释》《隶辨》，及近人马衡《汉石经集存》等，亦皆旁搜而博考之。

另外，高二适还注意将新出的文献资料为我所用：

今则以地下发掘增多，例证易集，故凡关于《急就》文字之有所牵联，及海内外影印流传，而亦皆为底里倾之，则向之疏证考校等书，无论舍章存正，辨别异同，或竟有误认字音，误解字形者，是均有益于吾今之所为矣。[9]

对于版本的应用，高二适会根据校勘注疏情况不同而进行不同选择。对于刘禹锡版本的利用主要采用一祖诸辅的对校之法。他在《校录刘梦得集述》中提出校勘凡例三条，第一条即明确提出“以董本为祖”的基本方法：

本校录既以董本为祖，凡董本之讹误，则以绍兴本及畿辅、结一庐两丛刻校之，其勘定诸刻之正误，则仍以董为依归，王、朱二刻，确为明本，可补宋椠之阙失，故凡董氏有不盎然，及诸刻有可从者，校录均一一勘定，归于一是，计其大略，董之讹常在字体之间，绍兴本有为人误改文字，明刻则多窜易之处。此形迹显然，即吾取舍所在也。（窃意明刻本前定向有祖本在，其谓明人无据篡改古人文字，吾不之

[9] 高二适：《新定急就章及考证·自序》，中国文联出版社，2009年，第17–18页。

信，其中显然出于钞工刻手及字法之正俗，最易传讹，此乃事实耳）

由于《急就章》年代久远，时间跨度大，文献资料繁杂，高二适则采用“择善而从”的理校之法。在校勘《急就章》时，尽管他没有具体讲校勘凡例，但在其《新定急就章及考证·自序》说：

乃择善而从……又考证各家异同，及其得失之当与否，一一皆笔之于书，而又皆得其致误之由。[10]

《急就章》一般认为是西汉元帝时黄门令史游所编的识字课本，三国时吴国皇象的写本流传甚广，南宋叶梦得释正并摹刻。现通行的是明代杨政于正统四年（1439）据叶本刊刻的“松江本”。此《急就章》为三言、四言、七言韵语，共31章，分章叙述各种名物，如姓氏人名、饮食、器物、服饰、音乐、动植物、病药、官职、法律、地理等，不仅便于识字，而且有利于学习自然、文史常识等。全书每句以草正两体分列。由于涉及文字学与书法尤其是草书的流变，致使历代诸家在释读时有诸多讹误。对校之法需要“心细如发，目光如炬”，理校则“判断是非，绝不是容易的事，它要求校勘者掌握多方面的知识”[11]。高二适校勘则汇聚各家版本及所见相关资料，从文字学与草书流变角度，一一加以甄别，去伪存真。可以说，《新定急就章及考证》是高二适的全

[10] 高二适：《新定急就章及考证·序》，中国文联出版社，2009年，第12页。
[11] 郭在贻：《训诂学》，中华书局，2005年，第77-78页。

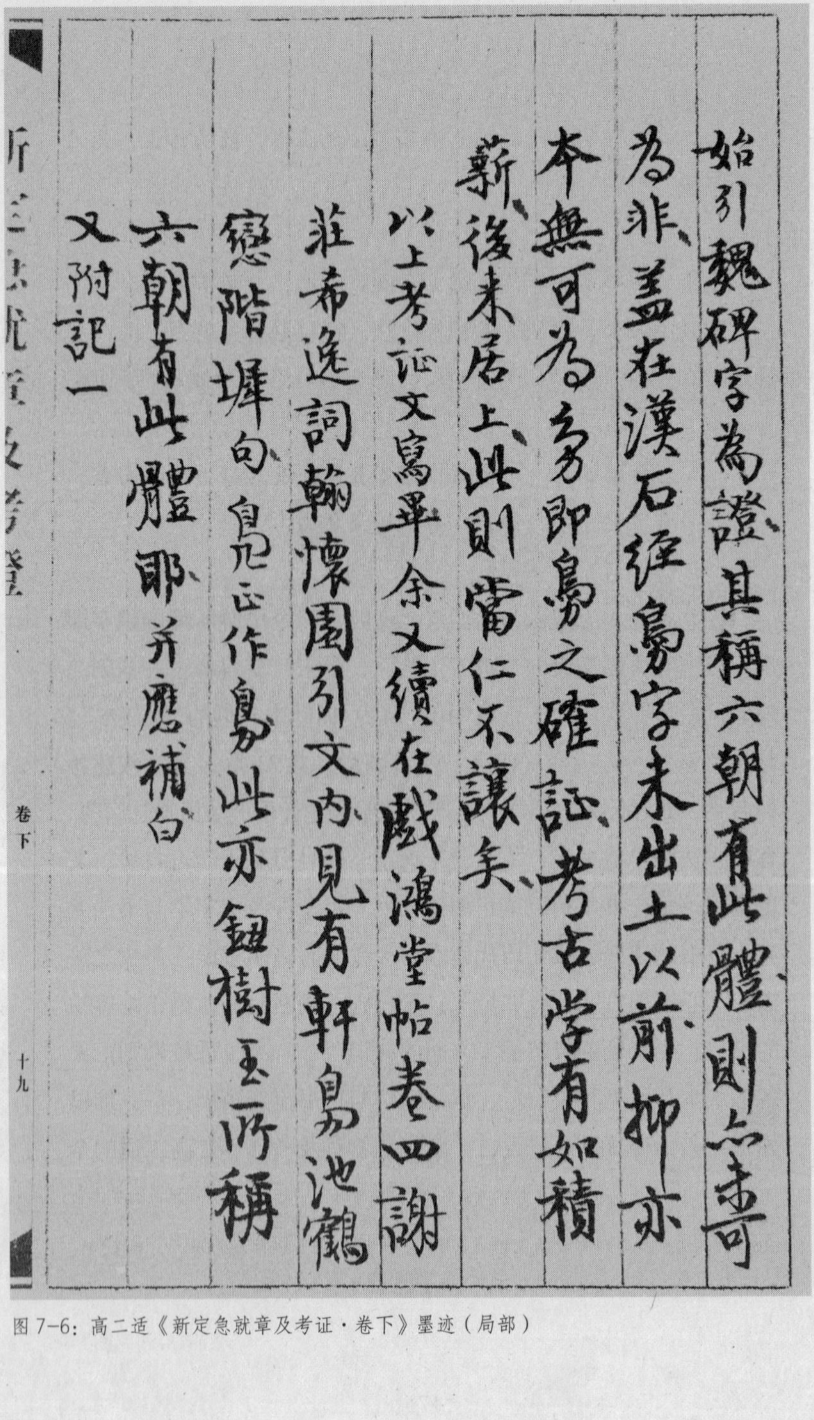

始引魏碑字爲證、其稱六朝有此體、則亦未可

爲非、蓋在漢石經鳨字未出土以前、柳亦

本無可爲鳨即鳨之確證、考古學有如積

薪、後來居上、此則當仁不讓矣

以上考証文寫畢、余又續在戲鴻堂帖卷四謝

莊希逸詞翰懷園引文内見有軒鳧池鶴

戀階墀句、鳧正作鳨、此亦鈕樹玉所稱

六朝有此體耶、并應補白

又附記一

图 7–6：高二适《新定急就章及考证 · 卷下》墨迹（局部）

新校勘，几乎汇聚历代先贤的成果，不仅于此，更有他学术的新发现、新解读。例如，第二十一章“狸兔飞皃狼麋”中对“皃”的校勘，几乎可说是一篇缜密的文字考释论文。其中有两段文字颇有意思（图 7–6）：

余往搜得涵芬楼影印海盐张氏涉园藏明钞《急就篇》颜注本一册，后有张元济跋，略称孙星衍撰为考异，其译导赞拜狸兔飞皃等，有可纠正津逮及近人刊本者如干语。窃孙氏以不识汉人草法，思以臆说窜易古意急就文字，此其非，逮今而后，仍有踵而为文辞者，谬种相传，贻误后学。昔昌黎“记科斗书”，所谓“凡为文词，宜略识字”者，岂此识字功夫，仍未为学者所重视耶！余夙张隶草草法，深就孙张户型互引诸谬点，一一辨正之，而未夏也。兹重为董理章书削稿，凡孙张所博引，均已先后见之吾书，庶使他日之从事“急就”者，勿再为所荧惑也，则余之幸矣。

……此汉碑与急就隶草惟一可证“皃”旧隶释为“皃”之非误云云。余惟《石径》“皃”之发现，实可为急就之佐证，何况又兼金文今隶之互为参合。其前孙、庄、李诸氏之考异帖考等书，均为辞费矣。至钮氏始引魏碑字为证，其称六朝有此体，则亦未可为非，盖在汉《石径》“皃”字未出土以前，抑亦本无可为“皃”即“皃”之确证。考古学有如积薪，后来居上，此则当仁不让矣。[12]

[12] 高二适:《新定急就章及考证·卷下》，中国文联出版社，2009 年，第 16–17 页。

在此高二适由一大段考释“皃”字，稍作引申讲学人如何治学，切不可知其一而不知其二，就下结论，否则于学无益，不仅误己，而且“贻误后学”，这是高二适最为关切的。两段结句可窥高二适“自得”“自豪”的情感。自得，是因为他为从事章草研习的后学提供了一个正确的资料，他的文化使命感得以落实，所以他自感坦然、释然。自豪，是因为解决了千百年来悬而未决的问题，使他凭此睥睨孙、张、李诸前辈之误。高二适论文即使是考据之文，亦常有不避情感的外泄。或许这不符某些人所主张的论文要屏蔽作者个人情感，才能达到所谓的客观、公正、科学，才能更接近真理。然而真正的学者不仅告知人们真知，还要制造人们追求真知的梦想，激发后学攀登天梯的潜能。而往往扇动这个激情羽翼的就是文字背后的赤诚之心，且不说我们先贤的文论常以情贯之，西哲亦大多如此。远如柏拉图、康德、马克思，近如萨义德、马尔库塞等无不在文字里蕴藏着对人类命运的深情抚慰；再有爱因斯坦、薛定谔、普利高津这些影响人类发展的科学家，他们的文论里总是闪烁着一道道光芒，就像高二适的幽暗赤焰，有着洪荒之力牵不走的磁力。虽然他们所说是那么深奥、那么艰涩，甚至我们有时对他们所展示的一面真的是一无所知，但这丝毫阻止不了我们饶有兴致地探寻其知识魅力。从这个意义上看，他们的文字本身完成了人类文明传承的命题。我们从高二适这一代知识分子的文字肢体语言可以看到，这些不是机械的摆设，而是有生命的舞蹈，它的内在节律就是5000多年来默默流淌不息滋润中华大地的文脉。

高二适先生校勘以学术研究为目的，故在长期的积累中形成一套实用的“三要四法”的校录法。

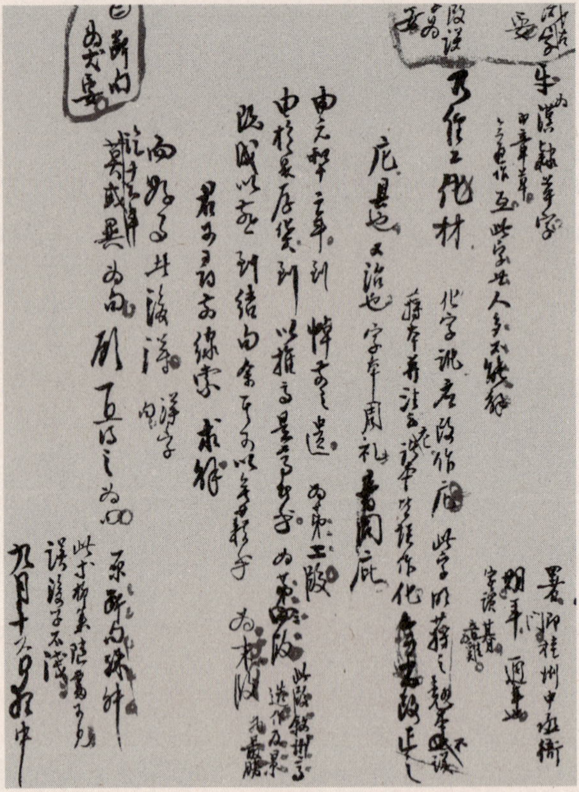

图 7-7：高二适《柳河东集》讲疏墨迹（局部）

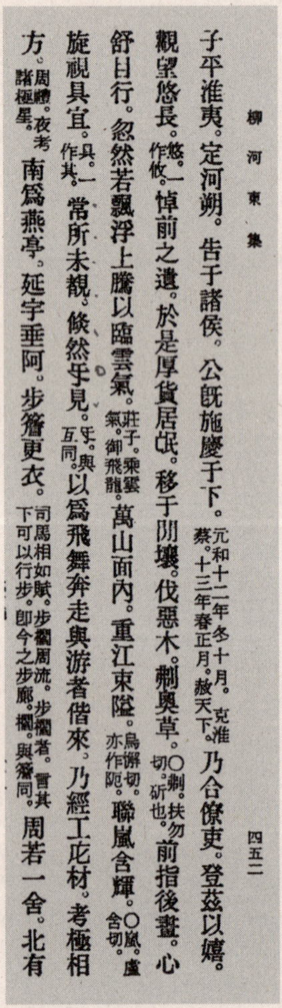

子平淮夷。定河朔。告于諸侯。公既施慶于下。元和十二年冬十月。克淮蔡。十三年春正月。赦天下。乃合僚吏。登茲以嬉。觀望悠長。悠。一作攸。悼前之遺。於是厚貨居氓。移于閒壤。伐惡木。刜奥草。○刜。扶勿切。斫也。前指後畫。心舒目行。忽然若飄浮上騰以臨雲氣。莊子。乘雲氣。御飛龍。萬山面內。重江束隘。烏懈切。亦作阸。聯嵐含輝。○嵐。盧含切。旋視具宜。具。一作其。常所未覩。倏然乎見。乎。與互同。以爲飛舞奔走與游者偕來。乃經工庀材。考極相方。周禮。夜考諸極星。南爲燕亭。延宇垂阿。步檐更衣。司馬相如賦。步櫩周流。步櫩者。言其下可以行步。即今之步廊。櫩。與檐同。周若一舍。北有

图 7-8：柳宗元《柳河东集》，上海古籍出版社，第 452 页

二、柳集校勘第一人

自20世纪30年代起，高二适从诗学研习出发，由吴嘉纪的《陋轩诗集》开始校勘，便推广至他所涉及的国学领域，特别是他与章士钊相约分别研究刘禹锡与柳宗元，更是殚精竭虑，深耕校勘。在基本完成对刘禹锡的研究后，高二适更多地在柳集上花功夫，不期而然地成为自北宋以来柳集校勘第一人。

面对繁重的校勘注疏工作，高二适乐此不疲，且有他的自我家法，这就是“三要四法”高氏校录法。他在给费在山讲疏《柳河东集·桂州裴中丞作訾家洲亭记》时，提示费在山研习古文需“三要”（图7–7）：

（一）识古字为要；
（二）改误字为要；
（三）断句为尤要。

此“三要”，不仅是高二适学习之法，也是他校录之法。关于一“要”，高二适举例“常所未睹，倏然𤴓见”（图7–8），句中“𤴓”字解说：

先生，高二适

“㸦”为汉隶草字，即章草，今通作“互”，此字世人多不能解。

㸦，《广韵·暮韵》：“互，参互，俗作㸦。”[13]《广韵》把“㸦”释为“互”的俗字，难以令人信服，高二适从书法字体演变的角度来注解，比较准确。因为中国文字的楷书形体是一个漫长的过程，并且伴随着书法字体演变一同进行，尤其是从篆书到楷书的流变书体起到了不可或缺的作用，章草在这其中扮演了重要的角色，因为追求便捷，追求流美，追求多样化个性化，出现了许多异体字、俗字。若不懂章草、隶变，诸多字则不仅不能释读，更不知其缘由。高二适谓孙星衍等辈之谬，即是指此。此“㸦”章草，同样在《刘禹锡集》董本中出现误识。《秋萤引》之句“纷轮晖映互明灭”，高二适特注（图 7–9）：

“互”董作“平”。盖“互”古体“㸦”似草法“平”字形近而讹也。

1973 年高二适作诗《龙泉剑》，有诗句“我欲操之挟牛斗”，诗后跋云：“（汉人语）人持十为斗。斗字法从隶来，此亦章出于隶。”（图 7–10）像“㸦”“斗”这类“俗字”，高二适是不仅识古，且知其由。10 多年的《急就章》考证，对他校勘典籍提供便利，更重要的是保证了他校勘的准确性、科学性，使许

[13]《汉语大字典（缩印本）》，湖北辞书出版社，四川辞书出版社，1992 年，第 6 页。

誰言向晦常自明童兒走步嬌女爭天生有光非自衒
遠近低昂暗中見撮蚊祇鳥亦夜飛翅如車輪人不見

又董作平。蓋又古體平似草法手字形近而訛也
茅鹿門本作昂。悵望作帳開

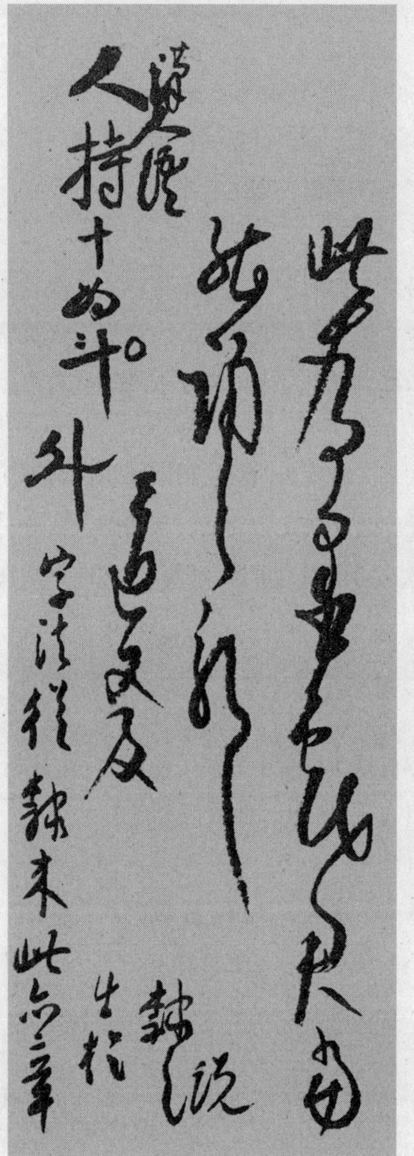

图 7-9：《高二适批校〈刘禹锡集〉》，第 30 页

图 7-10：高二适致费在山信札墨迹（《费在山藏现代书画大师精品集高二适卷》，第 6 页）

多似是而非的文字，得到可靠的梳理和注解。

关于二“要”刊误，高二适举例：

> “乃经工化材”，“化”字讹，应改作“庀”，此字明蒋之翘本不误，蒋本并注云：“‘庀’，诸本皆误作‘化’。”今书改正之。“庀”，具也，又治也。字本《周礼》，音同“庇”。[14]

廖本为宋刻，蒋本为明刻，但对错不以名声大小、朝代先后来判断。章士钊著《柳文指要》，从情感、辈分、资历来看，高二适均应屈从，纠谬当为审慎。但高二适向章士钊说：

> 适夙主凡勘定古人文字，不能凭空造作某字，以妄肆涂乙。[15]

高二适不仅指正廖莹中等前人勘定之误，还指出《柳文指要》之谬。1973 年 2 月 15 日，他致信费在山：

> 《指要》系取名柳州，辩鬼谷子为其《指要》数千言语，他无意也。吾已提出百余条与老人参订，柳集误字讹句，自北宋来，从未有人用力及此也。[16]

接到章士钊赠与的《柳文指要》，高二适很快接连致信指出其中误字误句，并且点出造成谬误的原因。1972 年 10 月 19 日夜，

[14] 姜堰高二适纪念馆：《高二适存稿——〈柳河东集〉讲疏》，江苏美术出版社，2001 年，第 6 页。

[15] 1972 年 10 月 30 日致章士钊信札。

[16] 1973 年 2 月 15 日高二适致费在山信札。

先生致信章士钊，为《柳文》考订，其文如下（图 7–11）：

《柳集》（廖本）卷十二表志，《指要》本卷同四二二页，《故叔父殿中侍御史府君墓版文》，文云：

（一）“柳氏之先，自黄帝历周鲁，其著者，无骇以字为展氏，禽氏以食菜为柳姓。”本文“氏”字衍。据廖注亦不得著“氏”字。

（二）“公有男一人，始六年矣。（既而闵焉）。在髫知孝，呱呱涕洟。”本文“既而闵焉”是错简，应为“始六年（即六岁也）矣，在髫知孝……”云云。

适按：“既而闲焉”四字，卷十三《马室女雷五葬志》文未有此语，在彼为不可少，此当日钞胥之误无疑。

又适继查得元刊影本注释柳先生集，即商务丛刊本，却无“氏”字，及“既而闲焉”句。此文定以元刊本为善。

昔陈少章在同卷《故弘农令柳君石表辞》整理出“尚书吏部郎何，受命为河南黜陟”之句至当。其他如卷十七《童区寄传》，易“郴”为“柳”，遵《古文苑》本，亦至不可移易。适未见陈氏点勘《柳集》，《指要》未引，足征少章未涉及此文。再以上两事，料明人蒋之翘本之误不能例外。

……

卷十八《憎王孙文》：（一）“湘水之湫湫兮，其上群山。胡兹郁［猨］而彼瘁（王孙）兮，善恶出乎其间。恶者

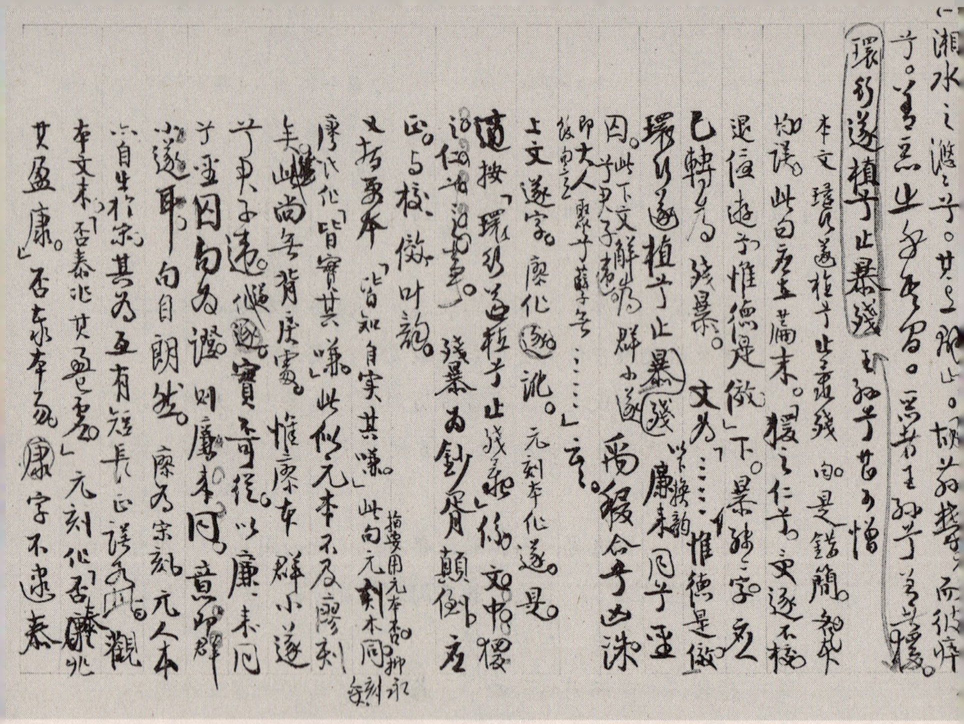

图 7-11：高二适勘误《柳文指要》信札（局部）（《高二适先生年谱》图二〇九

王孙兮善者猨，环行遂植兮止暴残。王孙兮甚可憎！”

本文“环行遂植兮止暴残”句，是错简，各本均误，此句应在篇末。“猨之仁兮，受逐不校：退优游兮，唯德是效”下“暴残”二字，应已转为“残暴”。文为“……唯德是效，环行遂植兮止残暴”，（以下换韵），“廉、来同兮圣囚”，此下义解为“群小遂兮君子违”。“禹、稷合兮凶诛”，即“大人聚兮孽无余”句意……云云。上文“遂”字廖作“逐”讹。元刻本作“遂”是。适按“环行遂植兮止暴残”系文中“援之仁兮”之事，“残暴”为钞胥颠倒，应正。与“校”“效”叶韵。

又《指要》本“皆知自实其嗛”，此句元刻本同（《指要》用元本否？抑永刻乎？）。廖氏作“皆实其嗛”，此似元本不及廖刻本矣。然此尚无背戾处。惟廖本“群小遂兮君子违”“遂”作“逐”，实不可从。以“廉、来同兮圣囚”句为证，则廉、来同，意即群小遂耳。句自朗然。廖为宋刻。元人本亦自出于宋，其为互有短长，正误如此。观本文末“否泰兆其盈虚”，元刻作“否泰兆其盈康”。“否泰”本《易》，“康”字不逮“泰”远甚，斯又廖本之胜也。勘校抉择应具只眼，定见真见数层功夫。适昔年校录《刘宾客集》，恒引梦得诗文中用字，相为勘正。今视《柳集》无多牵涉语，且《柳集》自宋穆修、严有翼、沈晦等似均有雠勘过，于切正之义，不更难于措手耶？

老人《指要》一书，其评论柳公政治、文学、作人处，应称无前古矣。适感动于衷，请俟俗务稍具头绪，当与详论。何如？于此适已选定《指要》文数十篇，恒诵读不休于口，待另钞目呈政。

卷廿九《柳州山水近治可游者记》，本文各本均误。适前读《指要》同卷记八六〇页（三），此记每加浏览，辄苦难读。王荆石云：“后幅文极古，如《穆天子传》，仓卒不可读，然恐有误字。”吾于此有同感云。兹适校定凡四处，又文中一“皆”字衍，前已钞寄呈览，再录一过如次。

（一）文中“北流浔水濑下”句，味原文下均不可通。窃意此句是错简，应移入上文，改定后句为“东流入于浔水，北流浔水濑下。浔水因是北而东，尽大壁下”。以上北而东上下句正合。不盲从前人，独立思考，根据文意修改。

（二）“其西曰姥山，皆独立不倚。”（下“北流浔水濑下”句删）又“西曰仙弈之山”。“其西”“又西”云云。文亦正合，且上下文均显白，有条不紊。

（三）“雷山两崖，皆东西雷水出焉。”此文衍一“皆”字，改定后为“雷山两崖，东西雷水出焉”，则了然矣。

适按此文“世彩堂本”过录入卷十二志，从父弟宗直殡义为注，廖氏初未知“皆”字为衍也，并应改正。

（四）“峨水出焉”作收，其下“东流入于浔水”句重出，应删去。

适按此文全篇伪谬如此，老人已留意及之，不知陈少章校勘《柳集》有无著录之语。至《指要》所感诸家评定，似均在暗中摸索矣。

卷卅四《答贡士元公瑾论仕进书》：“前时所枉文章，讽读累日，辱致来简，受赐无最量。”

适按此书义气未贯，语有颠倒。兹改为“前时辱致书简，所枉文章，讽读累日，受赐无量”云云。七二年十月十九日夜，适记右鄙见四纸，寄呈孤桐老人师座印可，适拜上。

又去年四月七日有论文《驳复仇议》，抽见数纸想蒙览及矣！

此校勘稿中一句“不盲从前人，独立思考”特别引人注目，这应该是高二适先生一生治学的思维方式，也正因为有此独立精神才会有章士钊先生所赞叹他的“多有发明”，当然这必须建立在高二适博学深思的基础上。10月29日、30日高二适再次致函，结合自己校勘柳集、刘集，强调“凡勘定古人文字，不能凭空造作某字，以妄肆涂乙”：

《送僧浩初序》文中“与其人游者，未必能通其言也”。柳公上文既云“浮图不可斥，往往与《易》《论语》合”，又言“吾之所以嗜浮图之言以此”。何可更着此两句，而云“与其人（即浮图之人）游者，未必能通其言耶”。更补数句于此。

柳文他篇，仍有讲贯不通处，大抵由其中有错，错或羡，羡字句意均后人所为，妄增删之过也。凡集中有一作某或以下疑脱云云，均校勘家之事矣。适又按文中羡句各本（元刻、廖本、□本已见过）皆然，揣上下文立言大意，有相伐不可通处。适细研至再，特大胆为削去。希老人指谬。或另有觅，烦益之代示斥之，盖刊削柳文，事尤重大也。（《柳集》有误字，古人向未能改正。不一一矣。）

《送元皓师诗序》："……为儒先生，资其儒……"（圈改为"……为儒先，资其儒……"）

适案：元刻柳先生集无"生"字，廖氏注亦云："要之儒先为正。"然廖知道"儒先为正"，而其本并未削去"生"字，此其失也（昔人模糊处，今不取）。又廖本于此序前刊刘宾客《送元皓师南游序》，并引此文讹字，脱字均伙。校刘尤艰（适校录《刘集》费十余年功夫，惜尚无以阅世也），而昔之刻书人荒诞如此，为牵如下数事：

（一）此在《刘集》《送僧诗》，诗前有引，亦可视为序，应正。

（二）"无"字，羡。《指要》已指出。

（三）本丹阳居家，"居"应改为"石"。

（四）"雅闻余事佛而佞，亟来相从"，脱一"佞"字，《指要》引作"余事佛而佞"，已增"佞"，但刘文无"佛"字，此在《指要》再版，窃以为应加订定。

（五）"于初中后"句中脱"初"字，"今痛防墓"，脱“防”字，“积四十年余”，脱“余”字。加一“余年”与考证有大关系，此下羡“身”字。

……

（二）《送赵大秀才往江陵谒赵尚书序》（六九三页），廖本有“贤子为御史”，“贤子”，元刻本作“贤能”，《指要》本以为“能”“郎”同“纽”。作“郎”字，是“贤子不及贤郎”云云。适夙主凡勘定古人文字，不能凭空造作某字，以妄肆涂乙。此文由“能”字之误。以同“纽”字论定，乃适然耳。第廖本作“子”字，岂南宋时柳此文即已有人改作予耶？《指要》又称：“能为子字之误，按吴挚父校改。”岂挚父未见廖莹中本乎？吾今校柳，从《指要》作“郎”字，抑“贤郎”实比“贤子”为佳耳！

从此两函可以看出高二适对勘定误字误句相当重视，从使用校勘专业术语也可断定他在校勘学下过功夫。他结合具体的事例，指出其六种错误，此成为高二适校勘关注的几种类型：①字衍；②错简；③重出；④语有颠倒；⑤羡句、羡字；⑥脱字。对每一个字的勘定，高二适十分审慎。从其反复涂改的手稿看，此已经是定稿，然他仍然不断修改，可知他治学辛苦历程。他不肯轻易下结论，非游移不定，而是他背后以“学术为公器”的用世之心，可他一旦勘定便会断然坚持，因此他在章士钊面前会坦然说：“适细研至再，特大胆为削去。”对勘定柳集误字讹句，他曾自豪地对学生费在山说：

吾已提出百余条与老人参订，柳集误字讹句，自北宋来，从未有人用力及此也。[17]

没有数十年的深度耕耘，高二适怎会如此断言：北宋以来，无人超越他校勘《柳河东集》。关于三“要”准确断句，高二适在给费在山讲疏时举例：

“而好事者后得”，“得”字句。“迄千百年莫或异”为句，“顾一旦得之”为句。[18]

高二适紧接其后发表感慨：“原断句殊舛，此等‘柳集’随处可见，误后学不浅。”[19]

在高二适眼里，虽是一字一句，然于学术，却从来都不是小事，它关乎后学的学业，关乎千秋文脉的延续。高二适在致信费在山另一信札里再次点出“讫千百年莫或异”的断句问题：

至《河东集》，“中华”新印本系世彩堂本，句断多误不必言，而廖莹中注之舛谬处尤令我难解也。如今日为君讲《訾家洲亭记》中有“讫千百年莫或异”之句，而断句标明在下文之“顾”字，其不通文字甚矣。附件三纸均表明刻本

[17] 1973年2月15日高二适致费在山信札。

[18] 高二适：《高二适存稿——〈柳河东集〉讲疏》，江苏美术出版社，2001年，第6页。

[19] 高二适：《高二适存稿——〈柳河东集〉讲疏》，江苏美术出版社，2001年，第6页。

及注者之误，可转给出版界中人（切实谨慎为要，要能负责之人）一阅，将如何弥其缺失耶。[20]

因章士钊的《柳文指要》以宋廖刻、元刻、明蒋刻三个为主要版本进行校录，高二适认为廖本错误很多，故章士钊《柳文指要》出来后，高二适不仅指正章士钊之误，而且直指廖本的问题，对断句一一加以勘误，他致函章士钊：

老人钧鉴，中华书局五八年九月新印本，廖本《河东先生集》，句断误处暂记。10月29日夜雨申，适记。

卷廿五《送韩丰群公诗后序》，用朱笔改正：他日当为达者称焉，在吾侪乎？（句读改成“他日当为达者称，焉在吾侪乎”？）

《途娄图南秀才游淮南将入道序》：“仆尝学于儒，持之不得，以陷于是，以出则穷，以处则乖。”（句读改成“仆尝学于儒，持之不得以陷，于是以出则穷，以处则乖”。）

《送贾山人南游序》：“歌曰，充乎已居，或以匮己之虚，或盈其庐，孰匮孰充，为泰为穷，君子乌乎取？以宁其躬……世或知其从容者耶？”（句读改成“歌曰，充乎已，居或以，匮己之虚……”）适按：“充乎已”，即本文学以为已，“居或以”，承上句。即以此为居止也。以、已一韵。

《指要》本同卷七五四页，以“充乎已，居或以匮”为

[20] 1974年9月17日高二适致费在山信札。

句，下云：已匱，叶韵，通本可用。此句廖注犹有脱漏之文，惟廖断句实非也。

《送僧浩初序》曰：“以其夷也，果不信而斥焉。以夷则将友恶来、盗跖，而贱季札、由余乎？”（句读改成“果不信而斥焉。以夷，则将友恶来”。）适按：此序羡多余“与其人游者，未必能通其言也”两句，其中用两个“以此”，即“吾之所以嗜浮图之言以此”及“吾之好与浮图游以此”。余解此文中第一个“以此”为嗜浮图之言。与《易》《论语》合，如石之韫乎玉者然。第二句“以此”即浮固不爱官，不争能，乐山水，嗜安闲等。

《送元皓师诗序》：“……为儒先生，资其儒……”（圈改为“……为儒先，资其儒……”）适案：元刻柳先生集无“生”字，廖氏注亦云：“要之儒先为正。”然廖知道“儒先为正”，而其本并未削去“生”字，此其失也（昔人模糊处，今不取）。

……

（六）“而希其末光”“希”作“布”伪，诗末一韵“何人不解解珠璎”，应作“何人不愿”。又补廖本句误一处“……而希其未光。无容至前，有足悲者，余闻是说已，力不足而悲有余……”（圈改为“……余闻是说，已力不足，而悲有余……”）《送玄举归幽泉寺序》：“……闲其志而由其道以遁，而乐足以去二患，舍是又何为耶？……”（圈改为“……

闲其志而由其道，以遁而乐，足以去二患……”）暂止。

高二适就是眼睛里容不得沙子，他这样长篇累牍地勘误廖本的句读，非为炫耀，到底还是认定“此天下之公也”[21]。

如何做到准确校勘，高二适主要运用了训诂、版本辨析、经史校勘、语义推断等四种方法。

训诂法：高二适很好地运用了音训来勘定误字句读。如用“校”“效”叶韵校勘《憎王孙文》“环行遂植兮止暴残”之句“暴残”，为钞胥颠倒。以“以”“已”一韵勘定《送贾山人南游序》之句“歌曰，充乎已居，或以匮己之虚”句读为：“歌曰，充乎已，居或以，匮己之虚。”

版本辨析：对版本正误的勘定，高二适不会武断臆测，往往依经据典来判断。如刘禹锡集《何卜赋》“将取质夫东龟”句之“东”字，高二适对董本和畿辅本的勘定如下（图 7-12）：

> “东”畿辅本作“秉”。作东者，古龟卜东向立，“灼以荆若刚木，土卵指之者三”，见《史记·龟策列传》。兹从董本也。

经史校勘：柳文《送班孝廉擢第归东川觐省序》有“相国冯翊王公”句，其冯翊后去“王”还是去“公”，高二适勘定为：

[21] 1974 年 9 月 26 日高二适致费在山信札。

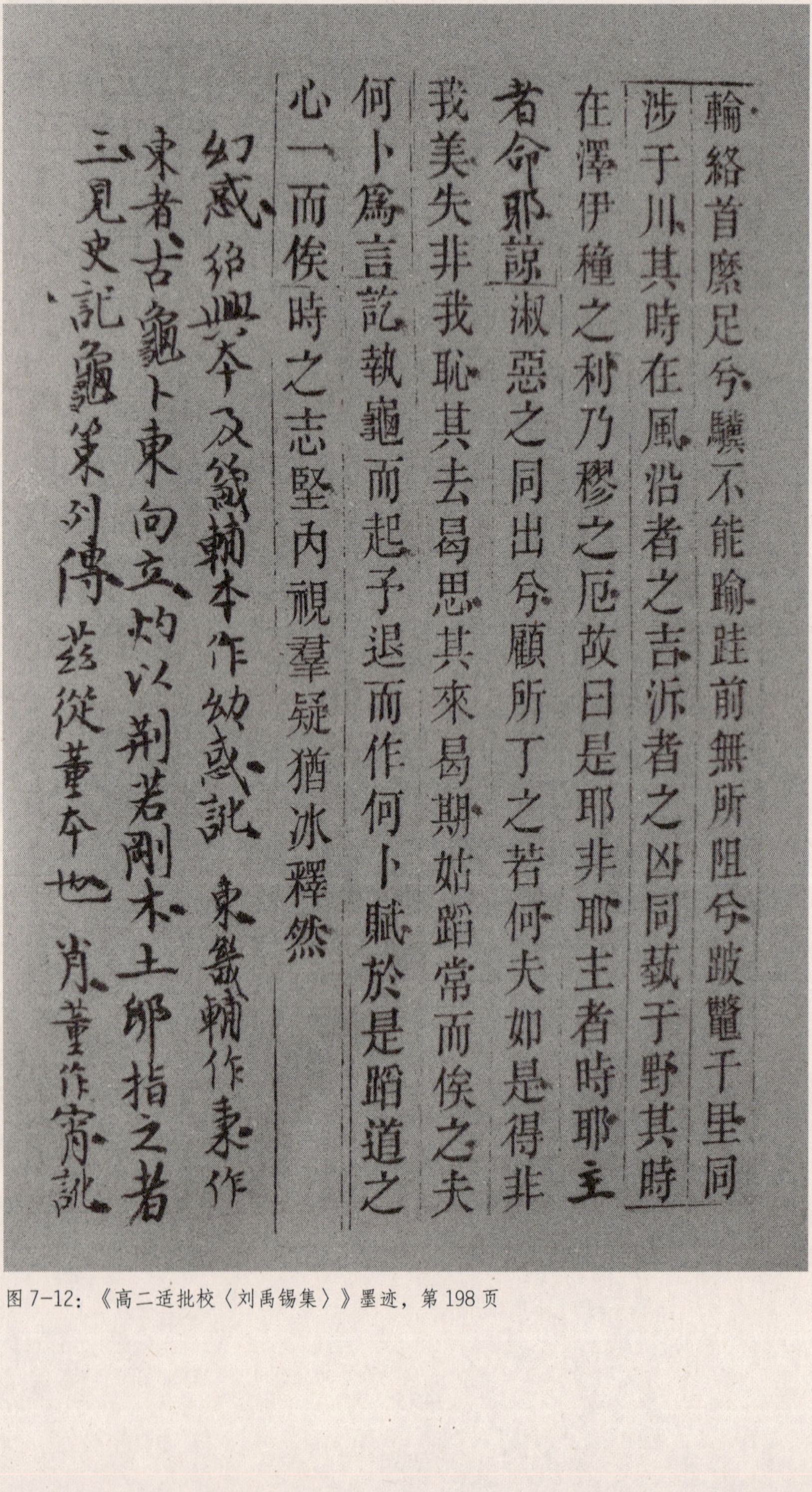

輪絡首縻足兮驥不能踰跬前無所阻兮跛鼈千里同
涉于川其時在風沿者之吉泝者之凶同蓺于野其時
在澤伊穜之利乃穋之厄故曰是耶非耶主者時耶主
者命耶諒淑惡之同出兮顧所丁之若何夫如是得非
我美失非我恥其去曷思其來曷期姑蹈常而俟之夫
何卜爲言訖執龜而起予退而作何卜賦於是蹈道之
心一而俟時之志堅內視羣疑猶冰釋然

幼感 紹興本及叢輯本作紉惑訛 東 叢輯作秉作
東者古龜卜東向立灼以荊若剛木土卵指之者
三見史記龜策列傳 茲從董本也 肖 董作宵訛

图 7-12：《高二适批校〈刘禹锡集〉》墨迹，第 198 页

> 沈晦《四明新本柳文后序》称“相国冯翊王公”宜去“王”字，晏元献本如此说（何义门亦移“王”字）”。《指要》本谓：宜去“公”字，盖公涉下“功”字音同而衍也。德宗幸奉天进封严震冯翊郡王，并未封公，此可见沈晦从晏、何义门两从之，均误。《指要》本是。

晏元献即北宋著名词人晏殊。何义门即何焯，与笪重光、姜宸英、汪士鋐并称康熙年间“帖学四大家”。晏、何皆文化名人，但高二适不以此从之，而是根据事实，冯翊被封郡王，古代王与公的等级是非常清晰的。故高二适支持章士钊去“公”之说。

刘禹锡《何卜赋》“乌喙之毒堇”，高二适先是运用文献资料考释“乌喙”“乌头”“堇”之间的关系：

> “乌喙之毒堇”董本、绍兴本作“堇啄之毒芩”，句讹难解。畿辅及季氏中山集钞配本，则作“豕啄之毒堇”，“豕”亦讹字。《太平御览》：“乌喙，毒药，与乌头、附子同本也。”乌头，《尔雅》曰：“芨”，即“堇草”。郭璞注：“江东呼为堇。”《本草经》：“乌头，一名乌喙，是也。”

接着用《庄子》的相关内容来阐释刘禹锡此句的内在含义，以推断此句使用哪个版本最为妥当：

> 又《庄子·徐无鬼》：“得之也生，失之也死；得之也死，失之也生：药也。其实堇也，桔梗也，鸡瘫也，豕零也，是时为帝者也。”本文“乌喙之毒堇”四句，即用《庄子》意：其实堇也，是时为帝者也。刘言毒堇鸡毛，有时得为君药，而即可霸其曹矣。《庄子》之“是时为帝”云云，即刘文霸其曹之意。[22]

语义推断：高二适除了用常见的校勘之法，更重要的是深度研读原文，依据文意作合理推断，不因袭前人旧说。如柳文《柳州山水近治可游者记》行文艰涩，历来认为难以卒读，章士钊亦觉得如此：

> 此记每加流览，辄苦难读，王荆石云：“仓卒不可读，然恐有误字。”吾于此有同感云。
>
> ……
>
> 要之此文真不易读。茅鹿门曰：“全是叙事，不著一句议论，却淡宕风雅。”当然！经典与亲身经历，兼而有之，岂不是一篇考据精确文字？惟若句读不明，意义多晦，将从何处赏其淡宕风雅乎？[23]

高二适对此篇也认为谬误弥多，但他不会停留于此感叹，而是做研读梳理，根据文意理顺文字，这是一个大胆而冒险的工作，

[22] 高二适：《高二适批校〈刘禹锡集〉》，凤凰出版社，2011年，第198–200页。
[23] 章士钊：《柳文指要》，卷10，文汇出版社，2000年，第676页。

然他自有他的独立思考与批判精神，其校录如下（图 7–13）：

（一）“北流浔水濑下”句，味原文上下文均不可通，窃意此句是错简，应移上。句为：“……东流入于浔水，北流浔水濑下，浔水因是北而东，尽大壁下。”以上“北而东”句正合，改定后文为：

（二）“其西曰四姥山，皆独立不倚（“北流浔水濑下”句删去），又西曰仙奕之山。”其西、又西，文正合，上下文句意，亦均显明。

此文衍一“皆”字，改定后句为（三）：

（三）“雷山两崖皆（衍）东西，雷水出焉”改定后为“雷山两崖东西，雷水出焉”则了然矣。按前文世彩堂本，采入卷十二《志从父弟宗直殡文》内为注，廖氏过录前文，亦不知“皆”字为衍文也，并应改正。

（四）“峨水出焉”作收。“东流入于浔水”句重出，应删去。

适按，此篇全文讹谬如此，自来读柳文者，都未能解，章氏《柳文指南［要］》亦只能如王荆石“不可读”及“恐有误字”云耳。窃意吾此一功夫，于《河东集》功为最大，非同前人均在暗中摸索也。

高二适如此删改，是否有道理，这是个学术问题，但他不满足于事件表面的困惑，而是致力于解决问题。他解疑出发点力求

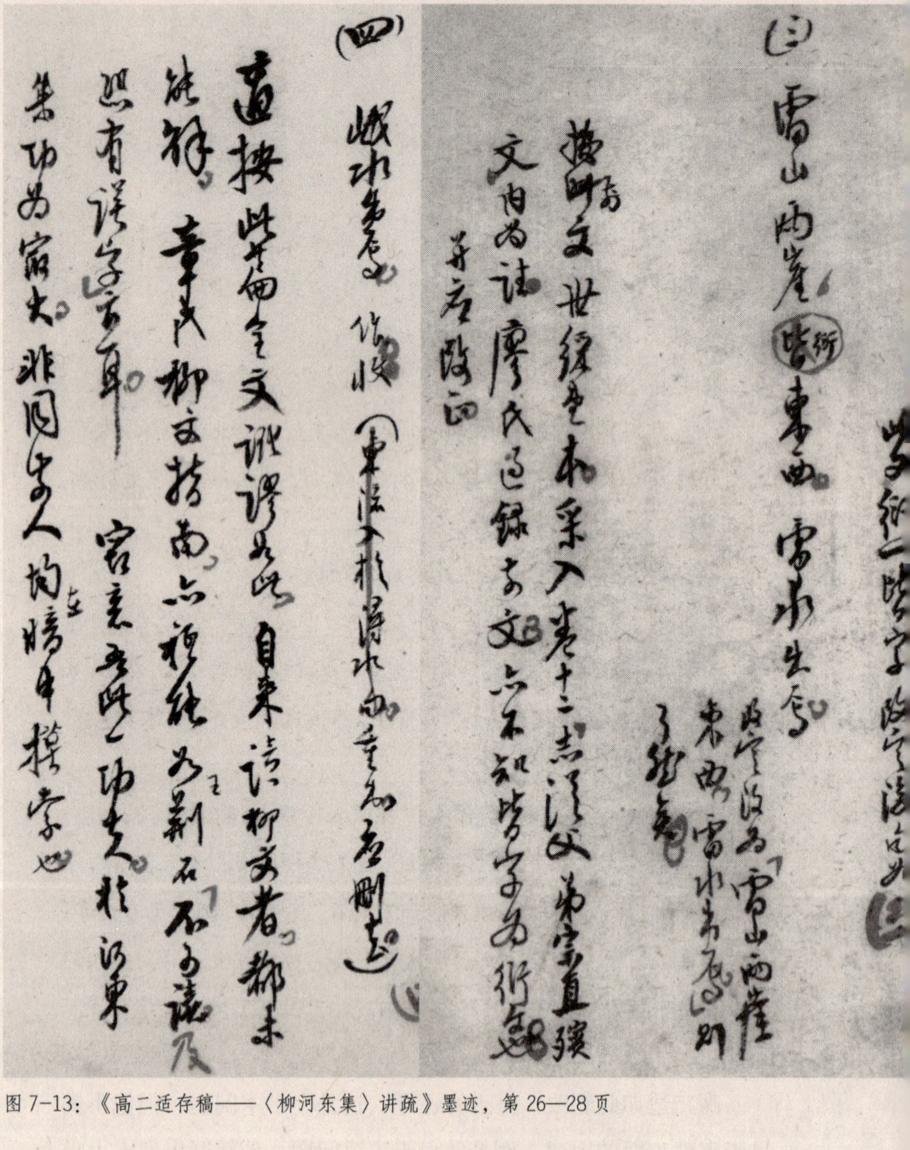

图 7-13：《高二适存稿——〈柳河东集〉讲疏》墨迹，第 26—28 页

柳集　卷廿九　柳州山水近治可遊者記　近治定是罡（一）又文中一

此文柳集各刻本均誤

皆字衍

章氏柳文指要　卷廿九　八六五頁（三）此記無加深覽[illegible]

若蘇謨　王荆石云「六二　俞氏本亦誤　然無罡者誤

字，兩於此句同[illegible]云

直校本文如此

（一）北流潯水瀨下句　味原文上下文均不可通　實當是與此

句是錯簡　應移上　句另「……」東流入于潯水

北流潯水瀨下　潯水自

是北而東　盡大壁下

以上北而東句正合　改定

語文如

（二）其西曰四姥山　皆獨立不倚（北流潯水瀨下句刪去）又西

曰仙弈之山　[illegible]

接近作者本意，行文好坏的基础是把所说事件讲清楚说明白，诚如章士钊所说“句读不明，意义多晦，将从何处赏其淡宕风雅乎”[24]，基于此，就该从文法基本规律出发，而非主观臆测，则所作校勘定为人所信服。

刘禹锡名篇《辩易九六论》，后多刻本皆有一段：

“穆姜薨于东宫。始往而筮之，遇艮之八。史曰：是谓艮之随。”夫艮☶☶（艮下，艮上）之随☱☳（震下，兑上）唯六二爻不动，余五尽变。变者遇九六也，二不动者遇八也。[25]

高二适从上下文义认为此应该是错简，他注疏说（图 7–14）：

上二段，各刻本均有显误错简，余为正之。此二段文字与上面正文小异，想系宾客原记于简，后世刻本仍之耳。再此处与刘公论筮例已微有别，或姑存之，观下面“乾之策”以次至“当万物之数”，本《周易·系上》之文，并其注均可不必录也。前人不欲刊落刘文，待后人考究，亦大妙事，此处请读者对照各刻本，便了然矣。

对一般的版本错简，高二适都从贻误后学的角度多加斥责，但此处却大加赞赏，称为“妙事”，可能高二适体会到校勘的滋味，亦有另一番乐趣。

[24] 章士钊：《柳文指要》，卷 10，文汇出版社，2000 年，第 676 页。
[25] 高二适：《高二适批校〈刘禹锡集〉》，凤凰出版社，2011 年，第 235 页。

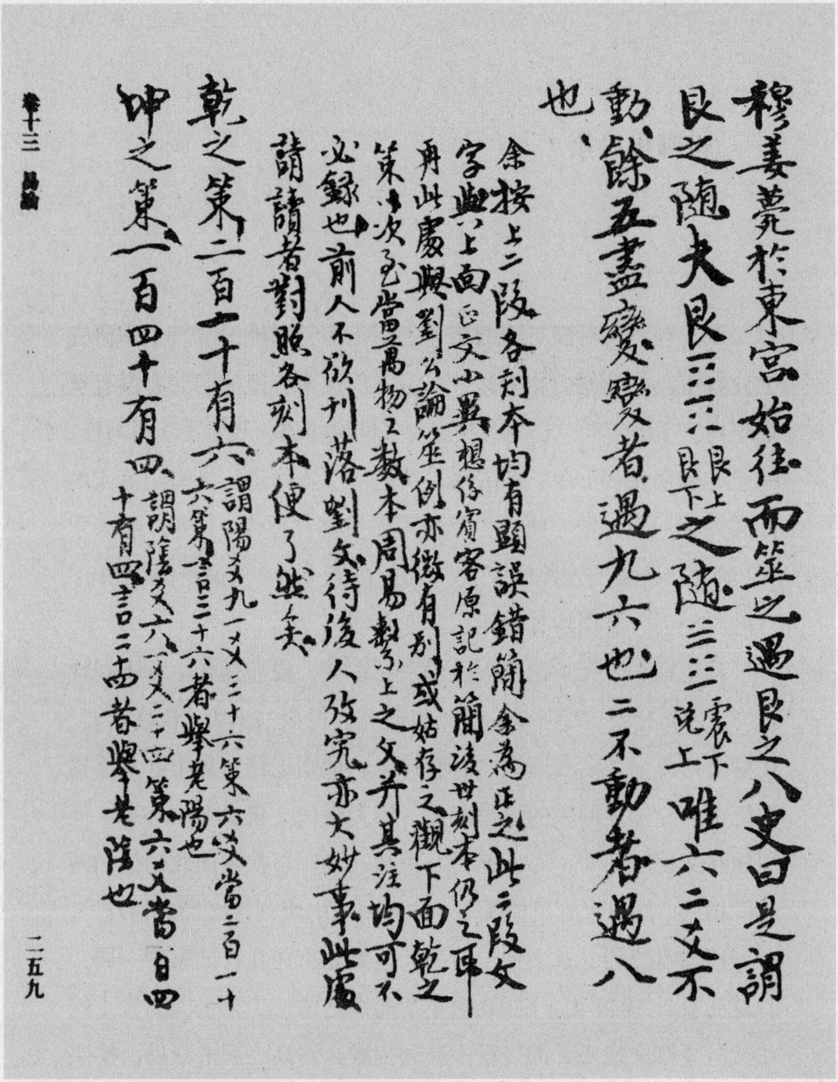

穆姜薨於東宮始往而筮之遇艮之八史曰是謂艮之隨夫艮☶☶艮上艮下之隨☱☳兌上震下唯六二爻不動餘五盡變變者遇九六也二不動者遇八也、

余按上二段各刻本均有顛誤錯簡余爲正之此二段文字與上面正文必異想係賓客原記於簡後世刻本仍之耶再此處與劉公論筮例亦微有別或姑存之觀下面乾之策之次乃當萬物之數本周易繫辭上之文并其注均可不必録也前人不欲刊落劉文待後人攷究亦大妙事此處請讀者對照各刻本便了然矣

乾之策二百一十有六 謂陽爻九一爻三十六策六爻當二百一十六策言二百一十六者舉老陽也

坤之策一百四十有四 謂陰爻六一爻二十四策六爻當一百四十有四言一百四十四者舉老陰也

卷十三 易論 二五九

图 7-14：高二适《刘梦得辩易六九疏记》墨迹

三、刘柳优胜辩

章士钊不仅对高二适的诗学肯定，而且对他国学、书学研究十分看重。尽管他们相聚甚少，但书信往来，使他们的心没有丝毫距离。于国学高二适对《易经》《世说新语》及屈贾、司马迁、韩愈、柳宗元、王令、刘禹锡、黄庭坚、陈师道、吴嘉纪等人的诗文穷其一生，精心研读。李拔可曾赞高二适说：“500年来学陈（师道）最著且久者耳。”1973年，高老重读《世说新语》题曰：“世说一书，吾用功廿余年，几能背诵。”

章士钊于王充《论衡》、柳宗元诗文，浸淫良久。章士钊计划与《逻辑指要》相呼应，计划将研究心得撰书出版《论衡指要》《柳文指要》。高二适自然心有神会，他则把精力集中在刘禹锡的诗文上。师徒两人的这种默契，当为现代文化史上的奇观。他们相互交流、切磋，心无挂碍、精神互励。早在重庆北碚他们两人就相约“阆风未到莫回头”“并肩厕入中唐刘柳大师之讲坛”。

1962年2月，章士钊邀请高二适到北京住在自己家中一周，一是畅叙自1949年一别10多年来离别之情，二来是因为章士钊在撰写《柳文指要》的过程中遇到困难，请高二适来帮助。柳宗元涉及“易学”的诗文计有20首（篇），刘禹锡则有2首（篇），章老对揲蓍变卦法不甚清楚，想让高二适实际演示一下。“揲蓍法”是唐宋人根据《周易·系辞传》整理而发掘出来的占卦法，过程极为繁复，且要通晓《易经》之理，方能准确演示。高二适于1935年开始研究易学，数十年未曾间断，他注重“参”与“验”，旨在通彻自然与社会运行规律。

在京期间，高二适亦与恩师章士钊互论刘禹锡的诗与散文，认为刘在中唐与韩愈、柳宗元鼎峙，是当时文章之盟主。

高二适从北京回到南京后，连撰二篇围绕柳宗元与刘禹锡论《易经》的文章：《柳子厚〈与刘禹锡论周易九六说书〉后题》《跋刘宾客〈天论〉》。两文连同1959年撰写的《刘宾客辩易九六疏记》均用行楷书写。自1953年始，高二适专攻章草书法，其书法已逐渐成熟，风格为之一变，尤其是行楷。他由唐太宗、唐高宗父子的行书，褚遂良的楷书上溯“二王”笔法，魏晋风韵俨然若现。同时他把章草自然融入其中，使其高古、浑厚，一扫“二王”媚俗之态。微黄的灯光、微旧的典籍、微淡的墨香、惬意的吟诵、尽情地书写，这是怎样的一种书斋生活。章士钊接到这三篇文章，“不胜雀跃”，将前两篇全文直接录到《柳文指要》中。同时给高二适回信两封，可见章高师生两人重情、重义，以学术为公器，从文化层面寻找利国安民的经世良策。其第一封信如下。

二适足下：

承示《刘宾客辩易九六疏记》，深入显出，烛照靡遗，

先生，高二适

不料二适迩年治学精进乃尔，甚佩甚佩。《柳集》注家号五百人，从未见或于此门略，有阐发，近瞿兑之签注《刘集》，吾曾询及此辩，彼亦逊言理解不足，未便加墨，吾之谫劣，当有过于兑之，今何幸二适能为吾《指要》弥补此一罅漏也！寻柳州于《易》，似欠深造，据其自述，仅得在永贞事变之顷，从陆文通微受教诲，然亦未必向揲蓍细功，多所探讨。梦得何时孕此绝技，自不获知，姑就两家表褾于外者，略事此核，则吾子笔下所不免轩刘而轻柳，诚复持之有故……如实言之，鄙见未敢苟同……王船山《续春秋左氏传博议》：穆姜论筮长言大篇，亦切证穆姜所得在《随》，而并不在《艮》，凡此种种，都似与梦得所见不无出入，而展［辗］转《易》与柳州合符，不审二适其谓之何？抑有进者，治《易》而专鹜于卜筮，终是旁门术业，而无关于开物成务利安元元之为，二适谓宾客《天论》之篇，痛陈形［型］器之理，与人类万物交相胜，尤极其辩，并叹为韩退之、柳子厚所不能言，此韩氏吾不敢知，若子厚者，即于此敬谢不敏，当亦坦荡荡而行所无事。尝论《易》固巍然六艺之一，而治之不慎，往往与陈抟左道及其江湖休咎为缘，或谓祖龙焚书，《易》无与焉，盖视同巫医小术而轻之。夫人食肉不食马肝，未为不知味，为学不解蓍法，将何害其为通人？去岁二适在京，示我揲蓍步骤，依样葫芦，亦自大体粗谙。能近取譬，此殆繁密有过牙牌神数，而局势相同，所谓四四而遇，其理亦不去双陆博戏绝远。夫如是，子厚诚好学不倦，然亦未必即以此伎逊于梦得，比之日日临池，刘家异同，因欲为之火急添功用也，二适不以为恶谑否？

章士钊这通信札，不仅是为褒奖高二适近年来“治学精进”，弥补自己《柳文指要》的“罅漏”，而是提醒高二适研究《易经》之学不能陷入旁门左道，乐于江湖术士的伎俩，同时对高二适提出的褒刘抑柳的观点进行了辩驳。他在引录此信前说：“蒙于斯学未涉藩篱，遽与能者驰书辩论，诚犯强不知为知之戒，唯以事关绝学，志在假年，姑出荒言，冀来诤友而已。”好一对诤友！章士钊知道高二适的脾气，只要高二适认定的东西就不会轻易放弃，而章士钊也是知无不言、言无不尽的侠士，要让他不讲，难。要让高二适放弃自己的观点，更难。但“事关绝学”，更为“开物成务利安元元”，还是要说，并且要说得透，心无芥蒂。高二适十分孤傲，一般学人他看不上，但他最服膺章士钊，这不仅是他情感上的依靠，更多的是章公的治学精神与光明磊落的胸襟，令他钦佩不已。在全录此信后，章士钊又补充一点刘宾客与柳宗元珍重友情的资料，可见章士钊待人情义并重。章公在此突出强调刘宾客之于柳宗元“将友情视为至上，而理论之是非曲直，统压抑在下，此道义之高，至于何等”，其弦外之音不言而喻，章公如此可谓用心良苦。因为高二适在其文中有：“噫！人非昧于理道，岂得标榜门户，深闭固拒以至于此极哉？吾不禁把书而三叹矣。”章公故在末句说：“掷笔三叹，情怀何已？”章士钊将友情放到道义最高峰。细想章士钊与高二适的30年友情，岂会因为一次学术辩论、一场笔墨官司而损伤？在此高标友情，对于章、高两人似乎多此一举。

高二适似乎并不同意章士钊对自己观点的辩驳，在《跋刘宾客〈天论〉》一文中再次提出“刘高于柳”论点，他说：

> 形之精微，以智决之，至合于天人交相胜（此意为吾苦思而得）。此均有足征者耳。于此刘述数之几微，已能弥纶天地之道，而其终篇，则径以用天之利，立人之纪，纪纲或坏，复归其始。故其《乱》曰：在舜之庭，元凯举焉，袭乱而治，般知说贤。而更加以帝赉之语，信哉！刘之立论，尽于此矣。此人倘值乾元用九，而天下治，依物取类，至于小人剥伤，其复见天地之心乎！独惜河东公不克开其志虑，反以刘之操舟、之言人与天为愚民恒说，乃虞芮力穷，匡宋智穷，是非存亡，皆不足以喻乎天、喻乎道者相责让，而徒善宾客之所解无形为无常形者之言，岂非失道邪？余悲柳州之遇，竟不荷天人之际，而弃于穷荒，然则天之与人，其真交相胜也，故毕书以著于简。

章士钊反复阅读高二适此跋，仍然觉得倔强的高二适所论不能服人，便再次写信给高二适与之商榷。

二适足下：

得书及《跋刘宾客〈天论〉》，初一伸纸，不胜雀跃，盖时论谓刘高于柳，吾闻其语，未见有人著文，今得二适折冲柳、刘之间，并以长篇文字见意，以谓此必有以开朗吾志虑，诚不自知热望高出柳州发书得《天论》时几许也。不幸柳州曾谓详读刘论五六日，求其异而不获，二适亦曾引以为怪，吾读二适跋尾，其失望较柳州殆又过之。吾知此定为二适所不喜，然为忠于所学，及图与二适并肩厕入中唐大师讲坛计，不得不悉吾所见以毕其说。

……

高二适在1942年开始校读《刘梦得集》，章士钊研究柳宗元，师生两人约定分别以柳、刘两位大师作为国学研究的主攻方向，像这样的学术商榷是经常的事。尽管章士钊说对高二适此论“失望较柳州殆又过之”“定为二适所不喜”，但两人都恪守“忠于所学”，为实现两人并肩进入中唐大师讲坛的人生约定，他们就什么都可以坦诚讲。信的结尾很有意思：

吾亦如宾客语：“吾非斯人之徒也，无自鞭辟入里。”与二适追根到底：惟吾徒穷研治道，驱遣积毁，拔两公于万丈渊泉，千年狂狴，使得膏肓沉没，复起为人，将何忍于彼此之间，造作短长，点染黑白，妄操同室干戈，重招异己非笑也哉？勉矣二适！柳州诫我，务本为得，愿守斯言，以终余年。二适近年猛进，多所发明，吾忝长岁年，弥深企望。如或更端见问，当无不抒诚商榷，若其追逐时好，谬矜一得，于平生最为倾服之古人形貌，妄事抑扬，招致桐城余孽，腾其口辅，重肆讥评，此宜与吾二适共箴之！不宣。

章士钊在宣讲时无时不体现出长者风范、学者风度，字里行间无不透露出对高二适的关怀与提携。“务本为得，愿守斯言，以终余年”，谆谆教导，情深意长。学理、义理、情理，句句入骨。章士钊一方面苦口婆心地劝说千万不能沾有“桐城余孽”恶习，告诫高二适不能同室操戈，勉励他务本为要；另一方面褒奖他学业猛进，多有创见。这样的学术探讨，在《柳文指要》中还有不少。例如《柳州书法》一文中有如下文字：

正涉笔间，得高二适书信，信云：“柳州善小章书，曾为宾客所称（见《答柳书》），而刘、柳论书诸绝句，往复奇恣，为适所向往（又刘诗：柳有草圣之目）。适日藏有柳州石刻，似符谶，为明天启间柳州井中掘出者，此小方长拓片一纸，《指要》付梓时，可影于书耑，固不失为一妙迹也。”

高二适告诉章士钊他藏有柳宗元书法刻石拓片，说此件“不失为一妙迹”，希望章士钊《柳文指要》能用上它。但章士钊认为此刻石不能认定为柳宗元所书：

> 然予终未获一目与柳书接，小章书抑草、隶，是一是二，无从晓洽。柳州石刻何似以？拭目俟之，独二适似符谶一语。顿感怪异，予未敢遽信为柳州笔。

尽管两人在情感上如同千年修得的知己，但在学术上都那么独立，章士钊许之以诤友，精当！

章高师生两人北京一周的国学探讨及高二适的三篇文章，让章士钊对高二适的治学水平有了全新的认识，并发自内心的赞许。

1963 年，章士钊在《大公报》上发表《癸卯上巳》向世人郑重推荐高二适。文中回忆年初元日他寄给高二适的两首诗，其第二首云：

> 冰冷东淘俊少年，重提退笔迈无前。
> 中山集纪开新样，火急河东二妙缘。

章士钊在其后说明："东淘，二适产地，与清初吴嘉纪同乡，当时有一个冷冰冰的吴野人之语。此中山指刘禹锡，二适勤攻刘宾客集，发见宾客为人文集作序，每不曰序而曰纪。此义为他文家所忽，几同创见。"章士钊用诗赞赏高二适所著《刘宾客集校录》"开新样"，末句"火急河东二妙缘"化用柳宗元和刘宾客诗句“劝君火急添功用，趁取当时二妙时”，用“一台二妙”的典故，喻指章高师生两人“并肩厕入中唐刘柳大师之讲坛”。

文章最后以诗述说他与高二适之间对柳刘的探讨：“兔年五度逝无痕，苦忆潜踪聚宝门。吴楚一麾头到尾，江湖三楫弟兼昆。频惊岁晚春还在，终喜人归道益尊。独虑天书读难尽，高高忧自敞河源。”章士钊感叹：“天书难读，谓其时吾正与二适相互研讨柳刘《天说》及《天论》，亦兼影射太炎著述质素之高。”试想，能与章士钊一起探讨天书的人，其情感、学问可想而知。

这段时间章高师徒两人是十分欣喜的，因为他们对柳刘研究的著作几乎完成，这是人生的重大收获季节。1963 年，高二适已把刘宾客诗文 40 卷全部校录完毕，并寄与章士钊校勘，而章士钊的《柳文指要》上部也接近完成。高二适接到章士钊寄来癸卯元日诗，即和诗三诗：

其一

柳星牢落龙城守，魂魄何时生百蛮。
千亿文公终起废，割愁休望剑铓山。

其二

吾生亦事刘宾客，刘柳交情两得之。
敢望公言称二妙，却耽文字有余师。

其三

互揭奇文天论二，乾坤正变伍兼参。

何人解得交相胜，理乱而今欲再探。

第一首诗是吊柳宗元的。第二首应和章士钊的“二妙”，他说：“敢望公言称二妙，却耽文字有余师。”再狂狷孤傲的高二适，对章士钊的指点、帮助永是心存感激的。第三首同样写他与章士钊对柳刘奇文的探讨。“理乱而今欲再探”表明高二适探求真知，锲而不舍的精神。他敬重恩师章士钊，但他更敬重知识，这一点既是章士钊所倡导的，也是高二适个性使然。诗后有小序：“余承公雅命，为刘文《天论书》题后及辩‘九六’疏记，公亦各以长篇见答，窃意世人应刮目矣。”高二适很自信，他与章士钊之间的学术探讨，必让世人刮目相看。

对于章士钊的《柳文指要》的写作与出版，高二适是相当欢心鼓舞的。有诗为证：

喜闻孤桐老柳文指要将付杀青，寄题此律

柳州律法重皇唐，近古何人为发扬。

秀气昔曾通华岳，文宗今后在湖湘。

同时能折刘宾客，晚岁终成穆白长。

寻绎一篇余澶漫，《太玄》准《易》足相当。

先生，高二适

奉迓长沙公

终古临文缉柳州，问公爨下几鸿畴。
中华元已尊三达，班史曾为志九流。
岂敢诗书工发冢，若为谈笑觅封侯。
劣怀只在奇觚字，倘有鸡林贾竞求。

高二适诗言《柳文指要》的地位与《周易》相当，今后文宗当在湖湘，可见高二适对章士钊及《柳文指要》的赞誉与推崇。不过情感和学术还是分开的，高二适对《柳文指要》逐词逐句地校读，将其中的错误逐条摘出，并一一校勘寄给章士钊。章士钊在回复高二适的信中说："吾《柳文指要》殆词费而不中肯綮，有多少处非返工不可。"可是面对百余万字的巨著，已入耄耆之年的章公再也没有心力做更大的改动。除了必要的修改，基本保持原貌，他建议高二适将此勘误单独出版成册。章士钊如此宽阔的胸襟，是对高二适的尊重，对学术的尊重。章士钊携高二适汇成的《纠章二百则》手稿至香港准备出版，可惜章老不幸病逝于香港。此册从此下落不明（一说章在香港时，高二适将此册寄予章士钊）。

1964 年 2 月 9 日，章士钊将他与高二适学术探讨以实录的方法作《小小诗谳》发表于香港《大公报》。章士钊曾写过《白头如新》一文，批评某些学人："引用故实，止于拦截他人语句，望文生义，从不查对本事，一为叁核，遂至以讹传讹，迷误后生。"

面对这种断章取义、以讹传讹的行为，糟糕的是我们的“通儒硕学，往往坐视莫救，甚或躬自蹈之，习为自然”，以至章士钊痛陈“本邦文士，学殖荒落”。高二适也常痛心于士不悦读，学荒于野。师徒两人对“白头如新”的探讨真正体现了学人严谨治学的品质，以及对文化的一种责任感与使命感。章士钊写道：“吾与东台高二适函札间偶涉此义，从事探讨，颇饶逸趣。”章士钊以“白头”典故为例指出，姚鼐因陈袭方苞、刘大櫆“白头”之意，而“将班书置之脑外”，造成“一种士不悦学，信口雌黄之习”的学风，“桐城派”的责任最大。高二适同意章士钊的观点，他说：“势利代新，绸缪代旧，均从正面用来，可见唐宋人用事不误，文事荒落，自清始矣。”并宣称：“姚怀程舍人诗，全体均无佳致，姚号有文章名，适于此集从未寓目，再乱翻他篇，亦未惬意，此岂清诗之风会耶？窃以此类诗绝不可看，如常入眼，定会诗思锐减。”这种极端的做法，偏激的观点，章士钊并不完全同意，认为不以一眚掩全貌，姚鼐的诗还犹存法度。章士钊多次褒奖高二适“于史汉功勤，谓马班厚实，无漏洞可塞，频为惊奇不已”“二适校勘刘集，寝馈功深”。对高二适“文事荒落，自清始矣”的观点，章士钊则击节称绝：“此数语者，字字坚实，切中肯綮，可作此一小小诗谳之总结。”但在对具体的诗句的解读上，章士钊保留自己的看法，如对王维的《酌酒与裴迪》一诗中对“白首朱门”一联的解释，章士钊就表示“吾与二适所见不一”。对于高二适在研究国学过程中出现的问题也真诚地指出：

“二适熟精陶刘二集，辄于隐处有领略，而显处反滑过，毋乃陶公‘不求甚解’之风，暗暗袭来，偶不之觉也乎？因悟俗称熟视无睹一语，可得包括高士读书癖习。”“吾提示二适，不知能缩短读书三十里之程否。”

章士钊在写成《小小诗谳》寄给《大公报》后，又书一通信札给高二适：

> 二适足下：
>
> ……
>
> “白头如新”赖君细勘，益臻妙境。山谷、荆公两诗非君提出，恐从来无人着眼及此，如吾俭腹，尤属茫茫然然。“势利白头何足道”二句，除君录示全章外，复从王集查对一番。曩见扬升庵薄韩，谓人称赞退之诗是“势利他语”，不解“势利”字何说，经君指点，思想面稍稍宽矣。大抵“势利”与“绸缪”对文，以“敷衍”二字诠之，或相去非远。
>
> 函书至此，忽提笔草《小小诗谳》一文，寄与港报，以本体为例，足证凡事互商有益，鄙文于君举例估价甚高。因恐函札往复需时，该稿未及送阅，为歉。
>
> ……

章士钊在信中说高二适对“白头如新”的校勘“益臻妙境”，使他“思想面稍稍宽矣”。对于商榷学问言明“凡事互商有益”，而“鄙文于君举例估价甚高”，说明章士钊有意让天下人知道高二适的学问，与1963年的《癸卯上巳》一文形成呼应。这与当年在重庆独石桥命名“高亭”一样，章士钊为高二适争得天下书名、诗名、才名，只是这次以具体的细节、详实的学案来验证。章士钊显然是欣喜的，因为20年前自己的预言，现在终于可以兑现。高二适是争气的，没有让他失望。章高师生两人对小小的“白头如新”的探讨，为“士不悦学”的风气树立最好的标杆。高二适赋诗一首以记之：

题白头如新文卷

一叩雄文气逾飏，正讹匡谬墨千行。
白头摆落如新谤，交盖绸缪未曲防。
老学谁知袁伯业，赋才人仰鲁灵光。
从兹仲武休憎口，那怕雌黄作主张。

高二适与恩师章士钊如此较劲，只为“正讹匡谬”，其情其志其趣，可谓新版“一台二妙”。

四、学《易》致用

1935年，高二适始研《易》学[26]，至此他一生耕读《易经》不辍，但他本着学术探究读《易经》，非作他图。虽然他的好友林庚白以占卜为娱，但高二适有非凡的定力，不受其影响，将《易经》设定在自我的书斋之内。高二适秉承经世致用的思想，读《易经》，解《易经》，用《易经》。读是基础，解是研习，用是目的，没有前两个的深度耕耘，即没有后者的娴熟准确地应用。高二适在诸多方面显示他对《易经》的致用，大致可分三个方面，即诗歌创作、日常生活、学术研究。

《易经》艰深不易学，要学通它，非用十二分功力不可。高二适曾作诗《奉赠吴沧洲》：

我怀义孔无余业，只益长年学易心。
天地不交元有否，志行能正始为临。
韦编何惜书三绝，硕果真看子满林。
未卜贲园终吝不，得公秘义作南针。

《易经》与儒学极为密切，学儒必读《易经》。《易经》否卦《象辞》："天地不交，否。君子以俭德辟难，不可荣以禄。"

[26] 尉天池，徐利明：《中国书法全集（第86卷）：萧蜕吕凤子胡小石高二适》，荣宝斋出版社，1998年，第252页。

本诗以此辞入诗，表明自己于乱世中修德节俭的人格追求。韦编三绝，本意也是孔子读《易经》之勤，用此典故甚为恰当，它既是高二适对首联习儒学易的痴心延续，也大有以孔夫子勤学自况的意味。从此诗可以看出，高二适耿介狂狷拒绝介入官场的个性，既有他天性的原因，也有他后天习得因素的积极干预，其中《易经》是重要的典籍之一。

抗战胜利后，1946 年高二适回到南京，将一首题为《雪》的律诗发表于《新中国月报》第一卷第三期：

万井堆盐絮逐车，洛阳裘满侈春花。
惭无珪璧先投座，喜有霜风不出家。
闭户读书情未减，擘笺题句手须叉。
天真不假施朱粉，鼎实分功岂漫夸。

在高二适看来：抗战终于胜利，家国渴望安宁，他即以借漫天大雪表达难得的喜悦之情——喜不出门，倾情读书，叉手题句。但结句有所暗指，“鼎实”语出《易》鼎卦：“九二，鼎有实，我仇有疾，不我能即，吉。”“九二”阳爻，鼎中盛满食物，诗中引用即指抗战伟大的胜利，“仇”指出初六，位不正，有疾。此爻，是说养贤，应远离小人。“分功岂漫夸”，尽管高二适时为国民政府立法院秘书，但他没有站在国民党的立场看待国共之争。表面上高二适持中立态度，从和平角度，希望不要再起纷争，诚如是，则大吉于国于民，但背后的潜台词是批评国民党在争抢抗战胜利果实上显得过分了。

隋代大儒王通在《中说·立命》说：“不学《春秋》无以立断，不学《乐》无以知和，不学《书》无以议制，不学《易》无以通理。四者非具体不能及，故圣人后之，岂养蒙之具耶？”[27]历代儒学大师皆重视学《易》，何故？《易经·系辞》说得明白：“易简，而天下之理得矣；下之理得，而成位乎其中矣。”由是可立“贤人之德”，可成“贤人之业。”[28]养蒙，语本《易经彖辞》蒙卦：“蒙以养正，圣功也。”孔颖达书：“能以蒙昧隐默，自养正道，乃成至圣之功。”此谓蒙昧自隐，修养正道，是神圣不可侵犯的伟业。高二适一生勤学耕读，从不自满，虽疏狂傲居士林，但无时无刻不埋头苦读。晚年他苦攻急就章，致力校录刘禹锡文集，虽有大成，但仍潜心养蒙。他作诗《阅报京会将毕，代柬起居》寄章士钊：

郁郁奇情每在公，起居万屋几人同。横流不分看沧海，松岳依然易养蒙。

频上九霄凌绝塞，欲为中国纪元功。灵槎倘遇支机石，肯信君平术未工。

虽历经战乱纷争，时代更替，可谓沧海横流，然依然需要自隐养蒙。1964年2月13日农历甲辰正月初一，他作诗《甲辰元日》：

[27] 尉天池，徐利明：《中国书法全集（第86卷）：萧蜕吕凤子胡小石高二适》，荣宝斋出版社，1998年，第252页。

[28] 孙振声：《易经今译》，海南人民出版社，1988年，第351页。

> 老去潜阳在，开心正养蒙。溺文憎世次，泛□滟春红。
> 誓扫衰慵尽，休疑造化穷。分年一耆指，属句待谁工。

潜阳即潜龙，强调潜藏涵养。《易经》乾卦：“初九：潜龙勿用。”“上九：亢龙有悔。”在高二适看来，仍然要像潜龙一样韬光养晦，引而不发，但这不是被动的，而是自我的需要，自我的稚阳呵护，故其说开心养蒙。3月4日，即高二适62岁生日，他赋诗《生朝》两首：

> 一蛰龙蛇再掷年，蟠胸万虑病常先。
> 人间何恨空生瘦，寿者应憎不瘦夭。
> 抑郁谁同肮脏身，生今弹局击难平。
> 偷存视息终无我，怪煞痴娃报晚晴。

很有意思的是，这两首绝句再次表明高二适护阳养蒙的生活状态。高二适对“一蛰龙蛇”“空生瘦”自注：“宗翁一涵见告在京晤孤桐老，谓公何瘦耶，孤桐忽作色，有‘瘦了有何不好’语，吾今实缅怀此言。《易》‘龙蛇之蛰，以存身也’。”对“偷存视息”句高二适亦自注：“‘偷存视息’为顾亭林与人辞祝书中语。吾集新友会饮，稚鬟可可忽上报曰：父看晚晴来了，盖吾乡以生日得晚晴为喜事故。噫，岂非迷信耶。”[29]

此注特加入小女可可欢喜的生活场景。也正因为高二适养蒙

[29] 高二适著，李静凤编校：《高二适诗存》，黄山书社，2011年，第101页。

进入无我的境界，故能看淡世间纷纷扰扰的名利，享受近乎归隐的书斋生活及天伦之乐。无论是“潜阳”还是“蛰龙”，都有一个潜台词，即这是“见龙于田”和“飞龙在天”的前奏，只是时机没有出现。高二适经世致用的思想，以学术、文艺用世，他是时刻准备着的，因此高二适的养蒙不是彻底的消极的无为。也许还真的被高二适说中了，潜龙养蒙之后，竟真出现了“利见大人”的事件。一年之后即1965年7月，郭沫若和高二适引发震惊中外的“兰亭论辩”，其间有章士钊精准掌控，故“无咎”。7月23日，高二适评郭文《〈兰亭序〉的真伪驳议》在《光明日报》发表，他抑制不住兴奋，第二日致函章士钊：

孤桐师钧鉴，谢表甫发，旋奉大红官封密书（此后诸事一定保密），适恭立喜气纷若（《易》巽卦）颇与老人奇迹迭见，相当映发了。

……

夏五为文太琐尾，最好玩是他欣赏十八子之处。适于夜阑重展一遍，觉语病，一文难值也（误解古人甚为朵颐）。惟此公吾实有厚感及厚望在，凡世间事，有相反相生处，此天道喜循环。但亦未尽可设想也。[30]

此时的喜悦之情，高二适用《易经》巽卦来解。巽：“小亨，利有攸往，利见大人。”九二：“巽在床下，用史巫纷若，吉，

[30] 1965年7月24日夜致章士钊信札。

无咎。”《象传》曰：“纷若之吉，得中也。”“夏五”语出《春秋·桓公十四年》：“夏五，郑伯使其弟语来盟。”晋朝杜预注：“不书月，阙文。”后遂借指文献上的缺漏。高二适此处专指郭沫若，含讽刺意，批评他否定《兰亭序》一文“一文难值”，亦用《易经》颐卦“初九：舍尔灵龟，观我朵颐，凶”之“朵颐”刺之。因“兰亭论辩”一事，高二适也从书斋走向前台，走进文化史。有意思的是：1967年1月15日，高二适雪中折足，卧床疗养，伤痛侵身。对此高二适反思认为是老天在惩罚警戒，他在致章士钊信函中反省道：“苟生终得天谴，静以思之，岂不内疚神明也耶！”[31]按照高二适的意思这不是“亢龙有悔”？如是观之，他不正完整地演绎了《易经》乾卦之初九、九二、九三、九四、九五、上九的完整过程？当然我们也可用他两年前《生日》诗里的自注所言：“噫，岂非迷信耶？”呵呵（高二适常用语）。

像这样高二适在生活中应用《易经》之学的事还不少。1960年，章士钊着手著述《柳文指要》，因柳文中涉《易经》诗文有20首（篇），尤其是涉及揲蓍之法，章士钊不能知晓。章知道高二适通晓《易经》之学，故于1962年2月，邀请高二适赴京为章演示揲蓍之法。虽然如此，但为慎重起见，章士钊还是将高二适的《柳子厚〈与刘禹锡论周易九六说书〉后题》及《跋刘宾客〈天论〉》二文及自己两通致高二适信札，收入《柳文指要》。1963年，高二适将此事以诗记之，《绝句奉询孤桐老〈柳文指要〉及余校录〈刘集事》其第三首：

[31] 1967年2月8日（除夕）致函章士钊信札。

互揭奇文天论三，乾坤正变伍兼参。

何人解得交相胜，理乱而今欲再探。

高二适自注（图 7–15）：

《周易·系辞》“参伍以变”，即三五也。余承公雅命，为“刘文天论书题后”及“辨［辩］九六疏记”，公亦各以长篇见答，窃意世人应刮目矣。

此诗以《易经》“参伍以变”入诗，意在后面之词“通其变，遂成天地之文；极其数，遂定天下之象”，以此来礼赞章士钊撰《柳文指要》之伟业。第三句是说刘禹锡在《天论》一文中提出“天与人交相胜”的观念，高二适对此极为认可，而柳宗元、章士钊则相反。

1974 年 12 月，高夫人从四川儿子高泽迥处回南京，并带回新摘的柑橘，高二适遂将此柑橘分送林散老、亚明等人分享。15 日夜，高二适书近作《柑橘诗》其二：

以内人成都新摘柑橘分贻散翁，

吾作此为乘韦之先云。

丹橘黄甘此地无，共君那复满床敷。

孟光美意将诗老，舒父传笺出蜀都。

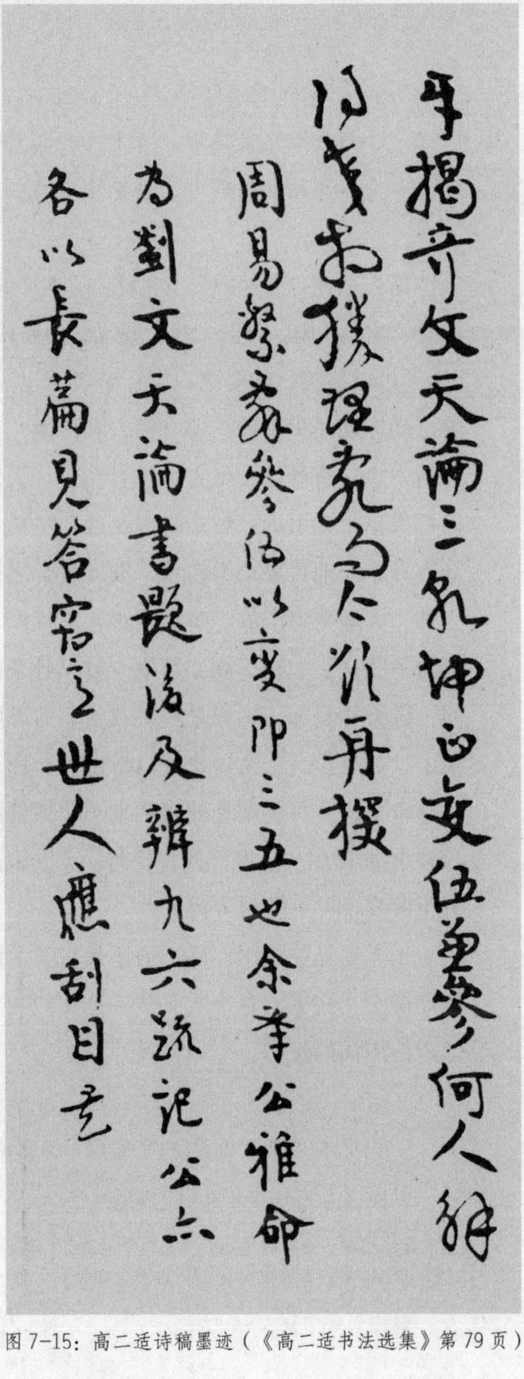

图 7–15：高二适诗稿墨迹（《高二适书法选集》第 79 页）

解作难忘天地坼，舌干终赖乳浆哺。

右军帖后韦郎句，吾病怜君亦在渠。

高二适在“天地坼”后自注：“本《周易》解卦。”[32]解卦，内卦“坎”是险，外卦“震”是动，使险困解除。“序卦传”说：“物不可以终难，故受之以解：解者缓也。”《彖辞》曰：“解，险以动，动而免乎险，解。解，利西南，往得众也，其来复吉，乃得中也，有攸往，夙吉，往有功也。天地解而雷雨作，雷雨作而百果草木皆甲坼：解之时大矣哉！”《彖辞》，以雷雨之象，舒解春季天地百果草木情状，阐发解卦之吉。四川，中国西南，为坤，大地平坦宁静。解除困难，不扰民，大吉；休养生息，不再纷争骚扰，大吉。高二适借“解”卦来解读川橘，是说大地春回，说万物复苏，抑或是在说政治，何况两年后“文革”真的结束了。如果说高二适这也算以诗说世，那是相当温和了，或许他心存希望，并可见曙光即将到来（非揲蓍而来），故不会像他在1947年那样用《易经》放言论时：“国遭阳九灾，比兴原非虐。吾生敢妄论，一笑付人爵。”[33]

于《易经》致用，高二适还是在学术研究上多有发力。他在校勘柳宗元文集，卷十八《憎王孙文》一文时，即用《易经》之学辨析用词的优劣：

观本文末“否泰兆其盈虚”，元刻作“否泰兆其盈康”。

[32] 高二适著，李静凤编校：《高二适诗存》，黄山书社，2011年，第118页。
[33] 高二适著，李静凤编校：《高二适诗存》，黄山书社，2011年，第19页。

“否泰”本《易》，“康”字不逮“泰”远甚，斯又廖本之胜也。[34]

刘禹锡《何卜赋》：“经曰：‘剥极则贲’，居贲而未尝剥者其谁？‘否极受泰’，居否而未尝泰者又其谁？”之句，高二适校勘如下（图 7–16）：

“则贲”下，董脱“居贲”二字，“剥极则贲”句，《易》贲下为剥卦。又《序卦》：“贲者，饰也。致饰然后亨，则尽矣，故受之以剥。”

“否极受泰”句，《易·序卦》：“泰者，通也。物不可以终通，故受之以否。”《易》否，次泰。

高二适在这里说“否，次泰”，为程颐之说：“夫物理往来通泰之极，则必否，否所以次泰也。”可见高二适是认真研读过程颐的《伊川易传》。又《绝编生墓表》“以地理为爻位”句，高二适校勘如下（图 7–17）：

“以理为爻位”，董本“理”上脱一“地”字，今据朱本补。宾客此处原文，上有“以天时为卦体”，下有“外附人事以象焉之”句。合之《易·系辞上》：“六爻之动，三极之道也。”则此处非着一“地”字不可，此后出本之善矣。

[34] 1972 年 10 月 19 日夜高二适致章士钊信札。

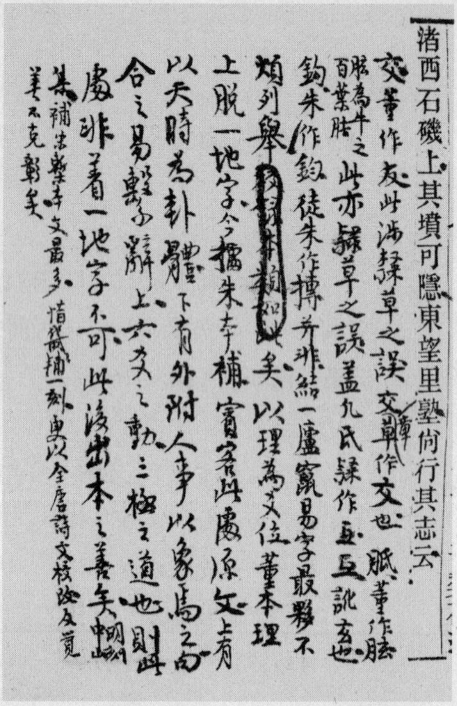

則賁下 董脫居賁二字 剝極則賁句易賁下為
剝卦大序卦 賁者飾也 致飾然後亨則盡矣
故受之以剝 否極受泰句 易序卦 泰者通也 物
不可以終通 故受之以否 易否次泰 烏喙之毒
董 董本紹興本作董喙之毒苓句訛難解 識
輔及李氏中山集鈔配本 則作豕喙之毒董豕

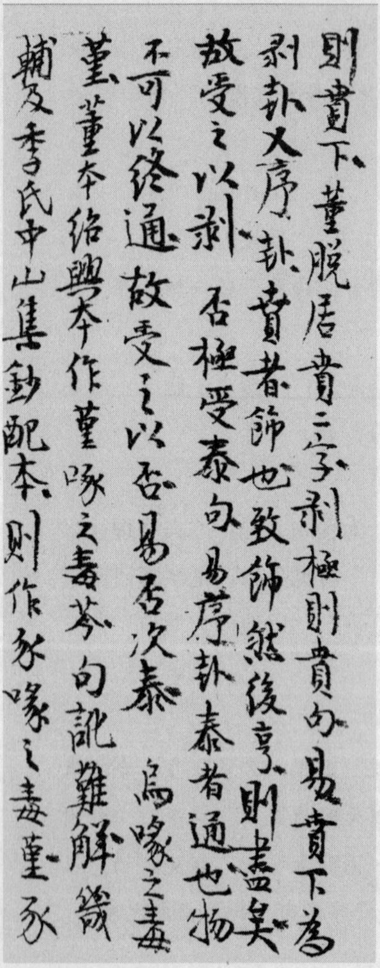

图 7-16 ：高二适批校《刘禹锡集》，第 199 页

渚西石磯上其墳可隱東望里塾尚行其志云

交 董作友此涉隸草之誤 交 韓作交也 眡 董作胘 眡為牛之百葉胘 此亦隸草之誤 蓋九氏隸作互 互訛玄也
鉤 朱作鉤 徒 朱作摶 并非結一廬竄易字最夥不煩列舉 [illegible] 矣
以理為文位 董本理上脫一地字今據朱本補 實客此處原文上有以天時為卦體 下有外附人事以象為之句 合之易繫辭 繫辭上六爻之動三極之道也 則此處非著一地字不可 此後出本之善矣 蜩蝸
朱補出諸本文最多 惜識補一刻 奥以全唐詩文校諸及覓善不克彰矣

图 7-17 ：高二适批校《刘禹锡集》，第 780 页

（明刻“中山集”，补宋椠本文最多。惜畿辅一刻，更以“全唐诗文”校改，及觉美不克彰矣）

此处高二适从《易经》系辞说明董本不如朱本好的原因，强调“地”字存在的合理性、必要性。

高二适给儿子高泽迥讲解乾卦六爻之义，因为高泽迥对《易经》刚刚接触，处于初级阶段，故高二适讲得比较通俗易懂（图7–18）：

伏羲氏画八卦，即乾（☰）、坤（☷）、震（☳）、离（☲）、艮（☶）、坎（☵）、兑（☱）、巽（☴）。（乾为天，坤为地，震为雷，巽为风，坎为水，离为火，艮为山，兑为泽。）文王重之，为六十四，每卦六爻。

乾：元（大也）亨（通也）利（宜也）贞（正也），此四字为卦辞，系于乾卦之下，相传系文王作的。伏羲之“☰”为符号，文王释为“乾”，系文字，然“☰”亦可谓之为文字之初形，古文天作“[illegible]”，章草作“[illegible]”，均此形也。“元亨利贞”四字为断卦之吉凶，又叫做［作］彖辞，此为四德具备，占到此卦最好。

（☲为火，即“[illegible]”字，“[illegible]”篆书；☵为水，即“[illegible]”（横）、“[illegible]”字（直），水“[illegible]”；乾为天，即“[illegible]”字，或“[illegible]”字；坤为“[illegible]”，即“巛”为坤字，地也。）

初九䷀乾卦六个爻均为阳爻，“—”为阳爻，“--”为阴爻，

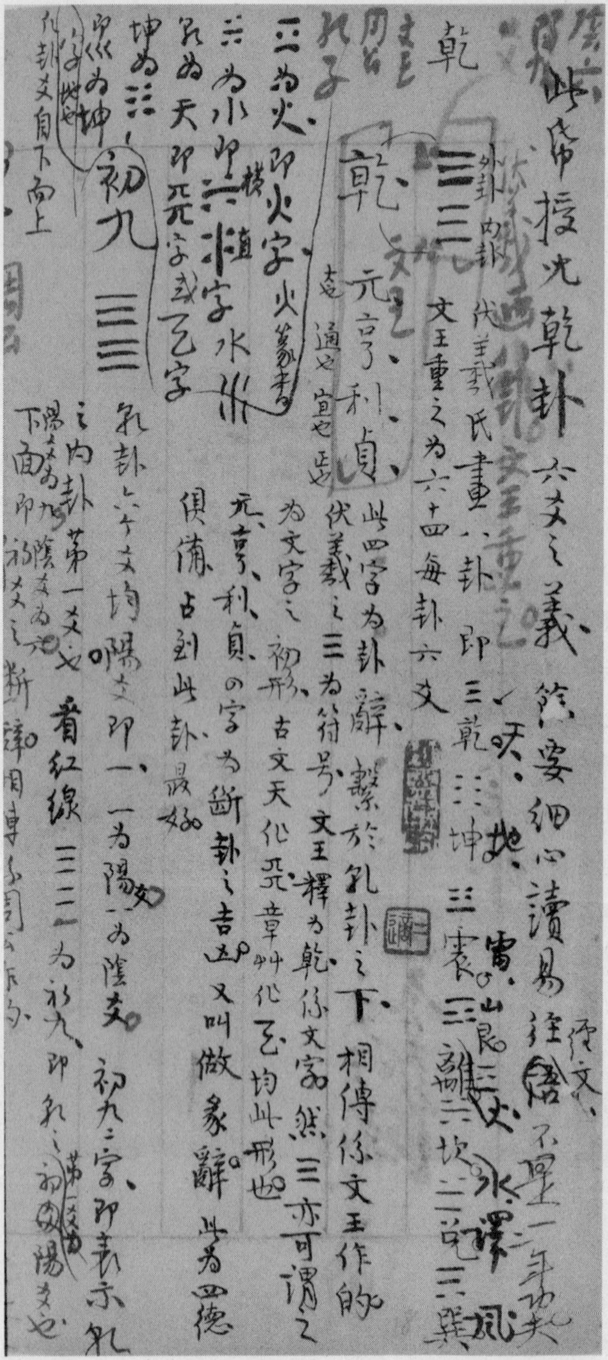

图 7-18：高二适《易经》讲稿墨迹（局部），南京高二适纪念馆藏

“初九”二字即表示乾之内卦第一爻也（阳爻为九，阴爻为六）。下面即初爻之断辞，相传系周公作的。

在这里高二适认同伏羲画八卦，为汉字之雏形，他举例乾卦“‘三’亦可谓之为文字之初形，古文天作‘兲’，章草作‘[illegible]’，均此形也”。因高二适研究《急就章》，对文字书体的演变相当熟悉，因此他还从“天”字书体演变说明之，然后再以古文字形，举例如“水”“坤”字与卦名几乎完全一致证明这一观点。

接着高二适讲乾卦初九：

> 初九“潜龙勿用”，此四字为周公判断，占得初爻之辞，“初九”二字系《易经》上之术语。初爻一，有龙象，《周易》一书，其大道理，即是画卦取象（即某卦象是什么），乾象最大最多，可为天、为父、为君、为刚、为龙（龙物最大最灵）（乾刚坤柔，乾阳坤阴，乾父坤母，乾男坤女，乾天坤地也），龙伏在初爻，是潜藏于地下之龙，这时无用（初爻之一为地之下之形。《易经》三画 六画 其同理也）。因龙潜藏不动，故无可用。此是由天道说到人事来了，这是叫人善于隐藏，不可妄动。古圣人占到乾之初爻就断定系个潜藏之大阳物，但时机不佳，大而无用。周公的话，止于此。以上是讲义理，宋人讲经如此。
>
> 若有人问，何以乾卦初爻为潜龙，岂不是古圣人随意取象哩？这更有大学问，系汉儒讲经“互卦”“爻变”之说。

以经文释经，此种学问多不传，我简单说出来。何以初九取龙象哩？《易经》系辞上说，震（☳）为龙，今乾卦之初爻，即震（☳）之初爻，乾震二卦，均同是阳爻，故乾亦可为龙。又震为东方，岁是木，木为青龙，此又一说也。

象曰（孔子小象）：“潜龙勿用，阳在下也。”“象曰”以下二句是孔子的。孔子说，潜藏之龙无用于世，是因为“—”（阳）在地下耳。此是孔子说易象话，最明白，但也有大道理。我略述如下：

（九为老阳，都要变；六为老阴也要变）乾之初爻，即“—”，阳“—”变而为阴，即“--”，故乾之初爻，动而为巽☴（红线为动爻）。《说卦》：“巽，入也。”潜而入，岂不是在下哩。

（《易经》后面有《说卦》《序卦》《杂卦》三篇，均是孔子作的。）

以上只讲一个初爻，是经四圣之手，一伏羲（即八卦纯卦），二文王（重六十四卦），三周公，四孔子也。

高二适用浅显明白的语言把深奥的《易经》之学，讲得很清晰。他抓住学《易经》的核心即“讲义理”。“义理易”是宋程颐、朱熹承三国王弼易学思想，并成为宋人易学主流，高二适认同此思想，并以此来阐释易学。他在此讲稿中画出解《易经》的路径：画卦取象—窥天道—解人事。易学除了“义理易”，还有汉儒的“象数易”，象数易追溯《易经》本源、卦的形象与数字。象数易容易陷入江湖术士占卦之险，义理易也被讽为穿凿附会之嫌，故清代王夫之提出两者是完整的统一。高二适推重义理易，但也不弃象数易，且精通象数易之烦琐的揲蓍法。章士钊因不通揲蓍法，无法解读刘禹锡与柳宗元之间的《易经》九六之辩，只得让高二适来阐释。此处解析乾卦初九，第一部分是从义理易角度解读，第二部则从象数易角度解读其“大道理”。因象数易繁复，不能轻易掌握，故高二适在此颇有自豪地客气说：“以经文释经，此种学问多不传。”由此可见高二适解《易经》以象数易为基础，以义理易为皈依，上下贯通，致以世用。易学本就是将天道、人道、世道贯通为一的宇宙学、社会学、文化学，它探究天、人、社会之所变、恒变、必变的规律，其目的就是教会人如何顺变、应变、用变，同时它又是原理、规则和方法论。倘若机械地理解它，那就违背易学的本意。而高二适不沉溺于象数，也不纵逸于义理，当止即止，当放即放，可谓深得《易经》之学精髓。

青年谭家明读东坡《放鹤亭记》，其有句“子知隐居之乐乎？虽南面之君，未可与易也。《易》曰：‘鸣鹤在阴，其子和之。’”不甚了了，尤其是《易经》中孚爻辞致函高二适问学。高二适致函回答：

来函阅悉，询《易》“中孚”爻辞两句。“子”字本义，原注未明。今我为释词如下。“中孚”系《易》卦名，卦中

先生，高二适

“九二”爻辞曰：“鸣鹤在阴，其子和之。”即鹤，泽鸟，感秋而鸣。其（代鹤）子即小鹤，和之者，子鹤和答老鹤之声也，比如一唱一和之意。兹再举《易》义，恐不易解也。

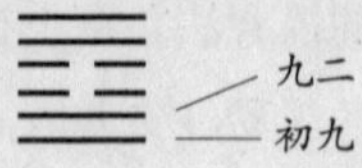

巽兑

上下

阳爻为九，第一爻为初九，第二爻故曰九二。

此“中孚”卦象。九二爻辞，即鸣鹤在阴，其子和之云云。兑为泽，为秋，为鸣，此鸣鹤在阴象。初九为震，子象，亦为鸣。九二与初九同德相孚，为其子和之象。

以上欲讲鸣鹤其子和之意，“子”之解，《易》言。而《易》象则繁复了，当非汝之所能知，然亦不可不知其略。姑一举之，以明《易》义云耳。苏文论及南面之乐，非如放鹤者隐逸之比，故有不可与《易》之言。其实南面（有天下者）非可乐。而隐逸则为乐也，此借放鹤一事为喻，妙妙。（图 7-19）

《易经》被儒道奉为经典，于佛教，柳宗元在《送僧浩初序》一文中说：“浮图诚有不可斥者，往往与《易》《论语》合，诚乐之，其于性情奭然，不与孔子异道。”[35] 至宋代，儒释道三教合一，《易经》可谓功不可没。有学者认为：“《周易》作为群经之首、大道之源，具有综合百家、超越百家的鲜明特征。在

[35] 柳宗元：《柳河东集》，上海古籍出版社，2008 年，第 425 页。

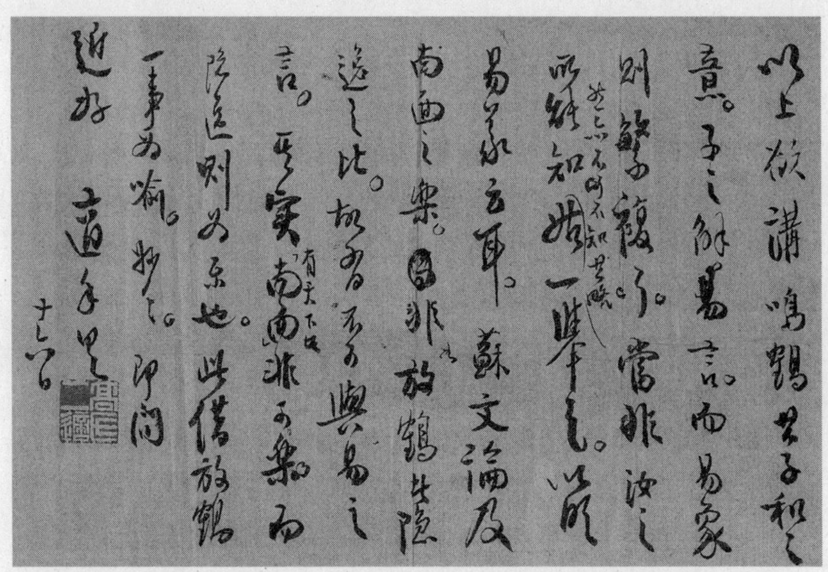

图 7-19：高二适致谭家明信札（局部），《高二适手札典藏版》，图一〇三

优化中国固有文化传统、融通外来文化因素的过程中，《周易》逐渐成为儒释道三教共享的思想资源。”[36]柳宗元、苏东坡均喜佛，并能于《易经》里参悟佛理，于佛法中窥见《易经》之理。故东坡借《易经》“中孚”卦辞来写隐逸之乐，亦不足为奇。高二适用简洁的言语为谭家明解释《易经》辞，随即对东坡妙笔拊掌称赞，可谓心有灵犀越千古。

最能反映高二适用《易经》之能的还是他介入刘柳之争，其代表作主要是《跋刘宾客天论》《刘梦得辩易九六疏记》《柳子厚〈与刘禹锡论周易九六说书〉后题》三篇。

“柳宗元和刘禹锡都是唐代著名的文学家和唯物主义哲学家，在哲学史上占有重要的地位。”[37]他们一同赴京赶考，登同榜进士，同朝为官，共同支持并参与王伾、王叔文主导的“永贞革新”。革新不到8个月失败，刘柳被贬又再贬。体现柳宗元哲学思想的文章有《天对》《天说》《答刘禹锡天论书》《封建论》等，而《天论》则是刘禹锡最重要的著作。刘禹锡《天论》创作的缘起是：柳宗元作《天说》驳斥政敌韩愈“天刑”说的责难，刘禹锡特作《天论》以助老友柳宗元。可是柳宗元并没有一味老友情深，觉得刘禹锡讲得不明白，也不够对，故致信刘禹锡说：“详读五六日，求其所以异吾说，卒不可得。”[38]于是两个老战友打了一场笔墨官司。又刘禹锡与荆南节度推官董颋谈《易经》，颇觉新奇亦心有所得。刘禹锡把自己心得体会写成《辩易九六论》一文，并抑制不住兴奋寄给柳宗元，以期同赏，可刘禹锡却收到柳宗元寄来的《与刘

[36] 张涛：《世界宗教文化》，2018年4期。
[37] 任继愈：《中国哲学史》，第三册，人民出版社，1994年，第115页。
[38] 柳宗元《答刘禹锡天论书》。

禹锡论周易九六说书》，竟说："果以为新奇，不亦可笑矣哉！"此又一场刘柳笔墨官司。由于这两组文章均涉及《易经》之学，虽然章士钊对《易经》也做过研究，这点从他致高二适的信札可以看出，他自知不如高二适研究深刻，故在自己的《柳文指要》中收录了高二适对此注疏的两篇文章，以补自己之短。有趣的是：尽管章士钊把高二适两篇收录进自己的专著，但对高二适一些观点和说法（包括轩刘轻柳的）并不认可，故将表达自己观点的两通致高二适信札一并录入。尽管在信中章士钊对高二适说对外"不宣"[39]，但事关学术公器，章士钊还是觉得坦诚公开好。千年前刘、柳笔墨官司还没有完结，章、高师徒俩又怼上了。

刘禹锡在《天论》中继承荀子人定胜天的思想，提出了"天与人交相胜"的重要哲学思想。为了阐释这一观点，他对客观世界发展变化的规律，提出"理""数""势"三个概念：

> "理"是贯串于事物发展过程规律，"数"是事物存在及其规律的不可逃避的必然性，"势"是事物发的客观趋势。[40]

数，在中国传统文化语境里不是抽象机械的，而是连接自然与人的有生命的符号，它组建了一个神秘的王国，每一个数的背后都有着无限的象征和多种隐喻。在占筮术中，依据数的变化来推演宇宙人世间的过去、当下与未来。数在《易经》里充当一个不可缺少的符号，它也是象数易的基础。刘禹锡在自己的思想体

[39] 章士钊：《柳文指要》，9-10 卷，文汇出版社，2000 年，第 744 页。
[40] 任继愈：《中国哲学史》，第三册，人民出版社，1994 年，第 126 页。

系中借《易》之“数”来立意撰文，阐发观念。他提出“数存而势生”，万物的变化不能“逃乎数而越乎势”，这是他唯物主义自然观的重要阐述。对此高二适极为赞赏：

其文中譬数与势，乃最为深切著名。[41]

接着高二适借《易经》来分析之：

夫刘宾客者，深于《易》象者也(《天论》下数用《易·系》)。《易》道如三才失位，六爻皆错，则天地不交，而成未济，君子是以慎辨物居方（本大《象》辞），而刘特烦称象数以喻柳。如其言，凡物之合并，比有数存乎其间，以水与舟之一沉一济，乃适当其数，乘（此乘即《周易》乘刚之谓）其势，此足当彼二人之气分（去声，限也）者，逮于势有急徐，本乎徐者其势缓，本乎急者其势遽，则更益柳解说。至数存而生势，势之生亦由于天，天之果挟（挟字《刘集》有作狭者，实误）。其势，人即不能逃乎数以越乎其限焉，天之与人，均有势力，可乘可挟，天有形，既不能逃其数，而无形与常者，亦不能逃其数（此语柳州亦甚善之），形之精微，以智决之，至合于天人交相胜(此意为吾苦思而得)。此均有足征者耳。[42]

高二适对刘禹锡的“天人交相胜”的观念开始并不能理解，

[41] 高二适：《跋刘宾客天论》，见章士钊，《章士钊全集》，9-10 卷，文汇出版社，2000 年，第 741 页。
[42] 高二适：《跋刘宾客天论》，见章士钊，《章士钊全集》，9-10 卷，文汇出版社，2000 年，第 741 页。

但他从《易经》之理来“苦思”，继而为之拍案叫绝。在此高二适以《易传·系辞下》“有天道焉，有人道焉，有地道焉。兼三才而两之，故六。六者非它也，三才之道也”来讲《易经》之道不可失位。

“天地不交”，源于“否”卦《彖辞》：“天地不交而万物不通也。”《象》曰：“天地不交，否。君子以俭德辟难，不可荣以禄。”“归妹”卦《彖辞》曰：“天地不交，而万物不兴，归妹，人之终始也。”“未济”卦《象辞》：“火在水上，未济，君子以慎辨物居方。”高二适以此《易》理来阐释物合数存之理。

再有高二适以“屯”卦六二《象辞》“六二之难，乘刚也”来阐释依数乘势之理。经过一番梳理，刘禹锡的“天人交相胜”的哲学观就比较好理解了。章士钊对刘禹锡的观点，对高二适的以《易经》之学来助阵，颇不以为然，但也没有提出针对此有力的反驳证据。

刘禹锡所作《辩易九六论》由数立文，运用揲蓍法来论《周易》九六之数，但柳宗元一面称赞老友“观足下出入筮数，考校《左氏》，今之世罕有如足下求《易》之悉者也”[43]，另一方面则重在斥责毕中和、董颋道听途说，批评刘禹锡轻信董言，而不探究其所言实源自韩伯康、孔颖达，“无乃即其谬而承之者欤？”[44]同时他还告诫老友治《易》“务先穷昔人书，有不可者而后革之，则大善。谨之勿遽”[45]。后柳宗元不幸去世，刘禹锡含泪为他整理文稿编辑《河东先生集》，对批评自己的此文不增删一字录入文集。这

[43] 柳宗元：《柳河东集》，上海古籍出版社，2008年，第502页。
[44] 柳宗元：《柳河东集》，上海古籍出版社，2008年，第502页。
[45] 柳宗元：《柳河东集》，上海古籍出版社，2008年，第502页。

是刘禹锡对朋友、对文化的敬重，也或许是他想让后人再来评说九六之辩的是非，此何尝不是一种底气与自信。对于两位老友的论争，后世多倾向于柳宗元，认为柳宗元讲得对，且比刘禹锡精于《易经》之学。然而，高二适依据揲蓍推演刘禹锡之文，详细注疏刘氏《辩易九六论》，长跋柳氏回致刘禹锡书，认为刘是柳非。

先看高二适刘氏注疏，括号内下划线字均是高二适疏记（下同）：

> 请征诸揲蓍。夫端策者，一变而遇少，
>
> (即下文一指，一指犹言一变也。“少”上声多少之少)
>
> 与归奇，
>
> (奇乎声偶之奇)
>
> 而为五，
>
> (此谓揲蓍法，纵五十策去一不用取，四十九蓍分而二，取其一分挂一，以揲之数必相应如先余为一，则此余为三，先余为二，则此余必为二，总两余及挂一必应五，故曰归奇为五)
>
> 再变而遇少，与归奇而为四。
>
> (上为第一变毕，取两揲过之策并之，复分为二，如上法，挂一先后四揲先所余为一者。后揲必得二，先所余为二者，后揲必得一，总两余及挂一必共为四，故曰归奇为四，将归奇之四取去不用，连同前归奇之五，及再挂之一，故此点至关重要)
>
> 三变如之，是老阳之数

(谓如第二变之法，其得少数归奇，亦同为四也。如上法则归奇之全数为十三。参阅后文第二表第一指到第三指得九为老阳，及算式全段文字)

分措于指间者，十有三策焉。其余三十有六，四四而运，

(“运”谓运用数术之除法)

得九是已。

(此用四十九策，减去十三得三十六以四除之为九)

故《易系注》云：“乾一爻三十六策也。”

(《周易·系辞》为韩康伯注云：“乾一爻有三十六策也。”)

一变而遇多，与归奇而为九；

(此第一变法与上同，而余数得四者为多，先余四后亦必余四，总挂一为九，故曰“归奇而为九”)

再变而遇多，与归奇而为八；

(此第二变，法与上同，而余数得三与四者皆为多，先余三后必余四，先余四后必余三，总挂一为八，故归奇为八)

三变如之，是老阴之数。

(即归奇之九加八，再加八得二十五，是老阴之数)

分措于指间者，二十有五焉，其余二十有四，四四而运，得六是已，

(此谓用四十九减二十五得二十四，以四除之得六)

故《易系注》云：“坤一爻二十四策也。”

(同上韩注坤老阴一爻有二十四策均见《周易正义》。按上乾坤策数李鼎祚《周易集解》荀爽注同。下文第三表算式可参阅)

借如一变而遇少，再变三变而遇多，是少阳之数。分措于指间者二十有一策，其余二十有八，四四而运得七。

(法同上。参阅下文第三表式，四四运之得七为少阳一节)

一变而遇多，再变三变而遇少，是少阴之数，分措于指间者，十有七策，其余三十有二，四四而运，得八。

(参阅下文第四表式，四四运得八一为节。按下文统计一总表，即法地法天法人，计三指算法，后又有老阳老阴少阳少阴等式，计八表。余均用阿拉伯数字式演成，藉代口授，一览便知蓍法矣)

(宾客所言揲法，每次变皆挂，以朱子本义小异)

故九与六为老，老为变爻；七与八为少，少为定位。

(定位，即不变也)

故曰，举老而称，亦曰尚变而称。

(《周易》尚变，阳九阴六均变爻也。九为老阳，六为老阴，故曰举老，亦曰尚变)

且夫筮为乾者，常遇七，斯乾矣；

(谓七不变)

常遇九，斯得坤矣。

(谓九为老阳数，斯变而为坤也)

筮为坤者，常遇八，斯坤矣，

(谓八不变)

常遇六，斯得乾矣。

(谓六为老阴，斯变而为坤也)

在此高二适应用象数易解读刘禹锡每一句中的爻数。懂得揲蓍是深得象数易的基本功夫，他在此疏记后说：“其实此有关蓍法之数，习于《易》者均为烂熟于胸中之事。”也唯有于揲蓍之法烂熟于心，方能解得九六之辩。对此高二适也相当自信，他日后在致费在山信札中说：“适著《刘宾客天论跋》及《周易九六后题》，尊见之否（均刊）于章孤桐老人《柳史指要》卷卅一）？惟《易》筮稍见鄙之用力处耳。”[46] 搞通弄懂刘禹锡的每一句话是支撑刘氏观点的必备条件，故高二适一一详加注疏。在此基础上，高二适再注疏支持刘禹锡否定韦昭之注，否定杜元凯杂用《三易》注穆姜之误：

在左氏《国语》有之。晋公子亲筮之曰：尚有晋国，

(此文见《国语·晋语四》文公。按：韦昭注曰：“蓍曰筮，尚上也。命筮之辞也。”意谓重耳命筮者曰吾尚晋国乎)

得贞、屯、悔、豫皆八。

(贞内卦悔外卦，屯卦（䷂震下坎上）震在内。豫卦（䷏坤下震上）震在外。故曰贞、屯、悔、豫，两卦三阴爻在屯在豫皆不动。故曰皆八。筮皆余八也。八为少阴，老变少不变)

八非变爻，故不曰有所之。

(之，之卦也。有往意。占《周易》者如遇九六，皆可云之，如下文观（䷓巽上坤下）之否（䷋乾上坤下），即䷓之䷋中四爻，阴六变而往为否，又如师（䷆坎下坤上）之临，（䷒兑下坤上）即䷆之䷒初爻

[46] 1973年1月19日高二适致费在山信札。

变而临也。小阴爻 -- 中加小竖，示变即由 --（阴）变为 —（阳）也亦即由某卦到某卦意）

按坎二世而为屯，屯之六二为世爻。（图 7-20）

（世应之称京房用之，坎 ☵ 初爻变为节，☵ 二爻变为屯，☵ 变之二爻即世爻）

震一世而为豫，豫之初六为世爻。

（震初爻 ☳ 变为豫）

屯之六二为世爻；震一世而为豫、豫之初六为世爻。屯之二、豫之初，皆少阴不变，斯非八乎？卦由老数而举曰六，筮由蓍数，故斥曰八。在《左氏〈春秋〉传》有之，（襄九年）曰："穆姜薨于东宫，始往而筮之，遇艮之八。

（即艮之二爻不动）

史曰："是谓艮之随。"夫艮 ䷳（艮上艮下）随 ䷐（兑上震下）唯二不动。

（艮之随（䷳ 之 ䷐）即艮之初三四五上五爻皆动，惟二爻不动，筮法七八不变，为阴爻，故曰：艮之八也）

斯遇八也。余五位皆九六，故反（反翻也，即动意。）焉。筮法以少为卦主，变者五而定者一，故以八为占。

（几占筮五爻变，一爻不变则以不变者占）

艮之六二曰：艮其腓，不拯其随，其心不快。

（以八为占，姜应得此爻辞）

史以为东宫实幽也，遇此为不利。故从变爻而占，

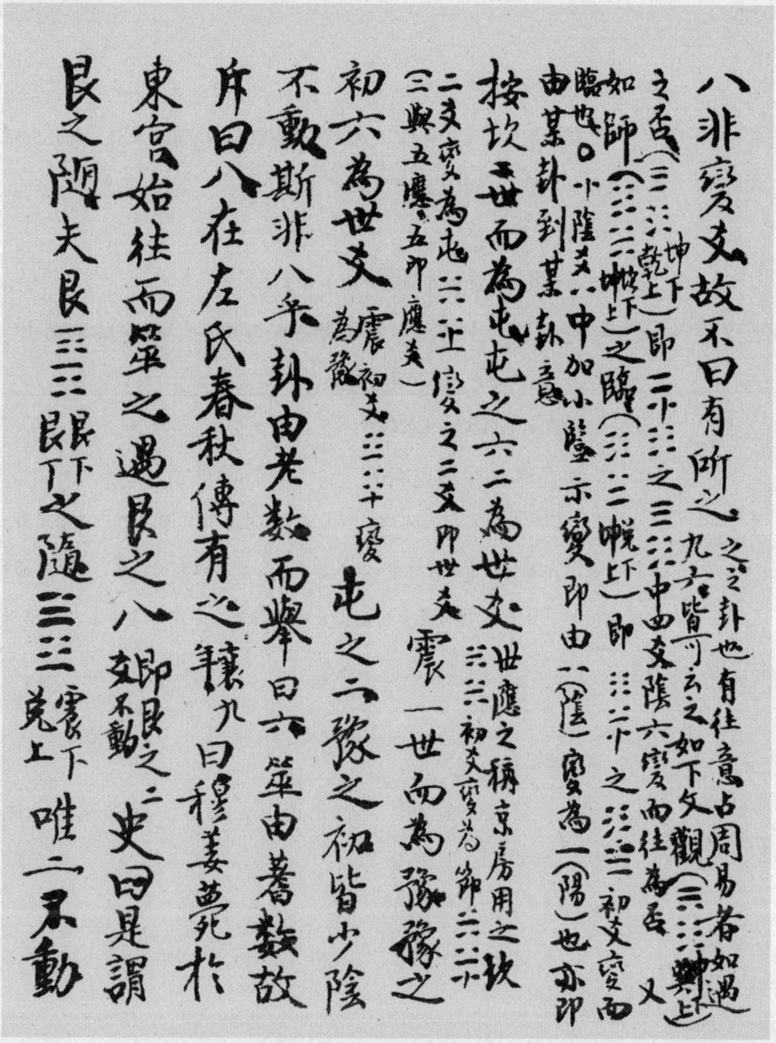

图 7-20：高二适《刘梦得辩九六论疏记》墨迹（局部），《高二适批校〈刘禹锡集〉》，第 243 页

(此处从变爻占《周易》，是史之不苟取悦姜耳，是史之误。杜元凯注以为杂用《三易》，是杜之误，故此文讥之)

苟以说于姜也。

(史占误矣，故无验于穆姜终死东宫之事)

何则？卦以少为主，若定者五而变者一，即宜曰之某卦，“观之否”“师之临”类是也。

(此处驳史是谓艮之随之误)

变与定均，即决以内外。

(内外谓内挂卦。变与定均，即上文贞、屯、悔、豫之例，盖前两卦，三阴爻在屯在豫皆不变，故曰皆八，八非变爻，故不曰有所之也，此《国语》以八为占例也。与春秋穆姜事同此文言决以内外，亦以不变为占，即以八为占)

今变者五，定者一，宜从少占，惧不吉而更之。

(再箴史之误)

故曰“是谓艮之随”。“是谓”之云者，苟以说也。故穆姜终死于东宫，与艮会耳。

(此反证艮六二辞为不证矣)

而杜元凯于此注，以为杂用《三易》，故有遇八之云，非臻极之理也。

(此直斥杜注之误，为不合《周易》筮法)

经过前面两个方面论述的剖析注疏，高二适完全赞同刘禹锡所说的“余与董生言九六之义，信与理会，为不诬矣”，并指出韩愈和柳宗元均不能有此深刻领悟。

刘子曰：余与董生言九六之义，信与理会，为不诬矣。

(理，即筮理会合也)

余又于左氏二书(即《左传》《国语》)参焉，若合形影。

(即以董生所言，证以春秋内外传筮例，而皆准而验也)

而世人往往攘臂于其间曰：生之名孰与颖达着邪？而材孰与元凯贤邪？历载旷日，未尝有闻人明是说者。虽余愤然用口舌争，时貌从者什一二焉。嗟乎！由数立文，所如皆合，昭昭乎若观三辰，其不晦也如此。然犹贵听而贱视，龂龂(五奸切)然莫可更也。矧无形之理、不可见之道邪！余独悲而志之，以俟夫后觉。

(如天与空即是，宾客《天论》三篇痛陈形器之理与人类万物交相胜尤极，其辩为韩昌黎柳柳州所不能言)

有意思的是高二适在此处又把刘禹锡的《天论》再来伸张一番。为了验证刘禹锡所云揲蓍，高二适把刘氏揲蓍八式用文字表述，用阿拉伯数字算式写出，并对之一一加以演示验证，他说：

予按右揲蓍总法也，指犹云变，三指犹云三变，三变成爻法，地法天云云，即《易系上》云：爻之动，三极之道也。

第二指

掛一

4)22(5
20
2

4)25(6
24
1

餘一益二

47

4)25(6
24
1

4)22(5
20
2

餘二益一

47

4)24(5
20
4

4)23(5
20
3

餘三益四

47

4)23(5
20
3

4)24(5
20
4

餘四益三

第三指與第二指同

附記

揲蓍法每把以四揲之然須有餘始能盡其用揭兩餘及掛一以為歸奇之數三指成一爻十八指始成卦即易繫辭云十有八變而成卦也此易混於算式否則即非四四而運之理矣

图 7-21：高二适《刘梦得辩九六论疏记》墨迹（局部），《高二适批校〈刘禹锡集〉》，第 248 页

表内第二指益数，比一指少一，因挂一之故。

凡揲著，非口授，难于猝明，只算式差可。吾故试之。又以次刘公原文计列太少阴阳八表，予均如式演出，熟此可窥著法之大指矣（上之所谓太者即老意）。

附记：

揲著法，把每把以四揲之，然头有余，始能尽其用，总两余及挂一以为归奇之数，三指成一爻，十八指始成卦，即《易系辞》云：十有八变而成卦也，此勿泥于算式，否则即非四四而运之理矣。（图 7-21）

高二适把文字变成数字，就是为方便演示，以便后学学习。为了把问题说清楚，他特制定爻卦之别凡例：

余按此文中之多少字面，本有爻卦之别，惟原文未能交代清楚，抑古人文字，每有同一字义，而其性质则绝对有异，致使后之学者，淆乱难明，此不可不细为剖辨也。兹定多少之例如下：

——以一二为少，三四为多，此指两揲后所余之数而言也。

——以四五为少，八九为多，此指两揲后合并，或更多挂一之言而言之，亦即每一指（即一变）之数而言也。

——以少为阳，多为阴，凡三少为老阳，三多为老阴，两多一少为少阳，两少一多为少阴，此三变得一爻之数也（其详须参阅鄙注《大衍论》八象一段文字）。

——刚为少，柔为多，阳为少，阴为多。有变之阴阳有爻之阴阳，有卦之阴阳认肯。

以上计四条若不剖辨清楚，则于刘公此文空然于格难通矣。

末句高二适特别强调，不通此揲蓍就难理通刘禹锡之文。他如此详细疏记刘文，其目的就是助“刘而不能尽其说”[47]。虽如此，高二适“仍恐世儒之不能尽晓”[48]刘禹锡九六之辩，故对僧一行的《大衍论》又一句一句做细致的注疏。有了这些注疏作根基，高二适题跋柳宗元《与刘禹锡论周易九六说书》就得心应手多了。高二适在此后题中，有如下观点。

一、柳宗元大声痛诋刘梦得何“不先考刘氏之论辩”[49]对否？

二、刘禹锡所注揲蓍八式二十四指来注九六之辩，“不但柳州所未言，即从来易学家亦未尝言”。[50]

此点非常重要，这不仅肯定了刘禹锡九六之辩的新奇，而且肯定了其在史学上的贡献，故高二适指出刘氏与僧一行的区别联

[47] 高二适：《柳子厚〈与刘禹锡论周易九六说书〉后题》，见章士钊，《章士钊全集》，9-10卷，文汇出版社，2000年，第732页。

[48] 高二适：《柳子厚〈与刘禹锡论周易九六说书〉后题》，见章士钊，《章士钊全集》，9-10卷，文汇出版社，2000年，第731页。

[49] 高二适：《柳子厚〈与刘禹锡论周易九六说书〉后题》，见章士钊，《章士钊全集》，9-10卷，文汇出版社，2000年，第370页。

[50] 高二适：《柳子厚〈与刘禹锡论周易九六说书〉后题》，见章士钊，《章士钊全集》，9-10卷，文汇出版社，2000年，第370页。

系。在此，高二适对柳宗元所提出的董生、僧一行的九六观来自韩伯康、孔颖达的观点做了回应：“吾虽未遑定孔颖达、韩伯康之能此与否，然正义一书，实未尝及此也。”[51]这就否定了柳宗元批评刘禹锡的立足点。由是，高二适感慨：

> 故柳所箴刘之言，欲其穷昔人书，有不同者而后革之，吾意此在柳为达学谠言，而不知正刘、董功夫之所在也。岂非然哉！岂非然哉！[52]

高二适点出柳宗元批评刘禹锡的是治学之道，而非《易经》之学本身，这才是问题的关键所在。而后世学人依然在此纠缠，且往往以此来立论，悲乎。

三、刘禹锡之辩“其彰彰较优孔韩之虚牝无实”。[53]

刘禹锡批评杜元凯、韦昭引《国语》《左传》附会无准。高二适认为刘禹锡之高与孔韩不可同年而语，批评柳宗元意气相矜，深闭固拒。由此观之，高二适为刘禹锡翻案，不是意气用事，而是建立在象数易的分析基础上得出的结论。

[51] 高二适：《柳子厚〈与刘禹锡论周易九六说书〉后题》，见章士钊，《章士钊全集》，9-10卷，文汇出版社，2000年，第370页。
[52] 高二适：《柳子厚〈与刘禹锡论周易九六说书〉后题》，见章士钊，《章士钊全集》，9-10卷，文汇出版社，2000年，第371页。
[53] 高二适：《柳子厚〈与刘禹锡论周易九六说书〉后题》，见章士钊，《章士钊全集》，9-10卷，文汇出版社，2000年，第370页。

至于高二适对自己解读刘禹锡，他自言："至于能否适所当然，是在善易者之善自体会焉耳。"[54]

对此，章士钊对高二适表示"甚佩甚佩"[55]，同时又论道：

> 中涉《大衍论》及董生言易，又陈述揲蓍之数与法，排演数式无数起，繁密不易董理。[56]

然章翁对刘禹锡所提出的穆姜之筮的看法表示"鄙见未敢苟同"[57]，他再引用顾炎武、王夫之对穆姜论筮之注，提出"都似与梦得所见不无出入，而辗转《易》与柳州和符"[58]。然后问高二适："不审二适其谓之何？"经过章士钊这么一辗转，大家又都是说的一回事了，并没有什么分别，更没有什么高低了。《易经》本来就玄奥神秘，谁是谁非，也不能一时定夺，用高二适的话说，这也是妙事。因为通过探讨辩论，会使它的主题留给自己，不会随风而逝，它会勾起学术的新意识迈进前行，而且乐此不疲，让我们总觉得离真理秘境就差那么一点，永恒的一点。或许这就是章高师徒承接这场千年笔墨官司——刘柳优胜辩的意义所在。

[54] 高二适：《柳子厚〈与刘禹锡论周易九六说书〉后题》，见章士钊，《章士钊全集》，9-10卷，文汇出版社，2000年，第372页。

[55] 高二适：《柳子厚〈与刘禹锡论周易九六说书〉后题》，见章士钊，《章士钊全集》，9-10卷，文汇出版社，2000年，第372页。

[56] 高二适：《柳子厚〈与刘禹锡论周易九六说书〉后题》，见章士钊，《章士钊全集》，9-10卷，文汇出版社，2000年，第372页。

[57] 高二适：《柳子厚〈与刘禹锡论周易九六说书〉后题》，见章士钊，《章士钊全集》，9-10卷，文汇出版社，2000年，第372页。

[58] 高二适：《柳子厚〈与刘禹锡论周易九六说书〉后题》，见章士钊，《章士钊全集》，9-10卷，文汇出版社，2000年，第373页。

第八章

草圣平生

一、书学思想探究

高二适虽曾言明唯“政治与学术”两途作为他的人生追求，但终其一生学术追求看，所有的出发点都落脚于诗学、国学与书法。他在专著《新订急就章及考证》自序中说：“余不敏，幼承先人余业，笃嗜临池。”[1]在父亲高也东的指导下，高二适自幼养成读书临池的好习惯，可以说左手拿书、右手执笔是其永恒的剪影。高二适书法的书卷气是在书斋里养出来的，是朝夕吟哦出来的，是在墨池里浸泡出来的。他的金石气一方面来自他家族与生俱来的罡罡骨气，另一方面则来自文化的习得和书法艺术的回馈，他的耿介狂狷的个性与书法审美中的刚劲遒健、质朴烂漫的特质有着天然的契合。中国传统文化中的为民立命、持中守正、经世致用、上下求索的精神又反哺着高二适，为他的骨气、金石气提供内在的能量。高二适的书法与人格可以说互为表里，正如古人所说的“字如其人”。

考其书学历程，大致经历了两个阶段。从1940年高二适临习《龙藏寺碑》《孔羡碑》的题跋看，中年以前高二适书法研习处于自发的无意识书写，中年以后尤其在50岁起对书法的研习则是有意识、有目标的追求，并且把书法作为一门独立的艺术和学术来钻研。在长期的研习中，高二适逐渐形成了一个由书学思想、

[1] 高二适：《新定急就章及考证》，上海古籍出版社，1982年。

理论研究、临池路径、创作方法和书法风格组成的高氏书学体系。

中国书法审美标准来自中国文化这个母体，高二适扎根于国学、诗学，这对他书法研习有极大启发和帮助。高二适独特的书风与其审美思想紧密相连，其书学思想主要体现在三个方面。

（一）讲师承重技法

中国书法非常重视师承，赵孟頫提出的“结字因时相传，用笔千古不易”[2]的书学思想，不仅是说笔法的重要性，还在于强调对古人技法的传承学习。故在他的倡导下元代书坛掀起复古思潮。与诗歌研习一样，高二适对书法也非常注重师承，讲究技法。他应用解剖的方法对经典作品的笔法、点画、结构、章法、笔势、气韵、格调等一一剖析，并反复临习，直至娴熟掌握。

1960 年，高二适题跋《曹娥碑》数条临习体会[3]：

> 写此帖要如刀削剑淬，笔笔能立得住，无牵拘倚仗，俊爽焕发，贞烈之气跃于纸素，使观者起敬，斯乃得书道之性情也已。

“笔笔立得住”是讲笔力，“贞烈之气”是讲气息，“书道之性情”是讲性情。

> 非收视敛听，心平气静，不能临此帖也。

[2] 崔尔平：《历代书法论文选续编》，上海书画出版社出版，1993 年，第 179 页。
[3] 尉天池，徐利明：《中国书法全集（第 86 卷）：萧蜕吕凤子胡小石高二适》，荣宝斋出版社，1998 年，第 237 页。

此条是讲临习时的心理状态，勿急勿躁。

小字亦纯乎运腕，一涉指功即无成矣。

此条具体讲临写如何发力。

谨防板滞，板滞即俗作。

此条讲在临习的过程中要活切死。
1940年，临《孔羡碑》（即《黄初碑》）题跋强调字法变化：

学此碑要能稍变其字法，力避方板，须参以《石经》体。

在研习《李贞武》过程中有对点画的分析（图8–1）：

高宗字法“、”尤厚重。

有对字势的掌控（图8–2）：

（逐）此一字形势尤加。

有对字形结构的整体风格的理解（图8–3）：

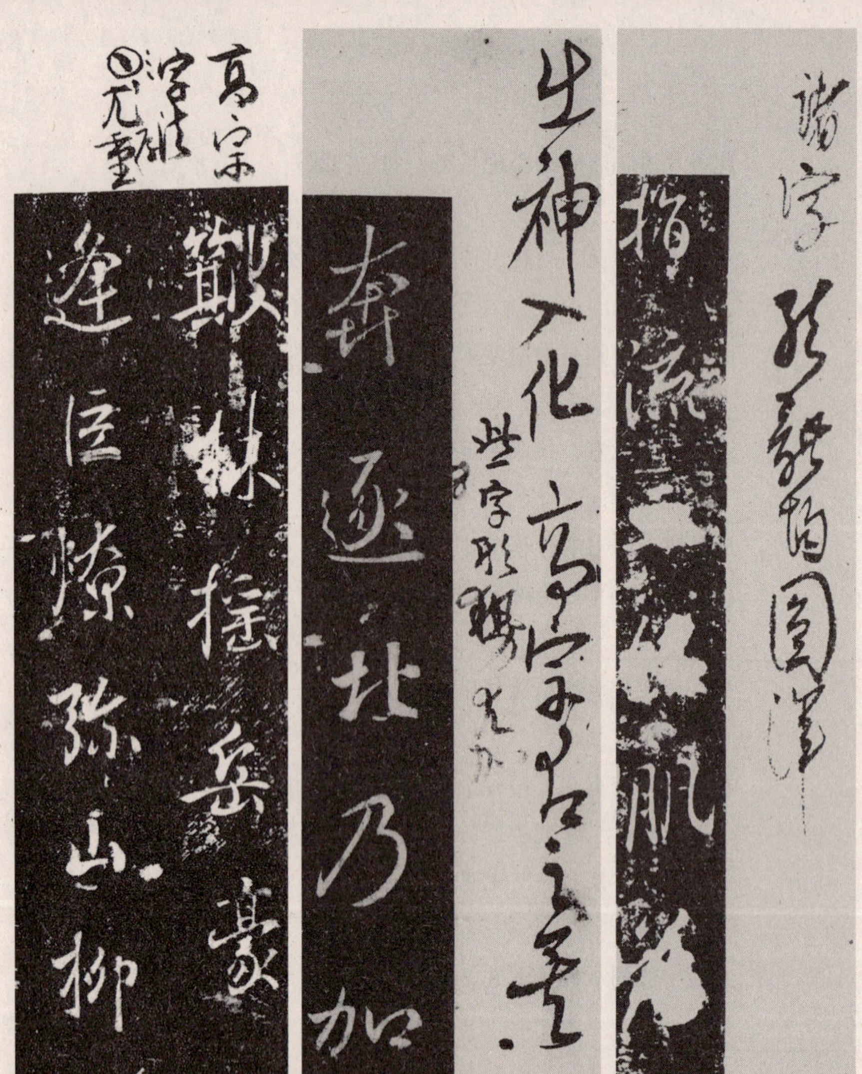

图 8-1：高二适《李贞武》批注墨迹，《高二适手批唐·李治〈李贞武碑〉》，第 37 页
图 8-2：高二适《李贞武》批注墨迹，《高二适手批唐·李治〈李贞武碑〉》，第 38 页
图 8-3：高二适《李贞武》批注墨迹，《高二适手批唐·李治〈李贞武碑〉》，第 42 页

诸字结体均圆浑。

有对笔法的探究：

“九”隶法自二王来，传宗如此。

有对技法特征的总结：

笔敛而秀劲若神，筋重而清明如在。

在高二适数十种研习碑帖中，都有这样的技法分析，对于书法技法的师承，高二适从来都是反复揣摩，反复临习，不做一点虚妄的揣测，也不会来一通自我的发挥，甚或胡写。他在《墨池编》题跋记下自己的做法：

初学字时，每字要临摹多次，一字写五次，或两三行，得滑健之评乃止。[4]

高二适对正、隶、行、草诸体技法都进行了数年、十几年、几十年的训练，所以笔下一点一画都有出处，诚如他学江西诗派的理念“无一字无来历”一样，高二适过硬的技法，为他后来形成独特的书风，为他“适吾所适”的书写状态提供了坚实的基础。

[4] 尉天池，徐利明：《中国书法全集（第86卷）：萧蜕吕凤子胡小石高二适》，荣宝斋出版社，1998年，第235页。

（二）瘦劲雄伟

高二适的瘦劲的书学审美观一是来自固有的狂狷耿介的个性。他在《〈兰亭序〉的真伪驳议》一文中宣称：“吾素不乐随人俯仰作计。”[5] 所以高二适喜欢瘦硬遒健的书风是很自然的，而且中国书法美学大多以诗学审美作为观照。高二适穷其一生致力于诗学研究创作，力振江西诗派。江西诗派把“瘦硬”作为其流派共同遵守的审美特质，其源头始于杜诗。杜甫诗云：“书贵瘦硬方通神。”[6] 高二适一生师法杜甫及江西诗派宗主黄庭坚陈师道，不仅于诗歌而且在书法上均全面接受“瘦硬”美学观。1966 年夏，高二适在临习《宋拓祖石绛帖》时题跋：

> 六六年长夏临此，专取其瘦劲一派。[7]

其实高二适早在 10 多年前就已经开始钻研瘦硬书风。1954 年至 1974 年 20 年间高二适临习《大唐纪功颂》，我们可以从他的题跋中窥见其对瘦硬内涵的探索分析（图 8–4）。

> 学高宗书三数年，今夕始解瘦劲之气，宜于多筋处求之，乙未上巳夜中。

此条题跋可见高二适对瘦劲的理解有一段过程，但他边临习边思考，终于开悟，并对其帖做精细剖析。

[5]《光明日报》，1965 年 7 月 23 日。
[6] 杜甫《李潮八分小篆歌》。
[7] 纪如彬，吕华江：《高二适先生年谱》，江苏凤凰美术出版社，2018 年，第 319 页。

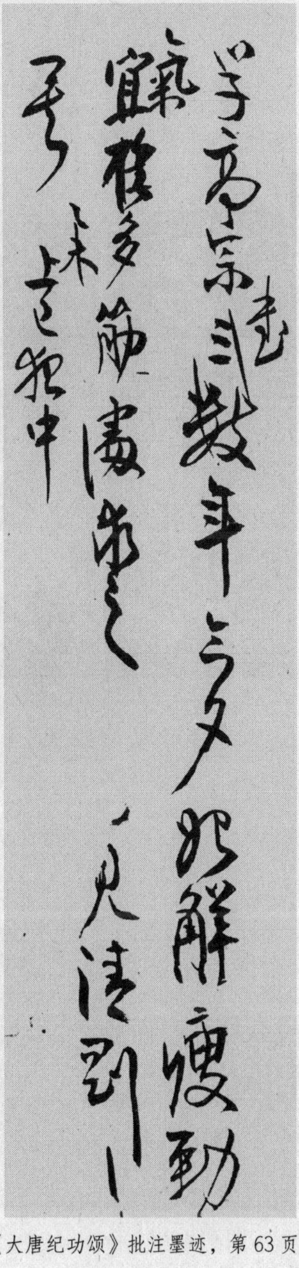

图 8-4：高二适《大唐纪功颂》批注墨迹，第 63 页

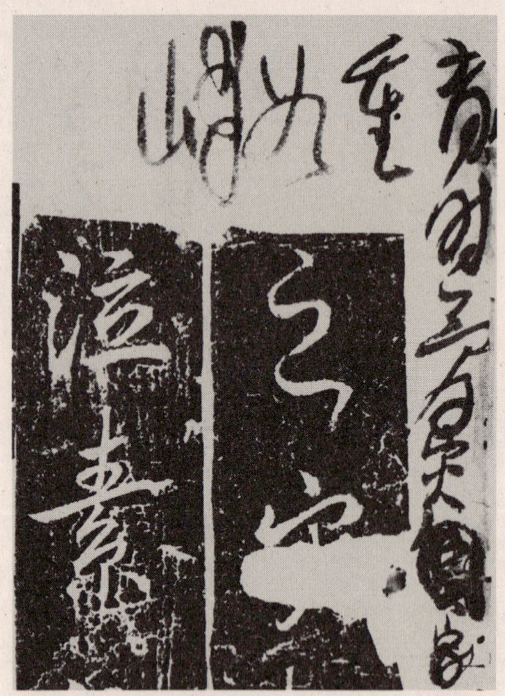

图 8-5：高二适《大唐纪功颂》批注墨迹，第 4 页

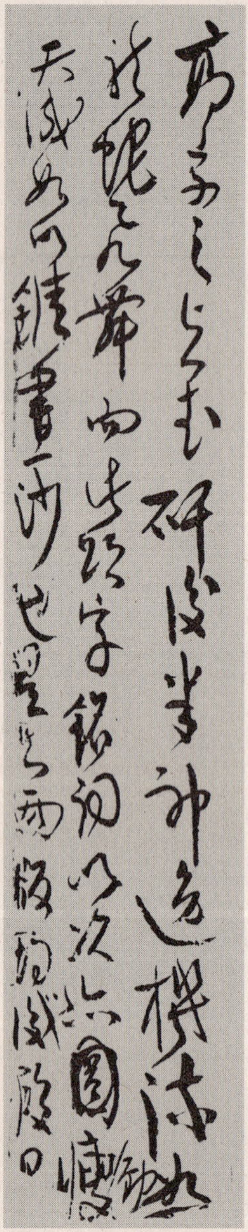

图 8-6：高二适《大唐纪功颂》批注墨迹，第 63 页

在“里而河清妖敛”下批注：

以下入瘦劲一路。

在“方神遂昏前”上批注：

以下尤细劲。

再批(图8-5)：

入手即见柔中寓刚气。

筋多于骨，尤为胜迹。

有时骨重如山。有时笔轻似水。

“萧斧”刚利之斧也。

高二适通过对比唐高宗另一《李贞武碑》，提出心得，仍然抓准瘦劲之主骨（图8-6）：

高宗之《贞武碑》后半神逸机流，如龙蛇飞舞。而此颂字铭词以次亦瘦劲天成，如以锥画沙也。是知两版均以后段见长。

在此高二适总结了表现瘦劲的审美特点，要抓住“筋”“骨”，还要有“刚气”。如何表现这些特质呢？高二适提出最基本的两个方法。一是“斫阵法”（图 8–7）。

学唐太宗书要知斫阵法始佳，否则不成也。[8]

写此要有斫阵笔势，方为合作也。

二是“杀纸法”。

此处笔之杀纸，最能成吾笔法。[9]

“斫阵法”“杀纸法”具体落实到笔法上，在高二适看来就是方笔圆势的使用及使转（图 8–8）：

世传方笔圆势，八面拱心，故当于此中求之矣。

折锋方笔，始有衄挫之势。[10]

此帖笔意多与圣教序相近，方笔尤有势，转折分明，如新发于硎也。[11]

草法有棱角，才见笔力，此诸帖是也。[12]

高二适追求瘦劲的书风，不是停留在技法的外在表现，而是追求雄伟俊秀的内在气质。他在《大唐纪功颂》题跋中指出：

[8] 1968 年 8 月，高二适批注唐太宗《屏风帖》。

[9] 高二适：《三希堂帖 · 元人嘤嘤、饶介书帖》题跋。

[10] 高二适：《祖拓澄清堂法帖》题跋。

[11] 高二适：《宋拓祖石绛帖》题跋。

[12] 1973 年，高二适临《升元帖》题跋。

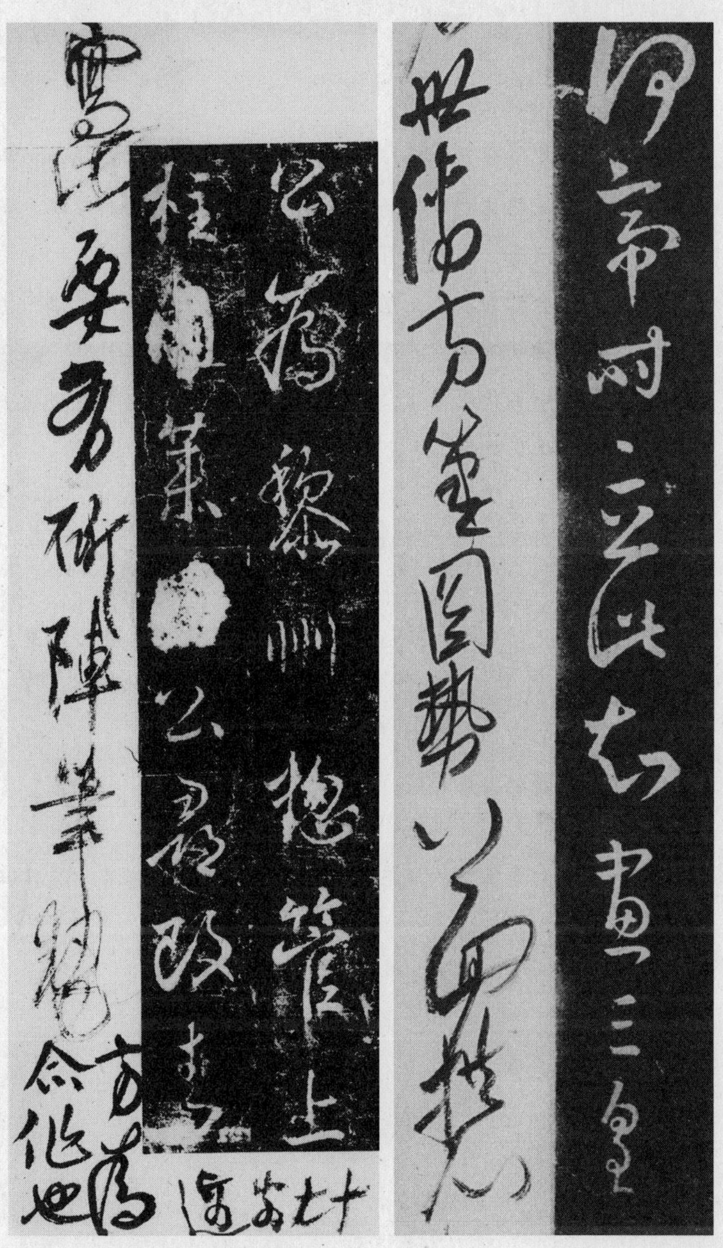

图 8-7：高二适批注唐高宗《李贞武碑》，第 29 页
图 8-8：高二适批注《唐拓十七帖》，第 33 页

《贞武》俊秀，《万年》清劲，然均不逮此颂，兼有俊秀，而雄伟之气尤勃勃现于纸上，故如学唐高宗书，当以此为极则云，乙未三月雨夜中。[13]

会稽书派至文皇天皇父子而极，此颂气势尤雄伟也。

神明洞达，洒落飞扬，舒父记，丙午二月。[14]

中石称此奇伟，吾则以为秀丽而有清刚之气。高宗之书于此叹观止矣。

1960年高二适在《曹娥碑》题批对“清刚”有进一步说明：

此刻独绝，清挺无比。瘦则清，笔刚则挺拔也。[15]

高二适瘦劲书风不仅仅表现在笔法细节把控上，而且在章法、气息上更要突出其面目：

文皇草书质厚而重，下笔有停顿，如睹其“英姿飒爽来酣战”之气概。[16]

书法无俊秀之气，不得谓为艺事。

能于细致中求莽放尤难。[17]

奇势莫当，适父有焉。

[13] 高二适：《大唐纪功颂》批注墨迹。

[14] 高二适：《大唐纪功颂》封面批注墨迹。

[15] 尉天池，徐利明：《中国书法全集（第86卷）：萧蜕吕凤子胡小石高二适》，荣宝斋出版社，1998年，第237页。

[16] 高二适《唐太宗屏风帖》题跋。

[17] 1973年高二适《李贞武碑》题跋。

笔力驰骤，力大于身，吾只于此见之耳。[18]

大草要有赫怒之气，如虎如豹如熊如罴。[19]

为了增强瘦劲表达效果，高二适还在毛笔工具上，强调要充分发挥硬毫的独特作用：

清人均称赵子昂、董其昌均用羊毫，故害成弱势。今之世稀有能使硬管者，此书法之所以日退也。[20]

对高二适倡导瘦劲书法美学观，好友苏渊雷也多肯定。他在1966年赋诗《迟字迭韵诗》15首中有诗句“自是临摹存瘦硬”，便是指此事。经过10多年的研习，瘦劲成为高二适的典型书风，在其晚年为费在山《题王羲之传本墨迹选》一诗中再次点明他对瘦劲书学观的追求：

右军瘦劲多淳化，游相痴肥切莫传。
书记所称无外物，东瀛杂帖孰当先。
吾生独溺杨风子，未见羲之与献之。
近世模书多恶札，山阴似只滑甜宜。

高二适一生追求魏晋风骨，“二王”书风。但对“二王”不是全然接受。在此诗中高二适表明坚守瘦劲美学观，其重要原因

[18] 1976年1月30日，高二适：《温泉铭》题跋。
[19] 高二适：《宋仲温大草》题跋。
[20] 1973年7月15日，高二适先生致信费在山。

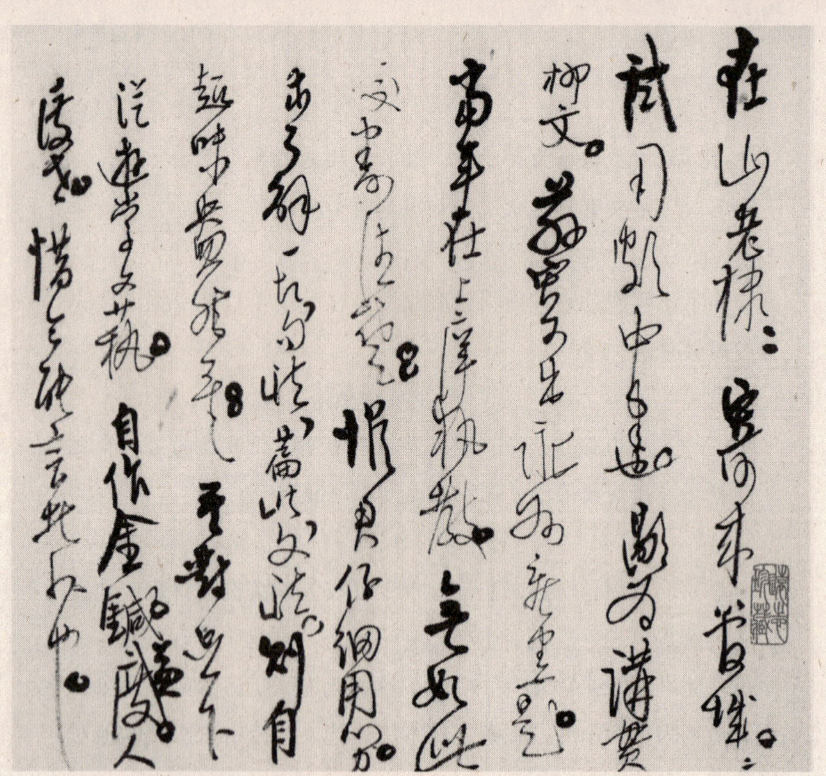

图 8-9：高二适《寄来管城帖》（《费在山藏现代书画大师精品集高二适卷》，第 3-4 页）

之一，即在于抵制滑入恶札“滑甜”的境地。1975年，高二适所书自作诗《倚楼望钟阜》，是诗书互为表里的瘦劲代表作：

冶城灭没见钟山，斗觉疏棂接翠峦。
隔岘断云蒸复出，墨龙佳气死犹蟠。
病来坐失登临美，劫了方知木石刓。
莫遣移文镌驿路，草堂他日列仙班。

此诗高二适多次以大草录给章士钊、陆如山等师友，可见高二适对此诗比较满意。这首诗是在他病后登朝天宫望钟山所作，借景抒情，借故咏史，用语硬朗苦涩，气韵沈郁，诗境阔大，为江西诗派典型瘦硬诗风。而此时高二适对瘦劲大草得心应手，但高二适一直强调“凡书要有荦确不平之气”[21]，即书法虽是抽象的艺术形式，但必须注以书者的真情实感，不作无意识的书写。此草书诗可谓从内容到书法完整体现了高二适的瘦硬风骨。这一时期瘦硬大草成为高二适的主调（图8-9）。

（三）高古忌俗

高二适的“高古忌俗”书学观，盖缘于对章草的研究，他认为造成书法尤其是草书恶俗的原因在于章草笔法的丢失。因为章草是今草之祖，章草保留了高古笔法，其中隶书笔法尤重，而隶书笔法又直接源于篆书。王羲之变古楷为今楷。至“二王”今草

[21] 高二适：《宋克书张怀瓘论用笔十法真迹》题跋。

已趋成熟，遂为天下所推崇效法，章草也逐渐淡出人们的视野。虽“二王”仍存留些许章草笔意，惜隋唐后鲜有书家窥其秘奥，徒然追逐其滑甜一面。至唐虽有贺知章涉猎章草，但已成疲惫之态，高二适直言“贺字近俗，亦近章法也”[22]，直至沉睡数百年，到元明之际才幸得赵孟頫、宋克等人重倡章草。

高二适一生未学宋人书法，并且多批宋书，在米芾字帖上批注为“恶札”。究其原因，1954 年他在《宋四家真迹》上题批注得很清楚：

> 宋人笔法无可免俗，草不兼章，罔成规范，故致此耳。[23]

1973 年 11 月，高二适在《林逋诗稿真迹》上直接批注“纯系俗笔”“恶劣”“毫无价值”（图 8–10）：

> 此诗稿纯系俗笔，林逋翁书固不佳，然绝不如此恶劣，而前后题跋鉴赏均觉无何价值矣。

1959 年，高二适在《新订急就章及考证》一书的序中很有感触地说：“然今草已渐成恶札，考其原因，实章法之久不广传也。”1967 年 10 月 1 日夜，高二适在给章士钊信札中再次重申此观点（图 8–11）：

[22] 1960 年 5 月 29 日，高二适：《贺知章草书孝经》题跋。

[23] 纪如彬，吕华江：《高二适先生年谱》，江苏凤凰美术出版社，2018 年，第 220 页。

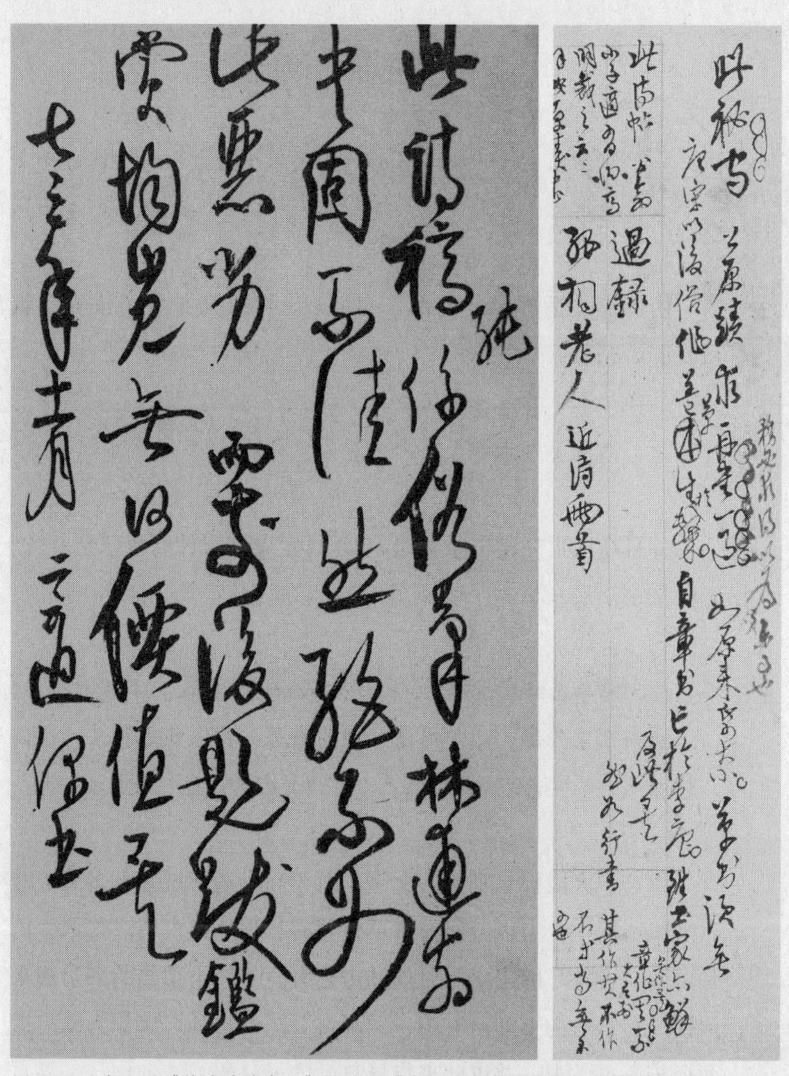

图 8-10：高二适《林逋诗稿真迹》题跋，《高二适书法选集》，第 104 页
图 8-11：高二适致章士钊信札，吴为山主编《高二适墨迹（下）》，第 136 页

> 草书须无唐、宋以后俗作，盖草生于隶。自章书亡于李唐，虽书家亦鲜及此矣。

由此高二适提出“高古”书学观。1954 年他在《宋克急就章真迹》题眉：

> 书法要须古朴。

并且在内页完整书录梁启超跋《卓定谋藏宋仲温章草急就章》一段文字：

> 章草盖终结于晚唐，千年来稍振其余绪者，元初惟赵子昂，明初则宋仲温，然子昂诸体微伤软美，仲温矩矱锺王，达以劲气，龙跳虎卧，仿佛遇之，可谓复古而能变，豪杰之士也。

像这样大段引录别人的文字，对于高二适来说并不多见。此时高二适着手全力以赴研究章草，并有意识地追求书法艺术，由是可知“古朴”的美学观对他冲击之大，并作为重要的书学观来承接。在日后的书学研究中，“高古”与“瘦劲”将作为高二适两个核心书学观，并以此来指导自己的书法研习、创作。

以高古来观照名家名帖，以此为标准，会有许多新发现。1959 年，高二适临《淳化阁帖·王洽书》题跋表示王洽不在王羲之之下：

此帖清逸闲雅，真不在右军下也。

变古字法惟洽（领军）与羲之（右军）也，不然至今犹法锺张。[24]

皇象《急就》，规模简古，气象深远。[25]

此帖得一拙字，斯为尽矣。

兀傲不群，此帖尽之。

仲温大草为圆浑第一手。[26]

写此要使人看不出钩啄裹勒之势，宜于仲温长处变得更古拙，才是圣手。[27]

1962年，临唐太宗《屏风帖》题跋推崇其“入古”：

形势最佳，古今无对。

洒落不群，笔笔入古。[28]

晚年高二适总是提醒学生学习书法力戒“俗笔”：

君求书意趣多，吾则在求中书耳，一笑。

[24] 高二适批注《淳化阁帖·王洽书》。
[25] 高二适：《月仪帖》《出师颂》合帖题眉。
[26] 1955年高二适：《宋克书张怀瓘论用笔十法真迹》题跋。
[27] 1966年高二适：《宋仲温大草》题跋。
[28] 尉天池，徐利明：《中国书法全集（第86卷）：萧蜕吕凤子胡小石高二适》，荣宝斋出版社，1998年，第29页。

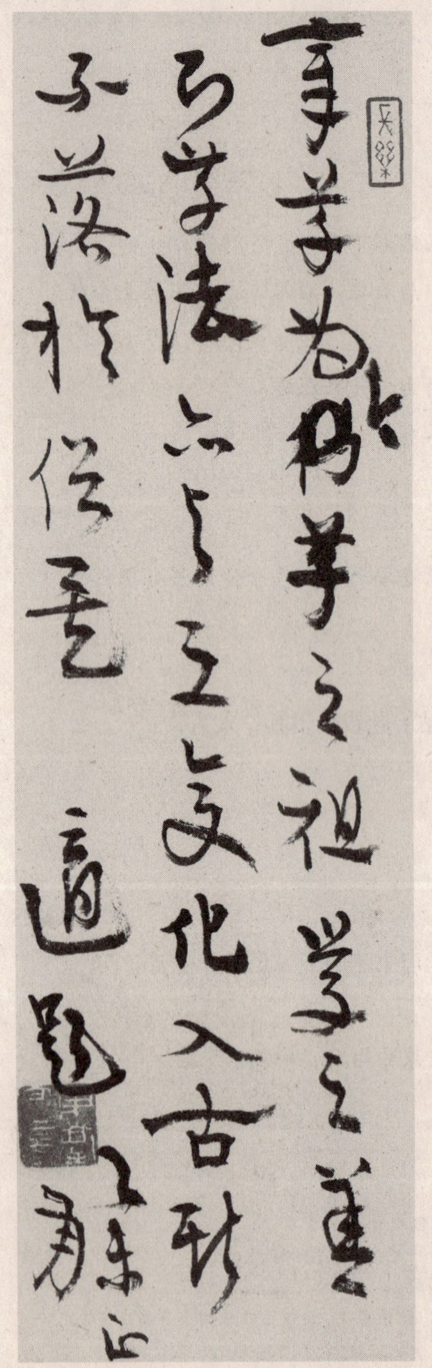

图 8-12：高二适《松江本急就章》题跋，《高二适书法选集》，第 98 页

又君可从吾学书法，要能力祛俗笔，惜远道不易讲耳。[29]

如何戒俗求古，高二适开出药方，即以隶、章草破之。1955年在《松江本急就章》上题跋（图 8–12）：

章草为今草之祖，学之善，则草法亦与之变化，入古斯不落于俗矣，适题，乙未正月。

1967 年 3 月 25 日，在《孙虔礼书谱序真迹》上题跋，厘清今草、章草、隶书笔法的承递关系：

一九六七年三月廿五日，足伤初愈，养息中重临此帖。笔法悉以隶草为归，信草书贵不背章，更悉章本隶法也。

1961 年，重临《月仪帖》《出师颂》合帖，题眉：

古朴纯厚，章草有焉。

不作张芝即作索靖，羲、献今草有别开生面之处，倘用章法求之，定能超唐迈宋。近世书多俗劣骨，由唐、五代章草失传，此可为书史中之定论矣！

1973 年，临《升元帖》，自批：

[29] 1973 年 3 月 9 日致费在山信札。

此为阁帖第一佳本，因其笔笔有隶意者在，故当时时临习之。[30]

1966年临《宋仲温大草》，题批：

大草行以侧势，带章书笔法尤佳。

1968年冬，临《祖拓澄清堂法帖》，题批：

戊申寒冬，久病头昏，夜阑孤坐，时一展对也。

草不离隶，大佳。

以章草和隶书笔法入草是高二适草书高古的不二法门，不仅如此，高二适以此推及楷行书体，以全面实践他的高古书学主张。1959年，临锺繇小楷诸帖题跋：

真书仍带隶法，高古绝伦。

写此要参锺太傅《宣示》《力命》及《荐季直表》诸帖隶楷体式。盖锺、皇书均自古隶出，既不似王右军之变为今体，则其相同之处有同途共轨者矣。

《松江本急就章》题批：

[30] 纪如彬，吕华江：《高二适先生年谱》，江苏凤凰美术出版社，2018年，第409页。

吾书隶、楷、草、章，当以锺繇、梁鹄、皇象、索靖诸家为师，而行草则一准右军笔法。[31]

凭借章草，高二适胆敢挑战一切权威。1973年2月15日致费在山的信札很有意思：

“指”隶，草作“指”，即所谓草生于隶之证。傅抱石已故，能画而不知书。林散之，乌江人，近年来始与鄙为友，作草无法，大家俗书，尤忌不使中，又其一也。惟破此俗书，非学汉隶不为功。

尔日南京有书法印章展览，吾方与林书并也。尊着不律杂话，稍暇当为书章草奉赠。南北无书，见印本可断言矣，如《人民中国》等例。

此信札可看出高二适的狂狷，他断言：大江南北无人能书，唯他高二适一人而已。他批大画家傅抱石不知书，指出好友林散之是俗书，其底气何在？唯在高二适通章通隶耳。诚然高二适与林散之两人所走路不同，甚至是两种完全不同审美取向，也无分优劣，然就其高古一味，高二适所言亦在理。

[31]《月仪帖》《出师颂》合帖题跋。

二、书法风格流变

“群推国士无双手，我自南金第一人”，高二适如是说。他以其耿介狂狷的个性、守古出新的精神，独开一面。他带着使命与梦想，一头扎进书坛，在自我的王国里自由驰骋。他的使命就是要“昌明章草”，弘扬草书艺术；他的梦想就是在草书史册上留下芳名，而且要与王羲之比肩而立：“二适，右军以后一人而已。”（图 8–13）他说出了千百年来多少人苦苦追求而又不可企及的梦想。但他没有因自己的梦想迷失，也没有游离在自我狂妄的幻觉里，而是消释在每日的临池悟道生活中。在瘦影孤灯下，他将国学研究、书学研究、书法创作三驾齐驱，并以此缔造出属于自己的书法宫殿，创造出一个又一个传奇。高二适的书法成就可以概括为：一本学术专著《新定急就章及考证》，二部散失的书稿《自创草书谱》和《纠章二百则》，三篇书法论文以及“四体书”的完善创作。根据其生活节点及书法风格特征，可把高二适书法活动划分为四个时期。

第一时期（约 1915—1954）：书法研究处于自发状态，书法实践侧重临习，创作处于潜伏期。其行书基调由碑行体逐步转向“二王”，但完全没有章草的意味。

这一时期，高二适的志向是“以诗用世”，其主要时间与精

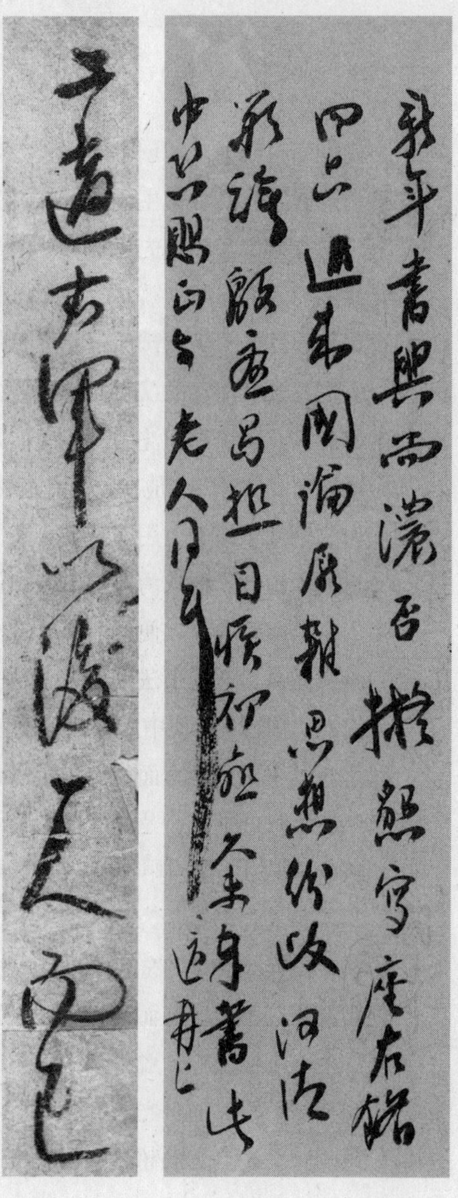

图 8-13：高二适《王羲之十七帖》批注墨迹，第 47 页

图 8-14：1936 年 12 月 23 日致韩国钧信札，《高二适手札典藏版》，图二二四

力用在研究诗学上，创作了大量的诗歌，并得到当时诗坛的高度认可。他的书法实践，主要是以临习为主，个人面貌并不十分突出。高二适在青少年时代先后临习晋人，欧、虞、褚诸家楷书。1915年始临习《龙藏寺碑》，对之用功长达48年之久，高二适的楷书、行书创作均能见到此碑面目。临习的隶书主要是以《黄初碑》为代表的汉隶。厚实的汉隶功底为高二适日后攻克章草打下了坚实的基础。在重庆结识沈尹默、潘伯鹰、汪东等人后，高二适书法重点研习“二王”，他在《叶有道碑》《怀仁集王羲之书圣教序》和唐太宗父子诸碑上用功甚勤。高二适把目光锁定在唐代书家上自有他的道理，他认为习书不入魏晋不入古，终成恶俗：“学书由太宗、高宗入手，便可上窥‘二王’，无事李赵以下矣！”[32]

其间高二适的书法创作大多是书写自己的诗作或致亲友的信札。20世纪40年代中后期，他的创作意识加强，但仍处在蛰伏状态。其书风呈两大面貌，一是以题《山谷全集》扉页为代表的二三十年代的书风，是以欧体为底子，杂汉碑而带行意，结体左倾斜，每一字的主笔画向外纵逸，布局疏朗，呈凌厉峻峭的特征(图8–14)：这种书风是为晚清遗绪，同时受到四川赵熙及章士钊的影响。在行气上颇多逸笔，显得从容自适，以一吐心中诗情为快。此为章士钊书风所挟而致，章氏书法得力于杨凝式。自1953年始，高二适在书法上逐渐脱离章氏影响，独辟蹊径，作长途跋涉后，于1975年又回归杨凝式。但那不是简单的重复，而是一种全新的认识，一种自觉的超越，使高二适的书法达到全新的境界。

[32] 1954年秋，高二适：《晋祠铭》题跋。

二是以《海月诗》《轩诗》为代表的20世纪40年代和50年代前期的行书，其点画结构甚得《龙藏寺碑》风韵，线条丰厚圆满，中锋行笔，如“锥画沙”。他在《晋祠铭》题记：“癸巳（1953年）十月，寓江宁西华门之齐园，适婿沈天吉来，命为装成。学院无事，予乃得朝夕临池云。东台高二适题记。”其“二王”书风特征明显，但颇接近沈尹默、潘伯鹰、汪东等人书风，个人风格不显著。

高二适从青少年时期就养成在读书时动笔批注的习惯，这为我们研究他早期书法发展提供了宝贵的墨迹资料。从《黄山谷集》第一册一整页的题跋可看出1938年至1957年近20年书法发展的轨迹（图8-15）。

1938年魏碑行书体——跋文：

己卯秋，旅渝一月，苦热畏雨。既于中秋前十日归独石桥矣。续读此集，感叹无既，只恐平生空有济世志，而流落蛮荒，枉付诗心耳。一笑记之。二适记。

书风特征是：笔法完全出自魏碑，用笔锋芒毕露，点画伸展，字势向右上飞扬，横折画只有折少有转。

1943年“二王”行书体——跋文：

癸未正月，重读此集。独石桥记。

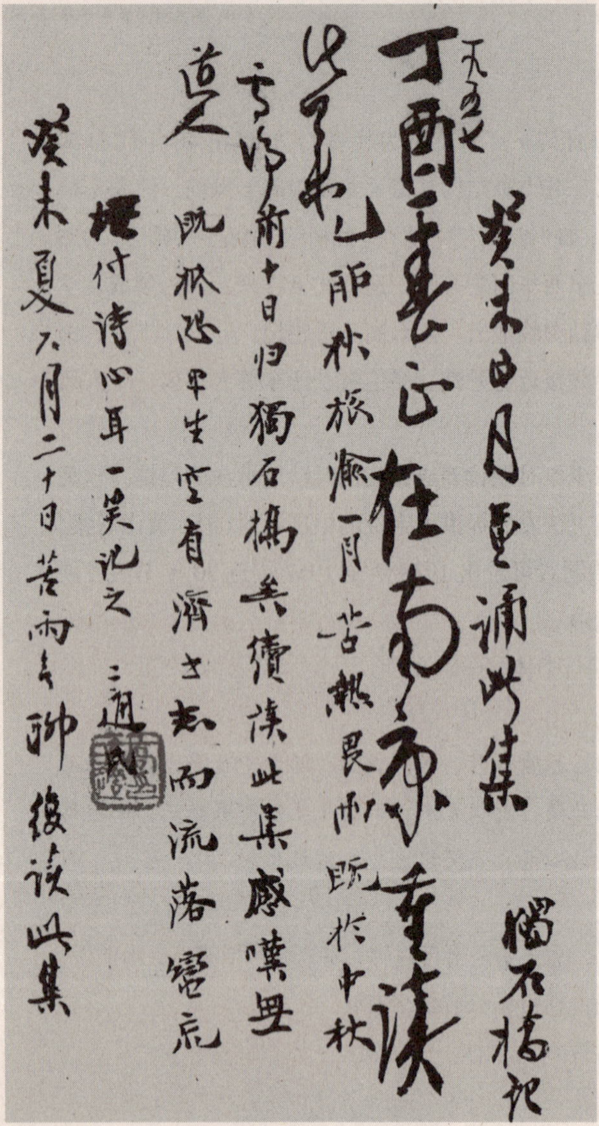

图 8-15：高二适《黄山谷集》题跋

癸未夏六月二十日，苦雨无聊，复读此集。

书风特征是：笔法为“二王”体系，用笔圆润，点画蕴藉，横折画以转为主。此跋中的“独石桥”三字与1938年的墨迹判若两人。

此风格可参看1945年《东轩》诗稿（图8–16），如横折钩笔画，原来基本用笔方法就是“折—折”，两个单一折笔，此墨迹中仍保留少许这样的特征，如“有”“寡”“自”字，但此阶段大量出现“折—转”这一用笔方法，如“闲”“闭”“关”“用”“得”“酉”等字。另看竖钩，1938年魏体为直钩，到1943年已多为转钩，对比“一月”和“正月”两个“月”字的钩，笔法差异尤为明显。

1957年“二王”夹章草的行草体——跋文：

丁酉春正，在南京重读此集。雪净道人

特征是：楷行承前“二王”笔法，“春”字为章草结构，“南京”“此集”为连绵草书。1950—1956年，高二适大量临摹隋唐书法，对《龙藏寺碑》《怀仁集王羲之书圣教序》《十七帖》《书谱》和宋克《急就章》、唐太宗父子书法用功甚勤，颇有心得（图8–17）。1953年10月16日重阳节，高二适再临《晋祠铭》题跋：“癸巳重阳复临此铭，间以《万年宫》，自负书功跻于大成。”可见其对书法踌躇满志。但高二适不满足于此，他有更大

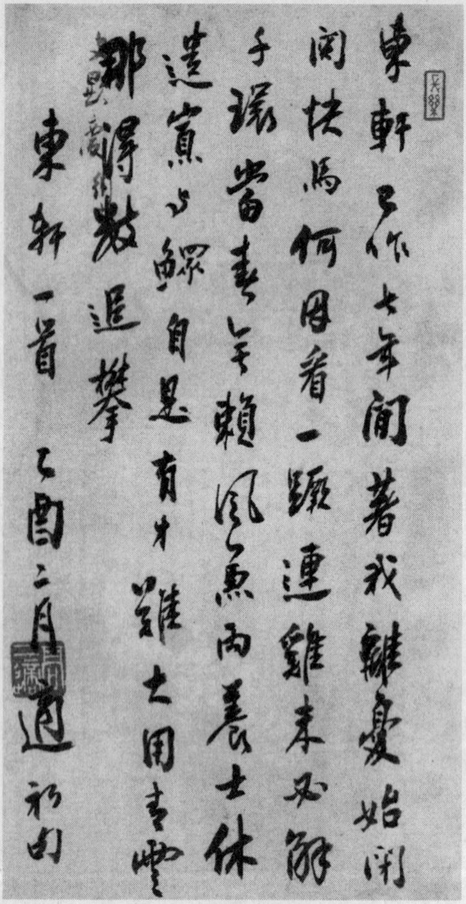

图 8-16：高二适《东轩》诗稿

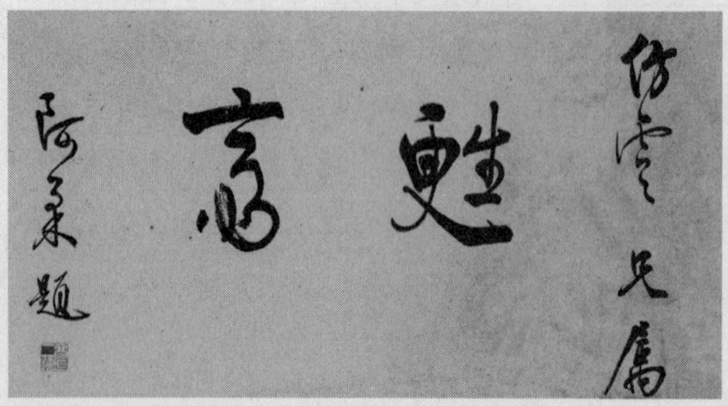

图 8-17：高二适为王仿虞题写斋名

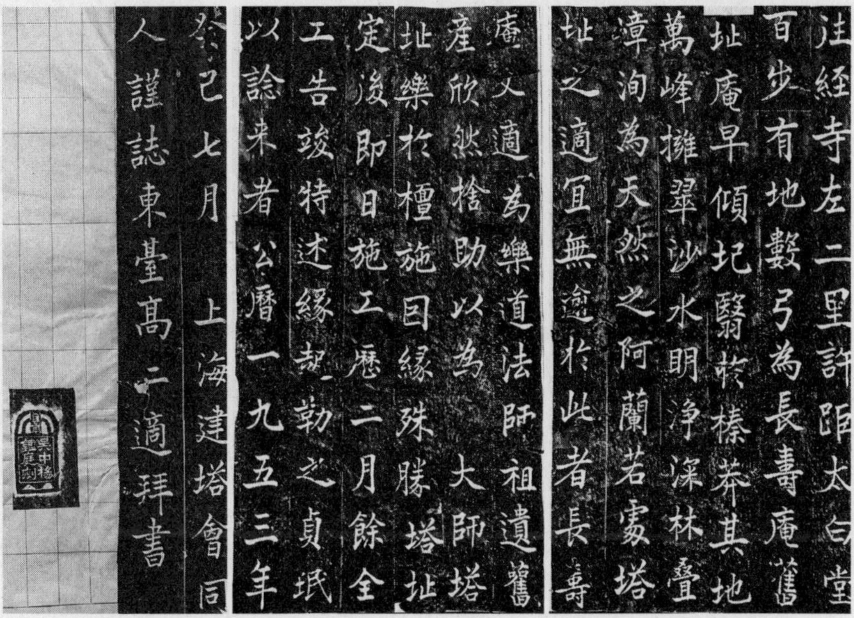

注經寺左二里許距太白堂百步有地數弓為長壽庵舊址庵早傾圮翳於榛莽其地萬峰攢翠沙水明淨深林疊嶂洵為天然之阿蘭若處塔址之適宜無逾於此者長壽庵又適為樂道法師祖遺舊產欣然捨助以為大師塔址樂於檀施因緣殊勝塔址定後即日施工歷二月餘全工告竣特述緣起勒之貞珉以諗來者公曆一九五三年癸巳七月上海建塔會同人謹誌東臺高二適拜書

图 8-18：高二适书《华顶兴公大师塔院纪略》（局部）。《高二适先生年谱》图一一四

抱负，或者准确地说，他发现了书坛的流弊。他的诗心济世，他的用世观这一次飘移，也可说是扩展，他要力克流弊，重振书法之道。从 1954 年开始正式研习章草，章草笔意逐渐出现在高二适的笔端。

在这一阶段，有一件楷书作品对高二适非常重要。浙江天台山华顶讲寺兴慈大师礼佛也不忘爱国济世，抗战后任上海佛教同仁会会长，筹募赈款，救济难民，1946 年，在法藏讲寺创办“慈光补习学校”，招收清寒子弟，章士钊等为校董。1950 年 6 月 2 日，兴慈大师在上海圆寂，3 年后在上海建塔以纪念。时 1953 年正值高二适在上海工作。农历八月，高二适欣然撰书《华顶兴公大师塔院纪略》（图 8–18）。此件是高二适难得的一件完好楷书，以魏碑为底，结合隋楷笔法和唐太宗父子行书笔意，穆和高古，瘦劲森严。

不平凡的岁月，散淡的生活，高二适始终扎根在书斋里；儒雅的性情，笃实的学风，深厚的学养，敏锐的目光为他日后独立开展书法理论研究提供了必备的条件。自少年时始，他一直临池不辍，稍后正、隶、行、草诸体齐头并进，形成了理论和实践的源头活水。

第二时期（1954—1969）：书法研究进入自觉时期，书法目标锁定，小楷、章、行、大草并行研习，为书法的发展期。

这一时期高老全面进行章草研究和创作，章草笔法成为基调。

如果说高二适前半生是一首由于环境的自给自足而享受现实

世界的朦胧诗，那么他在以后的人生道路上演奏的却是一支悲怆的奏鸣曲。中国传统价值观是“三不朽”：第一是立德，做圣人；第二是立功，成大事业；第三是立言，做大学问。建功立业，高二适是无望的，也不是他追求的，立德，但不一定要成为圣人；立言，他可以自我实现。这也是他早在20世纪40年代初便规划好的人生——做学问。1953年，高二适自上海回南京后，甚是清闲，但他已在内心勾画以后的人生路径。1954年，他把目标锁定在章草的研究与实践上。他在将书宅取名“证草圣斋”时，有如下解释：

> 陶贞白上武帝论书启：“若非圣证品析，恐爱附近习之风，永遂沦迷矣。”推重武帝为第一书评家。吾名书斋曰“证草圣斋”，本此“圣证品析”语。[33]

这说明高二适对书法理论的研究已进入自觉状态，并刻意追求之。

高二适选择章草，原因有二：一是实践上的需要。高二适在《新定急就章及考证》一书的序[34]中自云：“幼承先人余业，笃嗜临池，然草书无法，中心疾之……专攻王羲之，习之既久，遂得稍悟真草之书，非由草隶隶篆入门，不能得其正轨焉。”二是理论研究上的发现。高二适“慨然于章草不振”，而欲“为昌明章草，推尊草圣之功，思承先而启后”。

[33] 高二适：《墨池编》题跋。
[34] 高二适：《新定急就章及考证》，中国文联出版社，2009年。

固守传统而又突破传统是高二适的艺术生命力的源泉之一。美国著名科学哲学家托马斯·库恩在《必要的张力》指出：最具有创造力的科学家身上，都存在一种必要的张力。一方面他们非常深入传统；另一方面他们又极富个性，具有强烈的反传统的倾向[35]。人文科学和自然科学一样，这种张力在文化建设中必不可少。高二适长期浸淫于国学之中，且自有其科学的研究理念，他在立中破，在破中又立，费时10年7次易稿，《新定急就章及考证》于1969年定稿。

这部专著具有很高的书学、历学和艺术价值。首先，资料丰富。仅高二适在《自序》第八自然段中所罗列的研究资料就有20余本，涉及名家14人，相信高二适在此并非是为装饰要的噱头，因为从正文中可以证明这一点。1962年，马一浮在给高二适回信中说：“诚今日罕见之文字，使读者了然于隶变源流，非贤者用力之久，何以及此。”[36]其次，撰文严谨。“吾书凡草一字，必求合隶之变；凡释正一字，亦必求合于草之形体”[37]。高二适以四种方法，逐一梳理每一个字，正本清源。再次，它具有很高的文字学、历史学价值。它上启史游创制的《急就章》，中承宋仲温，下启当代，旁涉简牍，是一次对章草的全面考证和总结。龙鸿在《独学无偶天下一高——高二适先生对中国书学的特殊贡献》一文中说该著作“应是新时代学术研究推陈出新的成功典范，成为学者研究章草这种特殊文字样式的津梁。该书的出版，无疑填补了我国文字学和书法史研究的一段空白，

[35] 托马斯·库恩：《必要的张力》，北京大学出版社，2004年。
[36]《高二适研究》，载《东南文化》1997年增刊，第80页。
[37] 高二适：《新定急就章及考证》，中国文联出版社，2009年。

具有相当重大的书学史意义”[38]。最后，它有很强的艺术性。高二适说“书既葳事，辄用真行草章四体书之”[39]。从创作上看，这部专著也是一件书法长篇巨制，是高二适这个时期的典型书风。高二适将书与学融为一体，在整个书法史上，这是继唐孙过庭用草书写《书谱》之后，又一部学术性与艺术性珠联璧合的杰作（图 8–19）。

《新定急就章及考证》和论文《〈兰亭序〉真伪驳议》是高二适书法研究的两座高峰，不过在两峰之间，于 1965 年 6 月 8 日所作，刊于 6 月 18 日香港《大公报》上的《绝交帖题记》也颇呈奇丽之景，不可小觑。这篇 2700 余字的“题记”也是驳议。写此文距离“兰亭论辩”不到一个月的时间，仿佛是“兰亭”驳论的预演。作者在这篇文章里凭借深厚的古文功底，自由出入经典文献，所需资料随手拈来，且逻辑思辨极强，论证条理清晰，虽文词古奥，然细读之，句句分明。陈振濂先生在《现代中国书法史》中说高二适的《〈兰亭序〉真伪驳议》“用佶屈生奥的古汉语，在 20 世纪 60 年代初已成了地道的‘古董’，这种文风决定了他的先输了第一步”，“以他的旧式思想方法与论理方式，无论如何也不是郭沫若的对手。我们看郭文一气呵成，看高文却常常不忍卒读完篇，其间的差别不就是很明显了吗？”[40]语句的畅涩并不能决定文章内在的气质，拒绝跟社会妥协，拒绝与权势讲和，拒绝取悦读者，高二适使知识的角色从政治的锁链中解脱出来，他的语句就是行动。当代浮躁的心理已经让人难以静心

[38] 龙鸿：《独学无偶天下一高——高二适先生对中国书学的特殊贡献（续）》，载《书法导报》，2000 年 3 月 8 日。

[39] 高二适：《新定急就章及考证》，上海古籍出版社，1982 年。

[40] 陈振濂：《现代中国书法史》，河南美术出版社，1996 年，第 333–334 页。

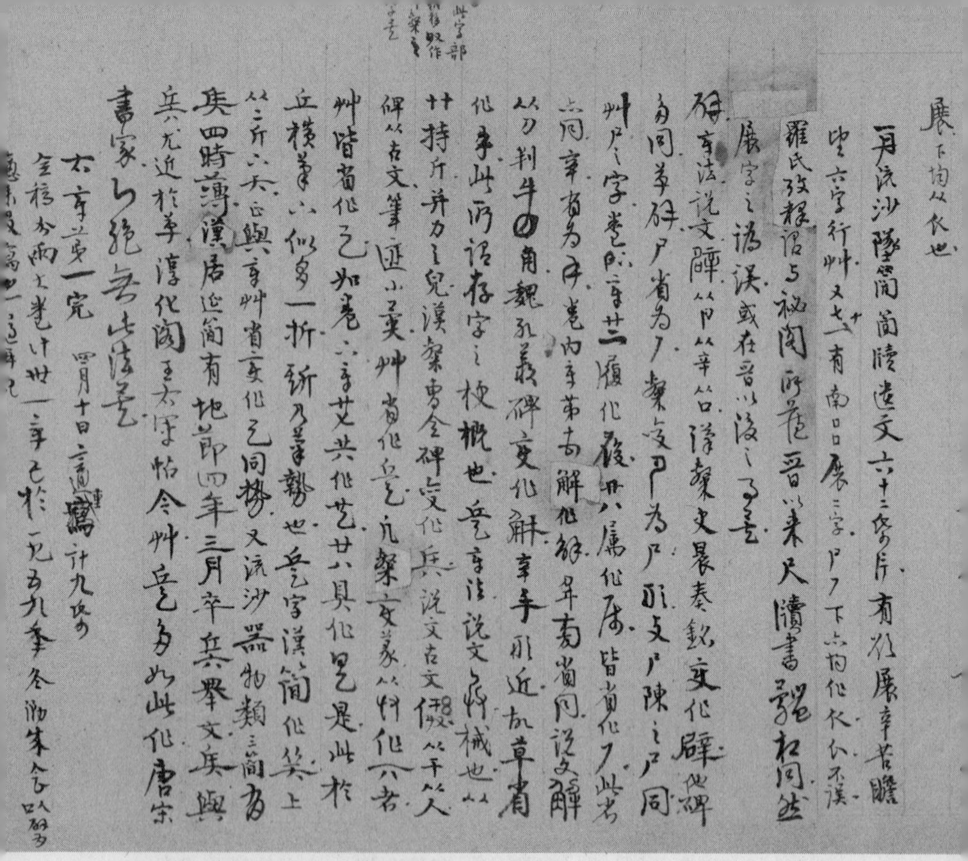

图 8-19：高二适《新定急就章及考证》墨迹（局部）

去阅读却轻率下结论。《追忆似水年华》《尤利西斯》因为语言的艰深而很少有人能读懂，但谁又能否认它们是伟大的作品？况且高二适文章的词句并不难懂，只是不能一目十行，其行文思路也十分流畅清晰。试以《绝交帖题记》为例让我们感知高二适架构文章的能力及其书论的逻辑力量。

引论：由交待藏帖情况及落款引出论点——《绝交书》为“唐人所钩模无疑”。

本论：

A（1）此帖几种刻本之优劣。

（2）树批驳的靶子：

a. 此帖误以为“右军”；

b. 此帖为李怀琳“临”或“书”。

B 批驳论证：

（1）从《绝交帖》的内容看“吾意帖文绝可信，此仅从文章论断之”。

（2）引用并分析窦臮《述书赋》得出“帖固非怀琳所能作”。

（3）a. 引用并分析张怀瓘语推断：“草书嵇优于王，而耳食者反夺中散之名。”

b. 引用并分析张怀瓘、孙过庭语证明“中散之有此书”。

c. 从款识“云”字作章草表明此帖为“梁内府物矣”。

（由此驳倒错误观点之一：此帖为李怀琳“临”或“书”）

d. 与右军《行穰帖》等诸帖比较得出非右军所书。

（驳倒错误观点二：此帖“同于右军他帖”）

结论：由黄长睿与刘无言的对语得出此帖为唐贤双钩本。

何新在《艺术分析与美学思辩》一书中说："关于艺术与政治的关系问题，关于艺术能否自由的问题，事实上并不是美学问题甚至不是理论问题，而是艺术从属于哪种类型的社会控制系统，因而必然担负什么样社会功能的实践问题。一切艺术都是附着于一定类型的社会历史文化背景，这种背景不能不对它发挥何种功能产生决定性的影响。"[41]1965年7月爆发的"兰亭论辩"，如果没有章士钊从中牵线搭桥，没有毛泽东同志复信札"笔墨官司，有比无好"，即使高二适有万丈豪情、天高学问，论辩也不可能发生，因此，"兰亭论辩"打上社会学烙印是不可避免的。

论辩双方当时的背景是这样的：郭沫若在政治上成熟且经验丰富，就在这篇对"兰亭"发难的论文中，他多次引用康生的话。陈振濂先生说："其实，郭沫若凭自己的水平完全有能力建立起疑古的观点学派，借康生的权贵之说纯属多此一举。"[42]而高二适却对政治一窍不通，在自己的"驳议"中，直点郭老、康生的名字批评，彰显出知识分子的铁骨铮铮。最终，"论真者盖过辩伪者，王羲之书圣地位更加稳固，晋代行书书风更加光彩夺目，笔墨官司促进了书法实践的昌明和书法理论的深入"[43]。"兰亭论辩"因高老凭借耿介的个性、实事求是的态度、精博的学识，以及捍卫传统文化的精神，振臂一呼，使其学术严肃性压倒了政治功利性，从而产生巨大的社会影响，使后继来者看到文化压抑的年代依然有真正意义上的亮色。尽管两位先生先后作古，但"兰

[41] 何新：《艺术分析与美学思辩》，时事出版社，2001年，第16页。
[42] 陈振濂：《现代中国书法史》，河南美术出版社，1996年，第328页。
[43] 朱仁夫：《中国现代书法史》，北京大学出版社，1996年，第129页。

亭论辩”一直未停息。1999 年 6 月，国际“兰亭会议”的召开又将其推向新的高潮。自此，由原来把《兰亭序》仅作为书法去研究，而扩展为把《兰亭序》作为一种文化现象来看待，并加以深挖。《兰亭序》的影响已波及海外，日本早在 20 世纪六七十年代就已形成“兰亭学”。朱仁夫和陈振濂两位先生，于 1996 年各自撰写的关于中国现代书法史的专著，都用专章、专节详述了这场论辩。2005 年，在高二适的家乡泰州，举办了纪念“兰亭论辩”40 周年全国学术研讨会——“兰亭论辩”的意义非同凡响。

在第二时期，高二适用自己研究章草的成果指导书法实践，这是他行草书重要的发展期。在研究章草的同时高二适花了大量的时间临习。1955 年，临《急就章》，自题：“拟日写一章，以验进益。”并宣示：“四体书，宋仲温始为之，吾今又大昌其妙，此俟知之者。”[44]

大量临习分三路精进，一是以宋克为核心的章草系列，二是以“二王”、怀素、唐太宗为中心的小草大草系列，三是以唐太宗父子、李北海为轴心的行书系列。这个时期，其作品整体面貌是以其一种书体为主，再夹以其他一、二种书体补充，章草的用笔、意趣随手拈来。章草、今草、大草处在整合期，“四体书”基本停留在继承宋克的层面，自己的风格特征已经十分明显。这些作品可分三类。

第一类：以《致章可信札》（1968 年）、《致谢居三信札》

[44] 1955 年，高二适：《宋克书张怀瓘论用笔十法真迹》题跋。

（1968 年）（图 8–20）为代表的行书。此类以行书布局全篇，杂以章草结字，融合章草笔意行之。中间偶以瘦硬行草点缀，使整个作品气氛活跃起来。此类作品书卷气浓郁。

第二类，以杜甫《禹庙》为代表的草书（图 8–21）。1966 年高二适“临《宋拓祖石绛帖》，专攻瘦劲一派”，并题曰：“方笔圆势，晋人书之妙，尽在是矣。”此是慧眼。此类作品，线质硬挺，线条连绵，一气呵成，纯从怀素大草中来。笔蘸浓墨，一任挥洒致枯。偶用章草，中锋行之，气宇不凡。《禹庙》作品末钤“草圣平生”朱文印，自负乎，狂傲乎？林散之赞其曰：“不负千秋，风流独步。”此语精当。

第三类，以《正气歌》《新定急就章及考证》为代表的“四体书”，以及在“兰亭论辩”期间写给章士钊的大量手札（图 8–22）。此类书法以章草为载体，点画精到，偶用大草形成纵势，布局有张有弛，亦庄亦谐，肃穆高古，越宋克而追晋人之风，颇见高二适才情。

另外这时期，高二适对小楷临池颇勤，且进入创作成熟阶段，其《〈兰亭序〉的真伪驳论》《读刘梦得集》手稿均为小楷上品，纯用锺、王笔法，尽得魏晋之精髓。

纵观这 15 年，高二适以勤奋有加的态度、丰满的才情及创新的精神完成了走向书法成熟期的全部准备。他此刻正等待着艺术之神打开他生命的喷井盖。

1961 年，重临《月仪帖》《出师颂》并题跋：

世人无我，我无世人。

这是高二适的书法宣言，他将以卓尔不群的姿态进入书坛。1961年7月1日至7月20日，为纪念中国共产党成立40周年，江苏省书法印章研究会、美协江苏省分会在江苏省美术馆举办首届江苏省书法印章展览。高二适有作品参展，这是他第一次以书法家的身份呈现在世人面前。尽管书法还没有完全成熟，但其独特的风格却引人注目。

1964年，他在《淳化阁帖·卷九·王献之书》上题跋：

吾草书由右军入，继乃攻宪侯，斯乃大得手矣。

此册大令佳迹殊多，二适书成大家，将于此中求矣。

1964年7月下旬，临《唐拓十七帖》题跋：

右军笔法于今始稍解矣。嗟嗟，卅年功夫乃得此耳。

同年夏，高二适于书法重点在宋克、康里巎巎、饶介等人的章草和以《淳化阁帖》中“二王”行草两路并行研习，对整合章草与今草起到了关键作用。他在《元人巎巎、饶介书帖》（此帖为《三希堂帖》的一部分）题：

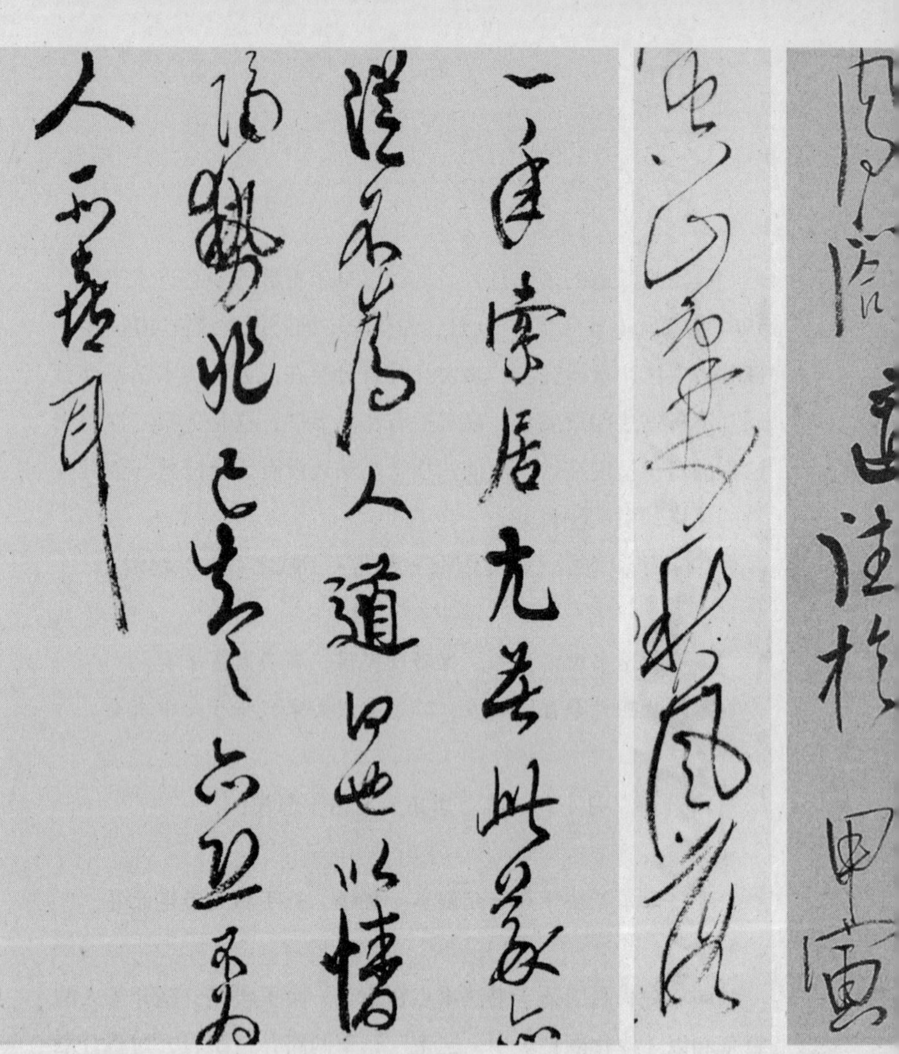

图 8-20：高二适致谢居三信札（局部），《二十世纪书法经典·高二适卷》，第 78 页
图 8-21：高二适草书杜甫《禹庙》“空山里，秋风落”六字，《高二适书法选集》，第 34 页
图 8-22：1965 年，高二适致章士钊信札（局部）

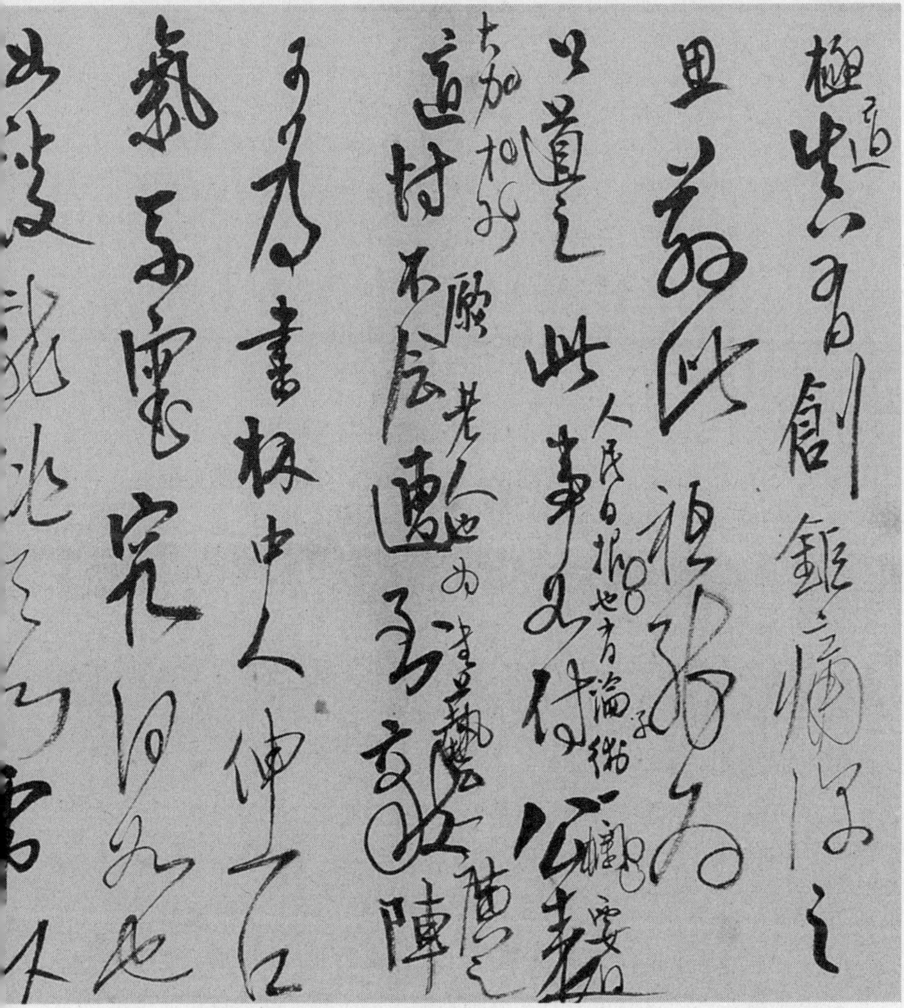

仲温字清劲，悦人眼目。子山出笔嫌少棱角，杀笔大佳。仲温弩多近佻、可憾。康里巎巎圆劲可学，宋仲温行笔有千钧之力，饶介行气如云，可师也。二适

兼有诸家之长，而无其失，嗟乎，草圣其在此乎耶？此处笔之杀纸，最能成吾笔法。甲辰五月。

由此可知高二适书法用力杀笔的由来，它是形成高氏书风的重要支撑点，也是他创作思想的重要转折点。在《新茶赠孤桐老人》诗稿中，“人”“眼”“史”“复”等字捺画，“元”字竖弯钩，杀笔爽劲，瘦劲遒健，此唯高二适使然，也为其所以然（图8–23）。

第三时期（1969—1975）：书法研究处于延续状态，书法创作进入成熟期，“四体书”自成风格。高老以大草来写“四体书”，并形成鲜明的自家风貌。

可是，艺术之神派来的不是天使而是撒旦。

1969年，“九月十一日午夜，碑帖书籍三千五百余册，突被地方‘收藏界’及居委会二部等假查户口之名，连宵绝载而去，一病弥年。仅存《淳化阁帖卷七・王羲之书二》一册，夜便狂书十纸”[45]。这对“一日无书则不能生”（题《高常侍集》）的高二适来说，无疑是一场劫难。但不幸对于真正的强者来说是一笔财富。黑格尔说：“艺术家常遇到这种情形，他感到苦，但是由于把苦闷表现为形象，他的情绪的强度就缓和了，减弱了。

[45] 尹树人：《高二适研究》，载《东南文化》1997年增刊，第132页。

甚至在眼泪里也藏着一种安慰。”[46]从悲剧心理学讲，这种紧张的缓和会产生快感。英国诗人凯贝尔（Ke-ble）说，诗歌“它又以抒发怨愤，使他们不致疯狂”[47]。但当时的政治气候，写诗排怨又等于把自己和亲友推向火坑。于是，高二适把目光转向书法而且是草书，他说：“吾今知作书惟作草能发泄吾人胸中之余蕴，如心有悲愁抑郁，起而作草最为能解也。”[48]天马行空、恣肆潇洒的草书，成了他生命的载体；身无图书的他，用生命的火焰将其“四体书”烤熟。他于1972年写给章士钊的信是真正的血泪之书，是用生命呐喊而成的作品。

在章士钊的周旋下，1973年2月23日，高二适“七十岁生辰，查抄书籍发还，如故人久别重逢。夜观诸帖，老眼光明，心畅神怡之至”[49]。这一悲一喜，个中辛酸，只有在笔山墨海里吞吐了（图8-24）。

高二适将那些不能直接发泄出来的能量和冲动“转移到追求知识、从事慈善事业和文化艺术方面的活动中去”[50]了。这一时期高二适佳作迭出，如《草书杜甫诗》《致章士钊书》《〈兰亭序〉真伪之再驳议》（草稿）和《南都帖》《麟角草题诗札》《秦［溱］潼道上闻子规》《四体书书谱》及致费在山等人精美的信札。其“四体书”总体书风个性十分突出，气象博大，情趣外溢；笔法、风神出入锺、王而盘桓于隋唐。徐利明先生评其书

[46] 黑格尔：《美学》（上卷），商务印书馆，1979年，第6页。
[47] 朱光潜：《朱光潜全集》，第二卷，安徽教育出版社，1987年，第389页。
[48] 《高二适研究》，载《东南文化》1997年增刊，第34页。
[49] 尹树人：《高二适研究》，载《东南文化》1997年增刊，第147页。
[50] 此为弗洛伊德所言，见朱立元:《现代西方美学史》，上海文艺出版社，1997年，第448页。

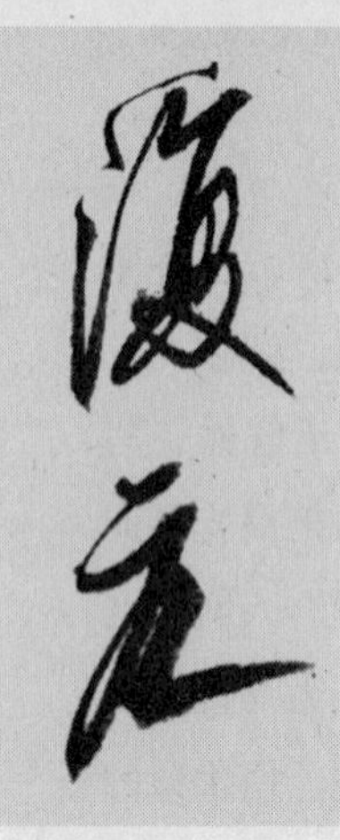

图 8-23：高二适《新茶赠孤桐老人》“复”“元”字，《高二适先生年谱》，图一五三

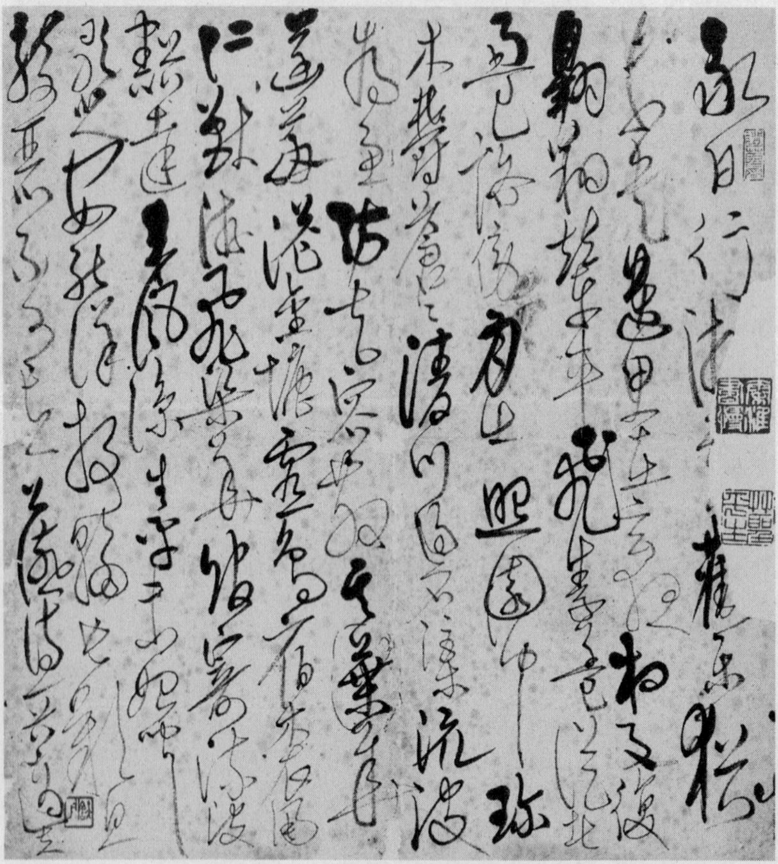

图 8-24：1973 年元月，高二适书《古诗十九首》之刘桢《公燕诗》（中国美术馆收藏）

云："茂锋圆厚，出锋凌厉，字形意志之纵横变化万千，却又归于典雅秀润的情调之中。"[51]

第三时期，高二适继续进行系统的书法研究。他深感书道日衰，许多书家草法无准，结合自己数十年的草书研究，写成《草书谱》，以昌明书法，同时也是以自己的又一书学实绩，回应恩师章士钊先生"天下一高吾许汝"的赞誉与期许。书成，高二适特吟诗寄给章先生："书堂落笔公规我，我生巍峨无所可。天下一家公有辞，冬郎夙爱屏风诗。入怀谁作《急就考》，骨节锺索吾堪老。年过七十未为衰，请持草圣为公道。"[52]1972年，应章士钊之约，再写《〈兰亭序〉真伪之再驳议》，可惜未能发表，高二适的话语权就被剥夺了。高二适愤然，遂将《自创草书谱》连同大部分诗文手稿弃之炉火。此为自毁，一悲也。其间，1971年，章士钊将其出版的《柳文指要》寄给高二适。高二适阅后，将其中错误撰成《纠章二百则》，1973年，章老将这部手稿带至香港准备出版，可惜，随着章老突然仙逝，这部融学术性、艺术性于一体的手稿散失了。此为他毁，二悲也。

至此，我们可以大略勾画出高老的书法研究成就，这就如一幅精致的山水画：一部专著为近景，以《〈兰亭序〉的真伪驳议》为中心的三篇论文为中景，散失的《自创草书谱》为远景，其大量的书法题跋感悟——如烟岚、林木、溪石点缀其间。

第四时期（1975—1977）：书法研究复归于自发状态，书法创作进入了庖丁解牛的境界，达到了艺术的巅峰。这一阶段，高

[51] 尉天池，徐利明：《中国书法全集（第86卷）：萧蜕吕凤子胡小石高二适》，荣宝斋出版社，1998年，第213页。
[52] 高二适致费在山信札《自创草谱成，书此寄孤桐老人兼示在山》。

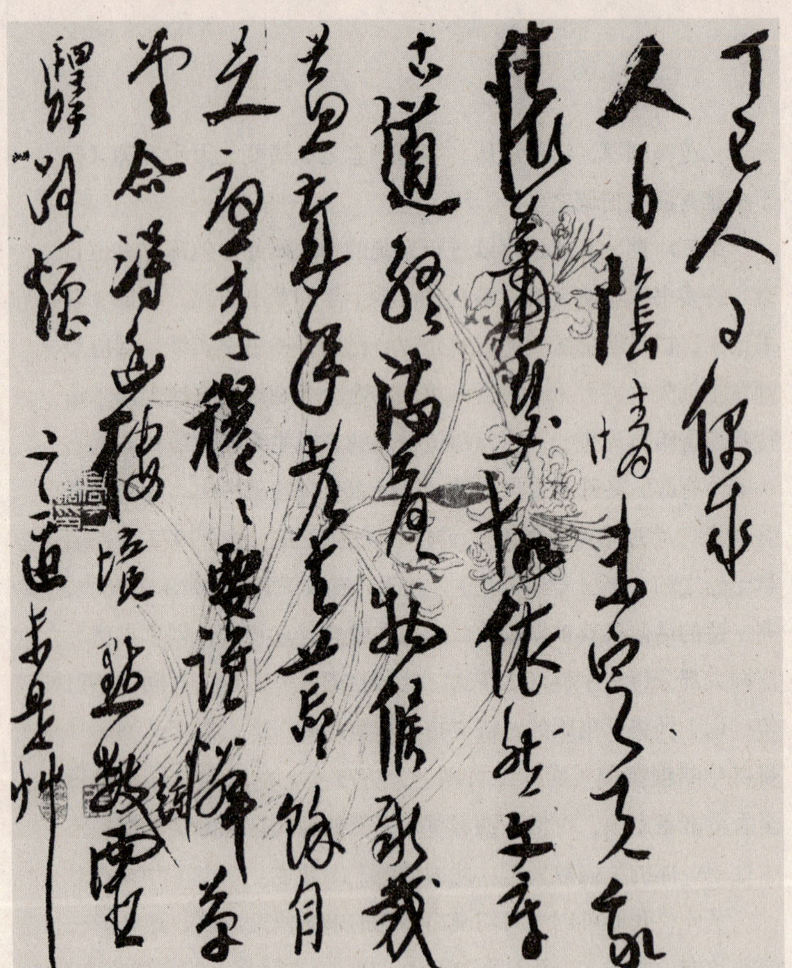

图 8-25：高二适《答卞孝萱诗》，吴为山主编《高二适墨迹（下）》，第 29 页

老多用秃笔作草，呈人书俱老状（图 8–25）。

在 1975 年前后，高二适把目光转向《平复帖》。此帖为章草，“运笔犹存篆法”[53]，这与高二适平生只嗜好晋帖的情志一致，但他“以秃笔作稿草”[54]，与高二适的用笔精致、法度森严的风格相矛盾。为何转向？他在给丁吉甫的信中道出了缘由：“昨林散之在席上见告，彼字越写越坏，是则弟亦有相感也。”[55]这种自我否定的意识，也正是自我更新，自我变法，自我超越的反映。此时，如何进一步发展章草，给“四体书”注入新的生命，是高二适所思考的新命题。这使得他书法创作进入新的阶段，并达到巅峰。

1975 年夏，自我反叛的高二适义无反顾地扑向从《平复帖》得法的杨凝式。1975 年 2 月初，他说：

> 鄙心率不齐病仍未痊愈，惟近则有意创一书体。平生只嗜晋帖。晋帖以后只一五代杨风子，余即元人巎巎子山及宋仲温二人，此非十驾之功不可过门也。[56]

1975 年 6 月 29 日，高二适致信费在山再次强调：

> 我近从事五代人杨风子（名景度，唐诸书家草书均不逮此人）书，过此一关，则应无敌于天下矣。

[53] 安岐：《墨缘汇观》，见殷伟，《中国书法史演义》，云南人民出版社，2002 年，第 48 页。

[54] 詹景凤：《东南玄览编》，见殷伟，《中国书法史演义》，云南人民出版社，2002 年，第 48 页。

[55]《高二适研究》，南京博物院：《东南文化》1997 年增刊，第 37 页。

[56] 1975 年 2 月初，高二适致方延午信札。

1975年夏，在《戏鸿堂帖》封面题：“杨风子帖优入圣域。”

1975年秋末，徐纯原索先生书杨凝式《步虚词第一章至第七章》，跋曰：

昔人谓草法自颜、柳没即衰敝，殊不知杨风子挺生五季，建隆以来复得一李建中，惟二人所传笔迹少耳，奚能执一孔之见耶？吾今方猎取景度驭繁以简之法，顾尚不克得其阃奥于什一也。此纸将尽。吾方欲举人，纯原见而爱之。吾在宁以书艺昌，原辄就问难，此可嘉也，遂用题字为赠。

1977年1月，在《三希堂·元人巎巎、饶介书帖》上题批（图8–26）：

舒父存览。子山字刚，华盖（即饶介）字挺，均在宋克下子昂上也，此惟具眼知之。元人巎巎、华盖山樵书法实同科。巎，子山字。

在饶介书《送孟东野序》：“……善矣。抑不知天将和其声，而使鸣国家之盛邪，抑将穷饿其身，思愁……”行间批：

华盖字法最见腴瘦相间，反正相生之势，可师可师。

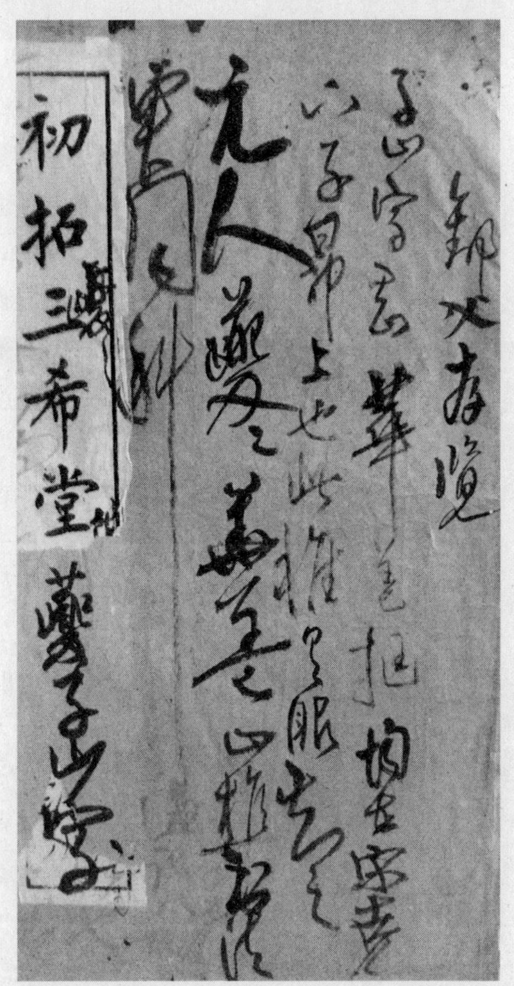

图 8-26：高二适《三希堂·元人巎巎、饶介书帖》题跋，《高二适先生年谱》图三二九

1975 年，临杨凝式《神仙起居法》。

1976 年 2 月 27 日，高二适致信刘墨村：

> 又有董华亭所刻《戏鸿堂帖》内载《新步虚词》十九首（五代杨景度所书），董帖石及印本均不易得，不审吾兄曾留意及之否？特并询之。

1975 年是高二适书法美学观及创作的重要转折期。由于他深度研习杨凝式，并全面接受杨凝式的书法美学形态，因此他对过去所推崇的书家碑帖几乎做了一个大的反叛，诸如王献之、怀素、孙过庭等。

1975 年 2 月 10 日除夕，为费在山讲《游黄溪记》，是为讲疏第九，随信如次：

> 余近以怀素、孙虔礼均不可学。怀近动风，草无准则且俗冗笔多。孙则千字一律，殊未能变也。君如要我题，我当有大文发抒。来函建议吾为作书心得，此循俗儒。吾今尚有待。中国已少具眼之人，吾何言哉。[57]

1975 年 1 月 22 日，农历寒腊，高二适为费在山《怀素自叙帖》（影印本）题诗两首对怀素予以否定：

怀素自叙何足道，千年书人不识草。
将渠悬之酒肆间，即许醉僧亦不晓。
我本主草出于章，张芝皇象皆典常。
余之自信为国宝，持此教尔休张惶。

1975年秋，高二适对上海博物馆编、上海书画出版社出版的《中国古代书法展览展品选辑》所载的作品一一点评，充分体现他此时的书学观。

王献之《鸭头丸帖》评曰：

此等帖殊未见佳，真迹再三摹勒，遂致俗态，可戒也。

怀素《苦笋帖》评曰：

此《苦笋帖》尤怪，何名之有哉。

元康里巎巎《渔父辞》评曰：

此帖佳。

对杨维桢书余善诗评曰：

[57] 曹松华，郁胜天：《高二适手札：致费在山》，中国文联出版社，2002年，第51页。

不成书势。

对陆居仁《题鲜于枢行书诗卷跋》评曰：

此草法乃别具风裁也；颇有清虚之气，惟骨力差耳。

对宋克《草书唐人诗卷》评曰：

佳迹人间鲜见，吾与南宫每具只眼，如此。

高二适曾在《唐拓十七帖》题跋说：

世传方笔圆势，八面拱心，故当于此中求之矣。

可见方笔圆势相当一段时间对高二适书法的影响，但此时高二适却对此有新的认识。他在1975年赠魏之祯一诗《扬州老印人魏心饮为鄙治“麻铁道人”石章一方，余钦其刀法若新发于硎然，乃献作此诗酬之》，却这样说：

残唐乃有杨景度，旷代宁无铁道人。
景度工书起居法，道人只欠丝与缗。
六鳌蹲坐古扬子，终岁无鱼肯离此。

神仙之路本无常，道者变法非圆方。

诗中“神仙之路本无常，道者变法非圆方”一句，显然杨凝式（景度）的《神仙起居法》帖为高二适提供了新的审美形态和有别于“二王”的技法。《神仙起居法》帖是杨凝式草书代表作之一，其特征是于险中求正，变幻莫测，尽得天真烂漫之趣，于字形削繁为简，于笔法颇方为圆。高二适准确地抓住杨氏草书精髓，并概括了16字的学习心得。1975年冬，他再临杨凝式《新步虚词》时，将此题下：

杨风子笔法久绝，此纸庶几近之。

并批云：

华亭目杨风子为狂草，此最得之。盖杨草乃行草第一手，近似于狂也。

化方为圆，削繁为简，隐劲于圆，藏巧于拙。杨风子草书，十六字尽矣。

这期间，尽管高老两次因心脏病住院，又因避地震暂寓东郊紫金山麓，但他临池创作甚勤。这与他1954年的转向一样都体现了他自我实现的最高层次的需要。其代表作有《为振阁书对联》

《秦老诗遒诗轴》《狂草杜甫诗卷》《可可于归尹氏诗》《广陵才子诗》《陶公诗》及长卷《步虚词》《送孟东野序》（图 8–27）等。此类作品线形一改瘦硬、流畅为粗硕、生涩，较前更多洋溢着天真烂漫的气息。整篇作品应和孙过庭所云：“违而不犯，和而不同，留不常迟，遣不恒疾。带燥方润，将浓遂枯。泯规矩于方圆，遁钩绳之曲直。乍是乍晦，若行若藏。穷变态于毫端，合情调于纸上。无间心手、忘怀楷则。自可背羲、献而无失，违锺、张而尚工。”[58] 其线质得陆机、杨风子之精髓，如前孙过庭所述。人知林散之晚年用墨如有神助，而不知此时的高老用墨已进入自为状态，特别是他将水墨用得恰到好处，既无王铎过分夸张的涨墨，又没有林老以墨块代线之嫌。他先用硬毫饱蘸浓墨，然后再点清水，落纸行笔，一任挥之。一件作品如此反复数次。他能将“水墨皆藏于副毫之内，蹲之则水下，驻之则水聚，提之则水皆入纸矣。捺以匀之，抢以杀之、补之，衄以圆之，过贵乎疾，如飞鸟惊蛇，力到自然”[59]。通过水墨来冲淡他以前的雄强铁阵的方式，使他所有的宏大叙事都熔铸在和平之中，以达到“中和之美”。

这时期，高二适系统地研究书法已停止，他用大量的时间和精力教授学生书法和古代文学。许多的书法感悟和精辟论断，散见于书信和题跋之中，如：

> 凡人有作，须有所寄托，不然，则字匠之为。[60]
>
> 康里圆劲可学，饶介行气如云，可师也。[61]

[58] 华东师范大学古籍整理研究室：《历代书法论文选》，上海书画出版社，1979 年，第 130 页。

[59] 华东师范大学古籍整理研究室：《历代书法论文选》，上海书画出版社，1979 年，第 130 页。

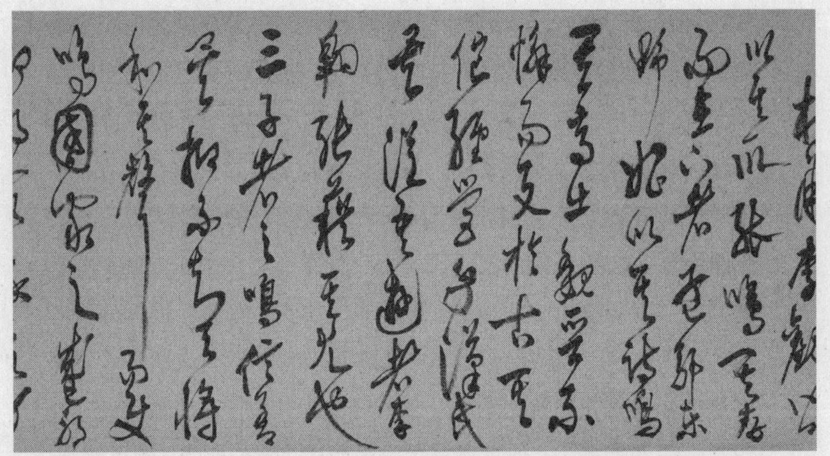

图 8-27：高二适书《送孟东野序》（局部）

1976年，“文革”结束，正当高二适全力奋进之时，心脏病突发，于1977年3月15日驾鹤西去。此乃天毁，三悲矣。

高二适在书法理论和创作上均有重大建树，特别是自1954年始，钻研章草，实践章草，发展章草，更有过人之处。在某一书体，理论与实践同时奇峰突起，互相生辉的，整个20世纪在帖学上仅高二适一人而已（碑学上，仅康有为一人）。陆俨少曾题跋高二适墨迹道：“诗文之赡则，书字之遒美，近世亦安得哉！”[62]惜高二适赋性耿介，遗墨不丰，常不为人所识。今日书法创作呈百花齐放之局面，章草已成为其中一朵奇丽之花，正应高二适所期待的“他日书家之应运而生，焕若神明，顿还旧观，则所谓中国书法让皇象之语，八绝翁其不得专美于前矣”[63]。此景观当让高二适含笑九泉。

[60] 高二适致徐纯原信札。

[61] 1977年1月，题《元人书帖合集》。

[62]《高二适研究》，《东南文化》1997年增刊，第95页。

[63] 高二适：《新定急就章及考证》，上海古籍出版社，1982年。

三、创作路径追寻

熊秉明曾撰联这样评价高二适："书风激荡，人品峥嵘。"（图 8–28）可谓恰如其分。

在高二适眼里"世人无我，我无世人"[64]。

在数十年的书法创作生涯中，特立独行的高二适以国学为支撑，以勤勉为推手，以使命和梦想为动力，逐渐形成了自己的书学系统。这个系统由经典笔法、自我造型和内在精气所构成。为了建构这个系统，高二适用了 40 多年的时间做准备、做铺垫。在这数十年里，他潜心研习正、行、隶，《爨龙颜碑》《爨宝子碑》《龙藏寺碑》《房梁公碑》《怀仁集王羲之书圣教序》《晋祠铭》《温泉铭》《石门颂》《西狭颂》《封龙山颂》《杨淮表记》等都是高二适日课临写之碑帖，不少碑帖一写就是几年、几十年，如高二适前后临写《龙藏寺碑》近 50 年。抗战期间，高二适在重庆作字，沈尹默对章士钊说高二适书法"300 年来无此笔法"。中华人民共和国成立后，高二适在上海"屡与秋明（即沈尹默）晤谈，事隔 20 余岁，（潘）伯鹰仍举此陈事为笑尔"[65]。高二适就凭此功力，在当今书坛足以争得一席之地。但他没有停止，他在 50 多岁带着从容，带着自信，突然转向——专攻草书。为悟彻草书，他一头扎进故纸堆，带着审视的目光，

[64]《月仪》《出师颂》合帖高二适题跋。

[65] 1974 年 12 月 6 日高二适致费在山信札。

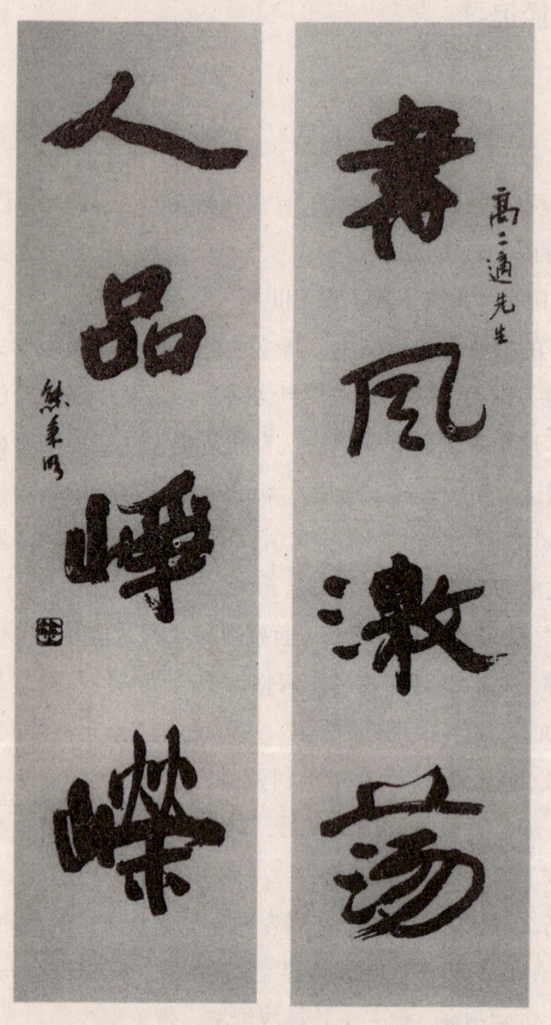

图 8-28 ：熊秉明对联，姜堰高二适纪念馆藏

从章草、“二王”，到唐天皇、文皇，颠张狂素，再到杨凝式，最后是杨维桢、宋克、康里子山无一缺漏，尽收笔下，形成了高二适书法世界的多元符号。但是高二适对经典也不是一味盲从，而是批评地吸收。

如对“二王”：

> 献之书骨法优。
>
> 大令笔法纯是篆理，此右军似不逮耶。[66]

对怀素：

> 此《苦笋帖》尤怪，何名之尤哉？[67]
>
> 此的是怀素书也，滑笔不可取。[68]

对宋克：

> 宋仲温书波险太过，筋距溢出，遂成佻下。[69]

高二适书法创作的经典传承符号体现在以下几个方面：一是点画以“二王”、魏晋为归依，故其笔法精到，满纸氤氲，书卷气十足，雅韵而不流俗：

[66] 高二适：题《淳化阁帖卷九·王献之》。
[67] 高二适：题《苦笋帖》。
[68] 高二适：题《明刻怀素千字文》。
[69] 高二适：题《宋仲温杜诗〈北征〉》。

吾书隶、楷、草、章，当以锺繇、梁鹄、皇象、索靖诸家为师，而行草则一准右军笔法。[70]

右军行草势长，大令则多平褊，此乃锺太傅家法也。二适书成大家，将于此中求矣。[71]

二是字形以章草为根基，故能不失高古。他始终沿着这条路向前迈进：

若草法从章法来，则高古无失笔矣。

羲、献今草有别开生面之处，倘用章法求之，定能超唐迈宋。[72]

三是运笔得篆理，线条圆劲，如锥画沙、屋漏痕。草书运笔用篆理是高二适从王献之大草处悟得的。“大令笔法纯用篆理”，“宪侯以草为篆，吾意系从《权量》出，惟欲释秦石而广之，岂非驾献之耶”[73]。

四是气势得怀素神韵，故其下笔惊雷崩石，雾霭流岚，一派苍茫：

素师笔通神明气开山岳，其所自来，直张长史重世耳。[74]

舒凫草书应有山岳震动、江河奔放之势。

[70] 高二适：题《月仪》《出师颂》合帖。
[71] 高二适：题《淳化阁帖·卷九·王献之》。
[72] 高二适：题《月仪》《出师颂》合帖。
[73] 高二适：题《峄山碑》。
[74] 高二适：题怀素《千字文》。

多元的古典符号，增添了高二适草书的艺术含量，但是高二适绝不因此得意忘形，也绝不惟古是从，“吾素不乐随人俯仰作计”。确实他为人、为学、为文、为艺，均特立独行。他一生浸淫于墨海，不是为复古，而是为塑造一个全新的自我，实现自己的梦想——与王羲之同守草书长河的两端。宋曹云：“必以古人为法，而后能悟生于古法之外也。悟生于古法之外，而后能自我作古，以立我法也。”[75]高二适就是要守古为新，就是要以多元为根基并从中突围，立自己书法创作的“家法”。这个家法就是“和”“化”“适”。

“和”即和谐，冲而不犯。高二适书法创作是古之“四体书”的继承和发展，他在题宋克书《唐张怀瓘论用笔十法》中说：“四体书。宋仲温始为之，吾今又大昌其妙。”[76]将真、行、今草、章草并于一纸，这不是简单的拼凑，而是使之融合成一个和谐的整体。宋克、康里子山都在此方面做了有益的探索，但高二适一针见血地指出了他们的不足：“元末明初人，能书而不识章学之本，下到清末罗振玉、王国维均有不识章出处”，“章书即元明诸家如赵子昂、宋克、邓文原，亦不尽识。故只依样葫芦”[77]。“不识章学之本”“依样葫芦”是历来写章草的诟病。要打通“四体书”，实现整体的和谐，他从宋克的草书中悟得“四体书”“其胜处在精气内含冲和”[78]。如何达到冲和？高二适认为“作字如只恃一副本领，而无随时随地随人变换转换之功，终非大家数也”[79]。

[75] 宋曹：《历代书法论文选》，上海书画出版社，1979年，第572页。
[76] 高二适题：《宋仲温急就章真迹》。
[77] 1975年1月24日致费在山信札。
[78] 高二适：题《宋仲温杜诗〈北征〉》。
[79] 高二适：《大唐纪功颂》题跋。

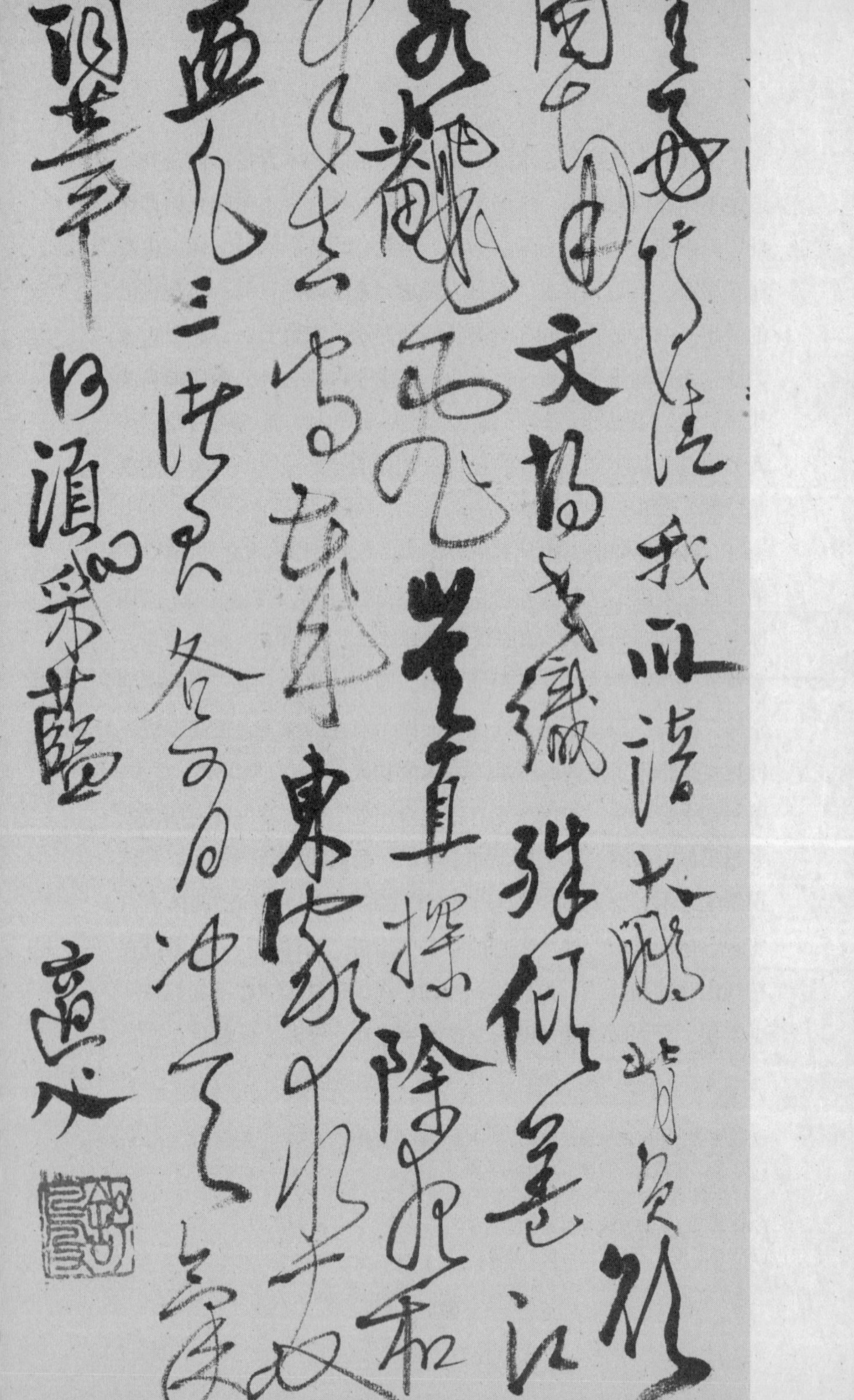

高二适自由转换的本领有两个：一是用章草笔意统领真、行、今草，使每一个字的笔法相近，笔意相通，这样真书就少一份整饬，多一份活络；行书就少一份轻佻，多一份厚重；今草就少一份滑溜、俗气，多一份质朴、高古，如此就形成相对统一的格调。二是用行草、大草的气势贯通每一个字，形成一种摄人心魄的行气，这种行气都统一到高古、儒雅、大气的气息中（图 8-29）。

“化”即化字型、化笔法。高二适在题《宋仲温书杜诗〈北征〉》时云：“草书点染曳带之间，若断若续，婉转生趣，而锋棱宛然，真意不失，此为入神。”而章草字型多平褊，挑笔太多，不便于上下勾连，设若没有这“点染曳带”，又如何入神？即使是宋克、康里子山犹不能治此病垢。高二适却大胆变扁为长，并削减捺画和挑笔，这一小小的字型转化，给高二适的草书创作带来了革命性的变化。在他的笔下，今草与章草之间的一堵墙被彻底推倒了，用今草笔法写章草，用章草的点画写今草，成为高二适特有的字型、字法。高二适的野心还不止于此，他的书法创作要熔铸三大系统——正书系统（包括楷书、隶书）、行书系统、草书系统（包括今草、章草）。

1962 年秋，高二适在清代两江总督端方所藏《瘗鹤铭两种》上题跋：

碑内“势丹”二字纯系右军笔法（右军此字势即本诸太傅《贺捷表》，“势”唐勒本更觉飞动也），张叔未（即清

< 图 8-29：高二适《癸丑除日》诗稿

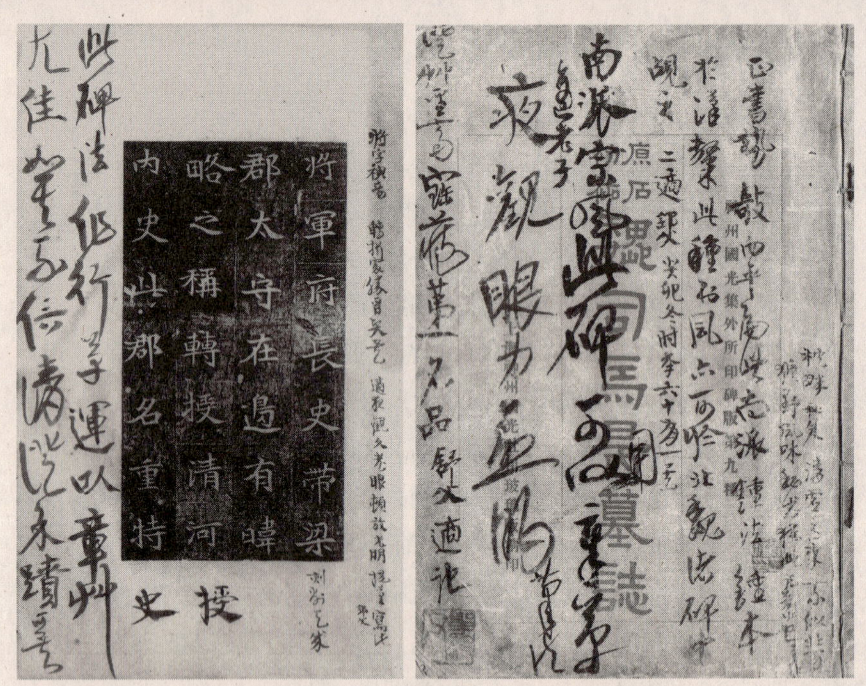

图 8-30：高二适《司马晒墓志》批注（《高二适先生年谱》，图一四九）

人张廷济）题端方藏本，以为字势随石势为之，如瓦当文字变动不居，又引其弟灏亲拓是刻为证，此盖帖学家之伪言，诚为不知书法之至者矣。适偶记，壬寅秋。[80]

在此高二适痛斥伪帖学家，不通笔法，指出《瘗鹤铭》中的“势丹”的笔法与王羲之是同一脉系。他在定武《兰亭》题跋中对此有细致批注：“‘外’右‘卜’由章草‘卜’字来，见皇休明急就章。又此字与《瘗鹤铭》‘外’字笔法相似。”[81]而在《宋克章草书谱》批注中将宋克的章草笔法与褚遂良的楷书笔法视为同一：

要使无一笔无意识，褚河南《房梁公碑》可与此帖相通。[82]

1963年冬，高二适在《司马昞墓志》封面题批：

正书势，敧而平扁，此南派锺法，锺本于汉隶，此种书风亦可于北魏诸碑中觇之。二适舒父，癸巳冬时年六十有一矣。

证草圣斋宝藏第一名品。舒父 适记

南派宗风，此碑可用章草笔法。适老子夜观，眼力愈明。

在此高二适将《司马昞墓志》追溯到汉隶，进而窥视到章草笔法，他为自己的发现欣悦之情溢于言表。在《司马昞墓志》首页和第六页分别批注（图8–30）：

[80] 高二适：《高二适书法选集》，江苏美术出版社，1987年，第103页。
[81] 高二适：《宋拓定武禊帖》。
[82] 纪如彬，吕华江：《高二适先生年谱》，江苏凤凰美术出版社，2018年，第249页。

此碑体制大似余之小楷，年来临摹锺太傅未尽称意，观此乃三叹而止矣。舒父适题此永存。时癸卯冬南京。

此碑法作行草运以章草尤佳，如其不信，请证余迹可矣。刻削天成。“将”字神奇。转折处胜晋贤矣。适，夜观久，老眼顿放光明，提笔写此，舒父。

“此碑法作行草运以章草尤佳”——高二适很好地将碑、行、章草笔法融合在一起。为了实现这一宏大的梦想，他要求自己的创作，一是将线条“化方为圆，削繁为简”，又“隐劲于圆，藏巧于拙”[83]。；二是笔法、使转随意转化，以我手写我心，“凡大草熟而能动，宜在意，不求笔笔拘执”“写此大草，须当随意转、信手侧，不宜故作欹倾姿态也”[84]；三是意境“复古而能变”[85]。

“适”即是高二适把自己设定的艺术境界为“无适而不可”“适吾所适”。这里包含两个层面：一是得鱼忘筌，得道忘技（图8–31）。1974年11月，高二适在致费在山的信札中说：“孙虔礼《书谱》：‘任笔为体，聚墨成形。’两语确可当金针度世，念之哉，念之哉。”孙过庭笔下的“任笔为体，聚墨成形”是贬义，但在熟练驾驭各种技法的高二适眼里，它是书法的至高境界。为了得到黄庭坚所说的“心不知手，手不知心”的境界，高二适皓首于经典之中，就像《庄子·知北游》中那位捶钩者，几十年都是“于物无视也，非钩无察也”，终修成庖丁解牛之技。由于当时物质条件的制约，高二适少有所谓的大幅巨制，

[83] 高二适：题《杨凝式帖》。

[84] 高二适：题怀素《千字文》。

[85] 高二适：题《宋仲温急就章真迹》。

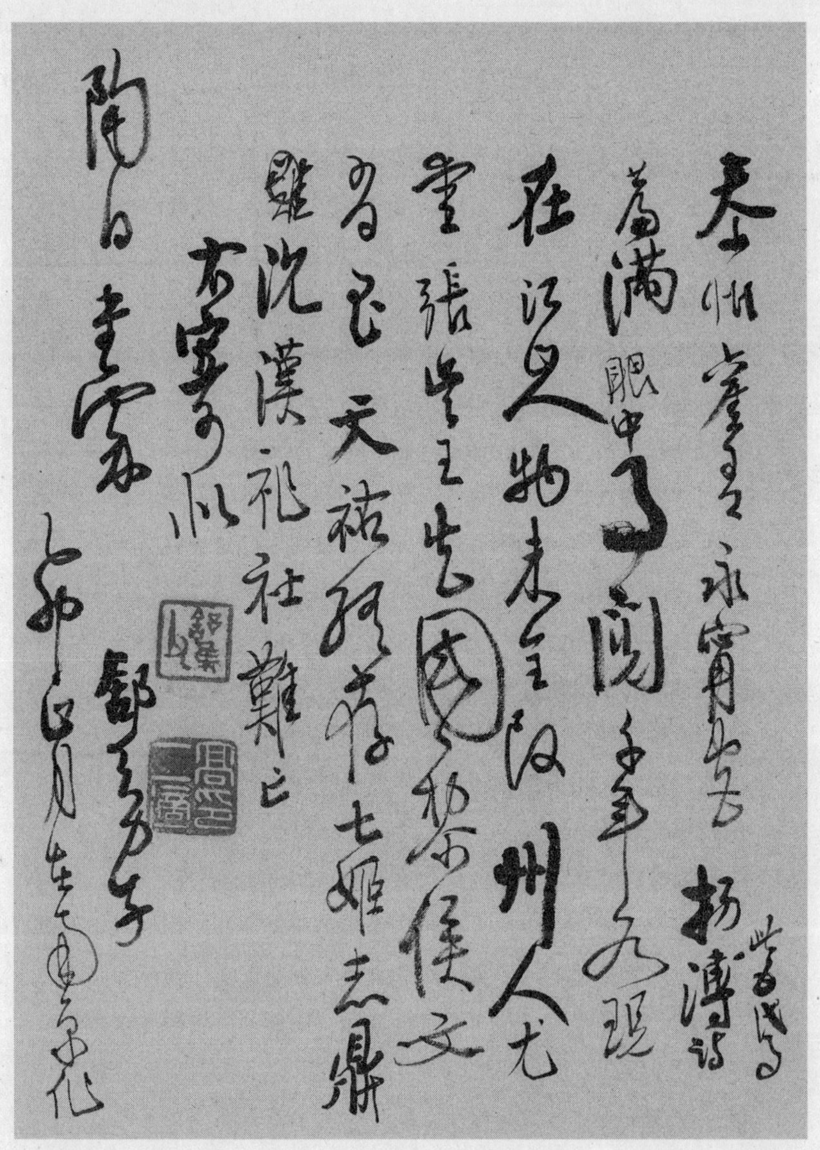

图8-31：高二适《致章士钊手札——《兰亭序》真伪之再驳议》，南京高二适纪念馆藏

但他手书的文论及在自在中书写的专著就是真正的书法杰作。他的大量书札可以说是“二王”书札之后的又一高峰。其内容庞杂，涵盖了他为学、为文、为艺、为父、为师、为友等所有方面。他借助书法，将生活艺术化了，或者是进行艺术化生活。有时盈寸素纸，寥寥数行也可于掌上把玩；有时一通手札即是天成的横批、手卷，令人爱不释手。此是书耶？信耶？浑然不知，只道是高二适一任自然，如有神来之笔，不知从何而来，又不知驶向何处但细察之，则是笔笔有源，气象万千，知、情、行、意无所不有，此所谓老子的有生于无，大象无形。这也就进入第二个层面，即任逍遥、舍我其谁的精神境界。宗白华先生在《中西画法所表现的空间意识》中说：“书法中所谓气势，所谓结构，所谓力透纸背，都是表现书法的空间意境。”[86]在高二适草书空间意境里，我们能够清晰地窥视到他深厚的国学背景，悲天悯人的文化情结，重振草书的使命以及独立于当代书坛唯我“书圣”的梦想和自信。

固然高二适的书法创作仍有某些缺陷,但我们不必求全责备，就像我们不能要求李白、杜甫创作长篇小说一样。历史只给他们一隅空间，让他们用一根小小的火柴来划亮天空。虽然只是那么一瞬间，但他们已完成了全部的使命，即便消失了也是永恒。

[86] 宗白华：《美学散步》，上海人民出版社，1981年，第139页。

四、书学价值举隅

（一）重塑书学与国学互为表里的典范

历代书家都重视国学对书法的滋养功用，国学是本，书学是末，然随着传统文化的流逝，书坛逐渐出现本末倒置的潮流。高二适于书斋默默耕耘重走传统文化之旅，成为 20 世纪重塑书学与国学互为表里的典型代表，把我们牵引到正确的书学之路上去。

清代杨守敬在《学书迩言·绪论》中指出学书有三要："天分""品高""学富"。然后说明学问对书家的重要作用，他说："学富，胸罗万有，书卷气，自然溢于行间，古之大家莫不备此，断未有胸无点墨而能超轶等伦者也。"[87] 书法尤其是草书的至高境界皆由学养滋润而成，这已经成为普遍的共识。《宣和书谱》评唐杜牧书法"作行草，气格雄健，与其文章相表里"[88]。这点用在高二适身上一点都不为过，高二适的书法创作与其国学研究具有互为表里的鲜明特质。（图 8–32）

1965 年 7 月，章士钊先生在致毛泽东主席的信中称高二适为"巍然一硕书也"。高二适国学博精，章士钊赏识他"寝馈功深""无漏洞可塞"，曾多次撰文于香港《文汇报》向世人举荐。高二适通《周易》，精老庄，研韩、刘、柳之文，攻杜诗及江西诗派。章士钊与高二适相约"并肩厕入中唐刘柳大师之讲坛"。

[87] 崔尔平：《历代书法论文选续编》，上海书画出版社，1993 年，第 712 页。
[88]《宣和书谱》，桂第子译注，湖南美术出版社，1999 年，第 182 页。

北固山寺淳道上人屬書

出蜀歸閩年，故鳥四門，新見杜鵑花一部，鎸秦淮冰，何處消息，閩家可见高二适国学研究的深度和他的梦想。在“兰亭论辩”中，高二适之所以第一个勇于向郭沫若提出质疑，其动力既有对传统文化的热爱，个性使然，更有他对事业的神圣追求。如果否定了《兰亭序》，那么高二适完成“昌明章草，推尊草圣之功”的使命就毫无意义，同时他草书创作参照的最高标准——草圣王羲之轰然倒下，自己的梦想也就变得虚妄，因为在高二适眼里只有两个人，一个是王羲之，另一个就是他自己。

高二适深得《周易》之“变”“通”精髓，他的治学不是掉书袋、墨守成规、人云亦云，而是博采众长，融会贯通。出入千百年，纵横数百家，取法于其中，又超乎象外，成为他治学为艺的准则：

> 讲宗法，遵师承、株株于流派者，均非佳致。要之出入千数百年，纵横于百数十家，取长补短，自得其环，而又超乎象外。[89]

正因为高二适深谙国学，站在中国文化的制高点上，并以上下贯通、左右逢源的气概，打通文、史、哲、艺，故而形成了他志高胆大、品洁趣雅的审美诉求。这种审美诉求一旦落实到书法创作上，定然会让他精骛八极，心游万仞，而又收拢于手掌之上。厚实的国学底蕴为高二适书法创作提供了必备的文化支撑。《周易》《老子》为高二适的书法创作提供了必要的哲学思辨。他打破楷、行、章草、狂草的界限，化有为无，然后重新整合，于无

[89] 高二适题《声调三谱》。

< 图 8-32：高二适《北归溱潼道上闻子规》诗稿

中生有。他将楷之庄、行之秀、章草之朴、狂草之颠融合在一起，组成一个瑰丽的世界。《庄子》为高二适的草书创作提供了足够的想象空间，《庄子·达生》说："忘足，履之适也；忘要，带之适也；知忘是非，心之适也；不内变，不外从，事会之适也；始乎适而未尝不适也，忘适之适也。"[90]"忘适之适"是对高二适名字"二适"的最好诠释，取"二适"为名充分展现出任我行的自信和不断自我超越的精神。唐张旭见公主与担夫争道，怀素观夏云多奇峰皆悟得草法，而高二适读史吟诗亦能悟得笔法：

> 吾尝谓中国文化中有三大宝物，即史迁之文，右军之书，杜陵之诗是也。而杜诗造法亦与史记、王书同具一副机杼，转动回旋，强弱高下，无施而不可。而杜于声律之上，尤觉从容闲暇。虽史迁文章，奇傲不可尽与杜之五、七言为比拟，然凡羲之书帖诸笔法，则杜律无不尽收之也。[91]

史迁之文、杜陵之诗、右军之书皆同一机杼，吟杜诗而得右军笔法，非法眼不能窥其端倪。厚实的国学、奇逸的想象、超拔的悟性，使高二适与同时代的书家拉开距离。在书法创作上他执意独辟蹊径，探古访源，从文化学的高度审视自己的草书创作。他用一生的时间积蓄自己，矫正自己，创造自己，即使外面喧闹不止，但他仍能以大隐于市的胸襟，从容自若地执着于文化梦想。他曾作联云："而此草章为世写，岂有诗礼终平庸"（图 8–33），

[90] 曹基础：《庄子浅注》，中华书局，1982 年，第 286 页。
[91] 高二适：题杜甫《骢马行》。

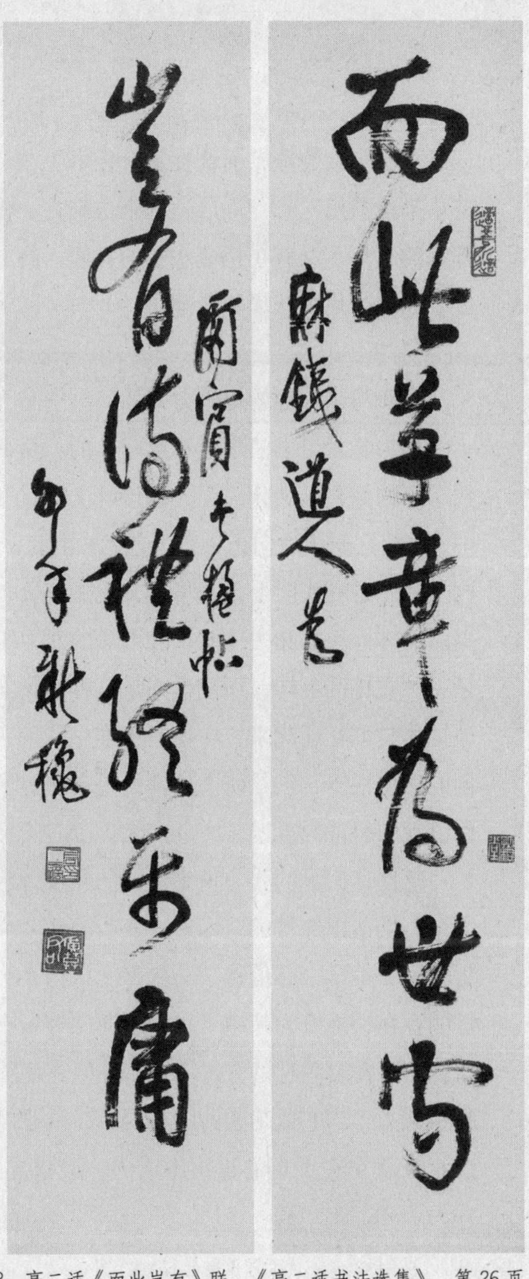

图 8-33：高二适《而此岂有》联，《高二适书法选集》，第 26 页

“隶草千年成绝业，而今捉笔有传书”，“此技至今五百年，请持草圣论公道”[92]。高二适的书法高古、俊逸、大气，既有风樯阵马的气势，又有小桥流水般的意境。高二适书法与国学互为表里，在现当代书坛堪称典范。

（二）研与创互通的思维方式

作为艺术，书法理应释放感性的力量，但书法艺术又根植于数千年的儒释道文化，强大的传统文化让它置于有边界的无限之中，也使它避免滑向街头行为艺术。由此，书法强调技法的锤炼，这个锤炼过程实际上是与华夏文化的解读与心灵的感应，它需要更多的理性去品味去体验。故书法的研习不仅是技巧的练习，更是一种文化的翻转，而创作则是这种文化新的表现。高二适很好地把研与创互通起来，在他的思维方式里研就是创的一部分，是创的思想根基，创是研的延伸，是书法美学的外在形式，是书法价值观的验证码。

感性让心灵的张力得到最大的释放，它试图摆脱外在的强制力量，创造出纯粹的艺术形式。美国法兰克福学派代表人物著名哲学家、美学家赫伯特·马尔库塞认为，把形式上升为一种必然性的存在，上升为超越了趣味和通感等所有主观多样性的普遍性东西，还需要理性的介入。马尔库塞还说：“沟通着感性和理性的想象力，当它成为实践的东西后，就是‘生产性’的东西了，这意味着它在现实的重构中成为一股指导力量。”[93]高二适从

[92] 1972年，自作诗《寄孤桐老人》。

[93] 赫伯特·马尔库塞：《审美之维》，广西师范大学出版社，2001年，第105页。

来就不缺既能够创造出纯粹形式又支配着重构重任的想象力。他总是把创作理念付诸实践，以验证心灵的想象力，然后否定、调整、丰富自己的想象力，形成新的理念，再实践。就这样在否定之否定中，将书法创作推向一个又一个新高峰。

白蕉在《云间言艺录》中说："草书不从晋人入，终日无是处。"但是高二适比他走得更远、更彻底，高二适在年逾半百之际回顾书法创作得失时说：

> 余不敏，幼承先人余业，笃嗜临池，然草书无法，中心疚之，不得已，乃日取《唐本十七帖》《澄清堂帖》《淳化阁帖》《淳熙秘阁续帖》诸本，专攻王羲之，习之既久，遂得稍悟真草之书：非由草隶篆入门，不能得其正轨焉。[94]

这其中一"疚"一"悟"，可见高二适的心路历程，书法创作的密码正一点一点地被他破译。至此，他发愤搜求章草各种版本，旁搜博考，择善而从，费时十载，七次易稿，终成填补当代章草研究空白的专著《新定急就章及考证》。其间高二适的草书创作也同步进行，他在大量的题跋中透露了这一时期的收获：

> 拟日写一章，以验进益。[95]
>
> 甲辰大暑，临此最勤。舒父氏年六二矣。右军笔法始稍解矣。

[94] 高二适：《新定急就章及考证》，上海古籍出版社，1982 年。
[95] 高二适：题《急就章》。

嗟嗟，卅年功夫得此耳！

亲见右军操觚不过如此耳。

此帖均属草隶笔法，足征右军书迹由章变为今草，斯其初祖耳。[96]

余作草书以章草八分行书相间为之，此王右军法也。[97]

人言高二适很自负，常以“草圣”自居，但不知这狂言的背后，是他对草书创作的彻悟和自信。虽然他还完全没有登上草书创作的巅峰，但艺术是无止境的，其巅峰不是绝对静止的，它永远都在不断增长，但其“会当凌绝顶，一览众山小”的眼识，足以让他君临天下。他批怀素《自叙帖》不足道——“千年书人不识草”（题《怀素自叙帖》），评宋人笔法俗——“草不兼章，罔成规范”（题《宋四家真迹》），骂沈曾植书札枉有书名——“字形拙劣”（《绛帖》跋文）。诸如此类的批评，不是为哗众取宠，而是基于他率真的个性，基于他对书法创作感性的把握和理性的深度思考，这为我们今天的草书学习和创作提供了另一种思维方式。

这种思维方式就是一种纵横捭阖、感性与理性互融的审美模式。高二适勃郁、孤傲、耿介的气质与杜诗、江西诗派的神韵一拍即合，而这直接导致了他书法创作理念的形成，杜诗“书贵瘦硬方通神”“草书非古空雄壮”中的瘦硬、入古、雄壮成为高二适书法创作的审美理念。1966 年，高二适临《宋拓祖石绛帖》，

[96] 高二适：题《唐拓十七帖》。
[97] 高二适：题《墨池编》。

专攻瘦劲一派：

学唐高宗书三数年，今夕始解瘦劲之气，宜于多筋处求之。[98]

此碑结体瘦劲，久写有益，见清刚之气生于毫端，其高妙大为独步云。

能于细致中求莽放尤难。[99]

可以说杜诗激发出高二适理性的火花，成就了他的梦想。为了免俗，他又从书法本体做深度思考。“方笔圆势”“古质今妍”是高二适实现其审美理念的基本诉求。

二王之别，在“质”与“妍”二字，此言羲之与其子比为古，献之比其父为今，即父质而子妍也。[100]

王帖草不脱隶，传世宋拓本中，盖未有如此刻之圆浑者。世传方笔圆势，八面拱心，故当于此中求之矣。[101]

方笔圆势，晋人书之妙处尽在是矣。[102]

草法在点画，即“方笔圆势”四字而已。[103]

怀素书雕疏，不得方笔圆劲之势，此其所短也。[104]

[98] 高二适：题《大唐纪功颂》。
[99] 高二适：题《李贞武碑》。
[100] 高二适：跋《虞和〈论书表〉》。
[101] 高二适：题《唐拓十七帖》。
[102] 高二适：题《宋拓祖石绛帖》。
[103] 高二适：题跋《安吴论书》。
[104] 高二适：题怀素《瑞石帖》。

尽管高二适在题《李贞武碑》时称：“书法无俊秀之气，不得谓为艺事。”但他始终恪守入古之法：

> 章草为今草之祖，学之善，则笔法亦与之变化入古，斯不落于俗矣。[105]

这种追求魏晋风神的意识，实质是人类渴望回归儿童时代情结在艺术上的折射。马克思曾经指出，希腊艺术所表现的是人类的儿童时代，并阐释说：“一个成人不能再变成儿童，否则就变得稚气了，但是儿童的天真不使他感到愉快吗？他自己不该努力在一个更高的阶梯上把自己的真实再现出来吗？在每一个时代，它的固有性格不是在儿童的天性中纯真的复活吗？”[106]魏晋之书也正是书法的儿童时代，我们在赵孟頫的书作中感受到这种儿童时代的气息，在董其昌、王铎的墨迹里窥视到儿童时代的面貌，同样我们在高二适的“四体书”中体验到儿童时代的那种纯朴和嬉戏的快乐。他使书法充满了浓郁的人文精神，使人获得心灵的欢悦。

艺术创作一旦有思想的介入，必将使其站在艺术的制高点，但理性这东西是双刃剑，它在使人有深度的同时也会让人自我作茧，此时唯有超强的感性方能释放出巨大的艺术张力。高二适强调草书创作要有所寄托、乘兴而发，切不可雕琢为之。他常常逍遥于梦想里，让感性进入自由状态，最大可能地创造纯粹的艺术

[105] 高二适：题松江本《急就章》。

[106] 马克思，恩格斯著，中共中央马克思、恩格斯、列宁、斯大林著作编译局编译：《马克思恩格斯全集 第12卷》，人民出版社，2016年，第756页。

形式：

凡书要有荦确不平之气。[107]

凡人有作，须有所寄托，不然，则字匠之为，有识者定嗤之以鼻也。[108]

草书即须乘兴而发，始能为之，此草书不二法门。

吾今知作书惟作草能发泄吾胸中之余蕴，如心有悲愁抑郁，起而作草最为能解也。又，凡人有抑悒不平之气，作草亦可解也。[109]

“四体书”虽肇始于颜真卿的《裴将军诗帖》，而成于宋克，但因其有拼凑之嫌，而不为人所嗜。高二适的“四体书”，真、行、章、草以气贯之，不动声色而又崭露诸体头角，在其下，蕴藏着巨大的能量。海明威说：“冰山运动之雄伟壮观，是因为它只有八分之一在水面上。”[110]这沉浸在海面之下的便是“集体无意识”。高二适书法创作的成功，“就在于从无意识中激活原型意象，并对它加工造型精心制作，使之成为一部完整的作品”[111]，即我们所见到的“高体”。其面貌也正合张怀瓘所说：“非草非行，流便于草，开张于行，草又处其中间。无借因循，宁拘制则；挺然秀出，务于简易；情驰神纵，超逸优游；临事制宜，从意适便。有若风行

[107] 高二适：题宋克书《唐张怀瓘论用笔十法》。
[108] 高二适致徐纯原信札。
[109] 高二适：题跋《颜真卿述张长史笔法十二意》。
[110] 刘文孝：《外国文学的艺术发展史》，云南人民出版社，1998年，第728页。
[111] 瑞士心理学家荣格所言。见朱立元：《现代西方美学史》，上海文艺出版社，1997年，第471页。

雨散，润色开花，笔法体势之中，最为风流者也。”[112]因此高二适把宋克的“四体书”大大向前推进了一步，赋予它全新的美学形式及方法判断。高二适以非凡的想象力大隐于市，畅游在理性的世界和感性的王国里，醉心于神圣的使命和美丽的梦想之中。

（三）艺术与生活合一的文化状态

中国传统文化生活的理想状态是日常生活的诗意化，这个诗意化的路径是借助文学与艺术实现生活艺术化、艺术生活化。理想的诗意状态根植于老庄的思想，老庄的思想不是无所作为的生活指南，而是为自我活法选择提供了另一种可能，为摆脱世俗的纠缠提供了可靠的话语权，也为艺术与生活合二为一提供了足够的人文空间。这有别于西方的“诗在远方”，中国式的诗意可以安顿在日常生活中。自魏晋文化自觉以来，不管是“竹林七贤”式的放旷，还是兰亭雅集式的悠游都是艺术与生活相融合的重要形式，到宋代更是将抽象的文化具象到日常生活，比如精致的茶具，由此东方的诗意离不开日常生活。海德格尔说，诗意诞生于诗歌与艺术。在他的语境里，艺术并不包含中国书法，因为在他的视野里并没有中国这门艺术，这并不是他刻意屏蔽，而是他根本就没有接触到中国书法，更谈不上去理解中国书法。但在中国没有谁否认书法是艺术，书法是将日常生活与艺术结合得最完美的形式，因为书法首先是工具，它在数千年的中华文明发展史中起到了举足轻重的作用,同时它又蕴涵了中国式的审美意识形态，

[112] 潘运告：《张怀瓘书论》，湖南美术出版社，1997 年，第 28 页。

由它所诞生的诗意必然是中国化的。在中国将日常生活与艺术相融合最简便最有生命力的便是书法，但中国书法诗意的诞生必须满足两个基本条件，这就是要有精湛的书法技艺，此其一，其二必须有飘荡在深厚文化素养之上的文心诗性。

高二适先生完全具备这两个条件。高二适一生在书法技艺下硬功夫，一是临摹时间横跨自童蒙起直至去世；二是书体正草隶篆行全部研习，他虽以行书、草书面世，但一直没有放弃隶书和楷书的临摹，如《龙藏寺碑》研习 40 年之久；三是苦心专研笔法，深得“二王”笔法、篆隶笔法和魏碑笔法精髓，且将它们自然融合。高二适研习书法技法不是游兵散勇式涉猎，而是一个堡垒一个山头地攻取。如对于章草，他在给弟子徐纯原信札中说：“用力专攻足有卌年之久，稿经屡定，始成完书。”因此他练就了一副“随时随地随人变换转换之功”[113]的本领，即使高二适纵笔为体，却每体有源，每体有根，每体有文化指向；他聚墨成形，却无一笔不是来自经典，在此可以管窥到浑朴的锺繇、高古的陆平原、潇散的“二王”、奔放的颠张醉素、奇崛的杨疯子等诸贤的风神，同时又依稀可见《黄初碑》《龙藏寺碑》《房梁公碑》《大唐纪功颂》及康里子山、宋克的踪迹。因此高二适看似日常随意书写，却也是无意于佳乃佳的自然流露，因为他没有了为创作而刻意经营的人为设计，他回归艺术本真，故而多了一份真气，多了一份灵气。

高二适文心浩荡，诗性满盈，这来自他“重振江西诗派”

[113] 高二适：《大唐纪功颂》批注墨迹，第 34 页。

的雄心壮志。“江西诗派”强调“无一字无来处”和“活法为诗”。前者让高二适一头扎进中国文史哲江河之中，他遍读先秦诸子、唐宋诸贤，熟读《周易》之书、班马之文、《世说》之章，研读历代诗词歌赋，这使他自豪地说，吾熟读“图书三十车”，焉能随人俯仰，傲视书坛。高二适师法“江西诗派”，作诗不下10000首，但不是掉书袋，而是“活法为诗”，他打通了文史哲书法，因此他的字既是日常书写也是充盈浩然气、书卷气，有时虽三五字却也是艺术其表文化其里的诗意表达，珊珊可爱，令人爱不释手。

沉浸于文化和书法的世界，高二适自然皓首于书斋，书斋生活成为高二适实现文化理想的基本状态，书斋也自然是高二适达成艺术与生活契合的文化场域，日常书写便是这个文化呈现的常态。高二适的日常书写有诗稿、书信、便条和读书批注等几种形式，所书内容，日常生活的琐事也不少，诸如向章士钊报告孙子的诞生，请人为女儿可可婚事帮忙，但更多的是说文谈诗论艺，如与韩国钧谈版本问题，与章士钊交流学术，给制笔的费在山大谈毛笔史料。高二适的许多学术成果形成于日常读书批注，他有言，不动笔墨不读书，他的批注遍布他所有的藏书，其校录刘禹锡文集时所夹注的《辩易九六论》就是一篇完整的文论，这就增加高二适日常书写的文化含量。

高二适先生的艺术与生活合一的文化状态，也渗透到他书法创作之中，这种状态更加有助于艺术自在的表现。他在创作狂草

《杜诗十首》长卷时，中途忽然兴之所至写道：“细草如卷，雨丝风片，未知张长史能此否耶？舒父老玩。”随后又接着龙飞凤舞起来。此句放在整个作品中更加丰富了艺术表现力，丝毫没有违和感，它是高二适对自我书法的评价，是一种心手双畅的满足，也是与张旭的一次消弭时空的对话，是创作者与欣赏者角色互换的体验。自称“老玩”特别打动人，创作耶，生活耶，戏要耶？是或者不是，这就是自给自足的文化状态、诗意生活，人生能有几回得，古今能有几人得？（图 8–34）

“五行秀气谁为主，天下书名自在身。”（1974 年 3 月，高二适自撰联）亦狂亦疏、品高艺高的草圣——高二适，已经完成了“天下一高”的全部细节，泰然走进历史。仰观高二适先生，让我借英国抒情诗人本·琼生在评论莎士比亚时所说的一句名言来结束此章吧：

他不属于一个时代而属于永恒。

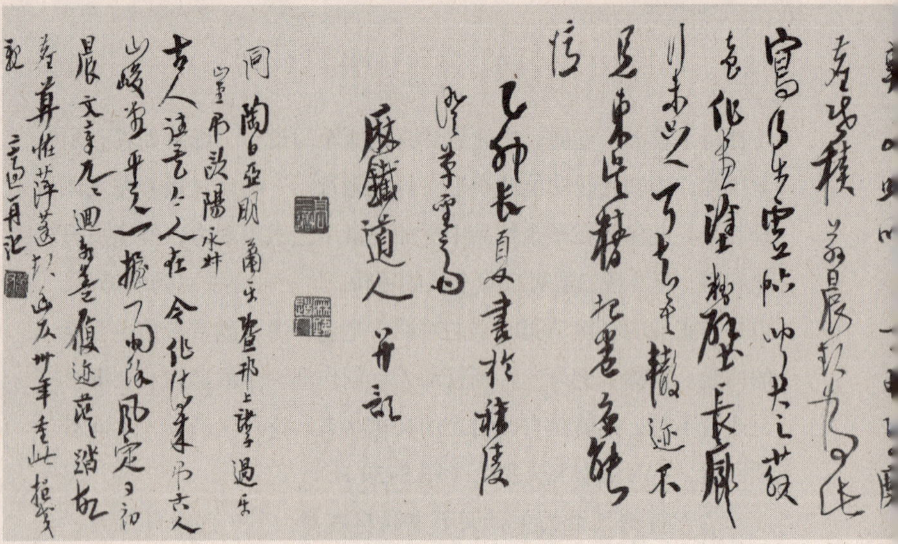

图 8-34：高二适书杨凝式《步虚词 1-6 章》（局部）

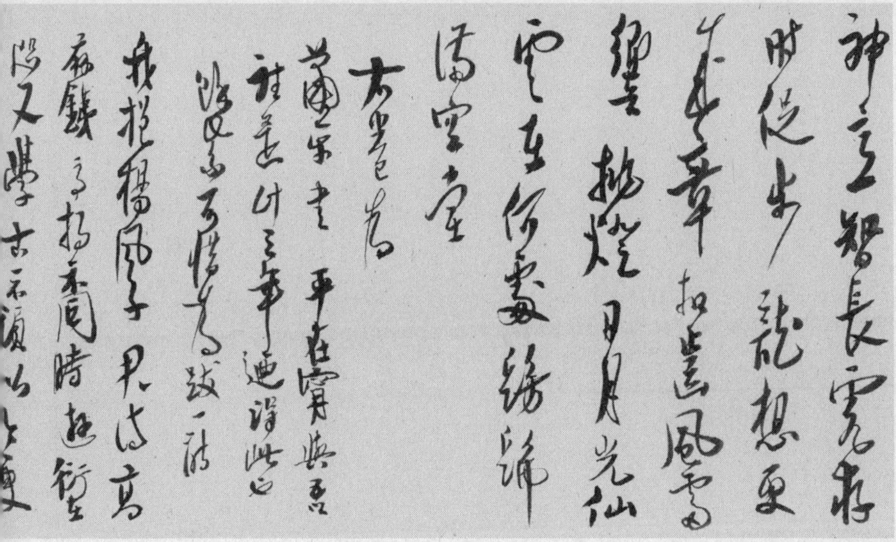

第九章

笔墨官司：兰亭论辩

一、兰亭论辩的始末

《兰亭序》（图 9–1），又名《兰亭集序》《兰亭宴集序》《临河序》《禊序》《禊帖》等。它的由来《晋书·王羲之传》中记述得较为详细。东晋永和九年（353）三月，王羲之与谢安、孙绰、许询、支遁等 42 人在会稽山阴兰亭举宴集禊，诸诗友“临流赋诗”，共得诗 37 首。诗成集结后，王羲之乘兴作序，记事、写景、抒情，“以申其志”。《晋书》收录此序全文：

永和九年，岁在癸丑，暮春之初，会于会稽山阴之兰亭，修禊事也。群贤毕至，少长咸集。此地有崇山峻岭，茂林修竹，又有清流激湍，映带左右，引以为流觞曲水，列坐其次。虽无丝竹管弦之盛，一觞一咏，亦足以畅叙幽情。

是日也，天朗气清，惠风和畅，仰观宇宙之大，俯察品类之盛，所以游目骋怀，足以极视听之娱，信可乐也。

夫人之相与，俯仰一世，或取诸怀抱，悟言一室之内，或因寄所托，放浪形骸之外。虽趣舍万殊，静躁不同，当其欣于所遇，暂得于己，快然自足，不知老之将至。及其所之既倦，情随事迁，感慨系之矣。向之所欣，俯仰之间，已为陈迹，犹不能不以之兴怀。况修短随化，终期于尽。古人云，

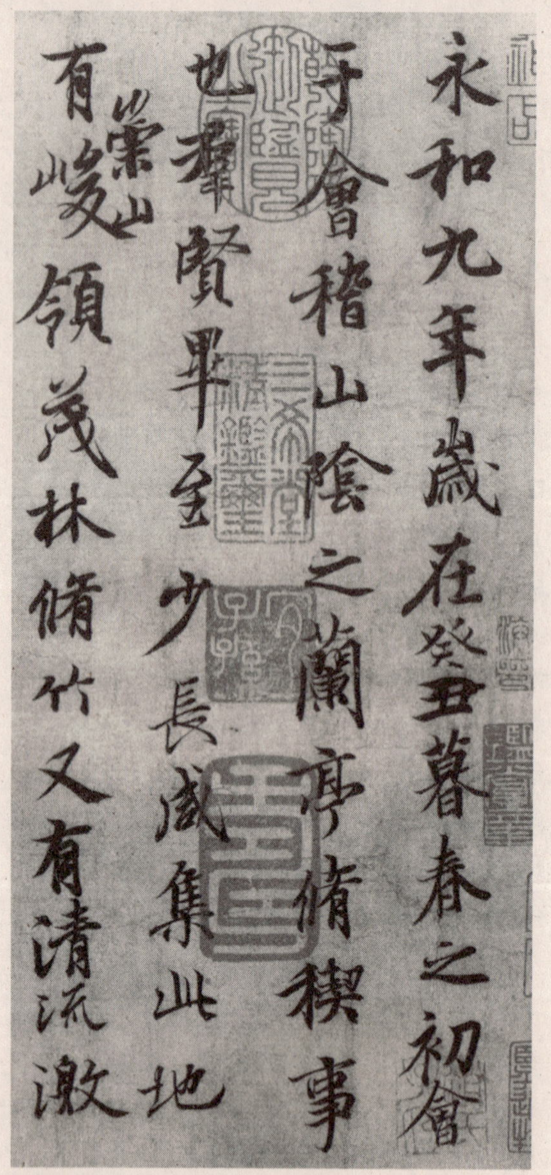

图 9-1：王羲之《兰亭序》（冯承素摹本）（局部）

死生亦大矣，岂不痛哉！

每览昔人兴感之由，若合一契，未尝不临文嗟悼，不能喻之于怀。固知一死生为虚诞，齐彭殇为妄作，后之视今，亦犹今之视昔，悲夫！故列叙时人，录其所述，虽世殊事异，所以兴怀，其致一也。后之览者，亦将有感于斯文。[1]

这就是脍炙人口的《兰亭序》。序文28行，324字，据说此序是王羲之用鼠须笔在蚕茧纸上一挥而成，到元代被大书法家鲜于枢赞为天下第一行书。

据唐何延之《兰亭记》及宋《太平广记》等书记载，《兰亭序》作为王氏传家宝代代相传。王家传至七世孙隋朝智永禅师手里，安然无事。智永圆寂之前，将《兰亭序》传给了弟子辩才。隋亡唐兴，唐太宗李世民钟爱书法，搜罗天下王羲之墨迹，他把王羲之奉为至尊，亲自为《晋书·王羲之传》作赞辞，称赞王羲之书法“尽善尽美”，“玩之不觉为倦，览之莫识其端。心慕手追，此人而已；其余区区之类，何足论哉”[2]。为得到《兰亭序》，唐太宗多次招辩才进京，厚礼相待。但辩才就是不肯让出《兰亭序》。无奈之下唐太宗听从宰相房玄龄之计，派御史萧翼打扮成热爱书法的蚕茧商人，住进辩才的永兴寺。萧翼与方丈辩才很快成为书法知音，一次饭后品茶，辩才把珍藏的《兰亭序》拿出来让萧翼欣赏。后来萧翼趁辩才外出时，将《兰亭序》悄然窃取入怀，迅速回京交到唐太宗手中。萧翼因之受赏，而辩才却气绝身

[1] 房玄龄等撰：《晋书》，岳麓书社，1997年，第1393页。
[2]《历代书法论文选》，上海书画出版社，1979年，第122页。

亡。相传唐大画家阎立本为此作《萧翼赚兰亭图》，这为《兰亭序》增加了传奇的色彩。唐太宗得到《兰亭序》后，让赵模、韩道政、冯承素、诸葛贞四人临摹多本，分别赐给皇太子、诸王、近臣，从此《兰亭序》诸临摹本散落人间。这也就形成《兰亭序》诸多版本，其中四种版本被认为最接近真迹。

1.“虞本”

因董其昌有“似永兴所临”题跋语（图 9–2），“永兴”即虞世南，故此本后世定为唐代大书法家虞世南所临，因卷中有元天历内府藏印，亦称“天历本”。《宣和书谱》说：“释智永善书得王羲之法，世南往师焉。于是专心不懈，妙得其体。”[3] 此本深得兰亭意韵。但高二适认为此本为褚遂良所临：“此为褚临之一，非关虞永兴。”（图 9–3）

2.“褚本”

此版本为唐代大书法家褚遂良所临，卷后有米芾题诗，故亦称“米芾诗题本”。高二适对米芾的书评不以为然：“宋米南宫尝评此帖题作汤普彻拓，亦无据也。”评此本：“此亦褚摹，笔势翩翩稍减于第一本也。”（图 9–4）

3.“冯本”

此版本为唐代内府栩书官冯承素摹写，其卷引首处钤有“神龙”二字的左半小印，故又称其为“神龙本”。因使用“双钩”摹法，为唐人诸本中最能体现兰亭原貌的摹本。高二适跋曰：“此神龙半印本，相传贞观中有两本，其一入昭陵，其一当神龙中太

[3] 桂第子译注，《宣和书谱》，湖南美术出版社，1999 年，第 163 页。

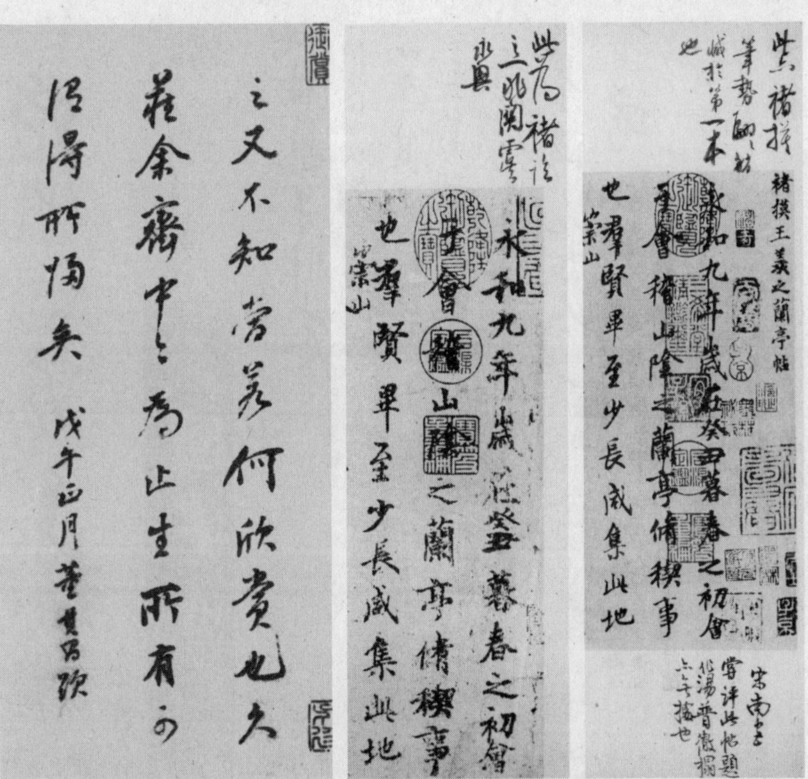

图 9-2：董其昌《兰亭序》（虞本）题跋

图 9-3：高二适手批《唐人摹兰亭序墨迹》（一）

图 9-4：高二适手批《唐人摹兰亭序墨迹》（二）

此神龍半印本

永和九年歲在癸丑暮春之初會于會稽山陰之蘭亭脩稧事也群賢畢至少長咸集此地

或因寄所託放浪形骸之外雖

平公主借出拓摹后，遂亡失无考。”“卷边有‘唐摹兰亭’四字，第二行则‘神龙’印之半。”（图 9–5）

4.“定武本”

此版本为唐代大书法家欧阳询临本，北宋宣和年间勾勒上石，因于北宋庆历年间发现于河北定武而得名。定武原石遗失，仅有拓本传世。高二适评之云：“仿佛昭陵真迹也。”此本最能体现兰亭风骨。高二适对此本评价甚高：“俯仰向背之势，此帖外无此笔势也。辛亥秋阅。”（图 9–6）

此外，高二适对其他版本诸如游相本、王十朋、落水本等也都做了品鉴比较。《宋游丞相藏兰亭百种之一》批注：

> 此字吴炳本作“水”纯与北魏《黑女志》“白水”之“水”形同。
>
> 此帖界画同于落水本、王十朋蝉翼本。故余每参合临之。
>
> “怀”字末笔作“乀”与定武异，此字王十朋本、柯九思本均作“、”，无出刀势。
>
> 何跋以求诸精神定禊帖真赝，允为评书上乘法门。然真本笔道故以姜白石为慧眼，不可须臾离也。舒父偶记。

《兰亭序：王十朋藏玉石版》题跋：

> 至宝难得，爱而莫忘。舒父翁藏，辛丑春。

〈 图 9–5：高二适手批《唐人摹兰亭序墨迹》（三）

图 9–6：高二适《宋拓定武兰亭禊帖》批注

"于"如见墨沉，只落水本有此摹勒也。

赵子昂谓《兰亭》用退笔书，此误。右军此帖反挑及剔法最多，然此笔法非刚毫尖锋莫能奏其效，而且此帖行楷带丝处亦屡见之，惟有如"向之"等改笔处似北朝人书意，此则必用退笔始可耳。

《宋拓定武兰亭禊帖》题跋：

此"不"字甚瘦劲。末笔大异定武他本，但与落水相近耳。王十朋蝉翼拓亦未放刀作磔状。

贞观二十三年（649），唐太宗驾崩。《兰亭记》记载，太宗驾崩前，在高宗耳边说："吾欲将所得《兰亭》去。"于是《兰亭序》真迹作为陪葬品葬入昭陵。从此王羲之《兰亭序》真迹在人间消失。这又为《兰亭序》的身世增加了神秘的色彩。

宋人王键对带有传奇色彩的兰亭身世之谜持怀疑态度，他认为唐代刘餗的《隋唐嘉话》对《兰亭序》流传经过的记载倒是可信：

陈天嘉中为僧永所得。至太建中，献文宣帝。隋平陈日，或以献晋王，王不之宝。后僧果从帝借拓，及登极，竟未从索。果师死后，弟子僧辩得之。太宗为秦王日，见拓本惊喜，乃贵价市大王书《兰亭》，终不至焉。及知在辩师处，使萧

> 翊（翼）就越州求得之，以武德四年入秦府。贞观十年，乃拓十本以赐近臣。帝崩，中书令褚遂良奏："《兰亭》先帝所重，不可留。"遂秘于昭陵。[4]

这段文字并没有附会的诸多神奇的细节。王键认为这个《兰亭序》流传版本的记录可信，是因为："刘餗父子世为史官，以讨论为己任，于是，正文字尤审。"[5]

《兰亭序》对后世书法家影响很大，许多大书法家都对《兰亭序》下过功夫学习，古代有苏轼、米芾、黄庭坚、赵孟頫、鲜于枢、文徵明、祝允明、董其昌、王铎、傅山、八大山人、郑板桥等，近现代有沈尹默、潘伯鹰、白蕉、郭沫若、启功、林散之、沙孟海、高二适等。可以说但凡学习书法的人，几乎不能绕过《兰亭序》，至少是不能忽略它的存在。尽管郭沫若否定《兰亭序》为王羲之所书，但对其艺术价值是绝对认可的，他说：

> 我在这里要作一交代：我说《兰亭序》依托于智永，这并不是否定《兰亭序》的书法价值；也并不是有意侮辱智永。不，我也承认《兰亭序》是佳书，是行书的楷模，这是不能否认的。我把《兰亭序》的写作权归诸智永，是把应享的名誉归还了主人。我自己也是喜欢《兰亭序》书法的人，少年时代临摹过不少遍，直到现在我还是相当喜欢它。我能够不看帖本或墨迹影印本就把它临摹出来。这是须得交代明白的。[6]

[4] 转引自华人德，白谦慎：《兰亭论集》，苏州大学出版社，2000 年，第 51 页。
[5] 转引自华人德，白谦慎：《兰亭论集》，苏州大学出版社，2000 年，第 51 页。
[6] 郭沫若：《由王谢墓志的出土论到〈兰亭序〉的真伪》，载《文物》，1965 年，第六期。

高二适撰文《〈兰亭序〉的真伪驳议》反对郭沫若的观点，郭沫若在随后的《〈驳议〉的商讨》一文里再次重申王羲之的地位和《兰亭序》的价值：

> 我们并没有意思否认所有王羲之的字帖，更没有意思推翻王羲之的地位。《兰亭序帖》即使肯定不是王羲之写的，它的书法价值是谁也不能抹杀的。[7]

这是一个很有趣的事，一方面对《兰亭序》书法艺术予以肯定，另一方面对它的真伪质疑也随之而来。宋代姜夔指出："梁武帝收右军帖二百七十余轴，当时唯言《黄庭》《乐毅》《告誓》，何为不及《兰亭》？此真迹之异同也。"[8]姜夔对《兰亭序》是否存在表示怀疑。到元明时代，对《兰亭序》的是非之争一直不绝于耳，在宋代桑世昌《兰亭考》12卷辑本的基础上，明代项德弘又对此进行了校补，增补了宋俞松《兰亭续考》2卷。

清代，帖学式微，碑学兴起。好像是应和书坛潮流，对《兰亭序》持否定态度渐成气候，特别是几位有分量的书法家加入，以致几乎发展到对《兰亭序》进行全面否定的地步。

乾隆、嘉庆、道光年间著名学者阮元，在其著名的《北碑南帖论》中对《兰亭序》再发难：

> 唐人修《晋书》，南、北《史》传，于名家书法，或曰

[7] 郭沫若：《〈驳议〉的商讨》，载《文物》，1965年，第九期。
[8] 转自郭沫若：《由王谢墓志的出土论到〈兰亭序〉的真伪》，载《文物》，1965年，第六期。

善隶书，或曰善隶草，或曰善正书，善楷书，善行草，而皆以善隶书为尊。当年风尚，若曰不善隶，是不成书家矣。故唐太宗心折王羲之，尤在《兰亭序》等帖，而御撰《羲之传》，惟曰“善隶书，为古今之冠”而已。绝无一语及于正书、行草。盖太宗亦不能不沿史家书法以为品题。《晋书》具在，可以覆案。而羲之隶书，世间未见也。[9]

不仅如此，阮元还在多处题跋怀疑、否定《兰亭序》。道光六年（1826）前后，在为金陵甘熙作《永和右军砖拓本跋》中，否定《兰亭序》为王羲之所书：

余固疑世传王右军书帖为唐人改钩、伪托，即《兰亭》亦未可委心，何况其余！曾以晋砖为证，人多不以为然。贵耳贱目，良可浩叹。顷从金陵甘氏得“永和右军”四字晋砖拓本，纯乎隶体，尚带篆意，距楷尚远。此为彼时造城砖者所书。可见东晋世间字体大类如此。唐太宗所得《兰亭序》，恐是梁、陈时人所书。欧、褚二本，直是以唐人书法录晋人文章耳。[10]

阮元又作《毗陵吕氏古砖文字拓本跋》：

王著所摹晋帖，余旧守“无征不从”之例，而心折于晋宋之砖，为其下真迹一等，古人不我欺也。试审此册内永和

[9]《历代书法论文选》，上海书画出版社，1979年，第635页。
[10] 转引自宗白华：《论〈兰亭序〉的两封信》，载《光明日报》，1965年7月30日。

三、六、七、八、九、十年各砖隶体，乃造坯世俗工人所写。何古雅若此。且“永和九年”反文隶字，尤为奇古。“永和六年王氏墓”，当是羲之之族。何与《兰亭》绝不相类耶？[11]

另外，阮元在《王右军兰亭诗序帖二跋》中再说今之所见《兰亭序》非王羲之本来面目：

王右军《兰亭修禊诗序》……其元本本无钩刻存世者，今定武、神龙诸本皆欧阳率更、褚河南临拓本耳。夫临拓之与元本必不能尽同者也，观于欧褚之不能互相同，即知欧褚之必不能全同于右军矣……右军书之存于今者，皆辗转钩摹非止一次。

《兰亭》帖之所以佳者，欧本则与《化度寺碑》笔法相近，褚本则与褚书《圣教序》笔法相近，皆以大业北法为骨、江左南法为皮，刚柔得宜，健妍合度，故为致佳。若原本全是右军之法，则不知更何景象矣。[12]

晚清著名书诗画印大家赵之谦在咸丰十一年（1861）所撰《章安杂说》里，认为世传“二王”的书法包括《兰亭序》，均为李世民所书，他写道：

安吴包慎伯言，曾见南唐拓本《东方先生画赞》《洛神

[11] 转引自宗白华：《论〈兰亭序〉的两封信》，载《光明日报》，1965 年 7 月 30 日。

[12] 阮元：《揅经室集》，三集卷一，《南北书派论》，第八册，商务印书馆，1936 年，第 560 页。

赋》，笔笔皆同汉隶，然则近世所传“二王”书可知矣。重二王书始唐太宗，今太宗御书碑具在，以印世上二王书，无少异，谓太宗书即二王可也。要知当日太宗重二王，群臣戴太宗，模勒之事，成为迎合，遂令数百年书家奉为祖者，先失却本来面目，而后八千万眼孔竟受此一片尘沙所眯，甚足惜也。此论实千载万世莫敢出口者，姑妄言之。[13]

全面否定《兰亭序》的是清光绪广东顺德人李文田，他为端方收藏的《定武兰亭》（原为汪中收藏）作跋文时，一连列举“三疑”：

《定武石刻》未必晋人书，以今所见晋碑，皆未能有此一种笔意，此南朝梁陈以后之迹也。按《世说新语·企羡篇》刘孝标注引王右军此文，称曰《临河序》。今无其题目，则唐以后所见之《兰亭》非梁以前《兰亭》也。可疑一也。

《世说》云：人以右军《兰亭》拟石季伦《金谷》，右军甚有欣色。是序文本拟《金谷序》也。今考《金谷序》文甚短，与《世说》注所引《临河序》篇幅相应。而《定武本》自“夫人之相与”以下多无数字。此必隋唐间人知晋人喜述老庄而妄增之。不知其与《金谷序》不相合也。可疑二也。

即谓《世说》注所引或经删节，原不能比照右军文集之详，然“录其所述”之下，《世说》注多四十二字。注家有

[13] 赵之谦：《章安杂说》，上海人民美术出版社，1989年，第2-3页。

删节右军文集之理，无增添右军文集之理。此又其与右军本集不相应之一确证也。可疑三也。

有此三疑，则梁以前之《兰亭》与唐以后之《兰亭》，文尚难信，何有于字！且古称右军善书，曰“龙跳天门，虎卧凤阙”，曰“银钩铁画”。故世无右军之书则已，苟或有之，必其与《爨宝子》《爨龙颜》相近而后可。以东晋前书，与汉魏隶书相似。时代为之，不得作梁陈以后体也。然则《定武》虽佳，盖足以与昭陵诸碑伯仲而已。隋唐间之佳书，不必右军笔也。[14]

李文田的“三疑”是从文字内容到书法彻底否定《兰亭序》为王羲之所作。

1958年以后的数年里，在南京、镇江等地出土了不少墓志，其中南京的《王兴之夫妇墓志》和《谢鲲墓志》引起郭沫若的注意。1965年5月22日，郭沫若撰写了《由王谢墓志的出土论到〈兰亭序〉的真伪》一文，在《文物》1965年第六期上发表，后又在《光明日报》上连载。郭文实际上是延续李文田的观点即从内容和书法两个方面彻底否定《兰亭序》的真实性，提出“《兰亭序》的文章和墨迹就是智永所依托”的论点。郭沫若的文章，引起了学术界、书法界的震动。由于当时政治气候的影响，又鉴于郭沫若的政治、学术地位，一时间学界缄口不语。但此时身为江苏省文史馆馆员的高二适旋即写了《〈兰亭序〉的真伪驳议》，称郭沫

[14] 转引自郭沫若：《由王谢墓志的出土论到〈兰亭序〉的真伪》，载《文物》，1965年，第六期。

若此说为“惊心动魄之论”，并进行了辩驳。高二适先将文章寄给报刊，被退回。无奈他又将文章寄给章士钊，希望章士钊出面请“主席毛公”支持发表驳文。章士钊写信将文章转呈毛泽东主席并附信一封：

润公主席座右：

兹有读者江南高生二适，巍然一硕书也（按“硕书”字出《柳集》）。专攻章草，颇有发明，自作草亦见功力，兴酣时并窥得我公笔意，想公将自浏览而喜。此钊三十年前论文小友，入此岁来已白发盈颠、年逾甲子矣。然犹笃志不渝，可望大就。乃者郭沫若同志主帖学革命，该生翼翼著文驳之。钊两度细核，觉论据都有来历，非同随言涂抹。郭公扛此大旗，想乐得天下劲敌而周旋之。（此论学也，百花齐放，知者皆应有言，郭公雅怀，定会体会国家政策。）……该生来书，欲得我公评鉴，得以公表，自承报国之具在此，其望虽奢，求却非妄。鄙意此人民政权下文治昌明之效，钊乃敢冒严威，遽行推荐。我公弘奖为怀，惟［望］酌量赐予处理，感逾身受。耑此籍叩

政绥

章士钊 谨状

七月十六日

该生致钊书附呈，不须赐还。[15]

[15]《高二适研究》，载《东南文化》1997 年增刊，第 46 页。

章士钊在信中言明郭沫若此番行动的目的是进行“帖学革命”，高二适的论文则从“论学”角度，依“百花齐放”的政策进行辩论，这完全是彰显“文治昌明”的时代精神，并不涉及政治议题。可见章士钊的政治警惕性。

毛泽东经一夜审阅，翌日即7月18日复信章士钊，信中有云[16]：

行严先生：

各信及《（柳文）指要》下部，都已收到，已经读过一遍，还想读一遍。上部也还想再读一遍。另有友人也想读。大问题是唯物史观问题，即主要是阶级斗争问题。但此事不能求之于世界观已经固定之老先生们，故不必改动。嗣后历史学者可能批评你这一点，请你要有精神准备，不怕人家批评。又高先生评郭文已读过，他的论点是地下不可能发掘出真、行、草墓石。草书不会书碑，可以断言。至于真、行是否曾经书碑，尚等地下发掘证实。但争论是应该有的，我当劝说郭老、康生、伯达诸同志赞成高二适一文公诸于世。《柳文》上部，盼即寄来。

敬颂吉安！

毛泽东

一九六五年七月十八日

[16] 中共中央文献研究室：《毛泽东书信选集》，中央文献出版社，2003年，第362页。

同一天，毛泽东又致信郭沫若，并将致章士钊信一同转交给郭沫若一阅[17]：

郭老：

章行严先生一信，高二适先生一文均寄上，请研究酌处。我复章行严先生信亦先寄你一阅。笔墨官司，有比无好，未知尊意若何？敬颂安吉！并问立群同志好。

毛泽东

一九六五年七月十八日

章信、高文留你处。我复章信，请阅后退回。

在毛泽东的赞成高文“公诸于世”及“笔墨官司，有比无好”的指示下，信发出5天以后，7月23日，高二适的《〈兰亭序〉的真伪驳议》在《光明日报》发表。1965年第七期《文物》还发表了高文的手稿影印全文（图9–7）。

著名学者徐复观在《兰亭争论的检讨》一文中将郭、高两人的立论要点归纳如下。

郭氏此文立论的要点如下：

一、1965年1月19日在南京新国门外人台山，出土了与王羲之同时同行辈的王兴之夫妇墓志。在这以前的1958年，在南京挹江门外，发掘了四座东晋墓，皆属于颜氏一家。

[17] 中共中央文献研究室：《毛泽东书信选集》，中央文献出版社，2003年，第364页。

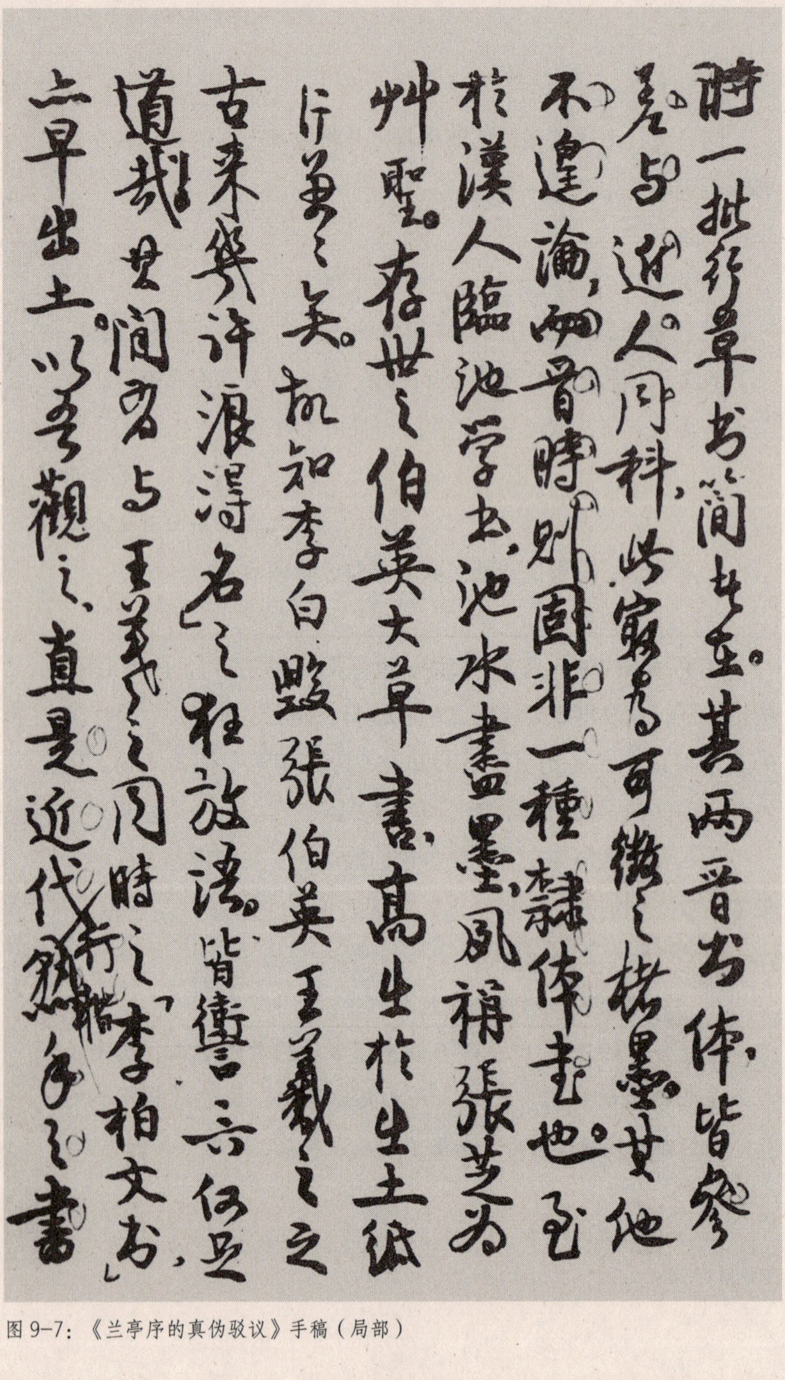

图 9–7：《兰亭序的真伪驳议》手稿（局部）

1964年9月10日，在南京中华门外戚家山残墓中，发现有谢鲲墓志。上述墓志及砖刻的字体，皆是汉代隶书，与《兰亭序》“楷行”书（以楷字为基底的行书）不类。由此推断在王羲之时代，不应有像《兰亭序帖》这种书体。

二、全部接受李文田“梁以前之《兰亭》与唐以后之《兰亭》，文尚难信，何有于字”的结论。郭氏更将《世说新语·企羡篇》注所引的《临河序》与传世《兰亭序》作一文字对比后，而断定“《兰亭序》是在《临河序》的基础之上加以删改、移易、扩大而成的”。即是断定世传《兰亭序》这篇文章，不出于王右军之手。

三、断定“《兰亭序》的文章和墨迹，就是智永所依托”。又以《神龙墨迹本》，即系智永稿本，亦即系《兰亭》真本。

四、在有关羲之的文献中，只说他“善草隶”这一类话，因而断定王羲之的字，“必须有隶书笔意而后可”。

高二适的观点大致有以下几点：

一、当时右军“兴乐为文”“无可命名”。但“《世说》本文，固已标举王右军《兰亭集序》”。高氏认为，《临河序》乃刘孝标注《世说》时随意所加之别名，不能从注之别名推翻本文《兰亭集序》之名。按高氏此说绝对可以成立，《兰亭序》的大同小异的名称，大概有十个左右，但都有“兰亭”二字，则无异致。

二、根据《世说新语·自新篇》“戴渊少时游侠”条刘注引陆机荐渊于赵王伦笺，与陆机本集所载此笺相比较，刘注显然有删节移动增减。以此例彼，刘注所引《临河序》之文字，当亦系由《兰亭集序》原文删节移易而来。

三、以“定武兰亭，确示吾人以自隶草变而为楷，故帖字多带隶法”。并举“癸丑”之“丑”、“曲水”之“水”等十二字，证明变草未离锺（繇）皇（象），未脱离隶式。

四、引宋羊欣《采古来能书人名》“颍川锺繇”条：“锺书有三体，一曰铭石之书，最妙者也。二曰章程书，传秘书教小学者也。三曰行押书，相闻者（按与友人之简札）者也”之言，谓“今右军书兰亭，岂能斥之以魏晋间铭石之文”。

五、《神龙本兰亭》乃褚摹兰亭，不可归之智永。[18]

至此，“兰亭论辩”全面爆发，参与论辩的人数扩大了。《文物》第九期到第十二期连续发表了郭沫若、龙潜、启功、于硕、徐森玉、赵万里、李长路、史树青等人的文章，这些文章是支持郭沫若观点的。而支持高二适观点的也只是严北溟、唐风等。1966年春，广东的商承祚撰文《论东晋的书法风格并及〈兰亭序〉》，驳郭文之误，刊登在《中山大学学报》上。

1971年，中华书局出版了章士钊的《柳文指要》，书中录《柳子厚之于兰亭》一文，批驳郭沫若关于否定《兰亭序》的观点。

[18] 徐复观：《中国艺术精神》，华东师范大学出版社，2001年，第322-323页。

郭沫若于1972年，在《文物》第二期发表《新疆新出土的晋人写本〈三国志〉残卷》一文，予以回击，宣称兰亭真伪问题“在我看来是已经解决了”。见此论文，章士钊请高二适代写反驳文章，后因章士钊要到香港作罢。

1977年10月《文物》出版社编辑出版《兰亭论辩》一书，在其序言中指出，这场论辩是唯物主义和唯心主义的论争。将郭沫若等10多篇主伪的文章划归唯物主义范畴，编入此书上册；将高二适、章士钊、商承祚三人主真的文章划归唯心主义范畴，编入此书下册，旨在总结此场论辩。

二、兰亭论辩的史学价值

发生在1965年的“兰亭论辩”总有一种让人错愕的感觉，我们试图从纷繁的资料中理出头绪，全然解开其神秘之谜，但也是枉然。美国人类文化学学者三好将夫指出“世界如今转变成文本，而历史则转变成叙事”[19]，我们所期待的“真实”已无法完整再现。

关于这场“兰亭论辩”，“有人说活跃了学术气氛，促进了百家争鸣；有人说争论并不公平，是一个学术怪胎”[20]。有人说：“‘兰亭论辩’是中华人民共和国成立以来极难得见的一次具有较为切实的学术内涵的论争，也是一次没有造成政治后果的论争。”[21]也有人说：“兰亭论辩，简言之，是学术其表而政治其里。”[22]更有人认为：“毛泽东致章士钊、郭沫若、康生等人信中的重要的指示，并没有得到落实（即首先应该批判章士钊及其《柳文指要》，引者注），附带解决的问题却论辩起来。这大概是辩论发起者所不愿看到的。”[23]诸如此类的不同的阐释还可列举许多。之所以每复述、阐释一次，这段历史都会有一个被重写的结论，是因为除了论辩本身有一层神秘外衣外，还有

[19] 三好将夫：《文化研究访谈录》，谢少波，王逢振，中国社会科学出版社，2003年，第186页。

[20] 栾中新，《郭沫若烧书辞职的前因后果》，载《中华儿女》，2003年，第2期。

[21] 李廷华：《天地谁为写狂狷——〈兰亭论辩〉中的高二适和章士钊》，见《高二适研究》，载《东南文化》，1997年增刊，第54页。

[22] 纪红：《兰亭论辩是怎样的笔墨官司》，载《书屋》，2001年，第1期。

[23] 贾振勇：《郭沫若的最后29年》，中国文史出版社，2005年，第194页。

每位叙事者在转换历史语境过程中，常将当前生动的体验和想象性的重建融入历史事件中，而我们重感性的东方文化，又加重了语义的不确定性。“历史之所以能够在每一个个体身上重新开始，就在于每一个人都以现实文化为基础，以从现实中学得的方式对人的过去进行解释，并在解释中显示自己的选择，这才在客观上形成一种历史的传递，或称文化的传统”[24]。当我们从文化角度来阐释“兰亭论辩”时，我们似乎触摸到一个时代特有的深层文化结构。但想要洞悉它的全部却也是很困难的，一切的阐释也只是浮出洋面的一小块冰山。美国著名批评理论家和历史学家海登·怀特说过：“对于任何一种复杂事件的描述或表现，没有一种能够穷尽这一事件的所有特色（无论是用模拟法还是用分析法），使这一事件成为某类事件的‘特征’或范例。”[25]每一种文化或一个时代都有其独特的条件和话语，它们被断定无法通过跨越文化和历史的界限来衡量。尽管如此，我们还是能够透过天空的一角，窥视到那段历史的风云雾电、云霞霓虹。

设若从文化的角度来阐释“兰亭论辩”中的诸路英雄“其所以然”，这或许对警示当下知识分子的历史、社会责任感有所裨益。假如“兰亭论辩”丧失当代文化的比喻意，那么它也会像一颗消耗殆尽的恒星一样，慢慢失去其耀眼的光芒，逐渐湮没在深邃的历史暗河之中。

提及“兰亭论辩”，除郭沫若、高二适两位最初发起人以外，人们津津乐道的是另一位更关键、更具有超级震撼力的人物，即

[24] 邹广文：《历史、价值与人的存在——一种文化哲学的解读》，见《新哲学》，第四辑，大象出版社，2005年。

[25] 海登·怀特：《文化研究访谈录》，谢少波，王逢振译，中国社会科学出版社，2003年，第186页。

毛泽东，这也是造成“兰亭论辩”具有神秘因素、增大破解谜面难度的重要原因之一。作为具有极高文化素养的毛泽东，他在1956年4月28日中央政治局扩大会议上，作出了著名的“百花齐放，百家争鸣”的指示。然后又分别在1956年5月2日、1957年2月27日第七次、第十一次最高国务会议上明确提出：“在文学艺术和学术研究中应该实行‘百花齐放，百家争鸣’的方针。”[26]毛主席指出，“双百”方针是“促进艺术发展和科学进步的方针。艺术上不同的形式和风格可以自由发展，科学上不同的学派可以自由争论”，同时还指出：“利用行政力量，强制推行一种风格，一种学派，禁止另一种风格，另一种学派，我们认为会有害于艺术和科学的发展。”[27]“双百”方针确实给文艺创造和学术研究带来一股清新的气息，也就在1956年这一年，连蛰居中山大学多年，宣布不信奉马列的陈寅恪先生，这时候也答应在全国政协中担任一名委员。当章士钊先生将高二适的驳郭沫若否定《兰亭序》的手稿呈递到毛泽东面前时，对古典文化有着深厚热情的毛泽东，怎会不支持这场辩论呢？况且高二适批驳的对象是郭沫若与康生，此两位是有极高政治地位之人，从不迷信权威的毛泽东一贯反对霸权，他对高层领导一直谆谆教导：不能以谋权、仗势压人，共产党人要有宽阔的胸襟。因此，这才会有“争论是应该有的，我当劝说郭老、康生、伯达诸同志赞成高二适一文公诸于世”一句出现在他给章士钊的信件中。毛泽东对于来自基层的声音，从来都是充满关怀的——尤其是对上层或

[26] 马洪林，郭绪印：《中国近现代史大事记》，知识出版社，1982年，第155页。
[27] 毛泽东：《关于正确处理人民内部矛盾的问题》，见《毛泽东选集》，第五卷，人民出版社，1977年，第358页。

某些权威提出异议的声音，他更是充满关怀和肯定。如在批判俞平伯《红楼梦》研究的过程中，他对李希凡、蓝翎两位“小人物”就特别赞赏。

郭沫若的秘书王廷芳在《半个世纪的友谊——毛泽东与郭沫若》一文中回忆当时的情景：

> 在此文的写作过程中，他曾不止一次和康生探讨此事，这时他们来往较多，常在一起欣赏书法砚台和写字，康是同意郭沫若的论点的，所以，他也为此搜集到一些资料，送郭沫若参考，郭在文章中也利用了他的一部分资料……这期间陈伯达也偶尔参与议论该文。由于康、陈都对此事很感兴趣，他们的看法又比较一致，也不知道是哪一位把此事告诉了毛泽东，毛泽东对此事也颇感兴趣；所以这样一篇长达两万多字、专业很强的学术探讨性文章，在《文物》杂志 1965 年 6 月号上发表的同时，《光明日报》也于 6 月 11 日、12 日两天全文予以转载。[28]

如果说康生为郭沫若撰写文章提供五项论据，且郭老在文中也极赞誉康生“见解非常犀利”，只能让人窥到他们的共同喜好文物的志趣，深厚的情谊，而对康生的政治目的也只能作一般的臆断，那么 1965 年 4 月间，郭沫若和康生分别给时任江苏省委秘书长的宫维桢的两封信，就让人感到非同寻常了。[29]

[28] 栾中新：《郭沫若烧书辞职的前因后果》，载《中华儿女》，2003 年，第 3 期。
[29] 郭、康两通信转引自《书法杂志》2004 年第 2 期。

先生，高二适

郭沫若致宫维桢信的内容为（图 9–8）：

维桢同志：

您给我们的信和《刘剋墓砖志》都收到了，谢谢您。刘剋墓是否为镇江市博物馆所发掘？有发掘简报否？希望能在《文物》上发表。

闻王兴之父墓又被发现，希望能获得更多的研究资料。

专复，顺致

敬礼！

郭沫若 于立群

一九六五.四.七

康生致宫维桢信内容为（图 9–9）：

宫维桢同志：

谢谢你几次寄来的东晋诸墓志拓片。王兴之，谢鲲等墓志出土，这是书法史料的一个重要的发现，对于研究晋代书法很有价值。南京市文管会关于王兴之的考证，也是很对的。

“旧时王谢堂前燕，飞入寻常百姓家。”王谢文物，重见天日，引起郭沫若同志很大兴趣。他写了一篇文章，对王、宋、谢、颜诸志，作了考证，由此并论及《兰亭序》之真伪。这篇文章，如果得到你们的同意，将连同墓志照片，在《文

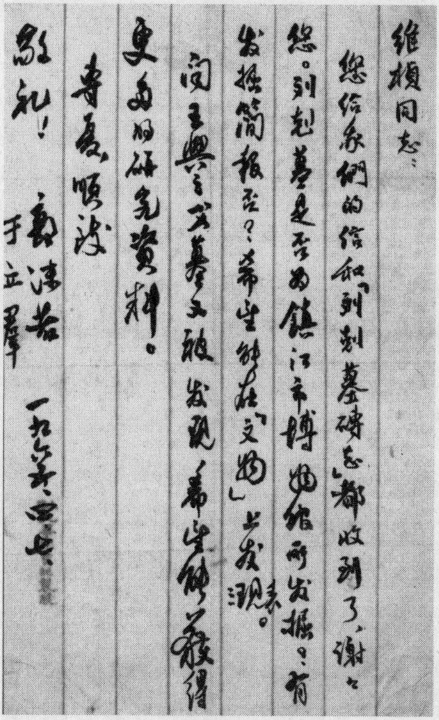

图 9-8：郭沫若致宫维桢信

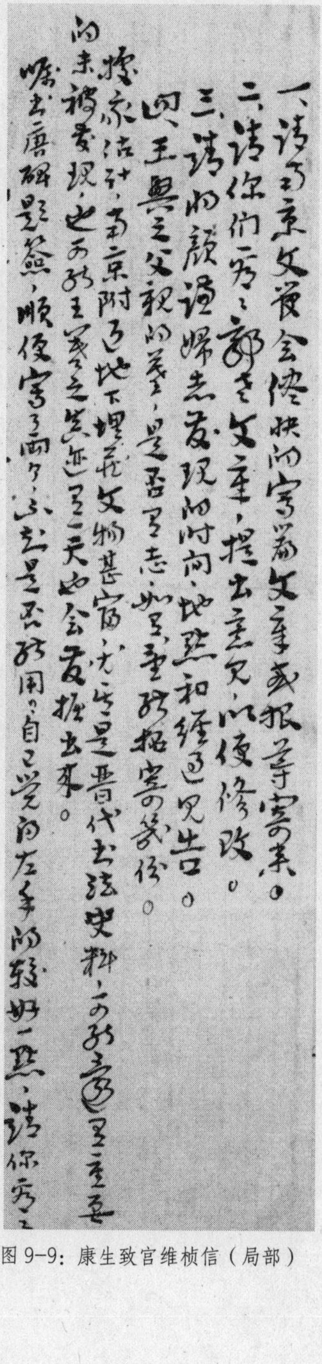

图 9-9：康生致宫维桢信（局部）

先生，高二适

物》杂志上发表。但，郭老和我的意见，在发表之前，先寄你和文管会的同志们看看，如果文章有不妥或错误之处，请你们不客气地提出意见，以便修改。

我和郭老迫切希望南京文管会也写一篇文章（至少写一篇诸志发现的经过）与郭老的文章一道发表。如果只登郭文，不同时登你们的文章，不报道你们的工作成绩，这就有点不好。为此，我们有如下的建议：

一、请南京文管会尽快的写篇文章或报道寄来。

二、请你们看看郭老文章，提出意见，以便修改。

三、请将《颜谦妇志》发现的时间、地点和经过见告。

四、王兴之父亲的墓，是否有志，如有，望能拓寄几份。

据我估计，南京附近地下埋藏文物甚富，尤其是晋代书法史料，可能还有重要的未被发现，也可能王羲之真迹有一天也会发掘出来。

嘱书唐碑题签，顺便写了两个，不知是否能用？自己觉得左手的较好一点，请你看看，是否真的“左比右好”？一笑！

敬礼！

康生

六五年四月十日夜

康生在信的结尾用“左比右好”一语双关。郭沫若否定《兰亭序》的两个方面，即文为依托，书法为智永所写。这两个观点基本上是在康生、陈伯达两人启发下形成的。郭沫若《由王谢墓志的出土论到〈兰亭序〉的真伪》一文中说："我自己最近由于陈伯达同志的介绍才知道有这篇文章的。伯达同志已经把他所藏的有李文田跋的影印本《兰亭序》送给了我。"可以这样说，正是"陈伯达同志的介绍"才有了郭沫若的长篇大论的"依托说"，此其一。其二，郭文又说"关于这个问题康生同志就文献中作了仔细的探索。他认为'王羲之在唐以前和唐初是以善草隶、隶书、章草著名的'。他收集了资料五条如下……康生同志说：'王羲之的字迹，具体地来说：应当是没有脱离隶书的笔意。这和传世《兰亭序》和羲之的某些字帖，是大有径庭的。'这见解非常犀利。我也找到了一些补充证据得在这儿叙述。"康生虽然没有明说王羲之书法为伪，但其观点已经隐含其中，在这里郭沫若所做的只是"补充证据"来证明康生的观点。而郭沫若本人对《兰亭序》的态度在文章中也是一览无余：

> 我也承认《兰亭序》是佳书，是行书的楷模，这是不能否认的……我自己也是喜欢《兰亭序》书法的人，少年时代临摹过不少遍，直到现在我还是相当喜欢它。

随后，详证了《兰亭序》在唐朝已经"被称为行书的最高峰"。郭沫若为何拿自己"相当喜欢"的《兰亭序》开刀？是否他真的出于学术上的严谨？在郭老的"希望"、康生的"建议"

下，南京市文物保管委员会为呼应郭沫若的文章，写了三篇与郭文相关的文物挖掘报告：《南京人台山东晋王兴之夫妇墓发掘报告》《南京戚家山东晋谢鲲墓简报》《南京板桥镇石闸湖晋湖墓清理简报》。三篇文章同时刊登在《文物》1965年第六期上。至此“兰亭论辩”揭开序幕。主席参与“兰亭论辩”且上升到一种意识形态高度，这正是康生、陈伯达所希求的。而此刻的郭沫若却陷入另一种困境，因为“中共中央统战部的《零讯》和《光明日报》的《情况简编》，都反映一些人主张批判郭沫若的历史剧《蔡文姬》和《武则天》”[30]。从1964年“就有人盯上了郭沫若，郭沫若已经有了被人批评的危险”[31]。郭老下面该如何作为？转机出现了。

1965 年 8 月 17 日，毛泽东在人民大会堂接见部队干部时，他问康生：“郭老的《兰亭序》官司怎么样了，能不能打赢？”康生回答：“可以打赢。当然这些头脑顽固的人要改变他们的宗教迷信是难的。”然后康生又将郭老回驳高老的两篇文章及找到的孙星衍的材料汇报给主席。

郭沫若终于从高二适《〈兰亭序〉的真伪驳议》一文中挑出两句：“窃以太宗之玄鉴，欧阳信本之精模。当时尚复有何《兰亭》真伪之可言”，“总之《兰亭》而有真赝，绝不能逃唐文皇之睿赏矣”，以此从唯物史观进行批判。在接下来的支持郭沫若“依托说”的论辩中，基本上就沿着这一思路的两个方面（否定帝王将相，唯物史观）进行意识形态批判（着重号为引者所加）：

[30] 冯锡刚：《郭沫若的晚年岁月》，转引贾振勇：《郭沫若的最后 29 年》，中国文史出版社，2005 年，第 198 页。

[31] 贾振勇：《郭沫若的最后 29 年》，中国文史出版社，2005 年，第 196 页。

这一切，都无非说明《兰亭序》书法的重要和深刻而广泛的影响，并作为帝王将相利用《兰亭序》为封建统治服务的工具……在讨论中，我认为首先必需解决一个根本性的问题，就是不能迷信帝王将相，不能迷信古籍，因袭旧说，要掌握客观证据。

——阿英：《从晋砖文字说到〈兰亭序〉书法》，载《文物》1965年第10期

唐太宗之所以提倡王字，是别有一番用意的……原来他是把《兰亭序帖》，作为一种治世工具，用来粉饰太平的。

从唯物史观看，一部历史都是劳动人民所创造的。这里就产生了一个疑问：中国书法这种特殊艺术，它的发生和发展，难道只限于士大夫这些上层分子吗？一般人民难道都没有份吗？

……最能继承他的是变节分子赵孟頫、地主恶霸董其昌等人。

由于唐太宗的“玄鉴”和“睿赏”，也由于唐以后帝王的极力推崇，使某些士大夫对《兰亭》已到了迷信的程度。

——龙潜：《揭开〈兰亭序帖〉迷信的外衣》，载《文物》1965年第10期

但从总的说来，由于《兰亭序》是唐太宗极力提倡，又是历朝“君臣”所宝重的，长时期来，形成了对《兰亭序》的高度迷信。

这就说明了，只有努力学习马列主义和毛主席著作，运用辩证唯物主义和历史唯物主义的观点来治理研究古代文物，才能站得高，看得远。

《兰亭序》本来就是由唐太宗捧出来的……至于那批贤臣们，对于被这位“圣君”捧上了天的《兰亭序》当然也决不能有任何反对意见了。这正说明了我们对于这些“帝王忠臣”的见解绝不能全信的。

——徐森玉：《〈兰亭序〉真伪的我见》，《文物》1965年第11期

应知，一切赝品的出现，都是为了客观上满足当时人的需要（爱好）；主观上卖弄聪明，能够把许许多多自负天生“玄鉴”的“圣君”“贤相”，全都给瞒过了，即为大乐。这就是地主阶级从它的剥削生活所演化出的一种恶作剧。

所以《旧唐书·薛收传》记载：“贞观永徽之际，虞世南、褚遂良，时人宗其书迹。”正反映了《兰亭》等帖是被统治阶级上层所垄断。

这在现在很容易理解。没有别的，就是他们的封建思想、

等级观念在作祟啊！

但是，今天的时代已经不是过去的时代了，封建制度早已推翻，封建社会伪造的历史事实，和伪造历史形成的传统观念，也必须同样被推翻。

——张德钧：《〈兰亭序〉依托说的补充论辩——与严北溟等先生商榷》，《学术月刊》1965年11月号，总第107期

至于《兰亭》旨本殉葬昭陵之说，不论是唐太宗生前的要求，还是死后褚遂良的奏请，同样是统治阶级骗人的烟幕弹，都是统治阶级在那里故弄玄虚，这倒是十分清楚地暴露了他们在“御府”伪造《兰亭序》的活动，我看这就是李世民（唐太宗）、欧阳询、褚遂良几个搞的一套鬼把戏。

由于唐宋以来，帝王将相们把《兰亭帖》称颂到了神秘化的程度，给书法、绘画以巨大的不良影响，造成了许多混乱。为了正确地理解王羲之在书法史上的地位和书法艺术成就，澄清过去的混乱现象，我们还需要更好地学习唯物辩证法，用毛泽东思想作指导，结合历史文献、碑帖墨迹、考古发掘，进行一番更深入细致的科学研究工作。

——史树青：《从〈萧翼赚兰亭图〉谈到〈兰亭序〉的伪作问题》，《文物》1965年第12期

我看，作这样想法的人是脱离社会历史、脱离现实的唯心论者，有什么“实事求是”的态度？

既有“神助”，还得描补？这难道不是神话迷信、唯心观念吗？从上面情况看，可说全是摆迷魂阵。

由此可以说明，变化是来自民间，书法家只能使之美化，还不可能改变其体势的基础，这也是群众观点与唯物史观的问题。

——甄予（即李长路）：《〈兰亭序帖〉辩妄举例》，《文物》1965年第12期

（20世纪）80年代，李长路虽然不再使用“文革”时的话语，但其思想仍未能完全跳出当时论辩的意识：

我们要首先跳出单纯的书法、书体的圈子，先来探求大王（王羲之）思想与序帖作者的意识形态之区别，问题才能深入下去。

在思想情绪上，以积极的乐天主义或达观主义，变成了消极的悲观失望主义或厌世主义了。

过去少时“好读书不求甚解”，今日看来，其消极情绪、没落思想是有来由的。

——李长路：《略论王羲之的思想与书风——“兰亭论辩”

之续》，《书法家》1986年第1期

至今依然支持郭沫若否定《兰亭序》观点的王玉池先生，其观点虽已不再有意识形态之争的味道，但他在2004年12月24日《书法导报》发表批评高二适的文中，仍然抓住唐太宗的“玄鉴”“睿赏”不放，其质问腔调俨然如同当年的龙潜。他质问：“不讲理由，不拿论据，古人或古代权威说过就是结论，这哪里还是独立讨论问题的科学态度？这也算‘既不迷古，亦不为权威所迷’吗？”但王玉池先生所讲的，并没有一点新意，全然落入郭沫若当年的窠臼。

就在“兰亭论辩”展开得如火如荼之际，“文化大革命”开始了，而持续半年之久的“兰亭论辩”也渐渐淡出舞台，脱去它不该负载的意识形态之争的外衣，这是万幸，更是这场论辩中所有知识分子的大幸。

这种幸运还源于这场论辩是由郭沫若自己来总结。1977年在《兰亭论辩》“出版说明”中指出：

> 《兰亭序帖》被唐太宗李世民断定为晋书法家王羲之的“真迹”后，经过历代帝王重臣的竭力推崇和封建士大夫们的大肆宣扬，视作不可侵犯的“神物”…… 长时期来，对《兰亭序帖》的极度迷信，一直占统治地位；影响之深，远及今日。
>
> ……郭沫若同志的看法在学术界引起了热烈讨论，报刊上发表了不少文章，多数文章赞成郭沫若同志的意见，支持

> 他以辩证唯物主义的批判态度推翻历代帝王重臣的评定；但也有文章持相反的看法。
>
> 应当指出，这种争论反映了唯物史观同唯心史观的斗争。……特别是在鉴定书法问题上，乃至在对待历史文化遗产的广袤领域中，如何坚持辩证唯物主义和历史唯物主义的科学态度，将会有所启发。[32]

回看当时的文化背景，郭沫若做这样结论是相当智慧的，他把这场论辩界定在受一点意识形态干扰下的学术争鸣，而不至于由此爆发一场政治事件，这让高二适先生多少还沉浸在纯粹的学术梦境里。

[32] 郭沫若：《兰亭论辩》，文物出版社，1977年。

三、兰亭论辩的文化价值

纪红先生认为："当年只是因为兰亭问题本身学术性过强，没有引起普通民众的关注，才没有酿成像批《海瑞罢官》那样广泛的政治大批判而胎死腹中了。"[33]"兰亭论辩"逃过一劫，依旧停留在"纯学术争论"的层面上，以致30多年后，冯其庸先生发出这样的感叹：

> 就是现在回顾起来，使人感到我们的学术界，就是权威如郭沫若先生那样的人说了偏颇的意见，也仍是有人起来反驳的，反驳的文章也仍可以得到堂皇的发表的，这是一个多么光明磊落的时代啊！[34]

使"兰亭论辩"停留在"纯学术讨论"的层面上的，还得益于当时参加这场讨论的绝大多数人，依然保持着知识分子固有的审慎的态度和独立的人格。

法国评论家班达这样定义知识分子："真正的知识分子应该甘冒被烧死、放逐、钉死在十字架上的危险。"[35]屈原的伟大就在于此，他用生命向权势说真话。高二适就是这样一位"特立独行的人。高二适这种耿介、大胆、无畏，既来自他那与生俱来

[33] 纪红：《兰亭论辩是怎样的笔墨官司》，载《书屋》，2001年，第1期。
[34] 冯其庸:《怀念高二适先生》，见《高二适研究》，载《东南文化》，1997年增刊。
[35] 爱德华·W.萨义德著，单德兴译：《知识分子论》，生活·读书·新知 三联书店，第14页。

的个性，更形成于他文化历程的语境。这种语境是由岭南画派三杰之一陈树人、辛亥革命元老章士钊、《新青年》编辑兼北平大学校长沈尹默等人创设。

特别是章士钊，他虽然一直居于主流社会，但他的精神一直是放逐与洒脱的。这种自我放逐就是为了“不能轻易地被政府或公司同化，其存在的理由是再现所有那些日常被遗忘或被掩盖的人们和问题”[36]。因此，当郭沫若、康生利用《光明日报》《文物》等主流媒体表达某种主流文化，但又不能完全表述真实，而高二适提出异议又得不到正常表述时，章士钊发现被掩盖的问题实质——“夫如是，吾诚不知中国书史，经此一大破坏，史纲将如何写法而可”[37]，于是他向毛泽东为高二适申述，并在信中婉转批评了郭沫若：“郭公扛此大旗，想乐得天下劲敌而周旋之。（此论学也，百花齐放，知者皆应有言，郭公雅怀，定会体会国家政策）……”此时章士钊已经察觉到康生的政治意图，但不必明说，用“双百”国策来自由表达学术话语，不失为一种良策，这也可见章士钊的良苦用心。

高二适就在这样的语境里做文化旅行。早在20世纪二三十年代，他即与章士钊、陈树人从诗书往来到相识相知。到了三四十年代，沈尹默已将自己放逐于诗书之中，在南京与高二适相遇，犹如隔世知音的时空之墙被穿越了，他们将携手共进。章士钊、陈树人、沈尹默的一言一行都注入高二适的灵魂，让高二适知道作为文化守护者，不为五斗米折腰，也绝“不为利益或奖

[36] 爱德华·W.萨义德，转引自保罗·鲍威：《向权力说真话》，中国社会科学出版社，2003年，第226页。
[37] 转引自商承祚：《兰亭论辩·编》，文物出版社，1977年，2页。

赏所动，只是为了喜爱和不可抹煞的兴趣，而这些喜爱与兴趣在于更远大的景象，越过界线和障碍达成联系，拒绝被某个专长所束缚，不顾一个行业的限制而喜好众多的观念和价值”[38]。

中华人民共和国成立后，因为受当时意识形态的影响，像高二适这样的旧官僚中的人（他们看到的只是其表），自然成为主流社会的圈外人。但无论哪一种环境，当他成为边缘人后，他都让自己在自留地中，沿着自己设定的理想生活和书斋中的理想前行，他始终保持着睿智的心灵和知识分子本能的责任感。从前，高二适在进国民党立法院之前，与执事者立下“三不盟约”：不入国民党，不参与政治活动，不受训，这就意味着从此自绝于主流社会。这种对主流社会的自我关门，不是因为自己知识贫乏、能力低下而胆怯、自卑，也不是缺失在困难中的一份社会责任感。“边缘的状态也许看起来不负责或轻率，却能使人解放出来，不再总是小心翼翼行事，害怕搅乱计划，担心使同一集团的成员不悦”[39]。抗战时他用诗写出对时事的忧愤：“吾不畏年侵，只怀国未报”“失地倘不收，此地无卵完。”郭沫若的《由王谢墓志的出土论到〈兰亭序〉的真伪》一文在《光明日报》和《文物》杂志同时刊出后，高二适面对权威，他要说真话，这种冒着被批斗的危险说真话的目的就捍卫文化的真谛。他在《〈兰亭序〉真伪之再驳议》一文说郭沫若的“惊心动魄”之论，“此乃不啻古帖学作了一个大翻身”。“倘使反吾论焉，则将置右军同时诸书家于何也？其必谓凡晋人楷行书者皆伪也决矣，呜呼哀哉，此吾

[38] 爱德华·W. 萨义德，转引自保罗·鲍威：《向权力说真话》，中国社会科学出版社，2003 年，第 67 页。
[39] 爱德华·W. 萨义德，转引自保罗·鲍威：《向权力说真话》，中国社会科学出版社，2003 年，第 57 页。

华书法史之道之翳也”。

他在给章士钊请毛泽东“评鉴”的信里，这样表述：

孤桐吾师座：

前捧读谕示，敬悉拙稿已蒙鉴纳，无任欣喜。关于文内其真书以次违括号十三字，为适一时疏忽，承公具眼察及，自应如命照来示改易。此虽小疵，亦大可贻书林之笑柄也，感谢。窃吾国书法自东晋迄今，端在正草诸体。帖学如废，后生将何似所法耶（元明人工书，清代无佳翰札，可信帖学不兴）？鄙稿倘邀我主席毛公评鉴，得以公表（个人报国之忱在此），亦当今至要之图也。适近借得宋绍兴本刘集，方日狂诵校，后人为文研学，要处处有益于世，适当永矢此志。呈悰

万福不次！

章士钊在致毛泽东的信中肯定高二适反驳郭沫若是“报国之具在此”。对文化的终极关怀是高二适精神家园里最炫目的一道风景，他在耗尽十年岁月的专著《新定急就章及考证》序言中说：“应亟图为书法之整理，考定其讹略，归于一是，则他日书家之应运而生，焕若神明，顿还旧观，则所谓中国书法让皇家之语，八绝翁其不得专美于前矣。”这是自甘作为垫脚石去呼唤文化的辉煌。“窃孙氏（清之孙星衍，引者）以不识汉人草法，思以臆

说窜易古急就文字。此其非逮今而后，仍有踵而为之辞者，谬种相传，贻误后学。昔昌黎记科斗书，所谓凡为文词，宜略识字者，岂此识字功夫，仍未为学者所重视耶。余夙张隶草草法，深欲就孙张（张元济）互引诸谬点，一一辨证之，而未暇也。兹为董理章书削稿，凡孙张所博引，均已先后见之吾书，庶使他日之从事急就者，勿再为所荧惑，则亦余之幸矣”[43]。这是他生怕后学被贻误的眷眷之情。他对郭沫若否定《兰亭序》也表达了同样的深层忧虑。在致费在山的信中说：“柳龙城刻石系出自古井中，原拓已失去，《兰亭》本无可争议。惟往今均有一种好为大言欺世之辈，而郭某最不能文，世人无识，遂令狂噬自斫文明，贻误后学，此非今言所能明也。”又是一个“贻误后学”，这与他所担心的“帖学如废，后生将何似所法耶”是一致的。即使是面对恩师章士钊，高二适依然是认理不认情（非不敬），认公不护私。章士钊巨著《柳文指要》问世后，高二适指出其中谬误，汇成《纠章二百则》。他在致费在山的信件中这样阐释自己的行为：“《柳文指要》一本，吾纠其谬凡百十处。行老身前已大都见到，如得一不谤本师之处，吾将公开于世。盖学术为天下后世之公，当仁不让，自古永然。”这就是知识分子难能可贵的文化担当和社会责任感。

在高二适众多亲友、学生的记忆中，他也有忿愤不乐，甚至抱怨，然而这种悲怆的表述不是因为看到别人飞黄腾达，自己只有粗茶淡饭而耿耿于怀的故作清高的抗议，也不是因为被边缘化

[43] 高二适：《新定急就章及考证》，上海古籍出版社，1982年，第295-296页。

而耐不住寂寞的一种宣泄。相反，他满足于这种边缘化的状态，他把这种状态当成一种自由、一种依着自己模式来做事的发展过程。按照自己的兴趣研究，由自己决定的理想所指引，在此之中，他获得了独一无二的乐趣，也收获到了独一无二的成果。他用10年时间，完成章草的梳理与考证，著成《新定急就章及考证》。20年后，他的书法独步书坛，堪称"一代草圣"。但他确实也有不满的时候。他在给学生信中感言："当为贾长沙之痛哭。"[44]否定《兰亭序》只是其中的一件套头衫，当全城的人都齐声赞美这件"十二分美丽"却根本不真实的新装时，高二适发出了天真但掷地有声的童音：那件"新衣"根本不存在。当然高二适也不需领会这一点，他只是从文化的角度来深究这件"衣服"是否真实，是否扰乱文化的审美之维。他的狂狷、执拗为他思维的主要模式，于是他自然会站出来向权势说真话。古人云"尽信书，不如无书"，"学则须疑"。质疑是学习研究的前提和基础。不能否认郭沫若否定《兰亭序》是对神圣传统的质疑，至少在现象上如此。高二适对郭沫若否定之否定则又是对权威的质疑。

高二适和郭沫若两人的质疑之所以不同质，是因为他们在对传统文化上继承有所不同。在高二适的文化构成中，他继承了传统知识分子独立的人格精神，因而具有现代性，他是传统中的现代派。而郭沫若虽然以叛逆、翻案名噪一时，但他的文化构成，则继承了传统文化中的知遇报君的情怀，因而具有忠义性，他是现代派中的守旧派。如果说高二适像为捍卫文化、追求真理"虽

[44]《高二适研究》，载《东南文化》1997年增刊，第145页。

九死其犹未悔”的屈原、逍遥的竹林七贤，那么郭沫若就像鞠躬尽瘁、死而后已的诸葛孔明。

我们看到的是：支持郭沫若“依托说”的10多篇文章，很整齐地刊发于1965年下半年的《文物》杂志，并同时刊发与之相呼应的关于晋代书法的介绍、发掘的简报。例如《文物》1965年第12期，刊登了中国历史博物馆保管部资料组撰写的《介绍几件晋代的行草书砖刻》。该文在介绍“咸宁四年吕氏”砖时说：“其砖文有两种书体，一是隶书，一是草隶。隶书是范制的，它是传统的书体，而草隶则是当时民间普遍流行的书体。浙江绍兴历年出土了不少瓷刻，其时代为三国、两晋、南北朝时期，刻写人也是劳动群众，而书体都是草隶，可与此做比较研究。”然后文章自然引出郭沫若对该砖的跋：“砖文作章草，甚罕见……与前秦广武将军碑同出一辙……两者均足证兰亭之不足信。”不知这样的文章郭沫若是否看过，但明眼一看便知写作此文的目的和意图，看来声援郭老的队伍庞大，既有专家前来助阵，又有考古文献来证明，且学术气氛浓烈。而支持高老这一边的显得很势单力薄，只有严北溟、唐风、商承祚的三篇文章分别发表于《学术月刊》（1965年第8期）、上海《文汇报》（1965年8月19日）、《中山大学学报》（1966年第1期）。章士钊的一篇《柳子厚之于兰亭》则于1971年才悄悄刊在自己的专著《柳文指要》中。高二适对此大为不满，认定这是郭沫若一手造成的，他说：“北郭挟霸势又兼具印刷出版之国能，其有所作为士流久无论评，可知已。”[45]“兰亭有佳序体本，大可习，勿以郭所言为是也。郭倚势误世人不鲜，吾人便作冷眼观、法眼观，如何？”（图9-10）“吾代章老作一辩文，其家人凛于种种，未允给予发布。此权势所在。”[46]今天我们已无法得知当时郭沫若的具体所为及其动机，总之，这样的状态终究消解了“兰亭论辩”扩大事端的倾向，更消解了进一步政治升级的可能。

作为叛逆的知识分子，居于主流社会是痛苦的、压抑的、无奈的，他必须有双重性格才能适应这样的生活，郭沫若将这种双面人生写进了他“以学术为依托，对自我进行剖析、对灵魂进行审视的寄寓之作”[47]——《李白与杜甫》。他的“扬李抑杜”表明，作为真正的知识分子，李白便是他内心真实的形象——“李白对于朝廷的失政还敢于批评，有时流于怨悱”；作为居于主流文化的官员，杜甫便是他的替身——“杜甫则对于朝廷的失政讳莫如深，顶多出以讽喻”。这就构成了郭沫若作为不独立的知识分子的另一种真实，即一体双面，这种状态使得他在众多荣耀背后，藏着多少寂寞、误解、怨楚与无奈。也正因为他的双面质，才使得“兰亭论辩”那么轰轰烈烈地开场、那样平平静静地退场，在特定的历史时期，上演了一场有惊无险、令人回味无穷的短剧。

在“兰亭论辩”中也有不少消极的旁观者。他们当中既有硬被拉入的，如启功先生；也有心知肚明而不敢、不愿介入的知识分子，像周汝昌，反驳文章写好了，但他还是把它锁进抽屉里。他们的举动正如2004年诺贝尔文学奖获得者耶利内克在授奖词

[45] 1973年5月19日高二适致费在山信札。
[46] 高二适致费在山信札。
[47] 贾振勇：《郭沫若的最后29年》，中国文史出版社，2005年，第232页。

《旁观者清》所说的那样："旁观者们理应服务于生活，正是这点却不能在那里办到……旁观者们也理应服务于观察生活，这在别处是经常能够办到的。"[48]于是他们采取了模糊的方法和策略。当历史翻过那一页后，启功先生提起这段往事，每每都像一个写错作业的小学生，一次又一次用橡皮去擦，却总留下一个淡淡的污迹，给人以一种隐隐的痛。当然我们不会对此做过多的指责，因为我们应该宽容这些胆小怕事的先生们，为了生存而做出的没有伤害他人的暂时妥协。但从"论学"层面上讲，这些消极的旁观者在"兰亭"这个问题上表述的某种确定性，是极其有害的。所以，当列出支持郭沫若观点一长串大人物的名单时，就造成了一种虚假胜利的幻觉。

当历史掉过头去审视自己的影子时，曾经来来往往的人都已模糊，显得不够真实了，但所发生的种种事件和生活的琐屑将他们锁定成满天的星星。这些星星无时无刻不在昭示着知识分子的神圣使命：

> 知识分子的角色是对权力说真话，对任何社会的中心权威毫不虚伪地讲真话，并选择最适合这种目的的方法、风格和批评。之所以如此，是因知识分子产生一种持续多年的能动作用，其主要目标……不是表达一时的时尚，而是表达真正的思想和价值。[49]

[48] 钱定平：《"钢琴教师"耶利内克》，长江文艺出版社，2005 年，第 9 页。
[49] 爱德华·W. 萨义德：《向权力说真话》，保罗·鲍威编，王丽亚、王逢振译，中国社会科学出版社，2003 年，第 237 页。

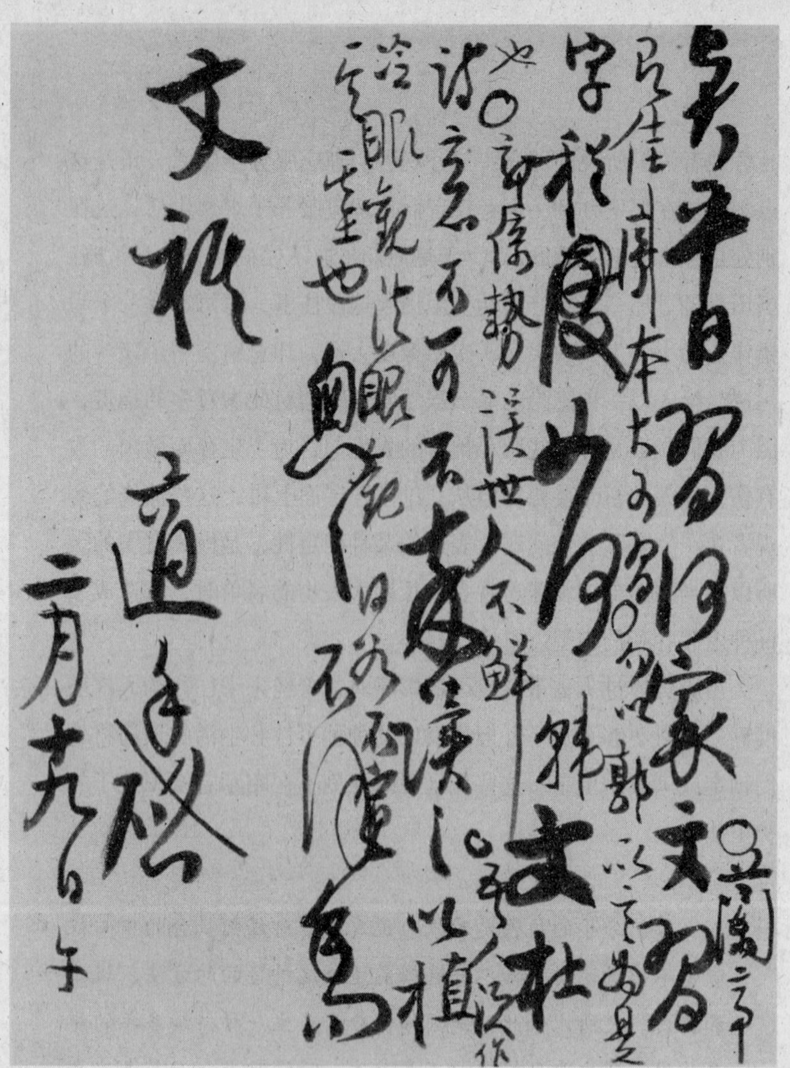

图 9-10：高二适致费在山信札（局部）

认知历史，是为了悟彻真知，以矫正、指导现实的生活。“兰亭论辩”是一扇窗口，我们可以窥视到特定的历史条件下的社会思维的模式以及在这种思维模式中被扭曲的文化和学术研究；同时“兰亭论辩”又是一面三棱镜，它可以折射出知识分子身上艺术自律的维度，这种维度的深浅将使后来者体验到相应的归属感，就是这样的归属感让我们重新获得一种经验先兆。当某些事件再次来临时，“如果经验先兆在社会中是常见的和普及的，我们可以说它给予这个社会一种普遍的健康和人道的气氛，它表示了一种有成就感的生活质量”[50]。

今天，我们对兰亭论辩作文化的阐释，是因为除了“兰亭”是一个还没有了结的话题外（1999 年，苏州国际“兰亭论辩”学术会议，将“兰亭”的议题进行了有意义的拓展。“兰亭”的内涵外延的延伸，彰显了它的文化、学术价值），更有在其论辩中所表现出的知识分子的可贵精神，对当下学术研究和知识分子的责任感、道德义务有所启迪。在对其文化阐释的过程中，所形成的“兰亭论辩”情结，将引发更深层的思考，这个“兰亭论辩”情结一定会继续牵引着我们走向更为遥远的崇高的圣坛。

[50] 保罗·克罗塞：《批判美学与后现代主义》，广西师范大学出版社，2005 年，第 7 页。

后记

作为同村人，高二适先生不仅是我们的骄傲，也是我个人逐梦的牵引者，每每在关键期，他总是我心灵的启迪者，助我一步一步地接近人生的梦想。20 多年来，我一直沿着高二适先生的文化期许、书学足迹探索研究，收益些许。每次翻阅高二适资料，他那诗性的激情、艺术的遐想以及浓郁的家国情怀、守护文化的坚定意志，一次又一次地感染着我，使我无理由地全面系统地探寻高二适的诗意生活、文字风谊、诗学体系、国学研究、书学成就。庚子年，遭遇疫情，我居家避疫，遂将高二适的文献资料重新梳理归类，然后奋战近 200 天，完成此著。此著也完成了我 20 多年来的心愿——以学术的方式再现高二适先生的风骨、学识和书法艺术。书稿付梓之际，尤念数十年来，助我写就此著的诸多领导和师友，在此一并表示真挚谢意（以与我相识为序）：

高荫枢先生，我小学数学老师，高氏老二房，高二适先生父亲创办的立达学校——中华人民共和国成立后首任校长，第一个为我讲述高氏家族史的高家人。

高承泽先生，我初中数学老师，高二适先生大哥锡璋之子，第 22 期黄埔生，刻苦自励，一生以二叔父高二适为楷模，从外到内极似高二适先生，尤显高氏风骨。

高跃进先生，我初中英语老师，俊朗高逸，勤勉和善，颇有谦谦君子之风，其父在高二适离乡赴宁后接任立达学校校长。

高正东先生，我高中语文老师，全国优秀教师，其父随高二适先生学习 6 年，尤得高二适严谨治学的精神，我于高师多习得作文之法。

高飞先生，我高中数学老师，高氏老二房，敏而好学，谦逊质朴。

高普泽先生，乡文艺宣传队骨干，高二适先生三弟锡瑜之子，尤得高氏宽厚，与我聊得最多的是高氏家事。

高乐熙先生，高氏老二房之后，第一个为我讲高二适先生轶事的人。我考上苏州师专，遂到图书馆找出高二适的专著《新定急就章及考证》翻阅，此是我第一次接触高二适。

张锡庚老师，我师专班主任，引我走上书法之路，鼓励我把高老研究做实做透。

蒋建明同学，最初帮我复印一大套高二适先生文献资料。

郁胜天先生，姜堰高二适纪念馆馆长，调我进馆，使我近距离走近高二适先生。

徐利明先生，林散之、高二适弟子，第一个对我研究高二适先生成果予以肯定的专家。

高可可、尹树人老师，高老小女夫妇，为我提供有关高老的大量图书资料，一直支持我对高老的研究。

陈扬先生，激赏我研究高二适论文，改变我的人生轨迹，全力支持我对高老的研究。

黄惇先生，有关“兰亭论辩”的解读，使我受益匪浅。

费振钟先生，著名文化学者、作家，对高二适先生推崇备至，屡推我深度研究高二适，举荐我撰写并出版高老评传《天下一高——高二适的书法人生》，由此我系统地全面展开高二适先生研究。

吕华江先生，长期收集整理高二适先生资料，与我可谓惺惺相惜，其著《高二适先生年谱》对我帮助很多。

诗人晚成、秦鸿、王慕农、张峰等诸学人，为我解开诗词诸多疑惑。

蔡学美表舅、高年华表妹、颜萍女士及李文洁、刘粟、鲍相志、侯平、董政等博士为我搜寻重要文献资料。

杨休、周学鹰、张生、李思洋、郭颖、曹智滔等师友为规划出版此著，尽心费力。

吴为山，中国美术馆馆长，高二适侄孙，嘉勉我对高老的研究，在百忙之中为此著作序并题写本书名。

萧平先生，高二适弟子，认真审读此书稿，倾情作序。

感谢费振钟、孟会祥、陈益民、姚社成、卢俊、刘粟等师友特撰写书评给予助阵。

感谢罗时进、王慕农、孟会祥、黄征、陈平、朱杰、毛家旺、张秋晴等老师对书稿提出许多修改意见。

此外，鲁金盛、刘争鸣、王兴来、钱晓峰、陈进、周宏才、陈勇、徐恩培、潘双林、曹松华、吴晔、李启明、何易非、李良、花明、陈明、孙广华、姚婷、钱新明、张峰、赵相如、桂冰、郁建中、李晋、赵岳、薛燕、冯亮、高树兵、王小纯、蒋科、容易、曹斌，以及西中文、朱天曙、朱培尔、蔡树农、毛羽、陈胜凯、唐旭明、杨峻、蔡士洲、张天翼、李文刚等诸师友为本书助力许多。

感谢一路走来诸多领导同仁的关心支持。10多年来，我的高二适研究先后得到泰州市政府、江苏省333高层次人才培养工程、南京大学人文基金、南京市艺术资金等项目资助，故能聚沙成塔、集腋成裘。此著的出版得到赵中华先生的大力支持。

最后，感谢我的家人倾力支持，爱人殷志玲总是夸我字写得好、文章写得好，文字稿最后总由她审稿、定稿。

由于才力所限，不能穷尽高二适先生的全部，只想抛砖引玉，以期对高老、对当代书学做更深更广的研究。

主要参考文献

[1] 毛泽东 . 毛泽东手书真迹：书信卷 [M]. 北京：西苑出版社，2003.

[2] 高二适，李静凤 . 高二适诗存 [M]. 合肥：黄山书社，2011.

[3] 高二适 . 高二适批校《刘禹锡集》[M]. 南京：凤凰出版社，2011.

[4] 高二适 . 新定急就章及考证 [M]. 北京：中国文联出版社，2009.

[5] 高二适 . 新定急就章及考证 [M]. 上海：上海古籍出版社，1982.

[6] 尹树人 . 高二适手批唐 · 李治《李贞武碑》[M]. 南京：江苏凤凰美术出版社，2010.

[7] 尹树人 . 高二适手批唐 · 李治《大唐纪功颂》[M]. 南京：江苏凤凰美术出版社，2011.

[8] 尹树人 . 高二适手批东晋 · 王羲之《十七帖》[M]. 南京：江苏凤凰美术出版社，2010.

[9] 尹树人 . 高二适手批东晋 · 王羲之《兰亭序》[M]. 南京：江苏凤凰美术出版社，2010.

[10] 尹树人 . 高二适手批唐 · 孙过庭《书谱》[M]. 南京：江苏凤凰美术出版社，2010.

[11] 吴为山 . 高二适墨迹 [M]. 南京：江苏凤凰美术出版社，2016.

[12] 尉天池，徐利明 . 中国书法全集（第 86 卷）：萧蜕吕凤子胡小石高二适 [M]. 北京：荣宝斋出版社，1998.

[13] 高二适 . 高二适手札典藏版 [M]. 南京：江苏凤凰美术出版社，2013.

[14] 高二适 . 高二适书法选集 [M]. 南京：江苏美术出版社，1972.

[15] 尹树人 . 二十世纪书法经典 · 高二适卷 [M]. 石家庄：河北教育出版社，广州：广东教育出版社，1999.

[16] 张诚 . 高二适墨迹 [M]. 昆明：云南美术出版社，.1996.

[17] 姜堰高二适纪念馆 . 高二适存稿:《柳河东集》讲疏 [M]. 南京: 江苏美术出版社，2001.

[18] 曹松华，郁胜天 . 高二适手札：致费在山 [M]. 北京：中国文联出版社，2002.

先生，高二适

[19]庄天明．费在山藏现代书画大师精品集高二适卷[M]．香港：（香港）王朝文化艺术出版社，2003.
[20]纪如彬，吕华江．高二适先生年谱[M]．南京：江苏凤凰美术出版社，2018.
[21]庄天明．高二适书风[M]．重庆：重庆出版社，2003.
[22]尹树人等．永远的高二适：高二适研究文集[M]．北京：人民美术出版社，2016.
[23]求雨山文化名人纪念馆．高二适学书轶事[M]．南京：江苏凤凰美术出版社，2015.
[24]李廷华．天地谁为写狂狷：高二适评传[M]．南京：江苏凤凰美术出版社，2019.
[25]曹洋．天下一高：高二适的书法人生[M]．南京：凤凰出版社，2016.
[26]章士钊．章士钊全集9-10卷[M]．上海：文汇出版社，2000.
[27]郭沫若．兰亭论辩[M]．北京：文物出版社，1977.
[28]华人德，白谦慎．兰亭论集[M]．苏州：苏州大学出版社，2000.
[29]毛万宝．兰亭学探要[M]．合肥：安徽教育出版社，2011.
[30]汪辟疆．汪辟疆文集[M]．上海：上海古籍出版社，1988.
[31]汪辟疆，张亚权．汪辟疆诗学论集[M]．南京：南京大学出版社，2011.
[32]丛文俊，华人德，刘涛等．中国书法史（七卷本）[M]．南京：江苏教育出版社，2009.
[33]陈振濂．现代中国书法史[M]．郑州：河南美术出版社，1996.
[34]朱仁夫．中国现代书法史[M]．北京：北京大学出版社，1996.
[35]上海书画出版社，华东师范大学古籍整理研究室．历代书法论文选[M]．上海：上海书画出版社，1979.
[36]崔尔平．历代书法论文选续编[M]．上海：上海书画出版社，1993.
[37]桂第子．宣和书谱[M]．长沙：湖南美术出版社，1999.
[38]潘运告．张怀瓘书论[M]．长沙：湖南美术出版社，1997.
[39]曹基础．庄子浅注[M]．北京：中华书局，1982.
[40]朱熹．诗经·朱子集注本[M]．上海：上海古籍出版社，2013.
[41]屈原等．楚辞[M]．太原：山西古籍出版社，2003.
[42]王通．中说[M]．长春：吉林出版集团，2005.
[43]杜甫．杜诗镜铨[M]．上海：上海古籍出版社，1998.

[44] 柳宗元．柳河东集[M]. 上海：上海古籍出版社，2008.
[45] 房玄龄等．晋书[M]. 长沙：岳麓书社，1997.
[46] 黄庭坚．黄庭坚全集[M]. 南昌：江西人民出版社，2011.
[47] 黄庭坚．山谷诗集注[M]. 上海：上海古籍出版社，2003.
[48] 陈师道．后山集[M]. 上海：商务印书馆，1937.
[49] 傅璇琮．古典文学研究资料汇编黄庭坚和江西诗派卷[M]. 北京：中华书局，1978.
[50] 孙振声．易经今译[M]. 海口：海南人民出版社，1988.
[51] 任继愈．老子新译[M]. 上海：上海古籍出版社，1985.
[52] 任继愈．中国哲学史[M]. 北京：人民出版社，1994.
[53] 刘勰，周振甫．文心雕龙注译[M]. 北京：人民文学出版社，1981.
[54] 萧涤非，马茂元，程千帆等．唐诗鉴赏辞典[M]. 上海：上海辞书出版社，1983.
[55] 缪钺，霍松材等．宋诗鉴赏辞典[M]. 上海：上海辞书出版社，1987.
[56] 钱志熙．活法为诗[M]. 长春：吉林文史出版社，1997.
[57] 林庚白，周永珍．丽白楼遗集[M]. 北京：中国人民大学出版社，1996.
[58] 郑逸梅．艺林散叶[M]. 北京：中华书局，1982.
[59] 吴新雷，姚柯夫，梁淑安，陈杰．清晖山馆友声集：陈中凡友朋书札[M]. 南京：江苏古籍出版社，2000.
[60] 陈真魂．陈树人先生年谱[M]. 广州：岭南美术出版社，1993.
[61] 李伟铭．中国名画家全集：陈树人[M]. 石家庄：河北教育出版社，2002.
[62] 柳曾符，柳佳．劬堂学记[M]. 上海：世纪出版集团上海书店出版社，2002.
[63] 苏渊雷．苏渊雷全集[M]. 上海：华东师范大学出版社，2008.
[64] 白吉庵．政客里的文人文人里的侠客[M]. 北京：团结出版社，2015.
[65] 刘凤桥．章士钊诗友翰墨[M]. 沈阳：万卷出版公司，2005.
[66] 陈书良，胡如弘．章士钊诗词集程潜诗集[M]. 长沙：湖南人民出版社，2009.
[67] 曹经沅．借槐庐诗集[M]. 成都：巴蜀书社，1997.
[68] 潘伯鹰．玄隐庐诗[M]. 合肥：黄山书社，2009.
[69] 于右任．于右任诗词曲全集[M]. 北京：世界图书出版公司，2006.
[70] 郭在贻．训诂学[M]. 北京：中华书局，2005.

[71] 何新 . 艺术分析与美学思辩 [M]. 北京：时事出版社，2001.
[72] 徐复观 . 中国艺术精神 [M]. 上海：华东师范大学出版社，2001.
[73] 朱光潜 . 朱光潜全集第二卷 [M]. 合肥：安徽教育出版社，1987.
[74] 宗白华 . 美学散步 [M]. 上海：上海人民出版社，1981.
[75] 马积高，黄钧 . 中国古代文学史 [M]. 长沙：湖南文艺出版社，1992.
[76] 朱立元 . 现代西方美学史 [M]. 上海：上海文艺出版社，1997.
[77] 刘文孝 . 外国文学的艺术发展史 [M]. 昆明：云南人民出版社，1998.
[78] 毛泽东 . 毛泽东选集第五卷 [M]. 北京：人民出版社，1977.
[79] 中共中央文献研究室 . 毛泽东著作专题摘编 [M]. 北京：中央文献出版社，2003.
[80] 马洪林，郭绪 . 中国近现代史大事记 [M]. 北京：知识出版社，1982.
[81] 陈晋 . 文人毛泽东 [M]. 上海：上海人民出版社，1997.
[82] 张恩和，张浩宇 . 长河同泳：毛泽东与郭沫若的友谊 [M]. 北京：华文出版社，2003.
[83] 贾振勇 . 郭沫若的最后 29 年 [M]. 北京：中国文史出版社，2005.
[84] 董宝训，丁龙嘉 . 沉冤昭雪：平反冤假错案 [M]. 合肥：安徽人民出版社，2003.
[85] 谭宗级 . 党内大奸 [M]. 北京：团结出版社，1999.
[86] 黄淳浩 . 郭沫若书信集 [M]. 北京：中国社会科学出版社，1992.
[87] 马克思，恩格斯 . 马克思恩格斯选集：第 1 卷 [M]. 北京：人民出版社，1972.
[88] 列宁 . 列宁选集：第 1 卷 [M]. 北京：人民出版社，1972.
[89] 黑格尔 . 美学 [M]. 北京：商务印书馆，1997.
[90] 康德 . 实用人类学 [M]. 上海：上海人民出版社，2002.
[91] 谢少波，王逢振 . 文化研究访谈录 [M]. 北京：中国社会科学出版社，2003.
[92] 爱德华·W. 萨义德 . 知识分子论 [M]. 单德兴，译 . 上海：生活·读书·新知三联书店，2002.
[93] 保罗·鲍威 . 向权力说真话 [M]. 王丽亚，王逢振，译 . 北京：中国社会科学出版社，2003.

[94] 赫伯特·马尔库塞.审美之维[M].桂林：广西师范大学出版社，2001.
[95] 保罗·克罗塞.批判美学与后现代主义[M].桂林：广西师范大学出版社，2005.
[96] 钱定平."钢琴教师"耶利内克[M].武汉：长江文艺出版社，2005.
[97] 季广茂.意识形态[M].桂林：广西师范大学出版社，2005.
[98] 王中江.新哲学第四辑[M].郑州：大象出版社，2005.

注：本书部分图片作者信息不详，故未标注，敬请谅解。

图书在版编目（CIP）数据

先生，高二适 / 曹洋著 . -- 南京 : 江苏凤凰美术出版社 , 2024. 10. -- ISBN 978-7-5741-2390-8

Ⅰ . K825.72

中国国家版本馆 CIP 数据核字第 2024WP3045 号

责任编辑　曹智滔
装帧设计　推尘设计
责任校对　王　煦
责任监印　张宇华
责任设计编辑　郭　渊

书　　名　先生，高二适
著　　者　曹　洋
出版发行　江苏凤凰美术出版社
　　　　　（江苏省南京市湖南路 1 号 210009）
印　　刷　南京爱德印刷有限公司
开　　本　889 mm × 1194 mm　1/32
印　　张　22
版　　次　2024 年 10 月第 1 版
印　　次　2024 年 10 月第 1 次印刷
标准书号　ISBN 978-7-5741-2390-8
定　　价　158.00 元

营销部电话　025-68155675　营销部地址　南京市湖南路 1 号
江苏凤凰美术出版社图书凡印装错误可向承印厂调换